BIBLIOTHÈQUE DE L'ÉCONOMISTE
sous la direction d'André Tiran
21

L'Économie politique des soieries

Ouvrage publié avec le soutien de l'université de Haute-Alsace

Simon Hupfel

L'Économie politique des soieries

Les manufactures de Lyon et de Londres de leur origine à 1848

PARIS
CLASSIQUES GARNIER
2019

Docteur de l'École normale supérieure de Lyon, Simon Hupfel est maître de conférences à l'université de Haute-Alsace à Mulhouse. Ses recherches se situent au croisement de l'histoire économique, de l'histoire intellectuelle et de l'histoire sociale. Il a obtenu en 2011 le prix du jeune chercheur de la ville de Lyon pour ses travaux sur l'histoire des manufactures de soieries.

ISBN 978-2-406-09011-3 (livre broché)
ISBN 978-2-406-09012-0 (livre relié)
ISSN 2108-9868

ABRÉVIATIONS

AML	Archives municipales de Lyon
BL Mss.	British Library manuscripts
BML	Bibliothèque municipale de Lyon
BT	Board of Trade
CCL	Chambre de commerce et d'industrie de Lyon
HC	House of Commons
HL	House of Lords
HO	Home Office
LMA	London Metropolitan Archives
NA	National Archives
SP	Secretary of State, State Papers Domestic
THL	Tower Hamlets Local History Library and Archives
TS	Treasury Sollicitors' Papers

AVERTISSEMENT

Cet ouvrage est le fruit d'un travail de recherches doctorales, qui doit beaucoup à la dynamique collective du laboratoire Triangle (UMR CNRS 5206), au sein duquel il a été conduit. La plupart des développements et les conclusions qu'il contient ont été présentés dans la thèse soutenue à l'issue de ce travail, en novembre 2010 à l'École normale supérieure de Lyon, devant un jury composé de Pierre Dockès, Ragip Ege, Ludovic Frobert (qui en a été le directeur), Thierry Kirat, Renaud Payre et George J. Sheridan Jr. D'importantes précisions, ajouts et modifications ont néanmoins été réalisés au cours de l'élaboration de ce volume.

L'ensemble des citations de textes originaux en anglais qu'il contient ont été traduites par nous. Dans ces citations, les passages entre crochets sont de nous. Les passages en italique étaient déjà soulignés dans le texte original.

INTRODUCTION

Les manufactures de soieries de Lyon et de Londres occupent une place particulière dans l'histoire économique et sociale européenne. Adam Smith les présentait déjà, dans la *Richesse des nations*, comme exemples contemporains de ces manufactures qui sont « les fruits du commerce extérieur[1] ». À la fois car la majeure partie de la demande qui leur était adressée et de la matière première qu'elles exploitaient provenait de l'étranger, mais aussi car leur implantation résultait de l'investissement « des fonds de quelques marchands et entrepreneurs, qui les établirent à l'imitation de certaines manufactures étrangères du même genre[2] ». Nombreuses sont pourtant les manufactures de soieries qui parsèment le continent européen et les îles britanniques à la fin du XVIIIe siècle. On en trouve sur la péninsule ibérique, dans le Sud de la France, dans les villes italiennes, en Suisse, en Prusse et jusqu'en Russie[3]. Les fabriques de Lyon et de Londres se distinguent assez nettement de ces exemples. D'abord parce qu'elles étaient d'une taille bien supérieure, concentrant plus de dix mille travailleurs dans un espace géographique circonscrit, urbain qui plus est. Ensuite car elles constituaient des industries d'exportation par excellence, dont la gamme de produits était la plus complète, allant des tissus unis les plus simples aux façonnés les plus complexes, tandis que la plupart des manufactures que l'on vient d'évoquer n'étaient spécialisées que sur des lignes particulières de produits et restaient souvent tournées en priorité vers leur marché intérieur.

1 A. Smith, *Enquête sur la nature et les causes de la richesse des nations*, Paris, PUF, 1995 [1776], liv. 3, chap. 3, p. 462.

2 *Ibid.*

3 G. R. Porter, « A Treatise on the Origin, Progressive Improvement, and the Present State of the Silk Manufacture », *Lardner's Cabinet Cyclopædia of Useful Arts*, Londres, 1831, p. 28-93. Sur l'implantation des manufactures de soieries en Prusse et l'action des pouvoirs publics afin d'en encourager le développement, on peut se reporter à H. Kisch, « Prussian Mercantilism and the Rise of the Krefeld Silk Industry : Variations upon an Eighteenth-Century Theme », *Transactions of the American Philosophical Society*, vol. 58, n° 7, 1968, p. 3-50.

L'autre raison pour laquelle ces deux manufactures ont particulièrement attiré l'attention des historiens provient des mobilisations sociales remarquables dont elles ont été la source et des conflits marquants qui s'y sont produits dans la seconde moitié du XVIIIe siècle. La revendication essentielle de ces mobilisations, au centre de ces conflits, consistait dans l'établissement de prix officiels négociés collectivement entre marchands et ouvriers, et resta la principale demande des tisseurs lyonnais jusqu'à la célèbre Révolte des canuts de 1831, que Marx identifie comme l'une des prémisses du socialisme et de la prise de conscience de la classe ouvrière[4]. De même, les lois qui sont accordées en 1773 aux ouvriers londoniens – appelées les Spitalfields Acts en référence au quartier historique des tisseurs de Londres – afin de garantir cette possibilité de négocier et de fixer collectivement les prix de leur ouvrage, sont devenues un thème classique de l'historiographie britannique, « qu'aucun historien de l'économie, et sans doute même aucun étudiant, ne peut se permettre d'ignorer[5] ».

Il est impossible, pour qui souhaite comprendre le sens et la structure de ces mobilisations sociales, de les dissocier des formes particulières d'organisation de la production des manufactures de soieries de Lyon et de Londres, dans lesquelles elles s'enracinaient profondément. Composées de milliers d'ateliers qui travaillent sur ordre des marchands qui leur fournissent la matière première, elles sont parfois qualifiées de « manufactures dispersées urbaines », d'« économies d'ateliers » ou encore de « fabriques collectives[6] ». Leur activité repose sur un vaste réseau de

---

4 K. Marx, « Gloses critiques en marge de l'article "Le Roi de Prusse et la réforme sociale par un Prussien" », *Vorwärts !*, 7 et 10 août 1844, *Œuvres*, Paris, Gallimard (Philosophie), t. 3, 1982, p. 415. Les historiens postmarxistes du « tournant linguistique » (*linguistic* turn) ont profondément critiqué, à la suite de Gareth Stedman Jones, cette notion de « prise de conscience » et le rapport de détermination des faits sur les idées qu'elle sous-tend. Elle suppose en effet l'existence préalable d'un monde objectif qui viendrait informer la pensée, au lieu de concevoir celle-ci comme la matrice autonome au sein de laquelle s'élaborent les identités, contraintes et défis d'un nouvel ordre des choses (G. Stedman Jones, « Rethinking Chartism », *Languages of Class*, éd. G. Stedman Jones, Cambridge, Cambridge University Press, 1983).

5 J. H. Clapham, « The Spitalfields Acts, 1773-1824 », *The Economic Journal*, 1916, p. 459.

6 Les deux premières expressions ont été proposées par Alain Cottereau pour remplacer le terme de « putting-out system », associé aux études qui présentaient ces manufactures comme des économies domestiques préindustrielles (A. Cottereau, « The Fate of Collective Manufactures in the Industrial World : the Silk Industries of Lyons and London, 1800-1850 », *World of Possibilities. Flexibility and Mass Production in Western*

relations entre des acteurs aux intérêts divergents, qui peuvent donner lieu à une myriade de conflits plus ou moins sévères. C'est la raison pour laquelle il est primordial, afin qu'un tel système de contrats puisse fonctionner, de disposer de règles officielles qui encadrent les négociations coutumières, permettent d'en stabiliser le résultat, et qui doivent en permanence être adaptées à l'évolution des contraintes industrielles et commerciales. Les manufactures de Lyon et de Londres peuvent donc bien être assimilées à ces formes d'organisations collectives que John Rogers Commons qualifiait de « *going concerns*[7] », dont les acteurs aux intérêts contradictoires sont néanmoins liés par un but commun, qu'il considérait comme les unités fondamentales de toute activité économique, et même de toute vie sociale. Le fonctionnement de ces organisations implique ainsi de multiples transactions qui se nouent et se dénouent continuellement, générant des conflits dont la résolution nécessite d'arranger, de réviser ou de remplacer les règles de fonctionnement existantes. L'ensemble de ces règles, hiérarchiquement organisées, définit l'ordre institutionnel correspondant au fonctionnement normal de la manufacture et aux routines que ses agents y suivent, à un moment donné du temps[8]. L'étude de cet ordre institutionnel et de son évolution sera placée au cœur de cet ouvrage. C'est dans ce cadre que l'on tentera de toujours relier l'analyse des performances des manufactures de Lyon et de Londres aux conflits sur la répartition future des fruits de leur activité, afin de traiter ces manufactures dans une véritable perspective d'économie politique[9].

Industrialization, éd. C. Sabel, J. Zeitlin, New York, Cambridge University Press, 1997, p. 75-152). Le concept de fabrique collective est plus ancien. Il est utilisé par Frédéric Le Play pour parler de la réunion de petits ateliers en un lieu, où « ils se trouvent groupés par les fabricants, qui font les commandes aux ouvriers, fournissent la matière et exportent au loin le produit » (F. Le Play, *La réforme sociale en France*, Paris, Dentu, vol. 2, 1878, p. 306).

7 J. R. Commons, *Institutional Economics. Its place in Political Economy*, Madison, The University of Wisconsin Press, vol. 1, 1959 [1934], p. 69.

8 Cette perspective traverse l'ensemble de l'œuvre de Commons, dont on peut trouver une présentation synthétique dans L. Bazzoli, *L'économie politique de John R. Commons*, Paris, L'Harmattan (Études d'économie politique), 1999.

9 C'est en ce sens que l'on utilise ici le terme d'économie politique, comme une tentative de saisir d'un même mouvement la question de l'efficacité de l'organisation de la production et des conflits qu'elle génère en termes de répartition de la richesse, ce qui rejoint la définition de B. Amable, *The Diversity of Modern Capitalism*, Oxford, Oxford University Press, 2003, p. 46.

Une telle tentative s'inscrit dans le cadre du travail de réévaluation de ce type d'organisation de la production, initié au début des années 1980, qui a permis d'envisager les manufactures dispersées non plus comme des économies domestiques nécessairement inefficaces, mais comme des « organisations souples de la production[10] ». Ces organisations permettaient à la fois d'optimiser la circulation des innovations, des techniques, la formation de la main d'œuvre, de mieux traverser les saisons difficiles ainsi que de s'adapter immédiatement aux évolutions de la demande très instable de biens de luxe qui alimente l'essentiel du marché des soieries, au moins jusque dans la seconde moitié du XIXe siècle. Parallèlement, d'importants travaux ont aussi contribué à changer le regard porté sur le fonctionnement des corporations qui encadraient l'activité de ces manufactures. Ils ont ainsi souligné la diversité et l'adaptabilité de ces structures aux différentes configurations politiques et économiques, plutôt que de les renvoyer à un « régime corporatif » réifié, monolithique et figé, qui reflète bien mal le fonctionnement de l'industrie sous l'Ancien régime. Si ces efforts ont porté leurs fruits de part et d'autre de la Manche, ils ont permis en France de lever la confusion qui couvrait la période allant de l'interdit de principe jeté sur ces organisations en 1791 par le décret D'Allarde à leur disparition effective, ouvrant par là un champ entier de recherches nouvelles[11]. Leur mérite a aussi été de rappeler que l'écrasante majorité des acteurs du mouvement ouvrier émergent étaient en réalité des artisans, au sens contemporain du terme, dont les orientations restèrent longtemps imprégnées par la référence à leur communauté de métier et à ses règles, ce qui les rapprochent davantage de leurs aînés du XVIIIe siècle que des ouvriers spécialisés de la fin du XIXe[12].

10 L'expression est utilisée par A. Cottereau, « The Fate of Collective Manufactures in the Industrial World », art. cité, p. 82. Cet article s'inscrit dans la continuité du travail de réévaluation que l'on évoque, qui avait notamment débuté avec les recherches de M. Berg, P. Hudson, M. Sonenscher (éd.), *Manufacture in Town and Country before the Factory*, Cambridge, Cambridge University Press, 1983, et C. Sabel et J. Zeitlin, « Historical Alternatives to Mass Production », *Past & Present*, n° 108, 1985, p. 133-176, et a été poursuivi par M. Berg, *The Age of Manufactures*, Londres, Routledge, 1994.

11 Le principal ouvrage représentatif de ces recherches a été dirigé par P. Minard, S. L. Kaplan (éd.), *La France, malade du corporatisme ? XVIIIe-XXe siècles*, Paris, Belin (Socio-histoires), 2004. L'ouvrage que l'on peut placer en parallèle à ce dernier, côté britannique, est celui de I. A. Gadd, P. Wallis, *Guilds and Associations in Europe, 900-1900*, Londres, Centre for Metropolitan History, Institute of Historical Research, University of London, 2006.

12 Notamment à travers l'œuvre de W. H. Sewell, *Work and Revolution in France. The Language of Labor from the Old Regime to 1848*, New York, Cambridge University Press, 1980.

La structuration progressive des règles du métier sous l'égide de la Weavers' Company à Londres et de la corporation de la Grande Fabrique à Lyon forme d'ailleurs un angle pertinent pour rapprocher et comparer les deux manufactures. Si l'on peut aisément repérer certaines différences dans leur environnement, dès leur naissance aux XVe-XVIe siècles et tout au long de leur développement, les communautés de métier s'imposent au cours des siècles suivants à la fois comme les représentantes officielles des intérêts des tisseurs vis-à-vis d'autres professions ou des autorités publiques et comme les principaux organes de production des règles autour desquelles s'organisent les interactions entre leurs membres. Elles se développent ainsi à partir d'un équilibre entre les tensions internes qui les travaillent et la nécessité d'unir la communauté contre les menaces extérieures. C'est cet équilibre qui bascule, dans chaque fabrique, au cours de la seconde moitié du XVIIIe siècle. La montée en puissance d'une minorité de grands marchands au sein de chaque communauté, qui n'en acceptent plus les règles, fait surgir la question des prix de façon – c'est-à-dire des prix des articles fabriqués (façonnés) par les ouvriers qui venaient rémunérer leur travail –, dont la fixation apparaît alors comme la seule possibilité d'assurer la paix industrielle. C'est l'accroissement des tensions à ce sujet, dans les deux villes, qui conduisit finalement à disqualifier leurs corporations respectives. Ainsi, c'est le parlement anglais qui légifère pour stabiliser la situation londonienne en 1773, se substituant à la Company dont les autorités n'étaient pas parvenues à résoudre la question de la régulation des prix au cours des dix dernières années. Des conflits similaires agitaient la fabrique lyonnaise au sujet du « tarif », une liste de prix au minimum par article, au cours de la seconde moitié du XVIIIe siècle. Ces conflits conduisent les tisseurs lyonnais, suite à la Révolution française, à se séparer des marchands en créant une communauté autonome en 1790, après que la nouvelle municipalité leur avait accordé le tarif que refusaient une fraction de ces marchands, et peu avant que le Décret d'Allarde vienne, l'année suivante, délégitimer l'autorité des corps intermédiaires.

Les listes de prix officiels restèrent néanmoins l'une des règles cardinales qui encadraient l'activité des deux manufactures jusqu'au début du XIXe siècle, à un moment où leur taille, leurs performances et leur organisation s'étaient significativement rapprochées. Une fois achevée la reconstruction de la fabrique lyonnaise, suite aux dommages profonds causés par la Terreur, elle occupe à nouveau plus de dix mille métiers à tisser, comme sa concurrente londonienne qui s'était développée dans l'intervalle. Cette dernière a aussi été capable de rattraper l'excellence lyonnaise en termes de qualité et de variété des articles produits.

Les deux fabriques se composent à ce moment de milliers d'ateliers qui se répartissent à Lyon sur les pentes et le plateau de la Croix Rousse, sur la presqu'île, à la Guillotière et dans le vieux Lyon, et à Londres dans les quartiers de Spitalfields, Whitechapel, Shoreditch, Bethnal Green et Mile End, qui fabriquent sur ordre des négociants en soieries basés respectivement au bas des pentes de la Croix Rousse et dans la City. Elles sont le moteur d'une activité qui essaime bien au-delà des limites urbaines dans les campagnes alentours[13]. Celles-ci accueillent à la fois des ateliers de tissage proto-industriels, dont les marchands peuvent se servir comme complément pour pallier aux brusques variations de la demande ou pour échapper aux turbulences ponctuelles de la ville, des ateliers de moulinage ou encore, en France, des magnaneries. Un centre secondaire de production est articulé à chacune des deux manufactures : les villes de Saint-Étienne et Coventry sont ainsi les principales productrices de rubans d'Europe. D'autres foyers de production moins importants existent encore à travers les deux pays, à Tours, Nîmes ou Avignon en France et principalement dans la région de Manchester en Angleterre, les succès de cette dernière se fondant en priorité sur la production, à bas prix, de tissus de qualité inférieure. Si l'Angleterre produit d'ailleurs globalement des tissus de moins bonne qualité que la France, l'organisation interne de la production témoigne bien, dans les deux pays, de la division du travail entre les étoffes riches, à la mode, produites dans les villes, où les salaires sont plus élevés et les travailleurs plus qualifiés, et les étoffes simples, ou passées de mode, produites dans les campagnes, au large des grands centres urbains.

À la fin de l'ère napoléonienne, de nombreux statuts plus ou moins officiels régulent encore le fonctionnement des deux industries, concernant la fondation des ateliers, l'apprentissage ou l'innovation. Symboliques de cet ordre, les règles de fixation des prix de façon cristallisent les conflits entre marchands et ouvriers, qui resurgissent après la chute

13 Voir pour Lyon, Y. Lequin, *Les ouvriers de la région lyonnaise (1848-1914)*, Lyon, Presses universitaires de Lyon, vol. 1, 1977, p. 28, et pour Londres, J. H. Clapham, « The Spitalfields Acts », art. cité, p. 459-460.

de l'Empire, alors que l'horizon des deux manufactures change radicalement. D'abord, la fin du blocus continental signifie de fait, pour les marchands anglais, la réouverture progressive de débouchés sur le continent, et symétriquement pour leurs homologues lyonnais, la possibilité de commercer à nouveau avec l'Angleterre et les États-Unis, dont la demande allait croissante. Sur le plan intellectuel ensuite, les idées libérales des penseurs classiques gagnent en influence. Ces années sont ainsi marquées, en Angleterre, par les premières attaques contre toute forme de barrière susceptible d'entraver la liberté du commerce, souvent menées en brandissant l'autorité des principes de l'économie politique.

Dans le domaine de la production, les marchands cherchent de plus en plus à s'affranchir des règles de fabrique et des négociations collectives qui leurs sont associées, désormais identifiées à un ordre ancien et déjà périmé. La pression qu'ils exercent sur les autorités conduit le parlement britannique à abroger les statuts élisabéthains portant sur la fixation collective des prix en 1813 et sur l'apprentissage en 1814, sans altérer les lois qui s'appliquaient à la capitale du Royaume. Les Spitalfields Acts apparaissent alors comme le principal dispositif de régulation industrielle encore en fonctionnement. C'est pourquoi ils font l'objet d'âpres débats qui se déploient dans l'arène parlementaire et dans la presse, opposant ceux qui souhaitent les prendre pour modèle d'un nouveau code industriel à ceux qui préfèrent les faire disparaître purement et simplement. Ces longs débats expliquent largement la célébrité de ces lois, et conduisent finalement à leur abrogation en 1824, associée à l'ouverture du marché britannique des soieries en 1826.

On trouve trace des mêmes tensions à Lyon dès la fin des années 1810. Face aux mises en garde d'une partie des marchands et du ministère de l'Intérieur contre tout rassemblement ouvrier visant à influencer les prix, les autorités locales hésitent, mais continuent d'assumer officiellement le rôle d'intermédiaire entre négociants et chefs d'atelier[14]. C'est après l'avènement de la monarchie de Juillet que le principe de négociation collective des prix est profondément et définitivement remis en question. Une pétition signée par une assemblée de négociants en soieries lyonnais pour protester auprès du gouvernement contre l'adoption d'un nouveau

14 L'interaction entre marchands, autorités municipales et ministère de l'Intérieur est décrite par F. Rude, *L'insurrection lyonnaise de 1831. Le mouvement ouvrier à Lyon de 1827 à 1832*, Paris, Anthropos, 1969, p. 66-79.

tarif à la fin du mois d'octobre 1831, cautionné par le préfet, conduit l'autorité centrale à désavouer la nouvelle liste de prix ainsi que son représentant dans le Rhône, qui avait présidé à sa mise en place. C'est l'incompréhension vis-à-vis de cette résiliation qui est à la racine du soulèvement des canuts du mois suivant, les 21, 22 et 23 novembre[15].

Si les manufactures de soieries de Lyon et de Londres sont profondément marquées par la condamnation respective du tarif et des Spitalfields Acts par le pouvoir central au cours des années 1820 et 1830, leurs trajectoires divergent pourtant de façon spectaculaire à partir de ces abrogations. L'explication de cette divergence constitue la matière des raisonnements qui sont développés dans cet ouvrage. Alors que la manufacture lyonnaise ne cesse de croître jusqu'au milieu du XIXe siècle et au-delà, le nombre de métiers de sa rivale londonienne chute continuellement à partir des années 1820. Il est d'ailleurs frappant de constater à quel point l'industrie de la soie londonienne, qui disparaît quasiment au cours de la seconde moitié du siècle, reste associée à cette phase de déclin dans l'historiographie britannique, jusqu'à devenir le symbole de la libéralisation de l'économie anglaise et des tisseurs à bras paupérisés, de façon souvent exagérée et parfois grossièrement erronée[16]. Cette image est d'autant plus intéressante qu'elle est très vite associée, dans le débat politique de l'époque, à celles d'ouvriers conservateurs, défenseurs de l'ordre corporatif ancien[17]. Le contraste avec la situation lyonnaise est là encore saisissant, puisque les canuts – que la position, l'attitude et les revendications rapprochaient franchement de leurs homologues londoniens – apparaissent comme des pionniers du mouvement ouvrier en France, à l'issue des révoltes de 1831 et 1834. Tant sur le plan économique que politique, la divergence de trajectoire des manufactures de soieries de Lyon et de Londres semble donc illustrer deux modalités de la désincorporation des métiers, qui influencent à

15 Sur le déroulement duquel la référence demeure le même F. Rude, *ibid.*

16 E. P. Thompson se trompe par exemple lourdement à ce sujet, lorsqu'il explique les difficultés des tisseurs de Spitalfields par le fait que « la "révolution industrielle" avait été plus précoce dans la soie que dans le coton ou la laine » (E. P. Thompson, *The Making of the English Working Class*, Londres, Victor Gollancz, 1963, p. 261). Cette erreur provient sans doute de la confusion courante entre le tissage des soieries et le moulinage de la soie, qui fut en effet mécanisé très tôt.

17 Comme on le verra, plusieurs figures majeures du mouvement ouvrier, tels William Cobbett ou Francis Place, critiquaient durement l'attitude des tisseurs. On peut retrouver ces critiques dans des pans entiers de la presse ouvrière de l'époque, comme on le verra.

la fois leur organisation et leurs performances en matière industrielle, mais aussi la forme des conflits qui en émanent et la position de leurs ouvriers dans le débat politique national.

La première catégorie d'explications que l'on peut trouver de cette divergence procède davantage d'une vision générale de l'histoire économique européenne que de l'étude précise des deux manufactures. Elle consiste à présenter le déclin de la fabrique de soieries de Spitalfields comme une conséquence nécessaire de l'industrialisation britannique, focalisée sur le modèle de l'industrie cotonnière, qui impliquait une mécanisation plus précoce et plus approfondie. Le succès et la spécialisation de l'Angleterre dans ce secteur aurait ainsi mécaniquement marginalisé toute forme d'organisation alternative de la production, dont elle aurait précipité la chute. Une telle vision découle en réalité d'une perspective d'analyse quelque peu téléologique, qui a aussi été appliquée à la fabrique lyonnaise, dans laquelle toute structure de production assimilable au *putting-out system*, à l'image de la proto-industrie rurale, est vue comme un jalon préalable à l'avènement de la grande industrie[18]. En plus d'être totalement infalsifiable, le problème de ce type d'explications est que les chocs subis par les tisseurs de Lyon et de Londres et la divergence des trajectoires des deux manufactures semblent se produire avant que le mouvement de concentration des ouvriers et de mécanisation de la production ne prenne véritablement toute son ampleur, ou de façon concomitante[19]. Ces chocs peuvent ainsi apparaître comme faisant partie des causes qui peuvent contribuer à distinguer les voies de l'industrialisation en France et en Angleterre, plutôt que comme la conséquence inexorable d'un phénomène de mécanisation nécessairement

18 Cette interprétation, que l'on voit notamment chez P. Cayez, « Une proto-industrialisation décalée : la ruralisation de la soierie lyonnaise dans la première moitié du XIXe siècle », *Revue du Nord*, n° 63, 1981, p. 95-104, fait suite aux travaux de F. F. Mendels, « Proto-Industrialization : The First Phase of the Industrialization Process », *The Journal of Economic History*, vol. 32, n° 1, 1972, p. 241-261. Pour une présentation et une discussion des différentes mises en perspective de l'industrialisation européenne, on renvoie à P. Verley, *L'échelle du monde. Essai sur l'industrialisation de l'Occident*, Paris, Gallimard, 1997.

19 Comme le fait remarquer Noel Thompson, le transfert qui s'effectue entre les secteurs agricoles et industriels ne représente que 10 % de la richesse totale de l'Angleterre entre 1801 et 1831 (N. W. Thompson, *The People's Science*, Cambridge et New York, Cambridge University Press, 1984, p. 45). Cela impose d'examiner l'influence d'autres facteurs que les seules forces économiques pour comprendre les formes de la transition industrielle.

associé à la croissance économique, que l'Angleterre aurait expérimentée plus tôt en raison de son industrialisation plus précoce.

Le mérite d'avoir procédé à cette inversion des termes du problème au sujet des fabriques de soieries lyonnaise et londonienne revient à Alain Cottereau, dans un article de l'ouvrage collectif de Charles Sabel et Jonathan Zeitlin portant sur les alternatives historiques à la production de masse[20]. Plutôt que de rapporter les destins contrastés des manufactures de soieries de Lyon et de Londres à un déterminisme économique imposé par l'industrialisation, l'étude de Cottereau et l'ouvrage dans lequel elle s'inscrit contribue à construire une « histoire ambiguë[21] », qui tienne compte des inerties économiques tout en mettant en lumière les potentialités et les succès de certaines configurations historiques alternatives de la production, qui ont souvent été écartées pour bien d'autres raisons que leur manque d'efficacité[22]. C'est dans ce cadre que Cottereau livre une description très fine de l'organisation des deux manufactures. Il montre comment leur bon fonctionnement reposait sur l'existence d'espaces publics locaux, ou de « publics intermédiaires[23] » – ce qui constitue un fil directeur de beaucoup de ses travaux – au sein desquels étaient négociées les règles du métier, qui permettaient à ses membres de se coordonner. La signification du tarif lyonnais et des listes de prix londoniennes ne devrait ainsi être comprise qu'en rapport à ces espaces publics locaux, jouant moins le rôle d'un prix obligatoire que d'un prix officiel, c'est-à-dire d'un prix de référence qui servait de base aux négociations de prix bilatérales entre

20 A. Cottereau, « The Fate of Collective Manufactures in the Industrial World », art. cité.

21 En référence aux travaux de P. Dockès, B. Rosier, *L'histoire ambiguë. Croissance et développement en question*, Paris, PUF (Économie en liberté), 1988.

22 Michael Piore et Charles Sabel s'appuient ainsi sur l'exemple des manufactures dispersées « préindustrielles », et en particulier sur celle de Lyon, pour étudier l'émergence récente de structures productives plus souples qui permettent de répondre, mieux que le système industriel fondé sur la production en série, à l'instabilité grandissante des conditions économiques depuis la fin des années 1970 (M. J. Piore, C. F. Sabel, *The Second Industrial Divide*, New York, Basic Books, 1984, p. 19-31, et p. 50-51 au sujet de l'exemple lyonnais).

23 Voir notamment A. Cottereau, « La désincorporation des métiers, et leur transformation en publics intermédiaires : Lyon et Elbeuf, 1790-1814 », *La France malade du corporatisme ?*, *op. cit.*, 2004, p. 97-145 ; « Droit et bon droit. Un droit des ouvriers instauré puis évincé par le droit du travail », *Annales*, n° 6, 2002, p. 1521-1557 ; « Industrial Tribunals and the Establishment of a Kind of Common Law of Labour in Nineteenth-Century France », *Private law and social inequality in the industrial age*, éd. W. Steinmetz, Oxford, Oxford University Press, 2000, p. 203-226.

marchand et chef d'atelier[24]. Il relie par conséquent le déclin rapide de la manufacture anglaise à l'effondrement de cet espace à Londres, après l'abrogation des Spitalfields Acts décidée par le parlement anglais avec le soutien des économistes classiques. Cottereau souligne en particulier à quel point ces économistes étaient éblouis par le modèle du coton et incapables de comprendre les avantages de l'organisation souple des manufactures dispersées.

On peut bien s'accorder sur l'importance fondamentale d'un espace où sont négociées et validées les conditions d'exercice du métier pour ces économies d'ateliers, comme sur les difficultés des économistes de l'époque à percevoir les ressorts de leur fonctionnement[25]. Mais l'insistance de Cottereau sur ces arguments d'ordre intellectuel ou cognitif – l'incapacité des acteurs politiques et des économistes britanniques à comprendre la complexité de l'organisation productive – ne suffit pas à comprendre pourquoi l'annulation des listes de prix eut des effets si différents à Lyon et à Londres. Pourquoi furent-ils si violents à Londres, quand les formes de régulation économique locale se seraient maintenues à Lyon en dépit de l'annulation du tarif, et alors que les critiques de l'organisation de la fabrique lyonnaise n'étaient pas moins cinglantes qu'en Angleterre[26] ? La difficulté à répondre à cette question découle du fait que l'on ne peut évaluer les effets de l'introduction d'une règle, ou de sa disparition, sans tenir compte de l'ordre institutionnel dans lequel elle s'inscrit et au sein duquel elle prend son sens. Récemment souligné par une variété d'auteurs néoinstitutionnalistes contemporains, à l'image de Bruno Amable, cet argument constitue en fait un fondement de l'analyse institutionnaliste, que l'on trouve

24 Ce point est précisé par A. Cottrereau, « The Fate of Collective Manufactures in the Industrial World », art. cité, p. 115 et p. 118.

25 Au sujet de la réception des idées économiques dans la fabrique lyonnaise, on peut se reporter à L. Frobert, *Les canuts, ou la démocratie turbulente*, Paris, Tallandier, 2009. Sur les interventions des économistes britanniques, voir S. Hupfel, « The Spitalfields Acts and the Classics. Ricardo, J. S. Mill, Bowring, and Senior on the London Silk Industry (1823 to 1841) », *The European Journal of the History of the Economic Thought*, vol. 19, n° 2, 2012, p. 165-195.

26 Que l'on se reporte par exemple aux critiques émises par C. Dupin, *Aux chefs d'atelier composant l'association des mutuellistes lyonnais*, 1834, Lyon, Boursy, ou aux tentatives des intendants Gournay, puis Terray, de démanteler l'organisation de la manufacture pour en simplifier et en rationaliser le fonctionnement au XVIIIe siècle, sur lesquelles on reviendra.

déjà chez Schmoller ou Veblen[27]. Si l'annulation de régulations de prix semblables en elles-mêmes eut des effets si différents dans les manufactures de Lyon et de Londres, c'est que ces régulations n'occupaient pas du tout la même place dans l'ordre institutionnel des deux fabriques. Seule une étude de l'évolution de long terme de l'ensemble de cet ordre institutionnel peut donc permettre d'expliquer une telle disparité, à l'image du travail fourni par Commons sur les cordonniers américains[28]. C'est à ce type de travail que l'on va s'atteler ici.

Aux analyses qui insistent sur le jeu des forces économiques et leur inertie, à celles qui mettent plutôt en avant les difficultés intellectuelles à saisir la complexité de la production, on souhaite substituer une approche qui place au premier plan les variables institutionnelles, afin d'en montrer l'influence sur l'évolution industrielle. Bien que l'organisation et les règles de fonctionnement des deux manufactures puissent apparaître similaires, notamment à travers la pratique des listes de prix officiels, le processus de construction de cette organisation et de ces règles y suivait des perspectives nettement distinctes. Ainsi à Londres, le parlement était devenu, dans la seconde moitié du XVIIIe siècle, l'organe régulateur de la fabrique et les Spitalfields Acts la règle centrale autour de laquelle s'articulait l'ordre institutionnel de la manufacture. Ce même ordre était à Lyon le fruit d'une dynamique essentiellement locale, et était garanti au premier chef par des pouvoirs également locaux. C'est pourquoi l'intervention du gouvernement pour annuler le tarif, en 1831, l'avait laissé quasiment intact, tandis que l'abrogation des Spitalfields Acts sonnait bien le glas du mode de gestion de l'industrie londonienne.

27 Cette idée est aujourd'hui rattachée aux thèmes de la complémentarité et de la hiérarchie institutionnelles (auxquels Amable consacre un chapitre : B. Amable, *The Diversity of Modern Capitalism*, *op. cit.*, p. 26-73). L'idée selon laquelle l'institution représente un « ensemble d'habitudes et de règles de morale, de la coutume et du droit, qui ont un centre et un but communs, qui se tiennent entre elles, qui constituent un système » est affirmée par G. Schmoller, *Principes d'économie politique*, t. 1, vol. 1, Paris, Giard et Brière, 1905, p. 149, ainsi que par Veblen, pour lequel « le système des institutions fait un tout dans n'importe quelle culture et chez n'importe quel peuple » (T. Veblen, 1970 [1899], *Théorie de la classe de loisir*, Paris, Gallimard (Tel), p. 133), ce qui explique qu'« un changement notable introduit en un point entraîne une manière de changement en d'autres points, si ce n'est une réorganisation de bout en bout » (*ibid.*, p. 132). Enfin, l'impossibilité d'identifier les effets d'une institution prise isolément a aussi été pointé par les économètres D. Acemoglu, S. Johnson, « Unbundling Institutions », *Journal of Political Economy*, vol. 113, n° 5, 2005, p. 949-995.

28 J. R. Commons, « American Shoemakers, 1648-1895. A Sketch of Industrial Evolution », *The Quarterly Journal of Economics*, vol. 24, n° 1, 1909, p. 39-84.

On objectera sans doute à raison que le déséquilibre de la comparaison entre une cité aussi importante que Londres et la seconde ville de France, marquée par une forte tradition d'autonomie locale, en biaise les résultats. Il est vrai que l'intervention gouvernementale au sujet de l'industrie londonienne s'explique au moins en partie par la spécificité de sa position dans la capitale du royaume. En fait, ce biais rend encore plus visible les différences fondamentales dans la structure et l'état du gouvernement local de la France et du Royaume-Uni, qui demeurent donc pertinentes pour capter certains aspects plus généraux de la transition industrielle des deux pays. Car ce n'est pas seulement à Londres que l'incapacité de parvenir à un compromis local force le parlement britannique à intervenir. C'est ainsi qu'il est conduit à se pencher sur d'autres industries soyeuses, notamment à Coventry et Macclesfield à la fin des années 1810, mais aussi sur les demandes des tisseurs à bras (*hand-loom weavers*), dans les années 1830. Comme le remarquaient déjà Sydney et Beatrice Webb, le parlement n'avait cessé, depuis le début du XVIIIe siècle, de légiférer afin de faire respecter les règlements corporatifs d'une grande variété de métiers[29]. Ce fait apparaît d'autant plus marquant dans le cas de l'Angleterre du tournant du XIXe siècle, dont les institutions de gouvernement local traversent une crise profonde et apparaissent tout à fait incapables de soutenir cet espace où pourraient se régler les nouveaux conflits industriels[30]. Inversement, si le conseil de prud'hommes est bien inauguré à Lyon en 1806, il fut rapidement introduit dans de nombreuses villes manufacturières à travers la France, et traduit par conséquent un choix lourd en matière de politique industrielle, à l'échelle nationale.

Les différences portant sur la structure et les soubassements de l'ordre institutionnel des manufactures de Lyon et de Londres renvoient donc aux disparités profondes entre les modes de gouvernement local français et britannique et leur articulation à l'appareil d'État. Une telle disparité a été pointée par Douglas Ashford, qui oppose le « pragmatisme français » – fondé sur une chaîne de gouvernement permettant

29 S. Webb, B. Webb, *The History of Trade Uninonism*, Londres, Londres, New York et Bombay, Longmans & Green, 1920, p. 68.

30 Comme le soulignaient K. B. Smellie, *A History of Local Government*, Londres, Allen & Unwin, 1969 [1946], et plus récemment J. Moore, R. Rodger, « Municipal Knowledge and Policy Networks in British Local Government, 1832-1914 », *Jahrbuch für Europäische Verwaltungsgeschichte*, vol. 15, 2003, p. 29-57.

l'adaptation flexible des politiques publiques aux contextes locaux – et le « dogmatisme britannique » – reposant sur l'association rigide de fonctions bien définies à chaque niveau de gouvernement[31]. Si l'on peut volontiers laisser de côté les termes de pragmatisme et de dogmatisme, utilisés de façon volontairement provocatrice, cette opposition semble jouer un rôle central dans la divergence des trajectoires des manufactures de soieries de Lyon et de Londres. Une approche attentive à ces différences institutionnelles permet de mieux comprendre la place des manufactures dispersées dans la transition industrielle des deux pays, mais aussi la position qu'occupaient leurs tisseurs dans le mouvement ouvrier naissant. Elle contribue par là à détailler les « fondements institutionnels des avantages comparatifs[32] », afin de mieux comprendre les raisons historiques de la diversité des capitalismes contemporains, en précisant certains éléments constitutifs de l'identité économique et politique de la France et de l'Angleterre[33].

On suivra pour se faire une perspective chronologique. La première partie de ce travail consistera à récapituler les grandes étapes du développement des manufactures de Lyon et de Londres, tout en resserrant la focale à mesure que l'on s'approchera de la Révolution française et de la période centrale de ce travail. S'il s'agira d'abord d'établir les bases de la comparaison sur le plan économique, l'objectif sera aussi de repérer les fondements de l'ordre institutionnel en construction dans chaque industrie, en examinant la forme des conflits qui y surviennent et de leurs règlements.

La seconde partie s'ouvrira par l'étude plus précise et plus formalisée de leur organisation avant la chute de l'Empire en 1815, pour mieux les relier à leurs soubassements politiques, en s'appuyant sur les résultats précédents. On verra à partir de là comment se structurent les conflits alors que la tension monte entre négociants, pouvoirs publics et ouvriers sous la Restauration. Plus précisément, on étudiera comment tant la

31 D. E. Ashford, *British Dogmatism and French Pragmatism. Central-Local Policymaking in the Welfare State*, Londres, Allen & Unwin, 1982, p. 1-12 et p. 33-59.

32 En référence à l'ouvrage de P. Hall, D. Soskice, *Varieties of Capitalism : the Institutional Foundations of Comparative Advantage*, Oxford, Oxford University Press, 2001, qui peut être considéré comme l'une des références de l'approche de la « diversité des capitalismes » dans laquelle s'inscrit aussi le travail de Bruno Amable, *The Diversity of Modern Capitalism*, *op. cit.*

33 Dont l'ouvrage de D. Todd, *L'identité économique de la France*, Paris, Grasset, 2008, permet de saisir d'autres dimensions, en particulier en matière commerciale.

forme que l'issue de ces conflits sont influencées dans les deux villes par les tensions économiques liées aux développements de la grande industrie, par la manière d'en représenter les enjeux et par le cadre institutionnel dans lequel ils s'inscrivent, jusqu'aux abrogations des Spitalfields Acts en 1824 et du tarif en 1831.

La troisième et dernière partie sera consacrée à l'étude de l'évolution des deux manufactures suite à ces chocs. La possibilité pour les ouvriers britanniques de s'organiser à l'échelle nationale allait logiquement conduire à la mise en avant des intérêts des travailleurs de la grande industrie, auxquels les soyeux londoniens éprouvent des difficultés à s'identifier. On décrira le long processus d'intégration de cette population particulière au sein des *trade unions* naissantes, pendant lequel ces ouvriers vont subir le coût de l'inadaptation du nouvel ordre institutionnel à leur activité professionnelle. À l'inverse à Lyon, les institutions de gouvernement économique local officiellement mises en place au début du XIXe siècle resteront les bases du développement soutenu de la fabrique, et d'un mouvement ouvrier dont la première transposition significative au niveau national se produit avec la Révolution de 1848. C'est dans ce contexte de relative continuité que la manufacture lyonnaise a trouvé les ressources nécessaires à sa croissance régulière, qui se poursuit au moins jusque dans les années 1870, alors que la manufacture anglaise, marginalisée, se trouvait déjà réduite à une sorte de niche que seul le souvenir d'une époque glorieuse pouvait encore maintenir.

PREMIÈRE PARTIE

LA CONSTRUCTION D'UN ORDRE INSTITUTIONNEL

DES ORIGINES AU LENDEMAIN DE LA RÉVOLUTION

La première condition nécessaire pour parvenir à analyser les grandes mutations économiques et politiques de la première moitié du XIXe siècle est de se forger une image précise de l'état de choses qui précédait de tels changements. On tentera en particulier de détailler le processus de construction d'un ordre institutionnel au sein de chaque manufacture, c'est-à-dire d'un ensemble de formes d'organisation et de règles de fonctionnement qui permettent à la fois de répondre à des contraintes économiques spécifiques et d'assurer le partage des charges et bénéfices de l'activité productive. Cet ordre peut alors imprégner en profondeur les pratiques et les représentations que les acteurs se font de leur fonction et ainsi définir le rapport, parfois intime, qu'ils entretiennent avec l'ensemble de la manufacture ou avec certains groupes qui la composent. Mais ceci ne doit pas laisser penser que l'analyse serait bornée à la recherche de ces ordres stables, ou pis, qu'elle serait fatalement tentée de les introduire en fraude pour satisfaire aux besoins de l'analyse. S'il correspond bien aux règles de fonctionnement officielles et aux formes des transactions routinières (ce que Commons appelle les *authorized transactions*) dans chaque industrie, cet ordre institutionnel n'en est pas moins profondément évolutif. Éprouvé par la pratique des acteurs qui adaptent continuellement les règles coutumières de fonctionnement du métier, il subit épisodiquement des réagencements profonds, lorsque les conflits au sujet de ces règles ne trouvent plus d'issue. Un tel blocage remet alors en question le pouvoir qui fonde cet ordre institutionnel, et ouvre la voie aux transactions stratégiques (ou *authoritative transactions*), qui portent sur l'autorité légitime chargée de les fixer et d'en assurer l'application. L'issue de ces transactions détermine ainsi de façon durable les règles de fonctionnement futures de la manufacture, ainsi que la répartition des charges et des bénéfices qu'elles engendrent[1]. L'objectif de cette partie sera d'en retracer le cheminement, les mutations et les constances, jusqu'à la fin du XVIIIe siècle.

Pour en arriver là, une analyse purement objective des conditions de l'offre et de la demande, et de leur évolution dans les deux manufactures,

1 Sur la distinction entre *authorized* et *authoritative transactions*, voir J. R. Commons, *Legal Foundations of Capitalism*, Madison, The University of Wisconsin Press, 1959 [1924], p. 100-108.

constitue un bon point de départ. La mise de l'accent sur les contraintes proprement économiques qui les affectent (comme l'état de la technique, la structure des réseaux de distribution ou les conditions de l'approvisionnement en matière première) permet déjà de délimiter le champ des modes d'organisation possibles de chaque ensemble industriel, et ainsi de pointer certains caractères généraux qui les distinguent. Mais un tel examen se révèle être insuffisant pour au moins deux raisons. La première est liée au manque de données, en particulier quantitatives, qui ne fait souvent que s'accentuer à mesure que l'on remonte dans le temps et qui limite significativement la portée de ce type d'analyse. La seconde, plus fondamentale, est que l'organisation des manufactures résulte aussi et surtout des règles et statuts officiels qui en contrôlaient l'activité. Ainsi, l'étude de leur fonctionnement et de leur performance avant le XIXe siècle ne peut faire l'économie de l'examen des organisations corporatives qui les ont encadrées, de leur émergence à leur déclin, dans la seconde moitié du XVIIIe siècle. Un tel examen est indispensable si l'on veut réellement comprendre les règles du jeu de la production de soieries, dont la spécificité interdit d'adopter toute forme d'approche générique.

Loin de pouvoir être identifiées à un marché standard (le sens exact de ce concept restant sujet à controverses), les soieries étaient des articles de luxe, dont la production et la distribution nécessitaient un savoir-faire ainsi qu'une flexibilité organisationnelle importante[2]. L'examen des règlements corporatifs et leur évolution permet ainsi de comprendre la logique des mesures prises quant aux modalités de l'apprentissage, de l'accès au métier, ou des brevets d'invention. Peut-être davantage que les règlements eux-mêmes, l'étude de l'ensemble des débats qui les entourent permet souvent de poser la question de l'application effective de ces règles, en soulignant les divergences de vues qui ont pu exister au sein de chaque industrie. C'est par exemple à ce niveau que l'on peut à la fois évaluer l'importance du travail à la campagne, les politiques mises en œuvre à son sujet et la manière dont il est perçu par les diverses composantes des deux manufactures. De même vis-à-vis de l'étranger, les lettres et mémoires émanant de la corporation au sujet

2 Dont les ressorts sont décrits par A. Cottereau, « The Fate of Collective Manufactures in the Industrial World », art. cité. Plus récemment, Giorgio Riello a aussi tenté de détailler le fonctionnement de systèmes du même type à Londres au XVIIIe siècle (G. Riello, « Strategies and Boundaries : Subcontracting and the London Trades in the Long Eighteenth Century », *Enterprise and Society*, vol. 9, n° 2, 2008, p. 243-280).

des barrières douanières ou d'autres aspects de la politique commerciale permettent de donner de l'épaisseur aux chiffres bruts du ministère du Commerce et de l'Industrie, et donnent une idée de l'attitude globale des communautés de tisseurs envers la concurrence étrangère.

En plus de fournir un certain nombre d'informations fondamentales sur le plan économique, l'étude de ces matériaux permet aussi de préciser le rôle joué par les communautés de métier dans la mise en œuvre des politiques économiques, en articulation conflictuelle avec les autorités municipale et nationale. C'est ici que l'on tentera de voir dans quelle mesure la place particulière qu'occupait Lyon sur le plan politique, en tant que seconde ville du royaume, a pu avoir des effets différents de ceux que l'on observe à Londres sur la situation des tisseurs. Plus généralement, il s'agira de comprendre les logiques institutionnelles qui se mettent en place sur toute la période concernant la gestion économique et politique des deux manufactures, autrement dit comment se répartissent les tâches de gouvernement entre autorités locales, nationales et communautés de métier. L'autre série majeure d'éléments ouverte par ces sources touche aux luttes intestines qui travaillent les deux industries pour la domination de la communauté et aussi, sur un plan horizontal, aux conflits ou alliances avec d'autres corporations. Là encore, des différences importantes existent dans la structuration des publics qui composent les communautés lyonnaise et londonienne, au milieu de nombreuses similitudes et correspondances toutefois.

L'histoire que l'on s'apprête à présenter sera donc d'abord celle de la progressive institutionnalisation d'une activité économique particulière sous l'égide des organisations de métier, en essayant de souligner les facteurs qui ont permis la réalisation de ce processus. Car l'ordre institutionnel des deux industries entre dans une phase de réagencement profond et décisif dans la seconde moitié du XVIIIe siècle, dont on ne sera pas tout de suite en mesure de saisir pleinement les implications dans les deux cités. Les ferments de ces bouleversements y sont sensiblement les mêmes : la perte de contrôle progressive des organisations corporatives sur leur milieu, de plus en plus nette, laisse place à une lutte binaire entre marchands et ouvriers, dont l'opposition engendre des épisodes de violence collective marquée – notamment en 1744 et 1786 à Lyon, principalement au cours de la décennie 1760 à Londres – qui se cristallisent progressivement autour de la question de la régulation des prix. Mais alors que les tisseurs londoniens obtiennent dès 1773 l'adoption d'une loi en leur faveur, contraignant notamment les maîtres à ne pratiquer que les prix officiels négociables périodiquement avec eux, c'est une suite de tentatives avortées qui sont entreprises par les ouvriers lyonnais, culminant avec la création d'une nouvelle corporation à leur main en 1790, quelques mois avant que les lois d'Allarde et Le Chapelier, puis la Terreur, ne viennent décevoir leurs espérances.

C'est après ces conflits de la seconde moitié du siècle que l'on peut observer dans les deux industries la convergence vers un nouvel ordre institutionnel. Fondées sur la régulation officielle des prix à travers les Spitalfields Acts à Londres, les conditions durables de la paix sociale entre marchands et ouvriers n'ont pas encore été établies à Lyon, où les artisans se sont engagés, suite à leurs désillusions récentes, dans une véritable quête pour la reconnaissance[3]. Ils ne vont cesser par la suite de revendiquer le droit de participer eux-mêmes à la gestion collective de leur manufacture. De même à Londres, un ensemble de pratiques de négociation et de compromis liés à l'administration des listes de prix permise par les nouvelles lois se mettent en place. Toujours est-il que ce processus de tâtonnement se déroule, dans les deux industries, à un moment où les nouvelles revendications de liberté économique et politique, suite à la Révolution française, posent la question des mesures qui seront prises à l'échelle nationale.

Si les termes de cette question ainsi que la nature des réponses qui lui sont apportées présentent évidemment de nettes différences entre la France et l'Angleterre, elles imposent d'étudier dans chaque pays les répercussions de ces choix d'ensemble sur l'organisation particulière de leurs manufactures, c'est-à-dire la complémentarité entre l'ordre institutionnel atteint au niveau national et le mode de régulation de chaque industrie. C'est à l'ébauche de ce rapport, encore instable à la fin du XVIIIe siècle, que l'on tentera de parvenir à l'issue de cette partie.

---

3 R. J. Bezucha, *The Lyon Uprising of 1834*, Cambridge, Harvard University Press, 1974, p. 11, note comment la fin de la Grande Fabrique indique déjà que « la recherche d'une forme alternative d'organisation allait dominer le futur de la communauté [des canuts] ».

ÉTABLISSEMENT ET PREMIERS DÉVELOPPEMENTS DE DEUX MANUFACTURES NON INDIGÈNES

Bien que la présence d'une industrie de la soie à Lyon au XIXe siècle apparaisse parfois comme naturelle, tant la ville fut marquée par son développement, son installation résulte en fait d'un processus d'importation assez chaotique, engagé par le pouvoir royal à la fin du XVe siècle. La production de soieries dans la capitale anglaise est également apparue assez tardivement, et a été développée en particulier grâce à l'afflux régulier de migrants à partir du XVIe siècle. L'implantation « artificielle[1] » des deux industries constitue ainsi le premier élément qui permet de les rapprocher.

L'art du tissage de la soie pendant la Renaissance est en effet italien. Rapportés d'Orient à partir du XIIe siècle par les marchands, les vêtements et autres textiles de soie génèrent une demande croissante qui entraîna bientôt la création d'industries soyeuses dans différentes villes de la péninsule : c'est le cas de Venise, Gênes et Milan, qui profitent de leur situation commerciale centrale pour attirer travailleurs et technologies, mais aussi des villes de Toscane comme Lucques, Florence, Pise ou Arezzo, qui développent leurs propres techniques et savoir-faire[2]. Dans le sillage de la production de soieries, la culture du ver à soie s'installe progressivement dans les provinces italiennes, relâchant peu à peu leur dépendance vis-à-vis de l'approvisionnement en matière première.

---

1 Adam Smith souligne notamment comment ces manufactures « avaient été introduites par l'action violente des fonds de certains marchands et entrepreneurs », par opposition au cas où elles « s'établissent naturellement, par le raffinement graduel des manufactures domestiques et grossières » (A. Smith, *La Richesse des nations*, *op. cit.*, p. 462-463).

2 M. F. Mazzaoui, « Artisan Migration and Technology in the Italian Textile Industry in the late Middle Ages (1100-1500) », *Strutture familiari epidemie migrazioni nell'italia medievale*, éd. R. Comba, G. Piccinni, G. Pinto, Naples, Edizione Scientifiche Italiane, 1984, p. 525.

C'est à partir de cette période et tout au long du XVe siècle que le tissage de la soie va progressivement se décaler plus à l'ouest et au nord de l'Europe, suivant les implantations des marchands italiens, alors que l'Italie conservera plusieurs siècles sa place centrale dans la production de soie brute. Une fois ce canal de diffusion identifié et en vertu de ses célèbres foires, dominées par les grandes familles florentines, Lyon apparaissait comme une ville particulièrement propice à l'implantation d'une manufacture de soieries. Louis XI en premier tenta ainsi de transformer la prédominance qu'elle avait dans leur commerce, dont elle jouissait déjà du monopole depuis 1450, en avantage industriel, par une ordonnance du 23 novembre 1466 qui octroie privilèges et faveurs à tout tisseur opérant dans la ville.

La manière dont cette dernière fut reçue à Lyon et les débats qui s'ensuivirent donnent déjà un certain nombre de renseignements sur les relations entre autorités locale et nationale au sujet de la conduite de la politique économique, et plus généralement sur la construction de l'identité politique particulière de la ville. L'ordonnance de 1466 se heurta en effet à l'hostilité du consulat, le corps gouvernant de la ville de Lyon, qui refusait de faire reposer le coût de la mesure sur les taxes locales comme il était prévu et y voyait une tentative du Roi d'attenter à son indépendance. Ne pouvant néanmoins s'opposer de front à la volonté royale, il se contenta d'en compliquer la mise en application, ce qui porta ses fruits puisque, trois ans après l'entrée en vigueur de la mesure et devant le peu d'enthousiasme qu'elle avait suscité, les privilèges furent annulés et redirigés vers la ville de Tours, où repartirent les quelques ouvriers qui s'étaient installés à Lyon dans l'intervalle.

Pendant une cinquantaine d'années, quelques tisseurs subsistaient qui ne généraient qu'une infime partie de l'activité de la ville, avant que deux marchands piémontais, Turquet et Nariz, viennent soumettre un nouveau projet au consulat, qui aboutira en 1536. Ces derniers veulent profiter de la venue du Roi à Lyon pour lui demander d'accorder une nouvelle fois des privilèges à tout tisseur qui viendrait s'y installer pour développer son art. Ce projet présente deux différences nettes avec celui qu'avait proposé Louis XI. La première est qu'il ne provient justement pas du Roi mais du consulat, et ensuite qu'il ne ressemble plus à la création d'une manufacture royale, dont la direction restait floue, mais qu'il est clairement présenté comme une « entreprise faite avec l'appui de la royauté, mais en dehors de sa direction, qui garde son caractère d'initiative privée favorisée par des privilèges[3] ».

Les nouvelles mesures prises par François Ier allaient cette fois être suivies d'effets. Des ouvriers en soie, dont le nombre augmente lentement mais régulièrement jusqu'à la fin du siècle, viennent s'installer à Lyon et s'y efforcent d'égaler la qualité des tissus italiens. Le recensement de 1575 fait ainsi état d'un peu plus de deux cents maîtres et compagnons travaillant dans la ville, sans compter les femmes de maîtres (qui constituent une importante force de travail), les apprentis et les emplois auxiliaires. Ce chiffre passe à 716 maîtres en 1621, qui emploient 692 compagnons et apprentis, soit un effectif total de 1 408 personnes. D'après le livre de visite tenu à partir de 1660, cet effectif était la même année de 2 459[4]. C'est au cours de cette période de croissance, où seule une très faible part de la population lyonnaise est occupée par la manufacture, que se construisent les statuts et les règles de la communauté des maîtres marchands et maîtres ouvriers fabricants en étoffes d'or, d'argent et de soie, la Grande Fabrique, à laquelle on peut associer les sept autres communautés d'arts et métier qui concernent directement le travail de la soie[5]. Aucune d'entre elles ne constitue d'ailleurs un métier juré, dépendant de la royauté. Elles émergent au contraire, en vertu des privilèges et franchises de la ville de Lyon, du régime de la liberté du travail, affranchi des maîtrises, jurandes et chefs-d'œuvre. Mais ce n'est peut-être pas dans l'exercice du métier lui-même, dont les règles vont rapidement se rapprocher de celles en vigueur dans bien d'autres corporations, qu'il faut prioritairement chercher les effets de cette différence. En revanche, celle-ci constituait à coup sûr une ressource pour les communautés de métier et l'administration municipale pour défendre et conserver une certaine autonomie[6].

---

3 J. Godart, *L'ouvrier en soie. Monographie du tisseur lyonnais. Étude historique, économique et sociale*, Lyon et Paris, Bernoux et Cumin, 1899, p. 16.

4 Tous ces chiffres proviennent de la table dressée par J. Godart, *ibid.*, p. 26.

5 M. Garden, *Lyon et les lyonnais au XVIIIe siècle*, Paris, Les Belles Lettres, 1970, p. 276.

6 La tradition d'autonomie locale dans la gestion des affaires de la ville débute avec la création du consulat en 1320, quelques années après le rattachement de Lyon au Royaume de France en 1312. Permettant aux bourgeois lyonnais de s'émanciper du pouvoir de l'archevêque et du chapitre, il est composé de douze consuls échevins élus qui nomment les terriers et maîtres des métiers. Ces derniers élisent en retour six nouveaux échevins tous les deux ans. Ce système de cooptation, qui favorise la prise du pouvoir par une minorité ploutocratique, va rapidement s'exercer aux dépens des maîtres des métiers : en

Un autre point qu'on peut signaler ici est la relation privilégiée qu'entretenaient les membres de la communauté avec la religion catholique. Cette communauté a reposé dès le départ sur une organisation plus compacte et moins officielle, d'où la difficulté d'en retracer l'histoire précise. Récoltant les contributions des maîtres, la confrérie des maîtres ouvriers en soie avait pour tâche principale de renforcer les solidarités communautaires, largement empreintes de la morale et des rituels catholiques. Elle veillait ainsi à la bonne observation des cultes, des jours de repos et de fêtes par les membres de la communauté, et s'occupait en contrepartie de la célébration des enterrements, de l'organisation des messes solennelles, ainsi que de la distribution de pain bénit et autres œuvres charitables. C'est surtout elle qui exclut de la communauté tout ouvrier ne faisant pas partie de la religion catholique apostolique et romaine, et qui fait placer les obligations afférentes en tête des règlements. Les premières traces de l'existence de la confrérie datent de 1624, avant le déménagement de sa chapelle dans l'église des dominicains en 1641. À partir de cette période, il semble que son rôle se cantonna

1495, les échevins sont désormais élus par le corps commun de la ville, regroupant « les plus notables, suffisants et idoines » (C. Rubys, *Les privilèges, franchises et immunités octroyées par les Roys très chrétiens aux Consuls, Eschevins, manans et habitants de la ville de Lyon, et à leur postérité*, Lyon, Antoine Gryphe, 1574, p. 50). En l'absence d'aristocratie, il s'instaure progressivement une sorte d'échelle de notabilité alternative sur laquelle la richesse, en plus du prestige intellectuel ou des titres universitaires, figure toujours en bonne place. Les modalités d'élection sont encore modifiées en 1595, où le nombre d'échevins est réduit à quatre, accompagnés d'un prévôt des marchands dont la désignation ne peut plus se faire sans l'accord du Roi à partir de 1603. Bien qu'il ne dispose que de pouvoirs très limités en matière de police ou de justice, le consulat jouit du « droit d'user presque sans contrôle des [considérables] deniers publics » (M. Garden, *Lyon et les lyonnais au XVIIIe siècle*, *op. cit.*, p. 489), et consacre des dynasties entières d'échevins à la tête de la ville. Malgré les tentatives d'en formaliser les critères d'élection et modalités de fonctionnement à la fin du XVIIe siècle, le seul véritable prérequis pour accéder aux fonctions municipales, en dehors de la noblesse de la naissance (acquise en devenant échevin), reste la fortune personnelle. En contrepartie des titres accordés aux membres du corps de ville et au statut spécial dont ils bénéficient, la royauté obtient de Lyon qu'elle reste une ville paisible et fidèle à sa cause. La réforme du système municipal introduite en 1764 ne changea rien au caractère exigu de sa base sociale, dont les négociants forment une partie de plus en plus importante, au contraire des représentants des corps de métier. Cette réforme prévoyait de faire élire le consulat par un corps de ville, lui-même élu et inclus dans l'assemblée générale des notables, qui représente la commune de Lyon. En pratique, ces deux derniers corps ne sont convoqués que très irrégulièrement et le consulat gouverne sans entrave véritable comme auparavant. Seul le nouveau mode d'élection de ses membres redonne un peu plus de vie à cette élite politique, avant que le consulat ne soit définitivement effacé par la Révolution, précédant l'élection du premier maire de Lyon en 1790.

progressivement et de plus en plus à celui d'un accessoire, qui reflète les changements qui surviennent dans la communauté plus qu'elle ne les initie, jusqu'à sa disparition définitive en 1777[7].

Le premier règlement marquant de la communauté fut adopté en 1554. S'il y est bien fait mention de maîtres et de compagnons, c'est la situation effective de ces artisans (s'ils travaillent à leur compte ou pour un autre) qui permet de les ranger dans l'une ou l'autre catégorie, il n'y a pas d'attribution officielle de ces titres par le corps. Le gros des articles concerne plutôt les règles de fabrication et les modalités du règlement des contentieux entre les différents maillons de la chaîne productive, dont l'important potentiel constitue une caractéristique centrale de la manufacture. Contre ce vice, il est prévu que quatre maîtres gardes soient nommés, pour moitié par les maîtres et pour moitié par le consulat afin de visiter les ateliers et sanctionner les fraudes. Aucun statut n'encadre donc l'accès à la profession jusqu'au règlement de 1596, demandé par des maîtres dont le nombre ne cesse de croître, alors que les difficultés de la fin du siècle rendent le travail plus rare[8]. Devant faire face à une concurrence accrue, ils réclament le paiement d'une taxe aux membres du consulat pour que ceux-ci délivrent la maîtrise, désormais transmissible de père en fils. Surtout, les statuts et obligations des maîtres, compagnons et apprentis sont formalisés. Ces derniers doivent suivre une formation de cinq ans pour devenir compagnon, cinq ans supplémentaires étant requis pour pouvoir prétendre accéder à la maîtrise. Les maîtres quant à eux ne peuvent employer plus de deux apprentis simultanément. Enfin, l'accès des étrangers est restreint, tout compagnon n'ayant pas effectué son apprentissage à Lyon est chargé d'apporter la preuve qu'il l'a achevé ailleurs pour exercer son activité en ville et seuls les apprentis provenant des provinces limitrophes, dont le nombre varie au gré des règlements, sont acceptés par la communauté[9]. Ainsi, c'est avec ce règlement de 1596, qui

7 Comme l'écrit J. Godart, *L'ouvrier en soie*, *op. cit.*, p. 303 : « la confrérie précéda la corporation et peu à peu lui céda la place, les intérêts professionnels primant bien vite les intérêts spirituels ». On peut se référer à propos de la confrérie à l'ensemble du chapitre qu'il lui consacre des pages 301 à 323. Voir aussi M. Garden, *Lyon et les lyonnais au* XVIII*e siècle*, *op. cit.*, p. 554-555.

8 Des famines et épidémies récurrentes viennent en effet tourmenter la ville dans la seconde moitié du siècle, lesquels tourments sont encore augmentés par les troubles liés aux guerres de religion. Les protestants furent d'ailleurs interdits d'exercice du métier suite à ces épisodes, du début des années 1580 au début de la décennie suivante.

9 J. Godart, *L'ouvrier en soie*, *op. cit.*, p. 149.

n'est formellement qu'un addendum à celui de 1554, que débute réellement l'encadrement du métier par la communauté.

L'exposé de ces règlements placés les uns à la suite des autres peut instiller deux erreurs importantes, que l'on essaiera autant que possible d'éviter. La première consiste à sous-estimer la complexité de leur origine. Après avoir été suggérés directement par les maîtres, par le consulat ou par l'intendance du Roi, ils sont ensuite débattus au sein de la communauté dont les membres, en cas de désaccord, envoient mémoires et pétitions pour y résister. La mise en place d'un nouveau règlement résulte ainsi d'un jeu complexe et souvent tendu entre l'intendant, le consulat et la communauté, dont le schéma type oppose le pouvoir central aux autorités locales, qui construisent leur autorité sur le contrôle des communautés de métier, comme on l'a vu lors des premières tentatives royales de création de la manufacture. La seconde faute serait de confondre la lettre des règlements avec la manière dont ils sont appliqués. Les grandes régulations qui encadrent le fonctionnement de la manufacture sont d'abord régulièrement amendées et sont surtout travaillées en continu par la pratique des acteurs, à travers laquelle se fixe leur interprétation collective et par suite les modalités de leur mise en application. Le fossé entre la règle officielle et sa mise en pratique constitue une difficulté récurrente, dont il est souvent difficile de saisir précisément l'ampleur et la nature.

Les règles de la manufacture évoluent ainsi de manière incrémentale, par va-et-vient entre le terrain et les différentes sphères décisionnelles, et sont parfois renouvelées plus en profondeur suite aux périodes de grande mutation. C'est à l'une de ces périodes que l'on peut assimiler le XVIIe siècle, souvent identifié comme l'âge d'or de la fabrique, allant de la stabilité retrouvée après la chute de la Ligue (à laquelle Lyon s'était ralliée) jusqu'à la fin du règne de Louis XIV. Cet âge d'or correspond en fait à l'affirmation de la manufacture lyonnaise sur le marché européen comme une industrie de pointe, désormais capable de concurrencer ses aînées italiennes et qui prend définitivement le pas sur ses concurrentes nationales de Tours et de Paris. À l'intérieur de sa coquille réglementaire de 1596, elle est d'abord marquée par l'introduction d'un nouveau métier, le métier Dangon (du nom du marchand milanais à qui en est attribuée l'invention), qui permet de développer la production des tissus façonnés, plus complexes et plus prestigieux, qui deviennent le fleuron de la manufacture. Après que les premiers migrants ont apporté la fabrication des riches taffetas et des velours, Lyon ajoute maintenant à sa gamme les tissus les plus difficiles à réaliser, en plus de ceux plus communs « à la petite navette », rubans et bas de soie dont elle maîtrisait depuis longtemps la production[10].

Le nouveau règlement de 1619 n'apporte pas de changement drastique, mais confirme la mainmise des maîtres sur la corporation dont les marchands, qui commanditent pourtant une bonne partie de leur ouvrage, sont toujours exclus. Les articles vont en effet toujours dans le sens de la protection du statut de maître. Le compagnonnage passe notamment d'une durée de deux à cinq ans, et l'obligation du chef d'œuvre, réclamée par les maîtres de longue date, est encore établie. Le fait qu'une telle épreuve finale, pourtant si importante dans beaucoup d'autres corps de métiers, reste et restera toujours anecdotique et dénuée de toute symbolique à Lyon témoigne bien du caractère purement instrumental de son instauration. Toutefois, ces mesures quelques peu malthusiennes ne suffisent pas à restreindre le développement de l'industrie, dont le nombre de métiers passe de 1 348 en 1621 à 7 560 en 1739, concentrés sur la rive droite de la Saône et sur la presqu'île[11].

C'est sous le règne de Louis XIV que la manufacture traverse une crise de croissance importante, légitimant une refonte de son organisation encore stimulée par la politique économique de Colbert, qui porte plus nettement son attention sur elle dans les années 1660. Il s'étonne alors de la faiblesse des règles qui norment la taille, le poids, les couleurs et l'origine des étoffes produites à Lyon, et voient dans leur renforcement un moyen d'améliorer leur qualité générale, ce qui est à ses yeux le meilleur moyen d'assurer les débouchés des produits français[12]. Et il est vrai qu'il s'agissait alors pour Lyon d'asseoir son image en tant qu'industrie de luxe, les marchands devant souvent encore faire passer leur marchandise comme italienne pour l'écouler sur les marchés internationaux. Colbert

10 E. Pariset, *Histoire de la fabrique lyonnaise : Étude sur le régime social et économique de l'industrie de la soie à Lyon, depuis le XVIe siècle*, Lyon, A. Rey, 1901 p. 70.

11 Toujours d'après les chiffres de J. Godart, *L'ouvrier en soie*, *op. cit.*, p. 26.

12 L'accent placé sur la qualité des produits semble en effet avoir été l'une des caractéristiques fondamentales des idées de Colbert en matière économique, sans qu'elle constitue forcément un trait particulièrement original. Voir à ce sujet les réflexions de P. Minard, *La fortune du colbertisme. État et industrie dans la France des Lumières*, Paris, Fayard, 1998, p. 153-162.

n'a donc sur ce point aucun mal à s'entendre avec l'archevêque de Lyon et surtout avec le prévôt des marchands, son principal interlocuteur dans l'élaboration du règlement. Dans ses lettres au célèbre ministre, ce dernier use d'un argumentaire récurrent dans la Grande Fabrique pour légitimer le bien-fondé des règlements, qui permettent de contrevenir à ce danger que « les plus malhabiles veulent tout faire à bon marché. Ainsi ils ruinent les bons qui, en gagnant leur vie honnêtement, voudraient bien donner quelque réputation à leurs ouvrages[13] ». Et cela est valable, au départ du moins, des ouvriers autant que des marchands. Le risque est que des négociants sans scrupule, ne connaissant rien au métier, embauchent des ouvriers « fripons et négligents[14] », et surtout insuffisamment qualifiés, dont les travaux peuvent porter préjudice à l'industrie dans son ensemble.

La solution simple passe selon lui par un contrôle accru de la main d'œuvre, via un meilleur processus d'enregistrement, ainsi que par l'obligation pour les marchands de servir un apprentissage. Du côté des ouvriers, la principale innovation est celle du livret d'acquit, qui force l'artisan à solder ses comptes avec son ancien maître avant de s'engager au service d'un autre, à moins que celui-ci ne prenne sur lui ses dettes, au moyen d'un billet (dit alors billet d'acquit) qu'il remet à son homologue[15]. Les premières annonces du nouveau règlement suscitent immédiatement de vives contestations, tant de la part des ouvriers que des marchands. Les premiers y voient un asservissement aux marchands, les seconds dénoncent l'absurdité qu'il y a à les forcer d'accomplir un apprentissage, alors que beaucoup d'entre eux sont devenus éminents sans l'avoir achevé. Mais ceci laisse entrevoir un point central, peut-être le plus important du règlement : les marchands, jusqu'alors toujours exclus de la communauté (au moins statutairement), y feraient leur entrée, et ce en position de force. Car le prévôt, s'il dit s'être concerté avec toutes les parties, a en fait convoqué une commission de 50 membres choisis par lui, et non

13 E. Pariset, *Histoire de la fabrique lyonnaise*, *op. cit.*, p. 83.

14 *Ibid.*, p. 85.

15 Pour plus d'informations sur ce point, on peut se reporter à A. Cottereau, « The Fate of Collective Manufactures in the Industrial World », art. cité, p. 119-126, J. Godart, *L'ouvrier en soie*, *op. cit.*, p. 181-190, et S. Hupfel, « Les canuts et l'argent. La caisse de prêts aux chefs d'atelier en soie dans *L'Écho de la fabrique* », *L'Écho de la fabrique : naissance de la presse ouvrière à Lyon, 1831-1834*, éd. L. Frobert, Lyon, ENS Éditions, Institut d'histoire du livre, 2010, p. 197-200.

une assemblée générale conformément aux usages, ce que dénoncent les maîtres ouvriers. On fait par suite plus de cas des réclamations des marchands que de celles des ouvriers. Le prévôt demande par exemple à Colbert la suspension de l'apprentissage obligatoire pour les négociants déjà en exercice, accordée dans la version finale du règlement. Ainsi les marchands, bien plus influents auprès du consulat, parviennent enfin à traduire leur poids économique dans les statuts de la communauté, dont ils prennent la tête. L'un des symboles de cette domination, qui focalise les controverses, est le passage à quatre maîtres gardes désignés par le consulat pour deux issus de l'assemblée des maîtres ouvriers. Il s'agit là indéniablement d'un tournant dans l'histoire de la manufacture, pendant lequel se mettent en place les éléments qui formeront le théâtre de la lutte entre maîtres ouvriers et marchands pour la domination de la communauté au XVIIIe siècle

L'autre fait nouveau est l'importance croissante prise par le pouvoir central, de concert avec le consulat, dans la gestion de la manufacture, qui ouvre l'ère du contrôle des produits et modes de production lyonnais (d'abord assuré par les inspecteurs royaux puis rapidement délégué aux maîtres gardes), dont les définitions précises sont consignées dans un règlement beaucoup plus volumineux que les précédents. Ceci montre bien comment la relative autonomie du consulat, qui constitue sans doute une vraie spécificité lyonnaise, ne se traduit pas par une opposition permanente aux mesures royales. Il y a en fait un arbitrage à faire pour le corps de ville entre les subsides, honneurs et privilèges provenant de la royauté et l'intensité de son emprise sur les milieux économiques locaux, qui peut à la fois le conduire à s'opposer sans ambiguïté à la volonté royale comme à en devenir le loyal sujet, selon les configurations. On pourrait ainsi décrire cette relation comme une articulation conflictuelle, sur fond d'« une lente, mais incessante sujétion au pouvoir royal[16] ». L'identification de la nature de cette relation, à travers la compréhension des termes de ces arbitrages, constituera l'un des éléments clefs des analyses qui vont suivre.

Enfin, cette brève histoire de l'âge d'or de la fabrique ne doit pas éluder les nombreuses difficultés qui l'ont marquée. Outre les crises ponctuelles caractéristiques de cette industrie de luxe, comme celles de 1609, 1619, 1627, 1649 et 1665, la guerre commerciale que livre la Monarchie aux

16 M. Garden, *Lyon et les lyonnais au XVIIIe siècle*, *op. cit.*, p. 488.

autres puissances, à coup de tarifs douaniers et de prohibitions, vient encore perturber son activité. L'entrée en vigueur du règlement de 1667 entraîna de nombreux troubles, déclenchant plusieurs petites émeutes qui firent hésiter l'archevêque à l'appliquer avec trop de minutie, malgré les pressions exercées par Colbert[17]. Si ces nouvelles règles ne s'imposent qu'avec difficulté, elles définissent tout de même et pour longtemps les grands principes du fonctionnement de la manufacture. Les débats qui l'agitent se polarisent alors autour du conflit entre marchands et ouvriers. Les premiers obtiennent en 1698 qu'un versement de 5 000 livres soit exigé pour occuper la fonction de maître garde, gain qui sera annulé deux ans plus tard par les maîtres ouvriers, qui arrachent du même coup la représentation paritaire au conseil, dont la composition est à nouveau modifiée en faveur des marchands en 1702. Les régulations touchant à l'acquit, c'est-à-dire aux avances et aux modalités financières du changement de maître marchand, autre symbole de la dépendance des ouvriers, évoluent à peu près au même rythme, au gré des pressions récurrentes exercées en sens inverse par les différentes parties.

Si une sorte de confrontation binaire est ainsi instaurée au sein de la fabrique, il faut rappeler qu'on est bien loin de toute forme de lutte de classes, tant l'esprit de corps y est encore puissant. Bien que les ferments de la discorde soient introduits, l'horizon des ouvriers reste largement cantonné aux limites de la communauté, dont ils aperçoivent toutefois le sommet de moins en moins nettement.

Conformément à l'idée générale selon laquelle les techniques italiennes de tissage se sont diffusées à partir du XVe siècle, il semble logique que l'implantation d'une manufacture de soieries en Angleterre ait été retardée de près d'un demi-siècle par rapport à ses concurrentes du continent, et en particulier à Lyon. Bien que le tissage de la soie était déjà apparu à Londres et probablement en d'autres places des îles britanniques dès le Moyen-Âge, il était alors limité aux tissus simples et de petite taille : lacets, ceintures, rubans et autres accessoires vestimentaires[18].

---

17 E. Pariset, *Histoire de la fabrique lyonnaise*, *op. cit.*, p. 107-108.

18 Cette distinction renvoie en anglais à la distinction entre textiles de type *narrow* et *broad*, qui renvoie elle-même à des différences dans les techniques de production sur lesquelles on reviendra plus en détail dans la suite. Sur la production de soieries à Londres à la fin du Moyen Âge, voir M. K. Dale, « The London Silkwomen of the Fifteenth century », *Economic History Review*, vol. 4, n° 3, 1933, p. 324-335.

La production en quantité significative des premiers taffetas et draps de soie ne débuta qu'au cours de la seconde moitié du XVIe siècle, coïncidant avec l'arrivée de nombreux migrants protestants des Provinces-Unies et de France, fuyant la violence des guerres de religion.

Il est difficile de se forger un jugement définitif sur le nombre exact de ces premiers migrants, leur origine, ou les savoir-faire dont ils étaient porteurs, étant donné le manque de sources fiables dont on dispose, ce qui a pu alimenter certaines controverses[19]. Il semble toutefois assez clair que la majorité des arrivants de cette première vague étaient originaires de Flandres, du Brabant et d'autres provinces wallonnes, fuyant le jugement du Conseil des Troubles au cours des décennies 1560 et 1570. Les réfugiés français provenaient quant à eux plutôt de Paris et Tours, Lyon n'ayant jamais été, comme on l'a vu, une place propice à l'exercice du métier de tisseur pour les partisans de la Réforme. Luu évalue à 183 le nombre d'étrangers établis à Londres se décrivant comme *silk weavers* en 1571. Se répartissant selon des critères ethniques un peu partout dans la capitale, un noyau central se constitue déjà à l'est de ses murs, autour de Bishopsgate[20]. L'autre hypothèse qui jouit d'une certaine assise empirique concerne l'origine professionnelle des migrants. Si la majeure partie d'entre eux avaient sans doute une expérience du tissage de la laine, ou même de certains articles de soie mélangée, c'est sur place qu'ils « devinrent réellement ouvriers en soie[21] ».

À la suite de ce premier pic d'implantation de la fin du XVIe siècle, des migrants continuent à alimenter les effectifs de la manufacture londonienne naissante, à un rythme plus lent mais régulier : 118 nouveaux

19 Résumées par L. B. Luu, *Immigrants and the Industries of London, 1500-1700*, Aldershot, Algate, 2005, p. 175-176. R. Davis, *The Rise of the Atlantic Economies*, Ithaca, Cornell University Press, 1973, date ainsi le décollage véritable de la manufacture à l'arrivée des migrants huguenots français dans les années 1680, alors que C. G. A. Clay, *Economic Expansion and Social Change : England 1500-1700*, Cambridge, Cambridge University Press, 1984, privilégiant lui aussi le rôle des migrants français, en fait remonter l'émergence à la fin du XVIe siècle. L'ouvrage classique de G. Unwin, *The Gilds and Companies of London*, Londres, Allen & Unwin, 1966 [1908], ainsi que celui, plus récent, de E. Kerridge, *Textile Manufactures in Early Modern England*, Manchester, Manchester University Press, 1985, s'accordent avec Clay en matière de chronologie mais insistent sur les apports conjoints des migrants français et néerlandais.

20 L. B. Luu, *Immigrants and the Industries of London*, *op. cit.*, p. 193-196.

21 Pour reprendre le mot de N. K. A. Rothstein, *The Silk Industry in London, 1702-1766*, MA thesis, University of London, 1961, p. 28, encore renforcé par les résultats de L. B. Luu, *Immigrants and the Industries of London*, *op. cit.*, p. 188-193.

maîtres et ouvriers étrangers sont ainsi admis dans la corporation entre 1610 et 1664[22]. Contrairement à leurs homologues lyonnais, les tisseurs en soie londoniens ne disposent pas d'un organe de régulation propre, mais font partie de la London Weavers' Company[23], qui regroupait l'ensemble des ouvriers textiles de la ville. Leur influence au sein de la Company augmenta toutefois avec leurs effectifs, entraînant la précision des règles qui encadraient leur activité. D'abord sous le contrôle des maîtres, une régulation assez fruste mais rigide fixait les modalités de l'apprentissage, du contrat entre maître et compagnon, et surtout de l'admission de nouveaux membres, en particulier étrangers. Des procédures simples et systématiques sont ainsi rapidement mises en place à leur égard, qui favorisent l'importation des techniques et savoir-faire supérieurs venus d'outre-Manche. Les règles touchant à l'apprentissage et aux termes des contrats sont quant à elles relativement classiques, comparables à celles d'autres corporations : sept ans d'apprentissage, nombre d'apprentis limité à trois par maître, interdiction d'employer un compagnon sans preuve d'exécution de son apprentissage etc.

Point n'est donc besoin de s'appesantir comme à Lyon sur les spécificités d'un régime du travail particulier, et les disparités qu'il a pu présenter avec les règlements d'autres métiers jurés. De la même manière, le jeu conflictuel qu'on y a observé entre autorités locales, nationales et communautés de métier n'y apparaît pas immédiatement, le contrôle de la manufacture ne constituant pas à ce moment un enjeu de grande importance pour l'autonomie municipale, dont les prérogatives ne sont d'ailleurs pas remises en cause[24].

---

22 L. B. Luu, *ibid.*, p. 197.

23 Créée en 1155, il s'agissait d'une des plus anciennes corporations de Londres, qui s'était notamment épanouie sous les Tudors. Son organisation ne différait pas fondamentalement de celles d'autres métiers : elle était placée sous la direction tournante d'un maître (*upper bailiff*), d'un trésorier (*renter bailiff*) et de deux adjoints (*renter wardens*), appelés « the Four in place », issus d'une assemblée de 6 à 24 membres de la Company (voir sur ce point N. K. A. Rothstein, *The Silk Industry in London*, *op. cit.*, p. 69, et dans une optique plus large F. Consitt, *The London Weavers' Company*, Oxford, Clarendon Press, 1933). L'une des charges essentielles de l'ensemble de ce corps était d'arbitrer les conflits industriels internes à la Company, au cours de réunions hebdomadaires qui se déroulaient dans ses locaux (G. Unwin, *The Gilds and Companies of London*, *op. cit.*, 1966 [1908], p. 43-46).

24 Les principaux organes de gestion des *boroughs* anglais, qui prennent au cours du XVIIe siècle le nom de *corporations*, disposaient comme le consulat lyonnais d'une large autonomie financière, qui faisaient d'eux l'une des forces essentielles d'opposition au parlement, ce qui est particulièrement vrai des riches *corporations* londoniennes comme celle de la City.

La véritable spécificité de la Company, qui tranche nettement avec la Grande Fabrique, est plutôt constituée par son ouverture, au moins à deux niveaux. Ayant assimilé les expériences de migration et d'importation qui l'ont enrichies, elle conserve toujours une grande tolérance vis-à-vis des nouveaux entrants, relativement à la plupart des autres organisations de métier, et ce malgré les tensions engendrées par le nombre croissant d'étrangers qui s'y engagent. À titre de comparaison, les autorités de la Grande Fabrique puisent dans un héritage similaire davantage pour alimenter les craintes de fuites des techniques, légitimant une politique d'admission très restrictive. Sur le plan des occupations ensuite, les statuts des maîtres, compagnons (*journeymen*) et marchands[25] sont définis de manière moins précise. Ces derniers semblent d'ailleurs avoir été présents en son sein dès la création de la manufacture, sans que leur statut soit précisément formalisé.

Néanmoins, ceci ne signifie pas que les quelques grandes règles qui encadrent le fonctionnement de l'industrie britannique n'aient été appliquées avec le plus grand zèle. Le contrôle des ateliers est ainsi renforcé tout au long du XVIIe siècle, ainsi que les règles d'admission à la corporation pour les étrangers, toujours soupçonnés d'alimenter une concurrence déloyale, sans partager leur savoir-faire avec les artisans locaux. Et il est vrai que les ouvriers soyeux d'origine néerlandaise ou

---

Présentant toujours une certaine similitude avec le cas lyonnais, les communautés de métier constituaient depuis le Moyen-Âge une voie d'accès privilégiée à ses postes clefs, dont l'intérêt avait progressivement diminué avec l'augmentation de la taille de la cité (G. Unwin, *ibid.*, p. 28-46). Plus globalement, la structure du gouvernement local britannique est caractérisée par un enchevêtrement d'institutions aux compétences variées, dont les zones d'exercice ne sont pas harmonisées géographiquement. L'administration de l'aide aux pauvres était ainsi organisée à l'échelle des paroisses, au sein desquelles opéraient encore les différentes justices de paix (*Quarter Sessions*). Ce système complexe ne sera profondément rénové qu'à partir de l'adoption de la loi de réforme municipale de 1835 (voir sur ces thèmes J. Moore et R. Rodger, « Municipal Knowledge and Policy Networks in British Local Government, 1832-1914 », art. cité, et K. B. Smellie, *A History of Local Government*, *op. cit.*).

25 Il existe une distinction à Londres, qui tient à sa position centrale sur le marché européen des soieries, entre *mercers* (merciers), qui disposent d'une boutique en ville, et *merchants* (négociants), qui écoulent les articles sur l'ensemble des foires et boutiques des capitales européennes, et peuvent eux aussi posséder une boutique à Londres. Le terme de *merchant* peut aussi être utilisé au sens large pour désigner ces deux types de fonctions réunies. Alors que les magasins des premiers sont plutôt concentrés autour de Covent Garden et Ludgate Hill, au contact de la clientèle riche de la capitale, les maisons des seconds sont regroupées à la City et à Cheapside, non loin des ateliers des tisseurs.

française ont cultivé un esprit de groupe marqué, qui convenait bien au rythme erratique imposé par ce travail, mais ne facilitait sans doute pas l'insertion sociale. Malgré cela, les maîtres d'origine étrangère semblent avoir fait appel tout au long du siècle et en majorité à des apprentis locaux, même si l'on peut penser, compte tenu de leur origine sociale peu favorable, que leur travail se limitait aux tâches les plus élémentaires[26]. Il s'agit là d'un paramètre décisif pour la diffusion des connaissances et, sur le long terme, pour l'intégration de ces populations migrantes à la manufacture.

Suivant cette phase de croissance régulière d'environ 70 ans (de 1590 aux années 1660), la remontée des tensions religieuses sur le continent, notamment à travers la politique de conversion initiée par Louis XIV, allait être la source d'une seconde grande vague d'implantation où les migrants français, huguenots pour beaucoup d'entre eux, étaient cette fois largement majoritaires. C'est l'importance de cette seconde vague qui força la corporation à durcir encore ses procédures d'admission. Pas moins de 168 maîtres d'origine étrangère sont ainsi admis entre 1666 et 1677, borne postérieure à partir de laquelle les autorités de la Company décident de ne plus accorder la maîtrise aux maîtres étrangers dont le titre a été transmis par filiation, sauf en certains cas exceptionnels. Ces chiffres laissent penser que, en incluant l'ensemble de la main d'œuvre associée (compagnons, épouses de maîtres, mouliniers etc.), la totalité des travailleurs d'origine étrangère représentait à cette période environ 2000 personnes, sans compter ceux qui exerçaient en dehors du contrôle de la corporation[27].

C'est également à cette période que la manufacture s'ancre véritablement à l'est des murs de la ville, et que son nom s'associe irrémédiablement à la banlieue de Spitalfields, où résident en majorité les tisseurs. La production d'étoffes unies plus nobles et de plus grande taille se développe progressivement, sans toutefois que les autorités du corps n'influencent leur définition, comme ce fut le cas à Lyon. Après avoir assis leur domination à la tête de la corporation, et tout en maintenant un sévère contrôle à l'entrée, les maîtres s'affairent surtout à défendre les intérêts des tisseurs face à ceux des marchands londoniens d'une part

26 Que l'on se réfère à ce sujet aux tables élaborées par L. B. Luu, *Immigrants and the Indutries of London*, *op. cit.*, p. 203, et aux commentaires qui les accompagnent.

27 *Ibid.*, p. 204.

(qui comme on l'a dit, ne sont pas seulement à l'extérieur mais, bien que minoritaires, présents au sein même de la Company), et d'autre part aux membres de la East India Company, qui appuient de tout leur poids les demandes au gouvernement pour obtenir la libre entrée des soieries orientales dans le Royaume.

C'est sur fond de ces tensions, au tout début du XVIIIe siècle, que l'on peut voir émerger une forme de jeu triangulaire similaire à celle que l'on a pointée à Lyon entre autorités locales, nationales et communauté de métier. Réagissant aux demandes des différents corps qui la composent, la Company met en place des commissions (*committees*) thématiques, auxquelles sont régulièrement intégrés des membres de la *corporation*, pour influencer la politique commerciale du Royaume, présenter des rapports sur l'état de la manufacture, ou dénoncer la concurrence déloyale qu'exercent d'autres ouvriers textiles britanniques sur leur industrie. La multiplication des commissions liées aux soieries permet ainsi de suivre l'importance croissante prise par la communauté des ouvriers en soie au sein de la guilde. Certaines d'entre elles, destinées à traquer les maîtres non enregistrés ou les contrebandiers qui introduisent en fraude les soieries continentales, acquièrent le statut de comité permanent (*standing committee*), ce qui laisse voir au passage les grandes priorités de la corporation : police interne et concurrence étrangère. L'ensemble de ces actions auprès du parlement sont soutenues plus ou moins fortement par les officiers de la *corporation*, qui apparaissent la plupart du temps comme les alliés objectifs de la communauté. Les deux entités ont en effet tout intérêt à s'appuyer l'une sur l'autre pour accroître leurs marges de manœuvre.

La célèbre autonomie du gouvernement local anglais – et spécialement londonien – constitue donc un autre élément important de rapprochement avec l'exception lyonnaise. Elle présente néanmoins certaines différences cruciales quant aux modalités d'action de ses organes et à leur articulation aux autres niveaux de gouvernement. Ainsi, Douglas Ashford a insisté sur le fait qu'en France les institutions du gouvernement local font partie intégrante de l'appareil d'État. C'est pourquoi elles peuvent aisément agir de concert avec lui, en lien à ses relais locaux (notamment les préfets), ou s'y subsituer en cas de besoin. Cette spécifité permet, selon Ashford, d'adapter de façon souple et progressive, par tâtonnement, la mise en œuvre des politiques publiques aux contextes régionaux, et tranche avec les formes du gouvernement local britannique. Celui-ci reposerait en effet sur une séparation fonctionnelle beaucoup plus stricte et marquée, associant de façon rigide des missions bien définies à chaque échelon de gouvernement[28]. L'autonomie remarquable du gouvernement local constitue en effet un point commun à Lyon et à Londres, mais elle ne s'exprime pas du tout dans les mêmes termes. Il est important de conserver cette remarque à l'esprit, tant cette différence jouera un rôle décisif dans la suite.

Si l'on décide de marquer une pause à l'aube du XVIIIe siècle pour dresser un rapide état des lieux comparatif des deux manufactures, on est d'abord frappé par l'impression de symétrie qui en émane, et ce malgré les disparités, tant en termes de taille que de statut, entre les cités qui les abritent. Ayant toutes deux bénéficié des apports de communautés immigrantes, l'une majoritairement catholique, l'autre protestante, elles suivent un cheminement similaire, élargissant progressivement la gamme de leurs produits aux tissus plus riches, à mesure que leur dimension augmente aux cours des XVIe et XVIIe siècles. Leur organisation interne est sensiblement identique, fondée sur un ensemble d'ateliers gérés séparément par les maîtres, qui emploient compagnons et apprentis en plus de l'aide fournie par les membres de leur famille pour répondre aux commandes des marchands, qui contrôlent les débouchés et souvent l'approvisionnement en matière première. Mais la variété des situations effectives est loin de pouvoir être restituée, à cette époque, par la seule distinction entre fonctions de production et de distribution. Nombreux sont en effet les acteurs qui occupent deux ou trois des segments stratégiques que sont l'approvisionnement, la fabrication et la commercialisation. C'est sans doute cette variété des occupations qui empêche le conflit de s'aiguiser trop dangereusement entre ces deux catégories types aux intérêts opposés. Une telle variété était maintenue au sein de la corporation sous le patronage des maîtres (*masters*), qui regroupent à la fois les maîtres ouvriers et les maîtres marchands (qualifiés alternativement de *master manufacturers* ou simplement de *manufacturers* à Londres). Il faut en effet signaler la grande diversité des situations auxquelles peut renvoyer l'utilisation de ce terme, dans le temps et dans l'espace. S'il sert bien en premier lieu et au sens strict à désigner les titulaires de la maîtrise, et est ainsi synonyme d'excellence

28 D. E. Ashford, *British Dogmatism and French Pragmatism*, *op. cit.*

technique, il peut aussi être utilisé par extension pour désigner les marchands. La majeure partie d'entre eux ont d'ailleurs, encore à cette période, effectué un apprentissage et peuvent se prévaloir d'une expérience significative et reconnue du métier.

Ainsi le statut de « maître » entendu au sens large, synonyme d'expertise technique, représente-t-il l'accomplissement du travailleur de la soie à Lyon comme à Londres et joue le rôle de ciment fondamental qui unifie les deux communautés. Cependant, l'utilisation effective et régulière de cette acception large ne doit pas masquer les luttes qui existaient pour son affectation exclusive à l'une des catégories en présence, où l'on voit déjà poindre le conflit futur entre marchands et ouvriers. Ces derniers renâclent en effet à accorder le titre de maître à des marchands dont les liens au métier se distendent, et qui sont de moins en moins nombreux à passer par l'apprentissage pour entrer dans la profession. Plus la rupture entre ouvriers et marchands s'affirme et plus la question du prix de façon payé par le marchand à l'ouvrier, principal point de contact entre les deux groupes, se pose de manière aiguë. L'organisation corporative avait justement pour but de tuer dans l'œuf de telles querelles, maintenant l'homogénéité du corps par le contrôle des entrées : « tant que n'apparaît pas cette distinction, chaque maître est son marchand, vend directement l'ouvrage qu'il a monté et fait à ses frais. C'est à lui à établir son prix de revient et à faire payer à l'acheteur un salaire suffisant[29] ». La montée des tensions entre les deux groupes a pour conséquence de rendre de plus en plus inconfortable la situation de ceux qui produisent et vendent, qui se retrouvent, si l'on peut dire, avec un pied dans chaque camp. La condition de ces acteurs pivots constitue par suite un bon indicateur de l'évolution de ces conflits, que l'on suivra avec la plus grande attention.

Au rang des nombreuses différences qui distinguent les deux manufactures, deux catégories principales semblent devoir être mises en avant. La première rassemble celles qui sont à rapporter prioritairement au décalage temporel de leur origine. La taille supérieure de l'industrie lyonnaise (occupant probablement entre 3 000 et 5 000 personnes, contre environ 2 000 à Londres), ainsi que son avance technique, la production de tissus façonnés n'ayant pas encore à la fin du XVIIe siècle fait son apparition outre-Manche, seront en effet rapidement rattrapées par la manufacture

29 J. Godart, *L'ouvrier en soie*, *op. cit.*, p. 248.

anglaise. La seconde catégorie renvoie plutôt à ces différences plus durables qui tiennent aux configurations particulières du travail dans les deux cités. Ainsi Londres, en tant que capitale nationale, constitue elle-même l'un des principaux débouchés de son industrie soyeuse, ce qui n'est pas le cas de Lyon dont les produits sont principalement destinés à Paris et à l'étranger. Il s'agit sans doute là d'un des facteurs qui permettent d'expliquer l'orientation prioritaire du comportement de la Company vers la protection de son marché intérieur, quand les autorités de la Grande Fabrique soutiennent une politique commerciale offensive destinée à ouvrir de nouveaux marchés. Globalement, le plus grand intérêt accordé aux questions commerciales en Angleterre contraste avec la primauté des débats concernant l'organisation de la production à Lyon. Le souci de la qualité que l'on y a observé, et la recherche des modes de production les plus à même de le satisfaire, constituent véritablement une spécificité que les interventions de l'administration de Colbert n'ont pu qu'encourager, mais qui leur préexistaient indéniablement[30].

Principaux agents de l'élaboration, sur ces bases distinctes, de normes et règlements, les communautés de métier ont ainsi marqué de leur empreinte le fonctionnement des deux manufactures, sur lesquelles elles ont peu à peu accentué leur emprise. Alors que leurs effectifs ne cessent de croître dans la première moitié du XVIIIe siècle, la somme des tensions qui les rassemblent l'emporte encore sur celles qui les divisent, leur permettant de confirmer leur monopole sur la profession. Toutefois, on peut déjà déceler dans certains de ces conflits les termes de l'équation redoutable qu'elles auront à résoudre dans la seconde moitié du siècle, qui conduiront à leur éclatement.

---

30 Comme on a pu l'observer lors de ses échanges avec le prévôt des marchands pour l'élaboration du règlement de 1667. L'utilisation récurrente du terme de « colbertisme » pour désigner toute forme d'intervention étatique dans la vie économique a eu non seulement pour effet de schématiser le contenu de ses politiques mais aussi, en les rapportant à sa seule personne, de les déconnecter des conditions et des idées avec lesquelles le célèbre ministre était en prise. On renvoie encore sur ce thème à l'ouvrage de P. Minard, *La fortune du colbertisme*, *op. cit.*

LES CORPORATIONS VICTIMES DE LEUR SUCCÈS ?

Apogée et premiers signes du déclin des organisations professionnelles

Les deux décennies formant la charnière entre XVIIe et XVIIIe siècles sont marquées par une nette stagnation du commerce à Lyon, dont découlent des épisodes difficiles de famine et de cessation générale de travail, finalement aggravés par le deuil de la mort de Louis XIV. Le début de la Régence se présente sous un jour plus favorable pour la manufacture lyonnaise. Les tissus de soie richement façonnés qui font sa renommée connaissent en effet une demande croissante avec l'avènement du style du même nom, tant et si bien que, malgré la crise monétaire puis commerciale de la fin des années 1710, la fabrique traverse une période d'essor remarquable jusqu'en 1750, nouvelle année particulièrement difficile[1]. La manufacture londonienne amorce elle aussi, dès les premières années du siècle et dans la continuité de l'expansion de la fin du siècle précédent, une phase de croissance d'une ampleur tout à fait exceptionnelle.

La forte augmentation du nombre d'ouvriers en soie dans chacune des deux villes va immédiatement poser le problème du contrôle de ces nouvelles populations par la communauté. Celui-ci est d'autant plus complexe que les conflits internes qui travaillent les deux manufactures gagnent en intensité. L'opposition entre ouvriers et marchands apparaît ainsi de manière ouverte à Lyon après l'entrée des seconds dans la corporation et leurs premières tentatives d'en prendre le contrôle aux dépens des maîtres ouvriers, pourtant largement majoritaires numériquement. Si ce conflit ressort moins nettement à Londres, c'est d'abord parce que l'intérêt suscité par le contrôle de la Company est moins évident. Régulant une structure occupationnelle plus ouverte, elle ne pèse pas

1 Voir à ce sujet J. Godart, *L'ouvrier en soie*, *op. cit.*, p. 235.

aussi significativement qu'à Lyon sur les modalités d'exercice du métier. L'orientation prioritaire de son action sur les questions de concurrence, tant nationale qu'étrangère, a aussi des vertus unificatrices, puisqu'elle rassemble la majeure partie des marchands et des maîtres. Enfin, il est certain que la Company, malgré sa taille croissante, ne représente par rapport à la Grande Fabrique qu'une fraction assez faible de l'activité de la ville, ce qui en diminue l'attractivité pour parvenir à des fonctions municipales.

Comme on l'a déjà signalé, les deux industries sont très nettement dominées par les maîtres ouvriers, qui forment avec leur famille l'écrasante majorité de la main d'œuvre. L'un des traits importants de cette croissance du début du siècle est l'augmentation du nombre de compagnons au sein des deux manufactures, qui restent toutefois bien moins nombreux que les maîtres. Ce qui frappe encore, c'est l'étonnante volatilité de cette population à Lyon tout au long du siècle[2]. Les données manquent pour établir une statistique parallèle en Angleterre, mais il est à peu près certain qu'une telle évolution avait aussi eu lieu, vu les efforts déployés par la corporation pour enrôler ces nouveaux effectifs et traquer ceux qui tentaient de se soustraire à son patronage. Sans doute la plus grande part de cette main d'œuvre exerçait-elle les fonctions subalternes, nécessitant peu de qualifications, ce qui contribuerait à expliquer sa forte mobilité. Mais elle était assurément aussi composée de ces maîtres qui, n'ayant pas le capital nécessaire pour s'établir à leur compte, travaillait temporairement ou à plus long terme pour d'autres maîtres plus fortunés. Ceci illustre bien le décalage qui pouvait exister entre les statuts corporatistes et les fonctions économiques qui sont réellement assurées par ceux qu'ils désignent. C'est pourquoi les querelles ou les glissements terminologiques sur l'utilisation des différents qualificatifs sont intéressants, car ils peuvent révéler des tensions entre les attitudes mentales et les conditions économiques et sociales qui leur correspondent[3]. Il faut toutefois rester lucide lorsqu'on les interprète, leur importance pouvant aussi avoir été grossie par des enjeux formels, qui se posent à un moment donné sans forcément représenter la réalité de la manufacture.

Tenant bon compte de ces deux effets, il semble que ce soit bien l'appellation de maître qui représente « la véritable situation sociale du

2 M. Garden, *Lyon et les Lyonnais au XVIIIe siècle*, *op. cit.*, p. 283.

3 *Ibid.*, p. 284.

tisseur lyonnais[4] » au XVIIIe siècle. Le compagnon n'est dans ce contexte qu'un maître en devenir et l'existence de maîtres ouvriers marchands, qui tissent dans leur atelier et écoulent le produit fini, maintient encore l'idée que le marchand est un maître qui a réussi. La cohésion entre ces deux derniers groupes est aussi renforcée par le fait qu'à cette période, la majorité des marchands sont passés par la communauté comme apprentis, ce qui peut justifier leur titre, assez usité, de maître marchand[5]. Tout au long du XVIIIe siècle, le terme d'« ouvrier en soie » ou de « fabricant » va peu à peu se substituer au traditionnel « maître ouvrier en soie », alors que le terme de « canut » n'est que très rarement utilisé. Parallèlement, les marchands s'arrogent ainsi progressivement l'exclusivité du titre de maître et commencent à revendiquer celui de « fabricant ». Ce dernier est d'abord utilisé dans l'expression « marchand fabricant » et ne désignera plus que les seuls marchands dans la première moitié du XIXe siècle, les ouvriers en étant alors totalement dépossédés[6].

Ces évolutions reflètent bien les efforts considérables déployés par les marchands pour verrouiller l'accès à leur profession, ce qui passe par l'éradication de la classe bâtarde des maîtres ouvriers marchands. Ceux-ci ont réussi en 1700 à obtenir l'annulation des 5 000 livres requises pour pratiquer le commerce de soieries, dont les marchands avaient obtenu l'instauration deux ans plus tôt. Plus que l'opposition des stricts intérêts pécuniaires de deux groupes antagonistes, ces luttes renvoient à deux conceptions bien distinctes de la manufacture.

La forte volatilité de la population grandissante d'ouvriers en soie donne naissance à un enjeu qui restera central bien au-delà du siècle à Lyon : celui de la fixation de la main d'œuvre dans la ville[7]. L'importance de la question est encore accentuée par l'héritage de la manufacture, importée d'Italie, dont l'histoire alimente continuellement la crainte de fuite des techniques et des savoir-faire vers la concurrence. Face à cet enjeu, les maîtres ouvriers défendent une vision très horizontale et démocratique de la manufacture, fidélisant les nouveaux compagnons par l'accès à la

4 *Ibid.*, p. 283-284.

5 Les fils de marchands représentent en effet plus du tiers des contrats d'apprentissage au début du siècle, selon les chiffres de M. Garden, *ibid.*, p. 288.

6 On suit toujours ici M. Garden, *ibid.*, p. 282.

7 Qui constitue le principal enjeu économique, et par suite l'une des principales préoccupations des décideurs publics, selon T. B. Smith, 1996, « Public Assistance and Labor Supply in Nineteenth Century Lyon », *The Journal of Modern History*, vol. 68, n° 1, p. 1-30.

maîtrise. Il ne s'agit évidemment pas de brader le titre de maître, ce qui ne ferait d'ailleurs qu'en diminuer l'attractivité, mais bien de renforcer les liens qui rapprochent maîtres et compagnons. Si les conditions d'accès à la maîtrise ne sont pas assouplies mais plutôt durcies dans les premières décennies du siècle[8], le principe du paiement à taux fixe des compagnons, entre la moitié et les deux tiers du prix de façon versé au maître, est réaffirmé, comme pour signifier la force du lien qui unit les deux groupes.

Les marchands de leur côté profitent de chaque difficulté rencontrée par la communauté pour contracter de nouveaux emprunts en son nom, accentuant la pression sur les maîtres ouvriers par l'augmentation des cotisations qui s'ensuit. Ils convainquent par la même méthode le consulat qui, en 1711, annonce l'augmentation du droit d'inscription comme marchand à 300 livres. Cette mesure, censée prendre effet l'année suivante, déclenche immédiatement la colère des maîtres ouvriers et à plus forte raison des maîtres ouvriers marchands, qui parviennent à en repousser indéfiniment la mise en application[9]. Les marchands ont en effet des priorités toutes différentes de celles des maîtres quant à la manière de gérer la croissance de la nouvelle population ouvrière. S'ils se lamentent en permanence sur la difficulté de trouver de bons ouvriers au sein de la fabrique, ils privilégient plus que tout l'anéantissement du pouvoir des maîtres, dont la supériorité numérique est écrasante, de contester leur domination récemment acquise. Il se développe ainsi parmi les marchands, au cours de cette période, toute une rhétorique destinée à démontrer la légitimité de leur *leadership*. Opposant aux maîtres une conception verticale et fortement hiérarchisée de l'ordre de la manufacture, dont ils se posent comme les chefs naturels, ils contestent sans nuance la capacité des ouvriers à en assurer la bonne gestion : « Ces ouvriers seront donc bien plus recommandables à la République dans un état qui leur est propre, et qu'ils rempliront dignement, que dans un état emprunté pour lequel ils n'ont nulle aptitude. Ils en seront même d'autant plus heureux que le bonheur de l'homme ne consiste point à être placé dans un rang plus ou moins élevé mais à savoir se placer et se plaire dans celui qui lui est propre[10] ». C'est cette idée générale qui

8 Seul un apprenti par maître est alors toléré, l'atelier de celui-ci ne pouvant compter plus de quatre métiers.

9 E. Pariset, *Histoire de la fabrique lyonnaise*, *op. cit.*, p. 146-149.

10 Cité par M. Garden, *Lyon et les lyonnais au* XVIII*e siècle*, *op. cit.*, p. 284.

se dégage du mémoire de 1731, présenté par les marchands au Roi et rapidement transformé en arrêt par son conseil. Celui-ci prévoit tout simplement l'interdiction pour les maîtres de se faire enregistrer comme marchands, et *vice versa*.

Une telle mesure ne pouvait manquer de déclencher encore une fois la colère des 8 000 maîtres ouvriers que comptaient la ville à cette période, épaulés par quelque 700 maîtres ouvriers marchands. Face à eux, la centaine de « gros marchands[11] » (qui emploie les trois quarts des métiers lyonnais) dénonce l'utilisation fallacieuse qu'ils font du titre de marchand, ne cherchant qu'à faire fortune à court terme, y compris par des méthodes illégales. Malgré le biais évident de cette vision des choses, la relative souplesse des occupations a sans doute effectivement favorisé certaines fraudes : « La tentation est si grande pour le maître ouvrier, lorsque les affaires sont actives, de relever sa situation sociale et de se faire inscrire parmi les marchands, en empruntant les capitaux qui lui manquent[12] ». Cette flexibilité rendait aussi plus commode la pratique (frauduleuse) de l'avouage, qui consistait pour un maître à sous-traiter sa production et la faire passer pour sienne, et ne facilitait sans doute pas l'identification des piqueurs d'once, fléaux dénoncés continuellement tout au long de l'histoire de la fabrique[13].

Quoi qu'il en soit, il s'engage suite à cet arrêt une lutte d'influence féroce entre « gros marchands » et maîtres ouvriers marchands, à coups de mémoires, pétitions et lobbying direct auprès des membres du conseil. Les marchands sont appuyés par le député de Lyon au conseil général du commerce, et les marchands ouvriers envoient deux des leurs, Lafabrègue et Reverdy, dans la capitale pour faire valoir les intérêts de leur groupe[14]. Mais alors que les marchands s'étaient d'abord prévalus du soutien du gros de la manufacture, un mémoire

11 Il s'agit du terme utilisé dans les mémoires de l'époque. Voir M. Garden, *ibid.*, p. 574, et E. Pariset, *Histoire de la fabrique lyonnaise*, *op. cit.*, p. 176.

12 E. Pariset, *ibid.*, p. 173.

13 Le piquage d'once consistait à soustraire une quantité de matière à différentes étapes de la production. C'est peut-être le thème qui revient le plus dans l'ensemble des nombreux mémoires émanant de la fabrique, depuis son origine jusqu'à 1848.

14 Maurice Garden relate plus en détail les pérégrinations des deux maîtres, cherchant à grands frais à s'attacher les services de l'avocat parisien idoine pour porter leur cause (M. Garden, *Lyon et les lyonnais au XVIIIe siècle*, *op. cit.*, p. 576-577). Les résistances de la communauté à lever de nouvelles souscriptions pour accorder des rallonges budgétaires à ses commissaires témoignent bien selon Garden de la mentalité de « petits marchands »

des ouvriers à façon lyonnais, c'est-à-dire des maîtres ouvriers, qui affirmaient leur soutien aux maîtres ouvriers marchands, circula dans la capitale et vint décrédibiliser leur position, ce qui marqua la fin (provisoire) de cet épisode particulièrement agité. Maurice Garden a parfaitement décrit l'état d'esprit des ouvriers, qui motiva leur soutien aux petits marchands :

> Malgré leur dépendance, les ouvriers en soie se considèrent, en cette première moitié du siècle, comme des artisans et non comme des ouvriers. Dans leur titre « maître ouvrier en soie », le facteur important est le mot maître, qui pour eux l'emporte largement sur le qualificatif ouvrier. La communauté reste pour les maîtres ouvriers en soie leur communauté, et ils n'entendent pas en être exclus comme les marchands les ont progressivement éliminés de la confrérie, comme ils veulent exclure les marchands ouvriers de tous les postes directeurs de la fabrique. L'idéal de ces ouvriers en soie, jusqu'aux compagnons inclus, est bien celui du maître ouvrier marchand (*ibid.*, p. 577).

C'est donc finalement l'avantage du nombre qui permit encore aux petits marchands de repousser l'arrêt de 1731, dont ils obtiennent la surséance, et même de regagner du terrain face aux grands marchands lyonnais. Ils profitent en effet de l'inertie du mouvement pour multiplier les initiatives, jusqu'à l'obtention du règlement de 1737, qui penche nettement en leur faveur. Plus précisément, ce règlement rétablit sur un certain nombre de critères centraux l'égalité des maîtres avec les marchands, conformément à la volonté des premiers. En tête de ces changements, le nombre de maîtres gardes passe à nouveau à huit, élus pour moitié parmi les ouvriers et parmi les marchands. Le droit d'inscription comme marchand est lui abandonné et le contrôle des maîtres ouvriers sur la corporation se trouve globalement renforcé : aucun étranger ni forain ne sera plus accepté comme apprenti, les compagnons étrangers aux neuf provinces devant travailler dix ans dans la fabrique avant d'être reçus maîtres. Les nouvelles règles de l'acquit, qui sont pour les maîtres une condition *sine qua non* de leur indépendance, les autorisent désormais à travailler pour autant de marchands qu'ils le désirent[15]. Le

---

des marchands ouvriers, manquant d'esprit stratégique, « effrayés par toute dépense imprévue et dont ils ne voient pas la rentabilité immédiate » (*ibid.*, p. 576).

15 Alain Cottereau insiste fortement sur ces changements réglementaires qui permettent d'entretenir la spécialisation flexible des ateliers lyonnais, alors que les ateliers londoniens sont plus souvent dépendants d'un commanditaire unique (A. Cottereau, « The Fate of Collective Manufactures in the Industrial World », art. cité, p. 119-126).

marquage des étoffes et des soies entrantes dans la ville est reconduit et amendé, de même que les normes de fabrication visant à définir un standard de haute qualité, introduites en 1667. Un autre point du règlement, introduit selon Pariset par le bureau du commerce et qui laisse présager certains conflits futurs, est cependant plus favorable aux marchands[16]. L'autorisation de fabriquer est désormais étendue à toute la généralité de Lyon, c'est-à-dire aux provinces du Lyonnais, du Forez, et du Beaujolais, et non plus à la seule ville de Lyon comme dans les règlements précédents.

Mais tout ceci est loin de pouvoir satisfaire les marchands qui, vexés, repassent à l'offensive dès la mise en application du nouveau règlement. En plus de la fortune et du pouvoir économique tout à fait démesuré dont ils disposent, il est important de noter leur place de plus en plus considérable dans l'appareil municipal. C'est en effet à cette période que la réussite en tant que marchand devient l'une des voies privilégiées pour accéder au corps de ville[17]. S'appuyant sur ces bases solides, ils profitent notamment d'un relatif tassement de l'activité pour accentuer leur critique de la gestion des maîtres, et sont aidés en cela par les plaintes d'autres communautés connexes, qui dénoncent les effets des nouvelles libertés concédées aux tisseurs[18]. De plus, les maîtres ont bien du mal à contrôler dans les faits la croissance de la manufacture, une ordonnance consulaire de 1739 dénonçant les admissions d'ouvriers ne justifiant d'aucun droit, alors que les maîtres gardes accomplissent leur tâche de surveillance avec de moins en moins de zèle[19]. Les besoins de financement qui résultent de ces perturbations permettent à nouveau aux marchands de prendre la main. Ils obtiennent le 17 novembre 1739 la suspension du règlement de 1737, sans toutefois parvenir à réinstaurer un droit d'accès à leur titre.

Cette suspension ravive les querelles entre marchands et ouvriers. Après qu'une assemblée générale houleuse a été organisée en 1743, les

16 E. Pariset, *Histoire de la fabrique lyonnaise*, *op. cit.*, p. 192. C'est en effet sur ce thème du travail à la campagne que vont se dérouler une partie des conflits entre la communauté et l'intendant Vincent de Gournay, qui envisagera la création d'une manufacture concurrente, dédiée aux tissus unis, pour démonter le monopole lyonnais.

17 Voir M. Garden, *Lyon et les lyonnais au* XVIII*e* *siècle*, *op. cit.*, p. 502.

18 Les attaques proviennent de la communauté des guimpiers et tireurs d'or. Voir Pariset, *Histoire de la fabrique lyonnaise*, *op. cit.*, p. 192-193.

19 Voir M. Garden, *Lyon et les lyonnais au* XVIII*e* *siècle*, *op. cit.*, p. 555.

marchands envoient en cachette une délégation à Paris, pour plaider l'introduction d'un nouveau règlement qu'ils ont tout aussi secrètement fait approuver par le prévôt des marchands et l'intendant de la généralité[20]. C'est d'ailleurs grâce à l'appui de ce dernier que le conseil d'État du Roi l'institue comme nouveau règlement officiel de la fabrique un an plus tard, le 19 juin 1744. Schématiquement, le nouveau règlement vient annuler toutes les reconquêtes réalisées par les ouvriers en 1737. Les règles de l'acquit sont durcies, réduisant la liberté du maître de choisir son employeur. Un droit d'accès de 800 livres à la profession de marchands est introduit, ainsi que l'interdiction de cumuler les fonctions d'ouvrier et de marchand. Son entrée en vigueur met la ville en ébullition jusqu'au début du mois d'août où un mouvement de contestation générale se solidifie puis éclate. Au bout de trois jours d'arrêt de travail (imposant des amendes aux ouvriers continuant leur ouvrage) et de réunions sur la conduite à adopter, l'émeute triomphe. Des cortèges d'ouvriers assiègent la maison du prévôt des marchands ainsi que celle de l'intendant Pallu pour réclamer l'annulation du règlement. D'autres se rendent aux domiciles des députés qui en ont approuvé l'exécution, et chez l'inspecteur général et célèbre inventeur Vaucanson, favorable au nouveau réglement, qui avait assisté et contribué aux débats. Effrayés par ces mobilisations, l'intendant et le prévôt décident de rétablir dans l'urgence le règlement de 1737. La mesure calme les ouvriers d'abord momentanément, puis de manière plus durable après que le Roi l'a transformée en un arrêt, qui parvient à Lyon le 12 août. Mais les ouvriers ne sont pas dupes des manœuvres des marchands qui, arc-boutés aux autorités, n'acceptent de reculer que pour esquiver et riposter plus violemment[21].

C'est ce qui se produit au début de l'année 1745, après une accalmie de six mois. Le règlement de 1744 est rétabli suite à l'arrivée des troupes royales dans la ville. Les meneurs des émeutes de l'année passée sont jugés. Six ouvriers en soie sont ainsi condamnés à mort ou aux galères, après avoir défilé dans la ville affublés d'une pancarte les désignant comme « ouvriers en soye séditieux ». Ce coup de force met fin aux hostilités et, à travers la remise en place du règlement contesté, consacre presque

20 E. Pariset, *Histoire de la fabrique lyonnaise*, *op. cit.*, p. 191-192.

21 Godart rapporte ainsi les paroles des ouvriers après leur « victoire » : « Bon, c'est pour nous amuser, comme on fait aux enfants en leur donnant une radisse pour qu'ils ne pleurent pas » (J. Godart, *L'ouvrier en soie*, *op. cit.*, p. 281). On peut se rapporter au chapitre 12 de son ouvrage pour un exposé détaillé de tous ces événements.

définitivement la cassure entre les deux groupes. Le « coup de grâce[22] » est ainsi porté aux maîtres ouvriers marchands et déçoit les aspirations d'ascension sociale des ouvriers, qui « purent constater, une fois de plus, que seule la force avait raison, tout s'inclinant devant eux lorsqu'ils étaient les maîtres, tout se redressant contre eux lorsque les troupes du comte de Lautrec furent arrivées[23] ». Cet épisode douloureux marque une véritable étape dans les relations entre marchands et ouvriers, qui perdent une grande partie de la confiance qu'ils pouvaient encore avoir dans leurs commanditaires. Ayant abandonné l'idée de les convertir à leur rêve d'une communauté gérée collectivement, sur un pied d'égalité avec eux, ils se mettent à la recherche de formes d'organisation alternatives, susceptibles de satisfaire leur désir d'indépendance.

Cependant, une telle quête ne prend son sens que sur le long terme, et un certain nombre de forces maintiennent encore la cohésion de la fabrique, au premier rang desquelles figure la lutte contre les manufactures étrangères. En effet, si les marchands veulent pouvoir embaucher les ouvriers moins turbulents et moins chers des campagnes alentour, ce qui est permis par le nouveau règlement et combattu férocement par les maîtres, ils partagent avec eux la peur de la fuite des ouvriers, métiers ou dessins à la concurrence. C'est pourquoi aucun étranger n'est plus toléré dans la fabrique après 1744, à moins d'une autorisation spéciale[24]. Cette sorte d'union sacrée qui allait bientôt être requise face aux tentatives royales de réorganisation de l'industrie de la soie dans les années 1750 ne fera toutefois que retarder de quelques dizaines d'années la résurgence des conflits, dans la seconde moitié du siècle.

L'analyse des termes utilisés à Lyon pour désigner les différents acteurs de la manufacture nous a fourni une première clef de lecture pour comprendre les conflits qui l'agitaient au début du XVIIIe siècle. Si ceux-ci se présentent d'une manière tout à fait différente à Londres, qui se reflète dans les structures mentales des membres de sa communauté, ils révèlent tout de même un point commun important, dont l'analyse constitue d'ailleurs une des lignes de force qui traversent l'ensemble de ce travail. Il s'agit de l'idée selon laquelle l'unité des deux manufactures,

---

22 Le mot est employé par R. J. Bezucha, *The Lyon Uprising of 1834*, *op. cit.*, p. 6.

23 J. Godart, *L'ouvrier en soie*, *op. cit.*, p. 291.

24 E. Pariset, 1901, *Histoire de la fabrique lyonnaise*, *op. cit.*, p. 198.

et sans doute d'un grand nombre d'organisations du même type, résulte prioritairement sur le long XVIIIe siècle du partage et de l'accumulation d'un ensemble de compétences et de savoir-faire communs, par opposition au modèle fondé sur l'accumulation du capital qu'on place généralement à sa suite[25].

Comme à Lyon, le gros des effectifs de Spitalfields était constitué à cette période principalement de maîtres, même s'il est a priori plus difficile d'identifier la place exacte qu'ils occupaient dans la manufacture. L'entrée de la Company n'ayant jamais été formellement interdite aux marchands, leur montée en puissance en son sein se fait avec beaucoup moins de fracas. De plus et comme on l'a déjà fait remarquer, son orientation première sur les questions de concurrence étrangère à la ville comme au pays, plus consensuelles que celles qui touchent à la forme des contrats, aux prix de façon ou aux modes de production, atténuent les clivages et, partant, les marqueurs qui permettent de les repérer. Bien que l'écrasante majorité de ses membres se déclarent tisseurs (*weavers*) en cette première moitié de siècle[26], l'unité apparente de ce bloc cache en fait une grande hétérogénéité. L'équivalent du maître ouvrier lyonnais (*master weaver*) peut correspondre tout aussi bien au maître possédant trois métiers travaillant avec sa famille, éventuellement aidé d'un apprenti, qu'au petit marchand qui en emploie plusieurs dizaines, répartis dans différents ateliers. Ce dernier, à mesure qu'il se spécialise dans la fonction de distribution (qu'il ne fabrique plus lui-même), peut alors être dénommé *master manufacturer*, qualificatif qu'il partage en ce cas avec les véritables marchands, qui occupent généralement d'une cinquantaine à plusieurs centaines de métiers à travers la ville. Toujours comme à Lyon, tous ces acteurs ont en commun d'avoir, au minimum, servi un apprentissage et, pour bon nombre d'entre ces marchands, travaillé plusieurs années comme compagnons ou comme maîtres à leur compte.

C'est la nature de la frontière entre les fonctions d'ouvrier et de marchand qui signale une différence nette entre les deux fabriques. Fortement marquée à Lyon, elle se présente davantage comme un *continuum* dans

25 La distinction est présentée par M. Berg, 1994, *The Age of Manufactures*, *op. cit.*, p. 194. La question majeure est celle de la continuité et de la complémentarité entre les deux formes productives telle qu'elle est soulevée par M. J. Piore, C. F. Sabel, *The Second Industrial Divide*, *op. cit.*, ainsi que par C. F. Sabel, J. Zeitlin, « Historical Alternatives to Mass Production », art. cité.

26 Voir N. K. A. Rothstein, *The Silk Industry in London*, *op. cit.*, p. 80-81.

la capitale anglaise, en l'absence d'enjeu légal pour l'attribution de ces titres[27]. Ceci implique aussi que la variété des occupations y ait été supérieure. Ainsi le maître londonien qui fait par exemple travailler une trentaine de métiers et écoule lui-même ses produits occupe une place qui n'existe tout simplement pas à Lyon, où le maître ouvrier marchand se contente typiquement de gérer la confection et la distribution des produits de son propre atelier[28]. Sans doute faut-il relier cette spécificité anglaise à la proximité de la demande, qui réduit très fortement la somme des compétences qui forment le cœur du métier de marchand. Le fait que les soieries de Spitalfields s'écoulent en priorité dans les boutiques londoniennes permet en effet aux maîtres de construire avec une relative aisance un petit réseau de distribution, dont l'établissement nécessite un véritable savoir-faire pour les marchands lyonnais, et constitue souvent un facteur primordial de leur succès[29].

En conséquence, ce n'est pas tant avec les marchands qu'avec ceux qui tiennent ces boutiques, les merciers, que vont s'engager les premiers conflits importants qui remuèrent la manufacture. Si certains d'entre eux font d'ailleurs partie de la corporation, ils représentent dans leur ensemble une communauté tout à fait différente de celles des maîtres ouvriers en soie, dont les intérêts objectifs sont clairement opposés. Les merciers ont en effet toujours été favorables à la baisse des tarifs à l'importation de tissus étrangers, et constituaient l'un des principaux

---

27 Ils sont d'abord et avant tout la conséquence du jeu économique, ce qui ne signifie pas que la différence entre *Masters and Men* n'ait pas été tout à fait marquée dans les mentalités. Voir à ce titre N. K. A. Rothstein, *ibid.*, p. 92.

28 Dont on rappelle que le nombre de métiers est limité à quatre. Les maîtres ouvriers marchands lyonnais portent le qualificatif de marchands parce qu'ils écoulent eux-mêmes leur propre produit fini, non parce qu'ils font fabriquer ce dernier par d'autres, ce qui est identifié à de l'avouage, et donc sévèrement puni.

29 L'établissement d'un tel réseau est bien exposé par L. Hilaire-Pérez, 2002, « Cultures techniques et pratiques de l'échange entre Lyon et le Levant : inventions et réseaux au XVIIIe siècle », *Revue d'histoire moderne et contemporaine*, vol. 49, n° 1, p. 89-114, ainsi que par C. Poni, « Fashion as Flexible Production : the Strategies of the Lyons Silk Merchants in the Eigtheenth Century », *World of Possibilities*, éd. C. F. Sabel, J. Zeitlin, *op. cit.* Sur l'utilisation des livres d'échantillons pour la présentation des tissus et le développement du réseau de distribution, voir L. E. Miller, « Innovation and Industrial Espionage in Eighteenth-Century France »,*Journal of Design History*, vol. 12, n° 3, 1999, p. 271-292, et L. E. Miller et C. Sargentson, « Paris-Lyon: Patterns of Distribution of Luxury Silk Fabrics in the 18th Century », *Revue du Nord*, hors-série *Échanges et cultures textiles dans l'Europe pré-industrielle*, éd. J. Bottin et N. Pellegrin, n° 12, 1996, p. 179-192.

vecteurs de l'acheminement en fraude de soieries étrangères au sein du Royaume. Si une partie significative de ces étoffes, notamment celles de qualité supérieure, provenait bien de France, le débat se concentra surtout sur ces tissus moins chers arrivant des Indes orientales, dont la célèbre compagnie fournit un appui de taille aux merciers qui dénonçaient le prix trop élevé des soieries de Spitalfields. Ces conflits donnèrent lieu à des mobilisations de tisseurs à travers la ville, en 1719, ainsi qu'à une bataille de pamphlets qui se prolonge sur plusieurs dizaines d'années. Plus en profondeur, toutes les forces de la Company sont enrôlées pour exercer une activité de lobbying quasi permanent auprès des deux chambres du parlement, ainsi que des agents gouvernementaux chargés de la gestion de la politique commerciale nationale.

Il faut noter en passant que de tels accrochages avec la compagnie française des Indes orientales se produisent également à Lyon. Même si leur résonance est moins importante, ils permettent à la toute nouvelle chambre de commerce (créée en 1702) de s'illustrer en obtenant en 1709 la prohibition des soieries importées des Indes et du Levant, et en engageant la lutte contre les étoffes peintes. Les actions de la Company portent aussi leurs fruits et la corporation obtient des victoires significatives dans les années 1720 avec l'adoption de plusieurs lois limitant l'importation et même le port de soieries d'origine étrangère[30]. L'autre front sur lequel elle rencontre d'abord moins de succès est celui de la lutte contre les calicots importés d'Inde puis imprimés en Angleterre (*printed calicoes*), son projet de réforme étant cassé par les Lords en 1720. Les raisons du soutien des producteurs de soie aux tisseurs de laine, qui dénonçaient la concurrence déloyale de ces imprimeurs, peuvent d'abord sembler peu évidentes. Les calicots n'étant pas un substitut direct à leur produit, il faut pour le comprendre se replacer dans le contexte difficile qui a suivi la guerre de Succession à la couronne d'Espagne, dont les tissus de coton à bas prix sont désignés comme coupables. En tous les cas, la montée en puissance de ces étoffes dans l'habillement, ajoutée au développement du chintz pour l'ameublement, incite les tisseurs londoniens à se focaliser encore davantage sur les robes et autres vêtements de luxe[31].

---

30 Avec le *Silk Manufacturers Act* de 1720 (7 Geo. I, c. 12), puis *An Act for Encouragement of the Silk Manufactures of this Kingdom* de 1721 (8 Geo. I, c. 15).

31 Voir à ce titre N. B. Harte, 1991, « The Economics of Clothing in the late Seventeenth Century », *Textile History*, vol. 22, n° 2, p. 277-296.

Le dernier aspect qui intéresse très fortement les autorités de la Company est celui de la matière première, et plus précisément des modalités de son importation. Si cette question n'a pas été mise en avant lors de l'étude du cas lyonnais, c'est tout simplement parce qu'elle s'y pose avec beaucoup moins d'acuité. Bénéficiant du monopole de l'importation des soies brutes sur le territoire national, les marchands lyonnais se réservent les meilleures soies et en particulier les précieux organsins[32] du Piémont, région avec laquelle ils sont solidement liés tant sur le plan historique que commercial, et dont les soies constituent pendant toute la durée du siècle la référence en matière de qualité. Toutefois, cette position de force sur le marché national ne dispense pas les marchands lyonnais d'avoir à surveiller constamment la qualité des nouvelles soies produites pour en exploiter l'avantage, au besoin[33]. La production se développe principalement du côté du Levant, en Turquie d'abord mais aussi et surtout en Inde. Sur ces marchés, la puissance de la flotte britannique et le réseau tissé par sa compagnie des Indes orientales donne à l'Angleterre un avantage certain, mais les cocons et soies grèges[34] qui en proviennent, bien que leur qualité s'améliore, sont encore loin d'égaler celle des produits italiens. C'est en particulier sur ce sujet que la Company entretient des relations serrées avec les *commissioners on trade and plantations* pour l'abaissement des droits d'entrée sur les soies brutes ou leur rétrocession aux maîtres sous forme de subvention[35].

En fait, les tensions sur la matière première s'accroissent à mesure que les industries qui la consument se développent. La question apparaît donc progressivement et se renforce tout au long du siècle, jusqu'à susciter des tentatives d'implantation de la culture du ver à soie, en Angleterre et dans ses colonies d'Amérique, toujours sans succès. La sériciculture est également encouragée en France au même moment,

32 L'organsin est une sorte de soie, préparée en montant et tordant plusieurs brins pour en constituer un fil. La solidité que lui confère cette opération en réserve généralement l'usage pour la chaîne, qui souffre le plus lors de la fabrication de l'étoffe.

33 On renvoie encore sur ce point à L. Hilaire-Pérez, « Cultures techniques et pratiques de l'échange, entre Lyon et le Levant », art. cité.

34 La soie est dite « grège » lorsqu'elle est juste dévidée du cocon et enroulée autour d'un écheveau.

35 Qui mènent finalement à l'adoption du *bill* de 1757, comme on va le voir. Sur les relations entre les commissaires et la communauté, on renvoie à N. K. A. Rothstein, *The Silk Industry in London*, *op. cit.*, p. 414-415.

mais ne deviendra une source d'approvisionnement significative que dans la seconde moitié du XIXe siècle.

Outre la question de l'approvisionnement en soie brute, l'augmentation de la taille de l'industrie pose surtout des problèmes de gestion interne, ce qui explique le durcissement qui intervient en 1738. L'ensemble des mesures destinées à identifier et à traquer les travailleurs non affiliés sont alors renforcées. En plus du magasin, de la maison et de la cave du maître, le champ d'inspection des officiers de la Company est étendu à leur entrepôt, et les amendes infligées aux maîtres non enregistrés sont augmentées. Des pénalités sont aussi introduites pour les compagnons qui auraient accepté de travailler chez ces derniers, ainsi que pour tout ouvrier employant un enfant non apprenti. Ces mesures témoignent bien des grandes difficultés rencontrées par la corporation pour absorber l'afflux considérable de nouveaux travailleurs, dont beaucoup exerçaient leur activité hors de son contrôle. Leur introduction provoque d'ailleurs les premiers signes de fracture entre « maîtres et ouvriers » (*masters and men*), dont les frictions se substituent progressivement à la dénonciation des travailleurs étrangers[36]. Mais cette fracture s'établit différemment de ce que l'on a observé à Lyon, où elle conduit à opposer nettement les grands marchands aux maîtres ouvriers et aux compagnons. À Londres, les maîtres ouvriers restent identifiés à la catégorie des maîtres, conformément aux usages du droit britannique, ce qui fragilise plutôt le lien qui les unit aux compagnons[37].

Il faut toutefois bien noter que, compte tenu de nos observations précédentes, ces considérations n'ont pas exactement le même poids dans les deux villes, le contrôle de la Grande Fabrique ayant une importance économique et symbolique sensiblement supérieure à celle de la Weavers' Company. Les difficultés qu'elle rencontre à la fin des années 1730 sont représentatives de ce manque d'intérêt, et culminent en 1740 quand la corporation londonienne décide pour éponger ses dettes d'ouvrir ses portes aux centaines de nouveaux membres qui avaient jusqu'alors été

36 Ce que note N. K. A. Rothstein, *ibid.*, p. 92.

37 On renvoie, sur le régime juridique du *Master and Servant* et son évolution à S. Deakin et F. Wilkinson, *The Law of the Labour Market. Industrialization, Employment, and Legal Evolution*, Oxford, Oxford University Press (Oxford Monographs on Labour Law), 2005, ainsi qu'à D. Hay, « Master and Servant in England », *Private Law and Social Inequality in the Industrial Age – Comparing Legal Cultures in Britain, France, Germany and the United States*, *op. cit.*, p. 227-264, qui montre que ses modalités d'application sont loin de s'assouplir dans la seconde moitié du XVIIIe siècle.

mis en attente. Ces admissions massives viennent consacrer la domination déjà assez ferme de la corporation par les travailleurs de la soie, mais amorcent en même temps un mouvement qui la déleste peu à peu de sa qualité de communauté de métier pour la transformer en une simple association professionnelle. L'un des signes de cette mutation est la répugnance croissante de ses membres à en assumer les fonctions directrices. Ainsi les nouvelles règles de 1740 prévoyaient-elles, en contrepartie des nouvelles adhésions, que n'importe quel *freeman* puisse être désigné dans ses rangs pour en devenir officier, et en supporter les charges afférentes.

L'exercice du métier de tisseur hors de la corporation s'est aussi développé à Lyon tout au long du siècle. Les cas de désobéissance, refus de coopérer avec les maîtres gardes et de déni de leur autorité se multiplient dans sa seconde moitié. Un maître refusera même d'accepter sa nomination au poste de maître garde au cours de l'année 1784[38]. Ceci peut encore apparaître comme l'une des conséquences de la domination de la corporation par les maîtres marchands, dont les ouvriers refusent de reconnaître la légitimité. C'est pourtant côte à côte que les deux parties vont faire front face aux initiatives de Vincent de Gournay, nommé intendant du commerce en 1751, qui lance sans attendre une première campagne de démantèlement des organisations corporatives. Sa politique s'appuie alors sur une réflexion économique souvent sous-estimée par rapport à celle de Quesnay et des physiocrates, mais que l'on peut pourtant considérer comme l'une des racines principales de la tradition de l'économie politique française[39]. L'une des raisons de cet oubli vient en partie du fait que Gournay était d'abord un homme d'influence et d'action, qui ne laisse derrière lui aucune somme théorique unifiée mais dont le groupe de réflexion, formé entre autres par Trudaine, d'Angeul, Forbonnais et surtout Turgot[40], joua un rôle de premier plan dans la diffusion et la promotion des idées libérales. En plus de publier leurs propres ouvrages, ces derniers traduisent les œuvres de King, Tucker ou Child (traduit par Gournay lui-même), et répandent ainsi la doctrine du laissez-faire auprès des jeunes administrateurs, parmi lesquels Gournay jouit d'une grande popularité.

---

38 J. Godart, *L'ouvrier en soie*, *op. cit.*, p. 505.

39 Dupont de Nemours attribue ainsi à deux personnes la naissance d'une science moderne de l'économie en France : M. Quesnay et M. Vincent de Gournay. Voir A. Murphy, « Richard Cantillon et le groupe de Vincent de Gournay », *Nouvelle histoire de la pensée économique*, éd. A. Béraud, G. Faccarello, Paris, La Découverte, 1993, p. 199.

40 Qui publie en 1759 une *Éloge de Vincent de Gournay.*

Car ses idées se trouvent en effet mieux résumées par l'expression de « laissez-faire » que par celle de « laissez-passer ». Si le libre-échange au niveau international n'apparaît pas comme l'un des objectifs essentiels du groupe, la liberté de produire et l'établissement d'un marché national unifié forment en revanche son véritable *leitmotiv*[41]. Leur mise en place devait passer par l'abolition des monopoles et des guildes qui en étaient les gardiennes, pour les remplacer par un régime fondé sur la concurrence, meilleure guide dans l'organisation et la répartition des capacités productives. Cette perspective place évidemment la Grande Fabrique dans le collimateur du nouvel intendant, qui entre en conflit ouvert avec elle presque immédiatement après sa prise de fonction.

Alors que la manufacture traverse deux années de chute remarquable de son activité, Gournay n'attend que le retour du rapport qu'il a commandé à son sujet pour lancer une première offensive frontale. Le mémoire qu'il présente en septembre 1751, « qui prouve que les communautés sont des entraves pour le commerce », est une attaque en règle contre l'organisation de la Grande Fabrique. Celle-ci n'a pour seul but, selon lui, que d'assurer un monopole à ses membres, qui pratiquent en conséquence des prix trop élevés, ce qui profite finalement aux manufactures étrangères où les mêmes entraves ont été abolies, citant en premier lieu l'exemple londonien. Il apparaît donc absolument nécessaire d'en finir avec ces arrangements sclérosés de la manière la plus radicale : par l'abolition de la maîtrise et de l'apprentissage, principales composantes de cette ordre ancien et décadent, mais aussi par l'annulation de toute restriction géographique à la pratique du métier. Ainsi posées, il était prévisible que les initiatives de Gournay suscitent les plus vives critiques. Maîtres marchands et maîtres ouvriers présentent chacun dans la foulée un mémoire pour marquer leur opposition aux idées de l'intendant. Les premiers se fondent sur l'idée selon laquelle la manufacture s'étant épanouie sous la tutelle de ses règlements, ceux-ci ne peuvent être accusés de causer sa perte. Ils dénoncent la comparaison biaisée avec l'étranger, dont le régime de liberté n'est adéquat que pour attirer ouvriers et techniques vers des manufactures naissantes. C'est cette attraction, qui s'exerce au préjudice de la fabrique, que les règlements ont pour premier objectif de contrarier. La position prise par les maîtres

41 Antoin Murphy, « Richard Cantillon et le groupe de Vincent de Gournay », art. cité, p. 201.

est peut-être plus intéressante, car Gournay se présente comme un allié potentiel de poids contre les marchands. Toutefois, s'ils dénoncent leur voracité comme cause première du haut niveau des prix, et donc des crises, ils ne sont pas prêts à renier tout le bien qu'ils pensent du régime de la fabrique et de ses règlements, dont ils vantent les mérites[42].

Le consulat ayant par la suite exprimé ses doutes, et la chambre de commerce s'étant fermement opposée au projet de Gournay, celui-ci tentera encore dans les années suivantes d'introduire plus discrètement des changements visant à affaiblir les structures de la Grande Fabrique, sans jamais vraiment y parvenir[43]. L'examen de ces accrochages avec l'intendant est instructif à plus d'un titre. D'abord parce que, tout en continuant à illustrer cette tradition de relative autonomie locale, l'opposition de la chambre de commerce, du consulat, et de la communauté (ou des communautés) à Gournay est la première manifestation du rejet d'un ensemble d'idées libérales par les lyonnais, qui allaient être reprises par Turgot et Trudaine avant d'être diffusées massivement au long du siècle suivant. L'autre élément essentiel est sans doute le caractère mineur des questions commerciales, et plus spécialement de commerce international, dans ces débats. N'occupant qu'une place périphérique dans la pensée de Gournay et de son groupe, elles sont accaparées au niveau local par la chambre de commerce sans jamais qu'elles n'attirent véritablement l'attention de la population ouvrière.

La différence que l'on a suggérée avec le cas londonien, où c'est autour de ces questions que se cristallisent les tensions entre ouvriers et merciers, semble ainsi s'être confirmée au cours des cinquante premières années du XVIIIe siècle. Et il apparaît clairement que le destin de la manufacture anglaise ait en effet toujours été étroitement lié aux aléas du commerce international, eux-mêmes fortement dépendants du contexte politique. Notamment, les périodes de guerre sont la plupart du temps plutôt favorables à l'industrie de Spitalfields : la contrebande y est plus compliquée et la force de la marine britannique lui permet d'assurer des débouchés supérieurs à ceux de ses rivales. Ainsi,

42 On peut se référer sur cet épisode à J. Godart, *L'ouvrier en soie*, *op. cit.*, p. 362-369.

43 Gournay chercha d'abord, en 1753, à généraliser les sociétés en commandite pour court-circuiter la forme traditionnelle des contrats entre maître ouvrier et marchand. Sa tentative de créer une manufacture d'unis au Puy-en-Velay en 1755, afin de bénéficier de taux de salaire plus faibles, n'eut pas plus de succès. On peut se reporter respectivement sur ces thèmes à J. Godart, *ibid.*, p. 195 et p. 220-221.

c'est pendant la guerre de Succession d'Espagne que la manufacture s'établit véritablement comme une des concurrentes sérieuses de Lyon, avant de subir un léger repli une fois les hostilités terminées. Suivant la politique d'admissions massives des années 1740, la décennie 1750 correspond à une période faste pour la Company, qui obtient en 1753 de nouvelles restrictions à l'importation des soieries étrangères, et en 1757 des conditions plus favorables à l'importation des organsins d'Italie[44]. La manufacture londonienne connaît d'ailleurs à nouveau une phase de croissance pendant la guerre de Sept Ans, dont l'Angleterre sortit en grande gagnante, asseyant sa domination sur toutes les mers du globe.

La mise de l'accent sur les conflits qui surviennent dans les deux manufactures au cours de la première moitié du XVIIIe siècle, sur fond de l'augmentation de leurs effectifs, a quelque peu dévié le propos de l'examen des conditions de production elles-mêmes et de leur évolution. C'est en essayant d'en donner un rapide aperçu que l'on clôturera cette section, alors que les deux industries ont atteint au milieu du XVIIIe siècle une autre étape majeure de leur développement.

Au sujet de la matière première d'abord, il faut distinguer plusieurs types d'approvisionnements en fonction du niveau de raffinement de la soie brute. Elle peut soit être importée sous forme de cocons, ce qui est généralement le cas des importations asiatiques, soit sous forme de soie grège, c'est-à-dire de fils déjà dévidés et enroulés autour d'écheveaux appelés flottes, dont la qualité fait notamment la renommée des soies du Piémont. Les cocons et les balles de soie transitent ainsi par les entrepôts lyonnais et londoniens avant d'être expédiés aux ateliers de moulinage, afin d'en assouplir les fils, d'en retirer l'électricité statique et éventuellement de leur imprimer une légère torsion qui leur confère une résistance supérieure. Après que les fils ont été teints, la dernière phase préparatoire se compose d'une part de l'ourdissage, qui consiste à enrouler les fils de chaîne sur l'ensouple, sorte de cylindre que l'ouvrier fixe à l'arrière du métier, et du canetage d'autre part, qui consiste à placer les fils de trame sur la canette, qui vient elle-même se ficher dans la navette, que l'ouvrier déplace latéralement entre les fils de chaîne pour former l'étoffe finale. L'ensemble de ces opérations préparatoires s'opère encore à cette époque et pour une large part au sein des deux villes, où

44 *Silk Manufactures Act* 1753 (26 Geo. II, c. 21) et *An Act for allowing the Importation of fine Italian Organzine Silk into this Kingdom* 1757 (31 Geo. II, c. 3).

dans leurs faubourgs immédiats : de tels ateliers se répartissent un peu partout à travers chacune d'entre elles, une communauté de mouliniers est par exemple implantée dans le quartier de Whitechapel à Londres[45].

Si les ouvriers tisseurs composent le chaînon central de la manufacture, ce schéma d'ensemble laisse bien voir l'importance et la variété des autres tâches qui doivent être remplies pour mener à bien la production de tissus de soie. Car la qualité de l'étoffe finale dépend presque autant de la qualité de la soie elle-même et de sa préparation que du savoir-faire du tisseur qui la travaille. Cette impression de variété est encore augmentée si l'on ajoute au tableau le rôle des marchands qui vont, soit en propre, soit représentés par un commis, rencontrer leurs principaux clients à travers l'Europe pour présenter leurs catalogues[46], réagencés chaque saison, avant de commander l'ouvrage aux maîtres. Pour l'élaboration de leur collection, ils font appel à des dessinateurs, dont le talent peut faire le succès et la renommée du marchand, et rejaillir par là sur l'ensemble de la manufacture. Toutefois, il est rare qu'une maison s'attache l'exclusivité des services d'un dessinateur, qui exerce plutôt cette activité de manière libérale, à côté de ses propres travaux artistiques. Le concours de ces derniers n'est évidemment nécessaire que pour fabriquer les tissus façonnés, pour en élaborer les motifs, et leur notoriété culmine au milieu du siècle, alors que les deux manufactures ont atteint l'excellence technique dans la production de ces tissus[47].

Ainsi, la production des soieries façonnées nécessitait non seulement un savoir-faire supérieur mais aussi une main d'œuvre plus nombreuse. Les dessins doivent d'abord être codés au moyen d'une carte à trous (« mis en carte ») afin que le tisseur puisse déterminer quels fils de chaîne doivent être soulevés à chaque passage de la navette. Une autre personne doit donc

45 Voir N. K. A. Rothstein, *The Silk Industry in London*, *op. cit.*, p. 38.

46 Pour un aperçu de cette pratique et de ses évolutions au XVIIIe, voir L. E. Miller, « Innovation and Industrial Espionage in Eighteenth-Century France », art. cité.

47 Le nom qui domine alors est sans conteste celui de John Vansommer (1705-1774), suivi notamment de Anna Maria Garthwaite (1690–1763) ou de Jean Pillement (1728-1808). Selon Rothstein, « les soieries produites au milieu du siècle (dans les années 1740) étaient les meilleures de l'histoire [de la manufacture londonienne] » (N. K. A. Rothstein, *The Silk Industry in London*, *op. cit.*, p. 516-517 ; ce qui est aussi remarqué à Lyon par E. Pariset, *Histoire de la fabrique lyonnaise*, *op. cit.*, p. 154). Sur Vansommer, on peut se reporter à l'article de N. Perry, « John Vansommer of Spitalfields : Huguenot, silk-designer, and correspondent of Voltaire », *Studies on Voltaire and the Eighteenth Century*, n° 60, 1968, p. 289-310.

être présente pour tirer successivement les lacs du métier « à la grande tire », plus imposant que le métier d'uni. C'est la production de façonnés, plus complexe, qui fait l'objet de la majorité des innovations qu'on a pris l'habitude d'attribuer à Dangon, Bouchon puis Vaucanson, mais qui sont aussi et surtout le fruit d'un processus continu, collectif, qui génère de multiples améliorations incrémentales, et dans lequel les inventeurs dont on retient le nom ne sont souvent intervenus qu'à un moment donné[48]. Alors que Lyon reste sans doute la référence pour la fabrication de ces tissus, un certain nombre de développements majeurs viennent aussi d'outre-Manche, qui concernent particulièrement les tissus unis ou le fonctionnement général du métier. Il en va ainsi de la navette volante (*flying shuttle*) dont l'invention en 1733 est attribuée à John Kay et qui permet d'actionner la navette au moyen d'une pédale située au pied du métier. La technique anglaise du moirage des étoffes de soie fut apportée à Lyon par les frères Badger, repérés par l'inspecteur royal Holker qui les invite à s'installer dans la seconde ville de France, leur fournissant un atelier qu'ils investissent en 1753[49]. Mais le domaine où les progrès anglais furent sans doute les plus significatifs est celui du moulinage, John Lombe ayant établi son premier moulin à Derby en 1718, d'après les plans rapportés du Piémont. Cette entreprise majeure encouragea la création d'autres moulins à travers l'Angleterre, principalement dans les régions de Manchester, Coventry et Norwich, ainsi qu'autour de Londres.

48 On attribue à Dangon le perfectionnement des cordons de tirage (les lacs), rendant plus efficace le « métier à la grande tire », puisqu'il fallait toujours sélectionner lesquels de ces lacs tirer à chaque passage de la navette. C'est cette sélection qui est facilitée par le mécanisme mis au point par Bouchon (dit mécanisme Falcon, dans l'atelier duquel il aurait fonctionné pour la première fois), consistant en bandes de carton perforées en relation avec le dessin. Vaucanson apporte ensuite toute une série d'améliorations à ce métier, dont seule une partie est directement utilisée par les tisseurs. Il ouvre ainsi la voie à l'élaboration au siècle suivant du métier à la Jacquard, expression là encore utilisée pour souligner le nombre important de perfectionnements nécessaires pour la faire fonctionner de façon satisfaisante, qui sont le fruit d'un processus collectif d'innovation.

49 Voir à ce titre C. Ballot, *L'introduction du machinisme dans l'industrie française*, Paris, F. Rieder & Cie, 1923, p. 295. La technique du moirage à l'anglaise (à la calendre) était une technique peu connue, qui permettait de donner des effets de contraste à l'étoffe. En dehors de l'Angleterre, il n'existait que deux ateliers de la sorte dans toute l'Europe en 1832, l'un à Lyon, l'autre à Venise, selon la chambre de commerce lyonnaise (CCL, Fonds condition des soies, SOI023/33/28 ; les tractations autour de l'installation de l'atelier 80 ans plus tôt sont aussi conservées dans cette boîte). Sur ces questions d'espionnage industriel dans leur ensemble, du point de vue français, voir P. Minard, *La fortune du colbertisme*, *op. cit.*

La stratégie lyonnaise a toujours consisté à tenter de conserver une avance dans le domaine des étoffes les plus riches, à la fois par la taille, la qualité et la complexité, dont la production occupe plus de la moitié des métiers de la ville au milieu du siècle[50]. Si l'on ne dispose pas de statistique parallèle fiable à Londres, il est fort probable que ce type de production représentait aussi une part importante de l'activité de la manufacture, dans une moindre mesure qu'à Lyon toutefois. Le fait que l'industrie anglaise ait progressé dans le sillage de sa rivale du continent a ainsi mécaniquement renforcé son avantage comparatif pour les tissus unis, dont la demande ira croissante au cours de la seconde moitié du siècle, et qui constitue effectivement son principal atout sur les marchés internationaux[51]. Cependant, on a sans doute eu trop tendance à exagérer cette différence, en extrapolant les expériences des années 1820 à une période bien plus ancienne, où de telles différences étaient loin d'être figées. Comment expliquer par exemple la présence de *designers* à Spitalfields si l'industrie avait été focalisée sur les tissus unis les plus simples ? Les témoignages de tisseurs ayant travaillé à cette période l'évoquent aussi généralement comme un âge d'or, marqué par l'excellence des produits de la manufacture[52]. Rappelons enfin que la demande est encore largement constituée par les commandes royales, et provient majoritairement de la frange la plus fortunée de la population. Une manufacture importante ne pouvait ainsi prospérer sans répondre prioritairement à ce type de besoins de luxe.

Cette demande à laquelle s'adressent les deux industries se distingue par son caractère très international et instable. Chacune d'entre elles exporte partout en Europe, ainsi qu'en Amérique (à la fois dans les colonies d'Amérique

---

50 Lyon compte 5 252 métiers à la tire, contre 4 152 métiers en plein pour l'année 1752 (selon les chiffres de J. Godart, *L'ouvrier en soie*, *op. cit.*, p. 26). L'excellence des façonnés lyonnais est encore illustrée par l'énergie que déploient les manufactures concurrentes pour en copier les dessins, ce qui fait réfléchir les marchands lyonnais au bien-fondé des livres d'échantillons, selon L. E. Miller, « Innovation and Industrial Espionage in Eighteenth-Century France », art. cité.

51 Justin Godart voit dans la montée de la mode des étoffes blanches dans les années 1780 un coup dur pour la Grande Fabrique, à laquelle les marchands demandent au Roi de mettre un terme en encourageant le port de soieries façonnées plus riches (J. Godart, *L'ouvrier en soie*, *op. cit.*, p. 211-214).

52 Conformément à notre précédente citation de Natalie Rothstein à la note 71. Le tisseur Samuel Sholl, dont l'autobiographie est l'une des rares sources de ce type disponibles sur la période, présente ainsi la manufacture comme « ayant une telle réputation que, même en Italie, les soieries anglaises se vendent plus chères que les italiennes » (S. Sholl, *A Short Historical Account of the Silk Manufacture in England*, Londres, 1811, p. 2).

du nord, dans les îles des caraïbes et en Amérique du sud). Si les chiffres des exportations montrent l'extrême variabilité de cette demande, certains débouchés se fermant presque totalement d'une année à l'autre, les marchés les plus importants sur longue période sont en ordre décroissant l'Angleterre, la France, l'Allemagne, les Pays-Bas et l'Amérique du nord, dont la demande est en augmentation régulière. Viennent ensuite l'Irlande, l'Espagne, le Portugal, la Russie et les pays scandinaves, qui représentent dans leur ensemble un volume de demande tout à fait considérable[53]. L'importance du marché intérieur est plus difficile à évaluer dans les deux pays. Il est clair que Paris et Londres généraient la majeure partie des commandes, même si d'autres villes des deux royaumes devaient alimenter un flux de demande assez négligeable par rapport aux deux capitales. La taille de son marché intérieur et sa relative introversion par rapport à sa rivale lyonnaise constituent des facteurs importants qui permettent d'expliquer l'occurrence moins fréquente de crises à Londres, souvent moins violentes qu'à Lyon. Comme le commerce est organisé autour des deux saisons d'été et d'hiver, c'est souvent au cœur de chacune de ces périodes que le travail se raréfie dans les deux fabriques, les commandes de la saison présente ayant été envoyées alors que celles de la suivante se font attendre. Les fortes variations de la demande d'une saison sur l'autre sont d'abord et avant tout la cause du changement des modes, fortement dépendantes des commandes royales et directement affectées par les goûts des souverains, ainsi que par les deuils, naissances et mariages qui surviennent dans leur famille. En tant que biens de luxe, les soieries font aussi partie des premières consommations qui sont réduites en tant de crise et, puisqu'une large part en est exportée, subissent ou profitent de la signature de nouveaux traités de commerce.

De ce bref exposé, il faut retenir que les années 1750 correspondent à une période où le modèle et les performances économiques des deux manufactures se sont significativement rapprochés, en tenant bon compte des différences que l'on vient de signaler. Sur le plan politique également, les deux industries ont chacune atteint une relative stabilité, sous l'égide des communautés de métier, mais on a noté comment l'ordre qu'elles étaient parvenues à installer commençait à être chahuté, de l'intérieur et de l'extérieur, et de plus en plus fortement jusqu'à la veille de la guerre de Sept Ans. C'est à l'aboutissement de ces tensions, suite à cet épisode guerrier majeur, qu'il va maintenant s'agir de s'intéresser plus en détail.

---

53 N. K. A. Rothstein, *The Silk Industry in London*, *op. cit.*, p. 430-431.

LA FIN (OFFICIELLE) DES COMMUNAUTÉS DE MÉTIER

S'il fallait relever un fait symbolique des mutations qui s'opèrent dans cette seconde moitié du XVIIIe siècle, c'est sans doute le surgissement du thème de la régulation du prix de façon que l'on choisirait. On peut en effet observer l'émergence de cette question nouvelle dans les deux industries au cours des années 1760-1770, accompagnant le divorce de plus en plus net entre ouvriers et marchands, dont on a déjà décrit les premières étapes. À la confiance réciproque qui unissait les multiples acteurs de chaque corporation devait ainsi se substituer une autre forme d'arrangement, entre deux grandes catégories d'acteurs qui ont appris à se méfier les uns des autres. C'est largement à l'irruption de cette question dans le débat public et à l'examen des compromis qui permettent de stabiliser les conflits qu'elle suscite que sera consacré ce chapitre.

La première dynamique conflictuelle significative s'engage d'abord dans l'industrie londonienne au cours de la décennie 1760, qui constitue sans doute l'une des périodes les plus tourmentées que la capitale anglaise a traversées. C'est la raison pour laquelle il faut commencer par donner quelques éléments de contexte pour être en mesure d'évaluer la place et l'importance du rôle joué par les tisseurs au sein de l'agitation générale.

Les conditions économiques difficiles au sortir de la guerre se font particulièrement ressentir à Londres, où les prix des subsistances ainsi que du logement sont relativement élevés, et font se lever les premiers mouvements de haine contre les communautés écossaises et irlandaises de la capitale, accusées d'alimenter une concurrence déloyale, perçue comme facteur majeur de la crise. L'augmentation des crimes en tout genres, perpétrés par des personnes de plus en plus jeunes, ainsi que la hausse de la consommation d'alcool, et en particulier de gin, inquiètent aussi grandement les magistrats[1].

1 Voir à ce titre les craintès de John Fielding, présentées par G. Rudé, *Wilkes and Liberty. A Social Study of 1763 to 1774*, Oxford, Clarendon Press, 1962, p. 10.

Ce terreau constitue le principal carburant du mécontentement généralisé qui se développe à l'encontre des autorités nationales dans les milieux professionnels de la capitale, qui les accusent de négocier des conditions trop favorables à la reddition de la France et souhaitent la poursuite de la guerre avec l'Espagne, dont le soutien tardif apporté à Louis XV prolongea les hostilités d'une année. L'irritation croissante des londoniens au cours de la décennie coïncide avec l'ascension du politicien John Wilkes, qui parvint à canaliser cette irritation par ses prises de position nationalistes et populistes. Mais le slogan de « Wilkes and liberty[2] ! » scandé par la

2 Il convient de donner quelques éléments de contexte pour restituer l'atmosphère générale dans laquelle avait surgi cette formule. L'accession au trône de George III, après la mort de son grand-père George II le 25 octobre 1760, marque un changement d'attitude radical de l'Angleterre dans le conflit international de la guerre de Sept Ans. Les partisans de la fermeté vis-à-vis de la France et de l'Espagne, menés par William Pitt et le comte de Temple sont mis en minorité au gouvernement par l'arrivée du comte de Bute et de ses conseillers. C'est grâce à l'aide des deux premiers que John Wilkes, jeune homme politique londonien, avait pris place à la Chambre des communes en 1754. Après leur démission commune du gouvernement en 1761, et la nomination de l'écossais Bute au poste de premier ministre l'année suivante, John Wilkes décide de lancer la publication, le 6 juin 1762, du journal satirique *The North Briton*, en réponse au *The Briton* publié par Bute et ses partisans depuis quelques semaines. Il emploie alors toute sa verve pour dénoncer la domination des intérêts écossais à la tête du pays, exaspérant jusqu'au Roi lui-même, qui trouve dans le n° 45 du journal le prétexte qu'il attendait pour emprisonner son auteur sans procès préalable dans la Tour de Londres. Après deux ans d'exil en France suite à son évasion, le changement de ministère de 1765 permet à Wilkes de revenir à Londres où, constatant sa popularité intacte, il se présente sans attendre à la députation pour le comté du Middlesex. Sa candidature déclenche une véritable frénésie auprès des petits marchands de la City et des travailleurs de l'est de la ville, dont la formule « Wilkes and liberty ! » devient le cri de ralliement. Leur appui lui permet finalement de remporter la victoire, au grand dam du Roi et de son conseil, qui cherchent à empêcher son accession à la Chambre en relançant les poursuites à son encontre. Ceci marque le franchissement d'une nouvelle étape dans le développement du « phénomène Wilkes », dépeint par les uns comme un hors-la-loi et par les autres comme un saint, qui assoit un peu plus à chacun de ses procès son image de représentant de la cause du peuple combattant la tyrannie royale. De nombreux rassemblements dégénèrent en violence, les troupes ouvrant même le feu sur la foule lors du « massacre » de St. George's Fields, dans la soirée du 12 mai 1768. Malgré sa défaite électorale, la Chambre désigne en 1769 le candidat du Roi Henry Lawes Luttrell comme représentant du Middlesex, renforçant encore le soutien populaire de Wilkes, dont les manifestations violentes se multiplient au cours de l'année. Après la fin définitive des poursuites contre lui en 1770, il fait son retour sur la scène municipale en prenant la défense des imprimeurs qui réclament le droit de reproduire les débats parlementaires en intégralité. Il est élu dans la foulée Sheriff de Londres, puis Lord maire en 1774, avant d'enfin parvenir, la même année, à s'asseoir aux Communes comme représentant du Middlesex. Son activité politique décroît rapidement une fois ce siège obtenu, faisant tout aussi rapidement retomber l'enthousiasme pourtant considérable qu'il avait suscité. Le charme qui l'avait relié dix années durant à la population

foule en colère durant ces années correspond aussi à l'une des premières manifestations importantes du radicalisme en Grande-Bretagne, également capté par Wilkes, mais initié et alimenté avant lui par les dirigeants de la Corporation, dont le Lord Mayor William Beckford dénonce dès 1761 les incohérences du système de représentation parlementaire[3].

Les premiers signes du mécontentement des tisseurs apparaissent à l'été 1762, suivant une séquence qui allait devenir classique. Après que certains des marchands ont récemment baissé leurs prix, environ deux cents ouvriers se dirigent vers la City, le 12 juillet, pour protester contre cette baisse. Ils sont interceptés par leurs contremaîtres[4] qui parviennent *in extremis* à les convaincre de se disperser. Toujours mécontents de n'observer durant l'été aucune hausse significative, plusieurs articles sont coupés sur les métiers des ouvriers qui acceptent de travailler à des prix trop faibles, décidant les marchands à engager des négociations au courant du mois d'août. Une liste de prix est dressée à cette occasion, signée par les différentes parties et imprimée afin que chacun en prenne connaissance. Mais l'accord n'est pas respecté par tous les marchands, et un certain nombre d'humiliations continuent d'être infligées aux ouvriers qui acceptent de travailler en dessous des prix « officiels[5] ». L'effigie d'un marchand ne respectant pas l'accord est aussi traînée, une corde au cou, à travers les rues de Spitalfields avant d'être brûlée en public. Cinq maîtres demandent, suite à cette manifestation, une protection militaire au secrétaire d'État Shelburne, qui déploie une centaine d'hommes dans le quartier des tisseurs le 8 octobre, ce qui met un terme provisoire aux hostilités[6].

---

londonienne se rompt définitivement lors des « Gordon riots », en 1780, où Wilkes ordonne de faire feu sur les manifestants, dont beaucoup l'avaient soutenu quelques années plus tôt.

3 Sur le rôle joué par Beckford, on peut consulter L. S. Sutherland, *The City of London and the Opposition to Government, 1768-1774. A Study in the Rise of Metropolitan Radicalism*, Londres, University of London, Athlone Press, 1959, p. 10-11.

4 Les contremaîtres étaient des ouvriers expérimentés et souvent respectés qui, après avoir travaillé à leur compte, choisissent de se mettre au service d'une maison de commerce pour surveiller le travail qu'elle commandite.

5 Analysant la presse locale de l'époque, William Jordan rapporte que « les compagnons acceptant des salaires plus faibles étaient placés sur des chevaux, le visage contre la queue de l'animal, et conduits à travers les principales rues de Spitalfields, jusqu'à ce qu'ils promettent de ne plus jamais travailler en dessous des prix fixés » (W. M. Jordan, *The Silk Industry in London. With special reference to the condition of the wage-earners and the policy of the Spitalfields Acts*, MA thesis, University of London, 1931, p. 95-96).

6 *Ibid.*, p. 96.

Déterminer à quel point ces manifestations étaient liées aux mouvements de soutien à John Wilkes est une question compliquée. S'il est clair d'un côté qu'aucune preuve empirique ne permet d'affirmer le ralliement massif des ouvriers en soie à sa cause, il est également clair que Spitalfields en constituait l'une des places fortes[7], et que les grands pics de l'activité militante des tisseurs coïncident avec les temps forts de sa carrière tumultueuse (1762, 1765 et 1769). Ce paradoxe peut sans doute s'expliquer par le caractère si particulier de l'ascension de Wilkes, dont le principal talent a justement consisté à catalyser une grande variété de revendications qui ne communiquaient pas entre elles, ce qui a fait dire à George Rudé que « les deux mouvements, qui se sont développés côte à côte et qui devaient pour cette raison avoir certaines origines communes, étaient virtuellement indépendants et sans rapport[8] ». Il n'est pas étonnant de constater dans ce cadre que le discours radical naissant, qui commençait à faire vibrer la City, ne semble par exemple avoir que très peu filtré chez les tisseurs, qui restent dans leur majorité assez neutres politiquement, point sur lequel on reviendra plus en détail dans la suite.

Les deux années qui suivent la signature du traité de Paris, le 10 février 1763, qui met officiellement un terme à la guerre, correspondent à un relatif retour au calme dans la capitale, aidé par la stabilité du niveau des prix du blé[9]. Mais les disputes entre tisseurs et marchands ne s'arrêtent pas pour autant, un certain nombre de ces derniers continuant de pratiquer des prix non conformes à la liste de 1762. Ils parviennent toutefois à dévier temporairement la colère des ouvriers en désignant la concurrence étrangère comme principale cause de leurs difficultés, et particulièrement les importations de soieries françaises, dont le flux se serait intensifié avec la fin de la guerre. L'argument fait mouche parmi les membres de la Company, toujours prêts à réclamer de nouvelles protections tarifaires. Un comité est créé dans la foulée à cette fin, et débouche trois ans plus tard sur la présentation d'un *bill* prohibant l'importation des étoffes françaises, examiné par le parlement les 24 et 25 avril 1765.

Les tisseurs brandissant des drapeaux noirs forment un cortège qui accompagne le Roi jusqu'à sa résidence de Saint James le premier jour des

7 G. Rudé, *Wilkes and Liberty*, *op. cit.*, p. 15, présente la City, le Strand, Southwark et enfin Spitalfields et Shoreditch, comme les principaux foyers d'agitation.

8 *Ibid.*, p. 104.

9 Sur la corrélation entre hausse des prix et émeutes, voir G. Rudé, *ibid.*, p. 188-190.

débats. Le projet est validé le lendemain mais cassé par les Lords le 17 mai, alors même que les ouvriers en soie s'étaient rendus en masse aux abords de Westminster pour soutenir le texte[10]. Encouragés par la sympathie dont avait témoigné le public à cette occasion, ils ne se découragent pourtant pas, et un nouveau projet est présenté le 10 janvier 1766. La réapparition des turbulences au cours de l'année contribua sans doute fortement à ce que les Lords acceptent finalement le projet[11], qu'ils augmentent néanmoins de deux clauses importantes. La première est que la prohibition concédée doit être vue comme une mesure transitoire, en guise de test. La seconde consiste à étendre une règle qui avait déjà force de loi dans l'industrie de la laine[12], et qui qualifie toute destruction de marchandise comme un crime, passible de la peine de mort. La manœuvre des Lords peut ainsi être vue comme une tentative d'acheter la tranquillité des tisseurs en leur concédant certains avantages industriels.

C'est à l'adoption de cette loi que Natalie Rothstein choisit de dater l'évanouissement final de l'autorité de la corporation, dont la campagne de 1764-1766 constitue effectivement le dernier pic d'activité. Déjà affaiblie et en grande partie vidée de sa symbolique, elle est maintenant concurrencée sur son propre terrain par l'État, qui intervient pour la première fois dans le champ de ses affaires industrielles internes. Et il est également vrai que l'ensemble des commissions qui vont porter les revendications des tisseurs par la suite, si elles se rapprochent dans leur forme et leur composition de celles qui étaient appointées par la Company, ne se réclament plus d'elle pour s'adresser au gouvernement[13].

L'apaisement espéré par les Lords fut loin de se produire. De nouvelles manifestations violentes surviennent à Spitalfields dès 1767 contre les marchands accusés de ne pas respecter la liste de prix établie cinq ans plus tôt. Les ateliers travaillant pour leur compte sont victimes d'attaques régulières de la part des « *cutters* », de même que ceux des

10 Le nombre de 25 à 30 000 personnes avancé par N. K. A. Rothstein, *The Silk Indutry in London*, *op. cit.*, p. 483, d'après la presse locale, est sans doute exagéré.

11 6 Geo. III, c. 28.

12 12 Geo. I, c. 34.

13 « La corporation n'était alors plus capable de faire respecter aucune règle ni d'amorcer aucun changement technique, et se contentait seulement de donner des recommendations. [...] Une fois la clause condamnant les "*cutters*" à la peine de mort inscrite dans la loi, la corporation des tisseurs devint un anachronisme, en ce qu'elle n'était plus l'arbitre naturel d'aucun conflit industriel » (N. K. A. Rothstein, *The Silk Industry in London*, *op. cit.*, p. 515).

maîtres ouvriers qui refusent de s'acquitter de leur cotisation auprès de ces derniers[14]. Ces mouvements constituent donc un nouvel indice de la coupure qui s'effectue entre ouvriers et marchands. Mais alors qu'elle s'effectue à Lyon, de façon très nette, entre les grands marchands d'une part et les maîtres ouvriers et leurs compagnons de l'autre, elle suit à Londres le clivage traditionnel entre *Masters and Men*. Elle traverse par conséquent le groupe formé par ceux que l'on qualifie de maîtres, dont les statuts sont moins formalisés et les situations plus diverses qu'à Lyon. Ainsi, même si ce sont bien les grands marchands qui rejettent le plus fermement les listes de prix et empêchent leur application, c'est surtout des associations compagnonniques qu'émanent l'essentiel des revendications ouvrières. Nombre de petits « maîtres » soutenaient sans nul doute ces revendications[15] et avaient participé à leur élaboration, mais ils ne jouent pas le rôle pivot, comme à Lyon, de chefs de file et de porte-parole de la communauté des tisseurs.

L'affrontement continue par la suite de s'envenimer : les « maîtres » n'accordent plus d'avance à leurs ouvriers et ne donnent plus d'ouvrage à ceux qui sont soupçonnés de soutenir la fronde, dont ils cherchent activement à identifier les responsables. C'est dans ce climat tendu que s'écoulent les années 1767 et 1768, émaillées de nombreux incidents, dont certains nécessitent l'intervention musclée des forces de l'ordre[16]. L'explosion des réclamations qui en résulte accentue la pression sur l'administration policière londonienne, dont le premier magistrat John

14 La société qu'ils forment est baptisée « The Bold Defiance », sans doute en rapport à une série de navires de guerre britanniques (« HMS Defiance ») sur lesquels certains d'entre eux avaient peut-être servis pendant la guerre de Sept Ans. Cette hypothèse est accréditée par les messages de menace qu'ils font parvenir à Peter Auber, signés « Defiance Sloop », le *sloop* étant effectivement l'un des navires de cette série (NA, TS 11/818). La contribution mensuelle de trois à cinq shillings par métier demandée par l'organisation était « discrètement collectée dans différentes tavernes du district, où les membres du comité se rendaient déguisés, armés de pistolets, d'épées et de coutelas » (G. Rudé, *Wilkes and Liberty*, *op. cit.*, p. 100).

15 Rudé nous dit par exemple que seuls 150 maîtres (sur plus de 500) proposent de loger les troupes à l'automne 1769 (G. Rudé, *Wilkes and Liberty*, *op. cit.*, p. 102).

16 C'est notamment le cas en décembre 1767, où un atelier de Brick Lane est assailli par plusieurs centaines d'ouvriers, qui surpassent les forces de police en présence. L'intervention d'une unité de gardes mobiles est nécessaire pour mettre fin à l'incident. L'été 1768 est aussi entaché par la mort d'un jeune homme de 17 ans, tué par balle lors de l'irruption de tisseurs dans la maison d'Elizabeth Farr. Pour un compte rendu plus détaillé de ces troubles, on peut consulter les appendices de G. Rudé, *ibid.*, et aussi le mémoire plus ancien de W. M. Jordan, *The Silk Industry in London*, *op. cit.*, p. 96-100.

Fielding cherche à tout prix à éviter que la situation ne dégénère[17]. Il parvient dans ce cadre, au mois de septembre 1768, à ramener maîtres et ouvriers à la table des négociations pour convenir d'une nouvelle liste de prix, dont l'entrée en vigueur est prévue au 1er janvier 1769.

Encore une fois, les espoirs d'un rapide retour au calme furent vite dissipés. Suivant un hiver difficile et de nouvelles baisses de prix, le saccage des ateliers reprend de plus belle au printemps. La situation s'aggrave encore au cours de l'été alors que certains maîtres, craignant pour leur marchandise, décident d'embaucher des gens d'armes pour défendre leurs biens et éliminer les *cutters*. L'un d'entre eux est Lewis Chauvet, fabricant de mouchoirs sur Crispin Street, dont 76 des métiers sont attaqués au cours de la nuit du 25 août[18]. Spitalfields est décrite quelques jours après cet épisode « comme une ville où règne la loi martiale – des cohortes marchant en tous sens ; des rues entières bloquées par des hommes en armes à chaque extrémité ; des explosions d'armes à feu ; la mort immédiate menaçant quiconque se présente à sa fenêtre[19] ».

Le rapport de force s'inverse au cours du mois de septembre, où la police parvient à intercepter des informations précises sur la tenue d'une réunion des émeutiers à la Dolphin Ale House, sur New Cock Lane. Si la plupart des tisseurs échappent aux forces de l'ordre qui sont dépêchées sur les lieux, celles-ci mettent la main sur un certain nombre de documents qui permettent d'identifier les *cutters*[20]. Des troupes dont l'entretien est assuré par les maîtres revanchards sont alors stationnées à Spitalfields, et les tavernes qui accepteraient de mettre leurs locaux à disposition des tisseurs sont menacées de voir leur licence annulée. De manière intéressante, ce sont les soutiens de Wilkes à la City, les Sheriffs « patriotes » Townsend et Sawbridge qui s'indignent en premier auprès de Fielding du sort réservé aux tisseurs, et refusent d'appliquer le mandat d'exécuter deux des meneurs, John Doyle et John Valline, au milieu des leurs, refusant de renforcer le climat de terreur qui prévalait déjà à Spitalfields. Ils seront toutefois pendus le 6 décembre à Bethnal

17 G. Rudé, *Wilkes and Liberty*, *op. cit.*, p. 45.

18 En plus de la cotisation qu'il refuse de payer, il refuse aussi de soutenir Wilkes, et signa en conséquence la pétition des marchands loyaux au Roi de mars 1769 (*ibid.*, p. 63 et 102).

19 *Gazetteer and New Daily Advertiser*, 29 août 1769.

20 Deux tisseurs et un soldat sont tout de même tués au cours de l'intervention, et l'un des leaders ouvriers, Daniel Murphy, est capturé avant d'être condamné à mort.

Green, devant une importante assemblée d'ouvriers en soie, qui accueille l'érection de l'échafaud par des cris de réprobation et des jets de pierre[21].

Sept autres tisseurs sont condamnés à mort par la cour du Old Bailey en 1769. Une certaine agitation persiste au courant du mois de décembre, toujours soutenue et encouragée par Sawbridge, pour demander la relaxe des ouvriers condamnés, après quoi l'on peut observer un réel apaisement[22]. Aucun acte de violence grave n'est perpétré au cours des trois années suivantes, si l'on excepte le meurtre du dessinateur d'origine irlandaise Daniel Clarke, qui avait témoigné contre les tisseurs lors des procès de 1769[23]. Dès la fin de l'été 1769, Fielding avait tenté d'engager de nouvelles négociations, en échange de l'arrêt des violences. Il parvient à l'automne à convaincre les deux parties d'envoyer une pétition aux justices de paix du Middlesex (*Middlesex Quarter Sessions*), leur priant de réaffirmer leur autorité en demandant au parlement une loi garantissant leur pouvoir de fixer les prix officiels. Cette possibilité fut toutefois rejetée en raison des « divergences d'opinion[24] » entre les magistrats, qui persuadent Fielding qu'il faudra s'adresser directement au parlement pour régler le problème des tisseurs et stabiliser durablement la situation. Plus généralement, l'examen de la correspondance de Fielding montre bien le manque d'autorité des justices de paix qui, dépassées par la situation, ne parviennent plus à instaurer et faire appliquer les mesures nécessaires au rétablissement de la paix économique et sociale, et apparaissent même isolées dans leur bâtiment de Hicks Hall. Une bonne partie du « plan » de Fielding, au cours des phases critiques, consistait d'ailleurs à garantir leur sécurité[25].

Les années 1771-1773 sont des années d'augmentation marquée du prix des céréales, qui conduisent beaucoup de travailleurs londoniens à réclamer des hausses de salaire. Suivant la pétition des tailleurs au printemps 1772, les marins manifestent en octobre contre les baisses de salaire, alors que des compagnons corroyeurs sont traduits devant

---

21 W. M. Jordan, *The Silk Industry in London*, *op. cit.*, p. 106.

22 Plusieurs milliers d'ouvriers s'étaient rassemblés à Moorfields le 18 décembre pour présenter une pétition au Roi, demandant la clémence pour les trois ouvriers condamnés à mort, qui seront malgré cela exécutés sans délai.

23 Clarke fut jeté dans un bassin puis lapidé (W. M. Jordan, *The Silk Industry in London*, *op. cit.*, p. 111).

24 NA, SP 37/7, Lettre de Fielding à Wood, 28 septembre 1769.

25 L'ensemble de la correspondance dont on parle ici est conservée aux archives nationales : NA, SP 37/07 pour l'année 1769 et NA, SP 37/10 pour 1773.

le Old Bailey, et acquittés peu de temps après, pour avoir conspirés en vue d'augmenter leurs rémunérations. Ces mouvements coïncident encore avec le retour de John Wilkes, qui brigue la même année son premier mandat de Lord maire. Mobilisées par cette première tentative infructueuse, les autorités de la City continuent néanmoins de soutenir les ouvriers, et présentent une pétition aux Communes relative au prix élevé des denrées alimentaires[26]. C'est à ce concert que se joignent les tisseurs au printemps 1773. Après avoir rejoint plusieurs manifestations à Saint James et Westminster, le rassemblement d'ouvriers en soie qui se tient à Moorfields le 23 avril effraie les justices de paix et le Lord maire, qui se rend sur place pour convaincre la foule de se disperser[27]. Trois jours plus tard, une députation de six tisseurs présente aux juges de paix une déclaration par laquelle ils dénoncent les étrangers et autres intrigants qui infiltrent la manufacture et emploient des travailleurs n'ayant pas servi d'apprentissage pour pratiquer des prix inférieurs aux prix convenus entre maîtres et ouvriers, pénalisant ainsi l'ensemble de l'industrie. Suite à cette entrevue est envoyé au secrétaire d'État un document qui reprend de manière plus méthodique les revendications des tisseurs et dont sera largement inspirée la rédaction des prochains « Spitalfields Acts », avec la garantie qu'ils resteront calmes si l'on accède à leurs demandes[28].

Malgré la première réaction négative du Roi, qui voit cette proposition comme un marchandage intolérable[29], une motion est rapidement introduite au parlement pour évaluer l'intérêt d'une loi destinée à réguler les salaires des ouvriers en soie. Après que la commission chargée de son examen a donné son accord, elle est rapidement acceptée par les Communes, le 19 juin, puis par les Lords, le 23. Le consentement royal est donné le 1er juillet 1773[30], asseyant le pouvoir des différentes

26 Voir G. Rudé, *Wilkes and Liberty*, *op. cit.*, p. 190.

27 NA, SP 37/10, Lettres du 23 avril 1773.

28 NA, SP 37/10, Lettres du 26 avril 1773. Les demandes des tisseurs sont organisées en trois points : (1) la nécessité d'interdire à toute personne qui n'aurait pas effectué un apprentissage normal (de sept ans) de devenir tisseur, (2) un mécanisme contraignant qui force les maîtres à se conformer aux listes de prix négociées avec les ouvriers et (3) que le nombre d'apprentis soit strictement limité à deux par maître.

29 Selon sa correspondance éditée par J. Fortescue, *Correspondence of George III*, Londres, MacMillan, vol. 2, 1927, p. 478.

30 13 Geo. III, c. 68, dont on peut trouver une version quasi exhaustive dans A. E. Bland, P. A. Brown et R. H. Tawney, *English Economic History*, Londres, G. Bell & Sons, 1914.

justices de paix de Londres et de ses environs de fixer les prix officiels des articles de soie produits dans la ville. Leur première action est d'ailleurs, le 8 juillet, d'officialiser la liste de 1769. C'est suite à cette première régulation, qu'il a largement contribué à rendre possible, que John Fielding dit son « espoir sincère qu'elle sera un remède radical aux rassemblements tumultueux, si irrespectueux du Roi et si désagréables au Gouvernement, qui se sont produits dans ce quartier[31] ».

Quatre instances, dont les juridictions recouvrent l'ensemble du territoire de la ville, sont désormais autorisées à fixer le prix des articles par les Spitalfields Acts : les greffiers et échevins de la City et les justices de paix du Middlesex, de Westminster, et de la Tower Liberty, qui agissent à la requête de leurs commettants. La loi interdit ensuite aux maîtres d'employer des ouvriers dans plusieurs de ces districts afin de bénéficier des disparités qui pourraient exister entre eux[32]. Enfin, elle défend aussi à tout maître d'admettre plus de deux apprentis simultanément à son service. Contre l'ensemble de ces mesures, demandées par les ouvriers, le texte stipule l'interdiction pour les tisseurs de se réunir en assemblées excédant dix membres pour envoyer des pétitions ou députations, excepté lorsqu'elles visent les autorités prévues à cet effet, conformément à la loi. Cela rejoint la pratique courante qui, selon Sydney et Béatrice Webb, avait toujours consisté à tolérer les coalitions (*combinations*) d'ouvriers quand elles étaient destinées à faire respecter la loi, et à les punir sévèrement lorsqu'elles cherchaient au contraire à imposer unilatéralement des conditions à leurs employeurs[33].

C'est ainsi qu'apparaît encore le compromis qui semble avoir sous-tendu, en écho aux propos de Fielding, l'adoption des Spitalfields Acts. Celui-ci consiste essentiellement pour les parlementaires, dans un moment d'agitation populaire considérable à leur encontre, à échanger la tranquillité des tisseurs contre un certain nombre d'avantages économiques, à commencer par la possibilité de réguler les prix, qui vient s'ajouter aux avantages commerciaux concédés en 1766[34]. Mais

31 NA, SP 37/10, Lettre du 28 juin 1773.

32 La loi prévoyait des amendes de 50 livres pour les maîtres et ouvriers qui ne respecteraient pas les prix officiels, les seconds pouvant également être condamnés aux travaux forcés s'ils étaient dans l'impossibilité de payer.

33 S. Webb, B. Webb, *The History of Trade Unionism*, *op. cit.*, 1920, p. 65.

34 La confusion entre ces deux aspects, entretenue à la fois par les professionnels, les parlementaires et les commentateurs aura d'ailleurs un impact non négligeable sur la suite des débats.

ce qui frappe surtout, alors « qu'on prête communément aux anglais le talent de savoir régler leurs démêlés politiques et économiques par des voies équitables, pacifiques et démocratiques[35] », c'est la nécessité de remonter jusqu'au parlement, en court-circuitant les justices locales et les autorités municipales, pour parvenir à ce compromis. Les Spitalfields Acts semblent donc procéder bien davantage d'une logique descendante qu'ascendante, qui s'exerce du pouvoir central vers la manufacture.

Cela peut s'expliquer en partie par la situation des tisseurs au sein de la capitale, et au fait qu'ils se joignent à un front de mobilisations susceptible de déstabiliser le gouvernement. Celui-ci n'a d'ailleurs pas encore adopté de doctrine en la matière, et sanctionne la pratique des listes de prix dans certains métiers, alors qu'il refuse de le faire dans d'autres cas[36]. La multiplicité des conflits qui s'agglomèrent à Londres au cours de ces années constituent d'ailleurs l'un des facteurs qui empêchent les tisseurs d'identifier l'impact précis de leur action, pour mieux s'en approprier les fruits, ce qui conduit certains d'entre eux à prendre les Spitalfields Acts comme une « bénédiction[37] ». En réalité, une autre raison permet de comprendre la logique très verticale et descendante qui a conduit à leur adoption, qui ne tient pas aux spécificités du cas londonien mais aux formes et à l'état du gouvernement local britannique. Alors que les justices de paix apparaissaient affaiblies et ne sont à aucun moment en mesure de se poser en intermédiaire crédible entre maîtres et ouvriers, aucune autre autorité locale n'est en mesure de les épauler, ou de se substituer à elles pour pallier ce manque. Si les principaux

---

35 Talent qui a quelque chose de mythique selon B. Moore, *Les origines sociales de la dictature et de la démocratie*, Paris, Maspéro (Les textes à l'appui), p. 16.

36 Les Webbs parlent en ce sens de « nihilisme administratif » (*administrative nihilism*) pour qualifier l'attitude du gouvernement, et donnent un aperçu des cas où il intervient et de ceux où il refuse d'intervenir (S. Webb, B. Webb, *The History of Trade Unionism*, *op. cit.*, p. 50-51).

37 Ceci apparaît très clairement dans la suite au moment des débats autour du repeal en 1824 (BL Mss., Add. 27805, *An Account of the proceedings of the committees of the journeymen silk weavers of Spitalfields ; in the legal defence of the Acts of Parliament, granted to their trade, in the 13th, 32nd, and 51st Years of the Reign of his late Majesty, King George the Third*, 1823, p. 22) ou dans l'essai de Samuel Sholl, qui parle de Fielding comme du messie lorsqu'il évoque son action en faveur de l'adoption de la loi, qu'il invite à conter « en l'honneur éternel de son nom, pour son humanité et sa justice, qui devrait être inscrit en lettres d'or sur les mains des générations présentes et futures, avec la plus grande gratitude, jusqu'à la fin des temps » (S. Sholl, *A Short Historical Account of the Silk Manufacture in England*, *op. cit.*, p. 3).

représentants politiques de la City interviennent bien pour prendre la défense des tisseurs, c'est pour satisfaire les fins politiques cohérentes avec la première forme de radicalisme politique qu'ils représentent. Ils ne semblent accorder que peu d'intérêt aux revendications des tisseurs en elles-mêmes, et imaginent encore moins user de leur poids politique pour sanctionner la liste de prix réclamée par les ouvriers et se poser en garants de son application. Il s'agit là d'une caractéristique fondamentale du mode de gouvernement local anglais pointée par Douglas Ashford, fondé sur une séparation fonctionnelle stricte qui ne permet pas ce type de déplacement, ce qui contraste avec la plasticité du gouvernement local français, telle qu'on va l'observer à Lyon.

Aux difficultés traversées par la Grande Fabrique au début des années 1750, qui furent le terrain des conflits entre Gournay et la communauté, ne succéda qu'une courte phase de répit. Les premiers chocs de la guerre de Sept Ans provoquent de nouvelles cessations de travail, qui touchent une proportion inquiétante de travailleurs au cours de l'hiver 1756. Le conseil du Roi s'étant opposé au nouvel emprunt demandé par la communauté, c'est le consulat qui se charge d'abord de procurer les subsistances nécessaires à la population des tisseurs. Mais les années difficiles s'enchaînent, continuant d'alimenter la faillite des marchands et la misère des ouvriers, si bien qu'en 1766 la communauté propose de racheter leurs métiers aux tisseurs inactifs avec l'assurance pour eux de pouvoir se les réapproprier par la suite[38]. Comme souvent, la solidarité et le manque de moyens imposés par les conditions économiques ne favorisent pas l'entreprise d'actions collectives et l'émergence de nouvelles controverses entre les différents groupes de la manufacture, dont les rapports n'évoluent pas significativement au cours de la décennie. Il faut attendre l'année 1771 pour observer une véritable amélioration de ces conditions, et la réapparition de débats contradictoires entre ouvriers et marchands. C'est au cours de ces débats qu'émerge de plus en plus nettement la question de la régulation des prix, connue à Lyon sous le nom de « tarif », qui allait devenir le thème principal des querelles pour (au moins) les cinquante années à venir.

---

38 On peut se reporter à J. Godart, *L'ouvrier en soie*, *op. cit.*, p. 235-240, pour plus d'informations sur ces années difficiles, ainsi que sur les mécanismes mis en place par le consulat pour les traverser.

Contrairement à Londres et en écho aux mouvements de 1744, c'est dans la distinction entre « maître » et « marchand » que s'ancrent toutes les controverses. Le bureau des maîtres gardes, principal organe de régulation industrielle de la Grande Fabrique, est ainsi déchiré entre ses représentants ouvriers et marchands, et voit son aura fortement diminuée auprès de la population des tisseurs. C'est dans ce climat de tension que certains maîtres ouvriers en plein s'adressent au bureau le 15 mars 1774, pour demander une augmentation du prix de leurs façons. De telles démarches avaient déjà été entreprises, en 1709 et 1759, sans qu'elles aient porté leurs fruits[39]. Et leur exemple semble d'abord se répéter puisque, après que les maîtres gardes ont consenti d'aller voir les marchands concernés pour qu'ils augmentent leurs prix, le consulat repousse temporairement la mesure, et aucune nouveauté réglementaire n'est instaurée pendant les années suivantes. Mais l'insistance affichée par les maîtres, qui présentent un nouveau mémoire en mai 1779, convaincra finalement l'autorité municipale, le 20 décembre, d'accorder le tarif demandé. Celui-ci est une liste de prix obligatoires, qui ne concerne que les tissus unis, et pour l'application desquels le délai de réclamation d'un mois fixé par le règlement de 1744 est multiplié par six. C'est largement autour de ces deux éléments, qui touchent au caractère obligatoire du tarif et aux modalités de son application dans le temps, que vont s'articuler les nombreux et vigoureux débats des années 1780.

Car l'application des prix décidés en 1779 fut loin d'être scrupuleuse, ce qui alimenta les discussions sur le mode de fixation du salaire des ouvriers. Ces derniers accusent les marchands d'avoir gravement abusé de leur position favorable dans la négociation des prix pour entretenir leur baisse vertigineuse, alors même qu'augmentaient ceux des subsistances, si bien que la situation des ouvriers était devenue intenable[40]. À ces arguments, les marchands objectent que, premièrement, les ouvriers n'ont qu'à refuser les prix proposés s'ils ne leur conviennent pas et, deuxièmement, que la pression de la concurrence étrangère empêche toute hausse des salaires. Mais les ouvriers rétorquent immédiatement que la faible hausse des prix qu'ils réclament ne saurait affecter durablement les

39 *Ibid.*, p. 249-251.

40 Ils assortissent à cette fin leur demande d'un budget ouvrier en 1779, dans leur *Requête au consulat pour obtenir le sol d'augmentation promis au mois d'avril 1774*, présentée par J. Godart, *ibid.*, p. 408-411.

ventes des textiles de luxe qu'ils produisent, dont « la seule perfection les fait rechercher[41] ». Surtout, ils nient la prétendue liberté de négocier que leur prêtent les marchands. Une telle négociation, sur un pied d'égalité, n'existe tout simplement pas en temps de crise, disent-ils, et les ouvriers sont forcés d'accepter les prix qui leur sont dictés par les marchands :

> Ils savent, ces marchands, que nous n'avons que l'apparence de cette liberté ; aucun règlement ne nous oblige de travailler à un prix insuffisant, mais la plus impérieuse de toutes les lois, la loi du besoin, nous impose cette cruelle nécessité : nos ateliers ne sont pas des forteresses qu'il soit difficile de réduire par la famine, tous les jours il faut vivre et tous les jours il faut du travail. Les marchands s'accordent à offrir le même salaire, aucun d'eux ne peut s'en écarter ; quelque vil qu'il soit, il n'est pas possible de délibérer, il faut recevoir la loi, parce que c'est un moindre mal de n'avoir que la moitié de sa subsistance que de n'avoir rien du tout. (J. Godart, *L'ouvrier en soie*, *op. cit.*, p. 262)[42].

Pour cette dernière raison, toute tentative de négociation partielle est forcément insuffisante, et seul un tarif général et obligatoire constituerait une réponse valable aux attentes des ouvriers.

C'est afin d'élaborer ce tarif qu'ils demandent au consulat l'autorisation de convoquer une assemblée générale de la profession, invitant les anciens de leur classe ainsi que les maîtres marchands à y prendre part. Ces derniers refusent de donner suite et obtiennent même du consulat qu'il interdise « aux ouvriers de s'assembler[43] ». Un mémoire fourni par les maîtres gardes marchands vient immédiatement en appui à cette interdiction. Ils y dénoncent les inconvénients du tarif, qui découle de sa rigidité, au contraire des jugements qu'ils prononcent chaque jour au cas par cas et qui reviennent de fait à établir une sorte de cours officiel des façons[44]. Cet argument est évidemment bien loin de convaincre les ouvriers, non seulement parce qu'ils sont décidés à obtenir un tarif général, mais surtout parce qu'ils ont perdu toute confiance dans les marchands et leurs représentants, qui se dérobent à chaque invitation à négocier pour mieux faire peser sur eux le joug du *statu quo*. Ainsi, en plus des revendications pour le tarif, c'est surtout la mauvaise volonté des marchands et du consulat qui fait grandir le mécontentement de la masse des compagnons, qui éclate au grand jour à l'été 1786.

41 *Ibid.*, p. 262.
42 Toujours d'après le mémoire de 1779.
43 *Ibid.*, p. 263.
44 *Id.*

Selon un schéma similaire à celui de 1744, des rassemblements d'ouvriers en soie et de chapeliers[45] appellent à la grève au début du mois d'août et dégénèrent le 8. Suivant la décision de l'archevêque de collecter le banvin, les tisseurs défilent à travers Lyon, devant l'hôtel de ville et sur la place Bellecour. La milice ouvre alors le feu sur la foule, mais est rapidement dépassée. Appliquant la même stratégie qu'en 1744, le consulat accorde sans attendre l'augmentation de deux sols demandée par les tisseurs et affiche son soutien aux ouvriers, tout en sollicitant l'intervention rapide de l'armée, dont un régiment entre à Lyon le 12 août[46]. Un tribunal extraordinaire est immédiatement mis en place pour juger les meneurs de l'émeute, dont deux, un chapelier et un tisseur de taffetas, sont pendus le même jour. Le tarif est, lui aussi, immédiatement annulé. Mais cette fois, à la différence de 1744, l'intervention des forces armées ne suffira pas à éteindre l'enthousiasme des ouvriers, qui passent à une autre forme de lutte : « ils se réunissent régulièrement dans des chambres discrètes, changent de lieu de réunion pour déjouer les recherches de la police, distribuent des tracts, font signer des pétitions dans les ateliers, placardent des affiches dénonçant tel ou tel patron qui refuse d'accepter leurs conditions et les tarifs exigés[47] ».

En particulier, les débats se cristallisent autour de l'arrêt du conseil du Roi du 3 septembre, qui valide l'annulation du tarif et ordonne que « les salaires des compagnons, garçons et artisans de la ville de Lyon seront réglés de gré à gré et à prix débattus entre le marchand fabricant et l'ouvrier[48] ». Les maîtres ouvriers ne s'opposent d'ailleurs pas à l'esprit de l'arrêt en lui-même, mais réclament la capacité, qui doit être garantie par les règlements, de négocier sur un pied d'égalité avec le

45 On peut dire que les chapeliers, organisés contrairement aux soyeux sur la base d'associations compagnonniques, leur ont d'une certaine manière montré la voie de la contestation (on peut consulter à ce sujet l'ouvrage de Michael Sonenscher, *The Hatters of Eighteenth-Century France*, Berkeley, University of California Press, 1987). D'abord bien mieux organisés que leurs confrères, c'est d'eux que proviennent les premières demandes pour un tarif en 1769-1770, auxquelles viennent s'ajouter celles des ouvriers en soie par la suite. Si les deux communautés agissent bien côte à côte lors des conflits de ces années, elles n'en sont pas moins dirigées par des logiques bien distinctes, comme en témoigne leur manque de coordination en 1786, pointé par M. Garden, *Lyon et les lyonnais au* XVIII*e siècle*, *op. cit.*, p. 590.

46 *Id.*

47 *Id.*

48 Arrêt du Conseil du Roi du 3 septembre 1786 cité par J. Godart, *L'ouvrier en soie*, *op. cit.*, p. 254.

marchand. C'est pour cela que la question des délais de prescription est capitale. Dans une activité où les prix définitifs sont fixés après le rendu de l'ouvrage par l'ouvrier au marchand, le délai d'un mois fixé par le règlement de 1744 était trop long pour permettre à l'ouvrier de contester les prix, et rendait la liberté de négocier prêchée par les marchands tout à fait illusoire. Arrêté puis emprisonné en novembre, le meneur ouvrier Denis Monnet devient l'un des symboles de cette lutte pour la liberté réelle, qui va rapidement donner lieu à des développements tout à fait primordiaux, précipités par la Révolution.

Les élections de février 1789 aux états généraux du 5 mai sont l'occasion pour les tisseurs de faire entendre à nouveau leur voix. Profitant du mode de scrutin démocratique, ils s'y rendent en masse et ne votent que pour des ouvriers, excluant les marchands de toute représentation[49]. Ceci décide le Roi à suspendre son arrêt du 3 septembre 1786 et à autoriser, par un nouvel arrêt du 8 août 1789, la communauté à s'assembler pour élaborer un tarif, en commun avec le prévôt des marchands et les échevins. Ce tarif ne devait s'appliquer qu'aux étoffes unies, et servir de règle en cas de contestation[50]. Encore une fois, les marchands refusent de prendre part à l'assemblée, laissant le soin aux maîtres de fixer le tarif pour mieux pouvoir en contester la validité par la suite. C'est ce qu'ils font dès sa réception par le Roi, le 18 septembre 1789, en lui faisant parvenir représentations et pétitions qui le prient de revenir sur son arrêt du 8 août, et proposent par un semblant de concession de s'engager à appliquer au minimum les prix généralement reconnus en 1785. Devant ces réclamations contradictoires, le Roi décide de repousser l'application du tarif pour en confier la responsabilité à l'administration qui sortira des prochaines assemblées provinciales et municipales, dont les représentants doivent être élus au début de l'année 1790.

L'interprétation des développements qui sont engagés à ce moment et qui se poursuivent à partir de là pose la question du rôle de Lyon dans la Révolution et, à l'inverse, de l'impact des idées révolutionnaires sur

49 Selon M. Garden, *Lyon et les lyonnais au XVIIIe siècle*, *op. cit.*, p. 591, 2 650 maîtres sont présents le premier jour du vote et 3 400 le second. Les 34 délégués élus sont ainsi des maîtres ouvriers, au nombre desquels la plupart des gens surveillés depuis 1786, Denis Monnet inclus. Les marchands ont beau protester auprès de Necker, alors Ministre d'État, celui-ci refuse d'accéder à leur demande d'annulation.

50 Ce qui ajoute encore un sens nouveau à cet arrangement, remarque J. Godart, *L'ouvrier en soie*, *op. cit.*, p. 254.

le mouvement ouvrier lyonnais. Si la ville ne joue, proportionnellement à sa taille, qu'un « faible rôle dans la préparation et le déroulement des faits qui ont conduit à la Révolution[51] », cela n'exclut pas que les représentants de la municipalité et des communautés de métiers, porteurs traditionnels de l'« autonomisme lyonnais[52] », aient pu être profondément inspirés par son mouvement. C'est ainsi qu'Alain Cottereau a soutenu l'idée selon laquelle ces deux groupes, en adaptant à leur niveau les grands principes de liberté et d'égalité de 1789, ont été à l'origine d'une véritable régénération de la vie locale lyonnaise, dont il convient de donner un aperçu[53].

À peine deux semaines après son installation, la nouvelle municipalité de Lyon rend exécutoire, le 27 avril 1790, le tarif élaboré par les ouvriers l'année précédente. Comme pour asseoir leur conquête, 3 500 maîtres ouvriers en soie se réunissent dans la cathédrale Saint-Jean quelques jours plus tard, le 5 mai, pour élire de nouveaux maîtres gardes. Organisée sur le modèle des élections municipales, l'assemblée adopte une délibération qui annonce sa scission d'avec la communauté des marchands, tenant notamment son propre « bureau d'ordre et de police[54] », en attendant les nouveaux règlements de l'Assemblée nationale.

Car c'est bien l'enthousiasme que suscite le vide institutionnel créé par la Révolution, et l'appel à un renouveau de l'organisation sociale, qui anime les ouvriers en soie. Plutôt que d'abolir les structures anciennes, c'est indéniablement la voie de « désincorporation[55] » via leur réforme

---

51 M. Garden, *Lyon et les lyonnais au* XVIIIe *siècle*, *op. cit.*, p. 593.

52 *Ibid.*, p. 592.

53 Principalement à travers A. Cottereau, 2004, « La désincorporation des métiers et leur transformation en "publics intermédiaires" : Lyon et Elbeuf, 1790-1815 », *La France, malade du corporatisme ?* XVIIIe-XXe *siècles*, *op. cit.*, p. 97-145.

54 BML Fonds Coste, 351367, Délibération des maîtres ouvriers fabricants en étoffes d'or, d'argent et soie de la ville de Lyon, prises dans l'église cathédrale de Saint Jean, le 5 mai 1790.

55 Repris par Cottereau à Claude Lefort, le terme de désincorporation « attire l'attention sur l'ampleur des transformations impliquées par "l'invention démocratique". Dès lors que le pouvoir n'est plus appropriable, n'est plus incarné réellement par une personne, n'est plus démultiplié dans un réseau de corps sociaux, plus garant des positions des uns par rapport aux autres, c'est toute une société qui se retrouve dépourvue de ses repères anciens d'ordre et de statuts. La désincorporation garde son sens intuitif littéral d'abolition des corps institués. Mais elle désigne plus largement l'abolition des repères d'identification et de possibilités d'action au sein de toute la société. Avec la même ampleur, la sortie de cet effondrement, si elle emprunte la voie de l'"invention démocratique" s'étend, bien au-delà de l'institution du pouvoir, à une invention d'espace public démocratique, c'est-à-dire

démocratique qui est empruntée par les maîtres de la Grande Fabrique[56]. Dans cet esprit s'achève la création du tribunal de police des arts et métiers le 20 juillet 1790, par l'élection démocratique de quatre nouveaux maîtres gardes marchands en plus des quatre ouvriers déjà élus, conformément au souhait de la municipalité. Il se maintiendra pendant près d'une année, suscitant un fort engouement populaire. Les jugements rendus par le tribunal, au cours de séances publiques, produisent une jurisprudence qui évacue l'ensemble des vieilles règles propres aux corporations (durée du compagnonnage, frais d'établissement, règles de fabrication), ainsi que toutes les sanctions pénales, pour se concentrer sur la validation des contrats de plein droit, signés dans un réel rapport de gré à gré[57].

Cette expérience de justice locale subit un premier coup d'arrêt en mars 1791, avec l'entrée en vigueur du décret d'Allarde, qui annonce la fin de l'existence officielle de toute organisation ouvrière. Les responsables du tribunal, toujours soutenus par la municipalité, vont alors militer pour transférer leur compétence au tribunal de commerce, dont il s'agit aussi d'obtenir la refondation sur une base démocratique. Le projet sera pourtant rejeté par les législateurs nationaux, laissant provisoirement le développement du nouvel organe dans l'impasse. Mais son expérience ne sera véritablement stoppée que l'année suivante par la montée en puissance du club des jacobins lyonnais, qui tentent de récupérer l'inertie créée par les chefs d'atelier, particulièrement leur demande de révision du tarif à l'automne 1792, et de renverser l'autorité municipale en place. Ils parasitent le débat public de manière à faire monter gravement la tension entre eux et, de l'autre côté, les démocrates locaux et les meneurs

un espace où se jouent, par des tests accessibles à tous les citoyens, par des épreuves de légitimité démocratique, les rapports entre une société civile émancipée et les institutions politiques » (A Cottereau, « La désincorporation des métiers et leur transformation en "publics intermédiaires" », art. cité, p. 98-99). Voir aussi C. Lefort, *Essais sur le politique*, Paris, Seuil (Esprit), 1986.

56 A. Cottereau, *ibid.*, p. 114.

57 C'est cette motivation qui guide selon Cottereau l'ensemble des actions des maîtres ouvriers. Les pages 103 à 107 de son article sont spécialement consacrées à « l'éclatement du sens de l'expression "de gré à gré" ». C'est, toujours selon lui, pour cette raison que les débats autour des délais de prescription du tarif prennent une telle ampleur. Rappelons enfin que la majorité des conciliations effectuées par le tribunal concernent les relations entre maîtres ouvriers et apprentis d'une part et maîtres ouvriers et compagnons de l'autre. Les réclamations des maîtres à l'encontre de leur marchand se placent, sur le plan quantitatif, derrière ces deux premiers types de plaintes.

ouvriers. Les débats qui opposent ces deux partis sur la convention collective de janvier 1793 figent encore un peu plus leurs différences, qui trouvent une issue sordide dans le siège de Lyon, débuté en août. L'intervention des troupes républicaines et les bombardements ravagent les rangs des ouvriers, dont trois des chefs de file historiques sont exécutés une fois le conflit terminé à l'automne. C'est le sort de Denis Monnet, Jean-Étienne Vignes et Noël Algéroni, ancien élu du Tribunal des arts et métiers puis du tribunal du commerce[58].

La plus ambitieuse des tentatives des ouvriers, portée par la vague révolutionnaire, est donc encore une fois anéantie par la force. La population des tisseurs est décimée, de nombreux ateliers et leurs métiers détruits[59], mais l'élan rénovateur qui a été impulsé, s'il est durablement affecté, n'est pas définitivement brisé. Paradoxalement, la perspective de reconstruction qui suit la Terreur aura peut-être même contribué à le dynamiser. La volonté de refonder les institutions de la fabrique sur des bases démocratiques, dans un rapport d'égalité avec les marchands, sera en effet rapidement réaffirmée par les ouvriers, qui ont trouvé dans les nouvelles autorités municipales un allié de confiance pour progresser dans cette voie. Outre le fait que les tisseurs n'obtiennent donc rien de durable suite à leurs mobilisations des années 1780, il semble que leur mouvement se développe d'une manière qualitativement différente de celui de leurs homologues londoniens. Là où l'on avait parlé d'une logique descendante à Londres pour qualifier l'adoption des Spitalfields Acts, il apparaît assez clairement que c'est en priorité du bouillonnement local lyonnais que procèdent les changements de régulation, éventuellement sanctionnés *a posteriori* par les autorités centrales. Ces dernières se posent ainsi au second plan du jeu permanent qui s'opère presque en continu entre la communauté de métier et le consulat, puis la nouvelle mairie. Plus précisément, le contraste avec la situation londonienne porte sur la multiplicité des instances de gouvernement local qui, dans un contexte de changement institutionnel marqué, sont capables de sanctionner les résultats des discussions entre marchands et ouvriers.

58 L'ensemble de cet épisode est détaillé par A. Cottereau, « La désincorporation des métiers et leur transformation en "publics intermédiaires" », art. cité, p. 119-126.

59 Il n'en reste plus que 2 000 après l'épisode terroriste selon R. J. Bezucha, *The Lyon Uprising of 1834*, *op. cit.*, p. 12-13, proche du plus bas historique atteint en 1600.

À l'évidence, le développement de cette relation est encore favorisé à Lyon par le fait que les ouvriers en soie représentent véritablement la principale industrie de la ville. Ceci leur permet de bénéficier d'une plus grande clarté dans leurs échanges avec les autorités, à travers lesquels ils peuvent davantage participer à l'élaboration des mesures qui leur sont destinées, et par suite mieux s'en approprier le contenu. À l'inverse à Londres, le message des tisseurs est constamment brouillé par les interférences liées aux enjeux politiques nationaux, ou par les revendications des nombreux autres groupes professionnels de la ville, dont ils ne représentent qu'une faible partie de l'activité. Loin de fausser la comparaison, ce biais, qui tient à la dissymétrie des deux villes, rend encore plus visible les différences fondamentales dans la structure et l'état du gouvernement local de la France et du Royaume-Uni, qui demeurent pertinentes pour capter certains aspects plus généraux de la transition industrielle des deux pays.

En tous les cas, les divergences que l'on vient de pointer proviennent davantage de la configuration d'ensemble, en particulier politique, qui enveloppe les deux industries que de leurs populations respectives. Le gros des ouvriers des deux manufactures apparaît en premier lieu comme particulièrement discipliné, cultivé et bien plus intéressé aux affaires industrielles qu'aux questions politiques[60]. Les tisseurs lyonnais et londoniens ont d'ailleurs développé dans ce cadre une sorte d'*ethos* de la qualité, qui les définiraient comme artisans et non comme ouvriers au sens contemporain. C'est en effet d'abord et avant tout pour des questions industrielles qu'ils se révoltent, même si leur mouvement est marqué de fait par le radicalisme politique à Londres et par l'esprit libéral de la Révolution à Lyon. Parallèlement, il est aussi vraisemblable qu'une bonne partie des « maîtres » lyonnais et londoniens étaient plutôt favorables aux revendications ouvrières, mais que les conflits ont été envenimés par une minorité d'entre eux, plus extrêmes, qui ne voyaient le salut de leurs affaires que dans la baisse sans fin du salaire de l'ouvrier[61].

60 En plus d'avoir donné naissance à une association d'entomologie renommée, les tisseurs de Spitalfields sont surtout célèbres pour avoir fondé en 1717 la Spitalfields Mathematical Society, aux activités de laquelle participèrent notamment l'ingénieur-opticien John Dollond (1706-1761) et le mathématicien Thomas Simpson (1710-1761), qui étaient tous deux fils de tisseurs et avaient exercé le métier. La société fut intégrée à la Royal Mathematical Society en 1846.

61 Ces discours minoritaires n'ont pas été trop mis en avant dans notre compte rendu. Ils proviennent d'ailleurs souvent du dehors de la manufacture, comme c'est le cas du mémoire

Ainsi le tableau introductif de notre démonstration, selon laquelle la configuration politique dans laquelle étaient prises les deux industries détermina pour une large part leur sort au siècle suivant, est désormais dressé. Toutefois il convient tout de même, avant de poursuivre, de donner quelques précisions sur l'évolution de la situation anglaise de l'adoption des Spitalfields Acts à la Révolution, dont l'impact fut considérable outre-Manche.

Suite à la première validation d'une liste de prix par les justices de paix du Middlesex, en 1773, ouvriers et maîtres retournent régulièrement devant elles pour suggérer de nouvelles modifications plus ou moins drastiques. Une bonne partie des registres ayant été conservée, on dispose d'une liste assez fidèle du contenu des accords établis entre maîtres et marchands. Mais ceux-ci se limitent souvent à l'affichage de la nouvelle liste, et il est donc difficile d'en connaître les termes exacts, de même que les discussions infructueuses, qui n'ont en général pas laissé de trace.

Il semble que l'usage consistait à former un comité composé de trois à cinq maîtres et du même nombre d'ouvriers qui, après avoir discuté des modifications à apporter au prix de certains articles, présentaient ses conclusions aux justices appropriées, qui pouvaient trancher les débats en cas de désaccord. Une fois les nouveaux prix déterminés, ceux-ci devaient être publiés dans au moins deux journaux locaux, les frais de publication étant supportés pour moitié par les maîtres et pour moitié par les ouvriers. Vu le nombre considérable d'articles à prendre en compte, la plupart des arrangements visent à intégrer de nouveaux articles non encore régulés et sont enregistrés par les justices de paix du Middlesex, district où opèrent l'écrasante majorité des tisseurs. Les accords sanctionnés par les trois autres instances, dont seulement une partie nous est parvenue, concerne soit les articles spéciaux qui y sont fabriqués, soit à s'aligner sur les modifications qui surviennent dans la juridiction voisine du Middlesex[62]. Pas moins de cinq accords, chacun

de Mayet, présenté par J. Godart, *L'ouvrier en soie*, *op. cit.*, p. 266-267. Dans le sillage de son prédecesseur Vincent de Gournay, l'intendant Terray nourissait aussi l'espoir de voir disparaître la classe de ces maîtres ouvriers turbulents. C'est afin d'attenter à leur indépendance par l'abaissement de leur salaire qu'il avait proposé, en 1787, d'encourager le travail féminin (AN F12 766, Projet d'arrêt du 20 mai 1787).

62 Les tisseurs de Westminster étaient par exemple spécialisés dans les livrées des grandes maisons de la noblesse, ainsi que dans les accessoires pour cochers. Plusieurs modifications

limité à quelques articles, sont ainsi validés par cette dernière instance avant l'adoption d'une nouvelle liste générale étendue en 1784. Les tarifs évoluent ainsi au fil des règlements, par des ajouts successifs que viennent solder, environ tous les dix ans, la parution d'une nouvelle liste globale, qui prend en compte les modifications passées tout en incluant les articles plus récemment apparus[63].

Malgré les lourdes sanctions qui sont prévues en cas de non-respect des prix officiels[64], les disparités qui pouvaient se maintenir entre secteurs, et surtout le caractère nécessairement incomplet de la liste laissent penser qu'elle servait avant tout de prix de référence, qui n'éliminait pas totalement les négociations entre les parties. Comme à Lyon, elle s'appliquait prioritairement aux textiles unis, dont la définition était relativement stable, tandis que les articles de mode, changeant de saison en saison, étaient plus difficiles à prendre en compte[65]. Il est aussi compliqué d'évaluer à quel point les maîtres ont tenté de s'y soustraire, au regard des conflits qui se sont très rapidement manifestés devant les justices de paix[66]. Ce qui est sûr est que les délégations ouvrières, comme celles des maîtres, émanaient chacune d'organisations collectives créées

---

sont apportées dans ces secteurs à la suite de changements opérés par les justices du Middlesex, comme en 1795 et 1796 (voir sur ce point W. M. Jordan, *The Silk Industry in London*, *op. cit.*, p. 136-137).

63 Les trois grandes révisions générales auront lieu en 1784, 1795 et 1806, entrecoupées de nombreux accords particuliers. L'ensemble des listes de prix adoptées à partir de 1795 sont présentées par J. Buckridge, *A List of Prices in the Several Branches of the Silk and Silk-Mixed Manufactures*, Londres, Justins, 1821.

64 Comme on l'a déjà signalé, une amende de 50 livres était prévue pour le maître ou l'ouvrier qui ne respecterait pas les prix officiels, tandis que l'emploi de plus de deux apprentis par atelier, ou de compagnons n'ayant pas effectué leur apprentissage, était sanctionné d'une amende de 20 livres.

65 Ne disposant que de peu d'informations véritablement fiables sur ces années, c'est surtout des témoignages rétrospectifs qui permettent d'asseoir un tel jugement (par exemple celui de Thomas Gibson, marchand de façonnés à Spitalfields qui admet devant les Lords qu'un tiers des articles qu'il commande ne sont pas présents dans la liste, HL, 1823, *Minutes of evidence taken before the Lords committees to whom was referred the Bill, intituled 'An Act to repeal certain Acts of His late Majesty relating to the Wages of Persons employed in the Manufacture of Silk, and of Silk mixed with other Materials'*, Lords' sessional papers, vol. 156, p. 145).

66 Par deux fois, en avril 1774 et avril 1775, les magistrats du Middlesex valident un accord alors que les marchands ont refusé de se présenter devant eux, jugeant qu'ils en avaient été informés et n'avaient pas manifesté leur désaccord (W. M. Jordan, *The Silk Industry in London*, *op. cit.*, p. 122). Les échanges de lettres ainsi que les décisions des magistrats relatives à ces désaccords peuvent être consultées aux London Metropolitan Archives (LMA, MA/W/001-051).

à la suite de l'adoption des Spitalfields Acts. En 1777 est ainsi formée par les tisseurs « une société d'assistance mutuelle contre l'oppression des maîtres[67] », qu'ils baptisent « *the Union*[68] ». Son objectif avoué est de veiller à l'application des lois de 1773, demandant un penny par semaine à chacun de ses membres pour subvenir aux dépenses liées aux négociations devant les magistrats. Cette société se développe pendant plusieurs années avant que ses membres ne se divisent, créant différentes associations plus petites, toujours destinées à servir le même but. Une nouvelle impulsion unificatrice se produit en 1791, avec la création d'un fonds commun à toutes les associations de tisseurs.

Pour ce qui est des maîtres, leur principale organisation était destinée à prévenir et punir les coalitions (d'ouvriers)[69], mais il est encore plus difficile que pour les compagnons d'obtenir des informations sur son ampleur et son fonctionnement. L'autre structure qu'ils semblent avoir collectivement élaborée consistait à lutter contre la contrebande, objectif qu'ils partagent cette fois avec les ouvriers, dont les organisations continuent de militer pour la protection du marché intérieur britannique[70]. C'est d'ailleurs le trop grand intérêt porté aux questions commerciales, que l'on peut faire remonter aux origines de la Company, qui a selon Natalie Rothstein généré le défaut structurel majeur de la manufacture : la trop grande spécialisation de ses ouvriers. À l'abri de la concurrence internationale, les ouvriers anglais se concentrent dans ces années sur les robes et habits de luxe, abandonnant presque totalement les tapisseries et tissus décoratifs de grande taille à leurs rivaux, ce qui les rend vulnérables à toute réouverture des échanges. Ainsi, et toujours selon Rothstein, « en attribuant toutes ses difficultés à l'étranger, la manufacture refusa de traiter les défauts qui lui étaient propres[71] ».

67 S. Sholl, *A Short Historical Account of the Silk Manufacture in England*, *op. cit.*, p. 4.

68 *Id.*

69 Si l'on se fie à la brochure publiée en 1805, qui en récapitule les règlements : *Rules and orders of the society of manufacturers of silk, and silk mixed with other materials, dyers, and other persons concerned in the manufactory, established in October 1791, and amended and enlarged in October 1805, for the purpose of forming general regulations, and punishing embezzlements, combinations, and other offences in the silk manufacture*, Londres, 1805.

70 Les conflits entre les associations ouvrières et la Compagnie des Indes orientales sont rappelés par S. Sholl, *A Short Historical Account of the Silk Manufacture in England*, *op. cit.*, p. 6-7.

71 N. K. A. Rothstein, *The Silk Industry in London*, *op. cit.*, p. 507.

Ces défauts sont néanmoins loin d'en grever durablement la croissance avant la Révolution française, à la veille de laquelle les estimations concordent pour dire que les villes de Lyon et Londres comptaient chacune une dizaine de milliers de métiers battants, portant la population directement occupée par chaque manufacture à environ 20 000 personnes[72]. Si Lyon possède encore une avance dans les articles façonnés les plus riches, les tisseurs de Spitalfields ont atteint le niveau d'expertise nécessaire pour contester le *leadership* lyonnais sur ce marché, qui constitue toujours le principal foyer de demande. Les deux industries sont secondées sur le plan national par toute une série de manufactures de moindre importance, à commencer par Coventry et Saint-Étienne, qui se spécialisent dans la production de rubans. D'autres districts encore plus restreints, souvent spécialisés dans la production d'un seul, ou de quelques articles spécifiques, existent à travers les deux pays : à Tours, Nîmes, Avignon ou Calais en France et à Norwich, Kidderminster, Derby ou Canterbury en Angleterre, pour n'en citer que quelques-uns.

72 Voir pour Lyon les tables de J. Godart, *L'ouvrier en soie*, *op. cit.*, p. 26, les appendices d'A. Cottereau, « The Fate of Collective Manufatures in the Industrial World », art. cité, pour Lyon et Londres, ainsi que, pour Londres seulement, les estimations de A. Larcher, *A Remedy for establishing universal Peace and Happiness against universal oppression and dangerous tumults*, Londres, 1795, p. 11, et de S. Sholl, *A Short Historical Account of the Silk Manufacture in England*, *op. cit.*, p. 8 et p. 32-33. Notons que ce chiffre exclut tous les emplois associés (teinture, moulinage, préparation de la soie) ainsi que les familles des tisseurs qui dépendent de cette industrie, sans y participer directement ou à temps plein.

CONCLUSION

Les raisonnements menés au cours de cette première partie, relativement descriptive, étaient d'abord destinés à se familiariser avec les conditions économiques qui déterminent les contraintes de la production et du commerce de soieries, en retraçant l'émergence des deux industries de Lyon et de Londres depuis leur origine. L'adjectif qui permet le mieux de qualifier ces conditions est sans doute celui d'« instable ». Instables d'abord de par la matière première qu'elles utilisent, dont les mauvaises récoltes liées aux maladies du ver à soie ou aux mauvaises conditions climatiques sont monnaie courante, et dont les circuits d'approvisionnement compliqués sont, de surcroît, très dépendants des aléas du commerce international de l'époque. Instables ensuite du fait de la complexité technique de la fabrication : l'incertitude qui affecte les contrats passés entre ouvriers et marchands est considérable. Il est en effet difficile d'évaluer dès le départ la qualité de l'étoffe qui peut être produite à partir d'une quantité de soie grège, en tenant compte des pertes inhérentes au processus de fabrication, et des fraudes qui sont toujours susceptibles de les aggraver. Instables enfin, car la demande de luxe servie par les deux manufactures est aussi sujette à de fortes variations, dépendant des modes en vigueur, des commandes royales, des deuils et des édits somptuaires. Son caractère international accroît encore leur sensibilité aux réagencements des traités de commerce, et à plus forte raison aux conflits armés entre différentes nations.

Les différences de configuration qui existent entre Lyon et Londres sur chacun de ces plans ont des répercussions importantes sur l'organisation de leur manufacture. La position insulaire de Londres y rend ainsi plus aiguë la question de la matière première, tandis que sa situation de capitale rapproche ses tisseurs de la demande finale. Ce dernier caractère a, parmi d'autres, dû avoir une influence sur la structuration du métier de tisseur dans les deux villes. C'est d'abord dans l'expertise technique, notamment à travers l'apprentissage, qu'est ancrée la solidarité qui unit les différents acteurs de chaque manufacture, sous l'égide de leurs communautés respectives. Mais à mesure que la pyramide est étirée par la fortune croissante des grands négociants au cours du XVIIIe siècle, les conflits qui en résultent s'articulent davantage à Lyon entre les maîtres marchands, qui monopolisent les circuits de distribution de la matière première et du produit fini, et les maîtres ouvriers, qui possèdent les ateliers où travaille la population grandissante des compagnons, dont ils se posent comme les représentants. À Londres au contraire, ce sont les compagnons qui apparaissent à la pointe de la lutte contre les « maîtres », dont beaucoup partagent pourtant leurs vues et soutiennent leur mouvement, dont les véritables ennemis sont aussi les grands marchands, qui ne veulent plus obéir aux anciennes règles du métier, reconnaissant les seules lois du libre commerce comme guides de leur conduite.

Les conflits qui éclatent et s'amplifient entre ces deux pôles, dans chaque ville, conduisent de part et d'autre à faire émerger la question de la régulation des prix, désormais seule capable de maintenir la confiance ô combien nécessaire à ces manufactures dispersées. Le surgissement de cette question et les tumultes qu'il provoque à Londres, dans les années 1760, est si violent qu'il disqualifie la corporation comme principale autorité de régulation au profit du parlement, qui légifère à deux reprises, en 1766 et 1773, pour pacifier la situation. La communauté de métier lyonnaise est aussi sérieusement ébranlée par les revendications des ouvriers pour le tarif, au cours des années 1780, qui aboutissent même à la création d'une organisation concurrente en 1790, avant d'être toutes deux balayées l'année suivante par les grandes lois de désincorporation.

Si les formes de régulation qui sont ainsi approchées à Lyon et assises à Londres sont tout à fait comparables dans leur contenu, il n'en est pas du tout de même sur le plan de leur fondement politique. On pourrait encore dire, dans les termes de l'analyse de Commons, que les ordres institutionnels qui émergent dans les deux manufactures, bien que semblables, ne tirent pas du tout leur légitimité de la même autorité (*lawgiver*)[1], ce qui constitue peut-être le résultat le plus important de cette première partie. L'adoption des nouveaux Spitalfields Acts procède en vérité d'un jeu assez vertical entre la communauté de métier et le parlement, remédiant à l'incapacité des autorités locales à suppléer aux défaillances des justices de paix, traditionnellement chargées de réguler les prix de façon. À l'inverse

1 J. R. Commons, *Legal Foundations of Capitalism*, *op. cit.*, p. 300.

à Lyon, du jeu triangulaire ancien entre communauté de métier, autorités locales et pouvoir central pour l'élaboration des règlements, ce sont plutôt les deux premières composantes qui ressortent comme principales animatrices. Cet état se renforce encore pendant l'épisode terroriste, qui soude durablement les maîtres ouvriers à la nouvelle municipalité contre les jacobins. Ce dynamisme local ne peut et ne doit pas être détaché de la position de Lyon en tant que seconde ville du royaume, de même que l'importance prise par le parlement dans les affaires locales de Londres ne peut être dissociée de son statut de capitale. Mais il traduit aussi une différence dans les formes de gouvernement local propres à la France et à l'Angleterre, qui peut permettre de mieux comprendre l'influence du cadre institutionnel sur la nature des transformations économiques, sociales et politiques à l'œuvre dans les deux pays.

Enfin, ces différences proviennent aussi des spécificités de la structuration du conflit entre ouvriers et marchands dans les deux villes. Alors que les intérêts des artisans lyonnais sont portés par la classe plus restreinte des maîtres ouvriers, dont les échecs successifs contribuent à acérer les arguments, le mouvement londonien repose plus directement sur les organisations de compagnons, éventuellement soutenues par des maîtres aux situations variées, ce qui complique l'adoption d'un discours unifié et précis, dans le contexte déjà assez troublé de la capitale anglaise. On se retrouve ainsi à Londres avec un public professionnel dont les situations sont relativement diverses, uni autour d'une grande régulation dont, si elle est sanctionnée par les justices de paix au niveau local, la légitimité provient bien du parlement. Aucun règlement similaire n'étant officialisé à Lyon suite à la Révolution, l'ordre vers lequel on se dirige semble davantage fondé sur des institutions inaugurées localement, dont les règles qu'elles produisent ne sont pas nécessairement reconnues par le pouvoir central.

Mais à peine a-t-on pu mettre au jour ces deux trajectoires encore hésitantes, ébaucher ces ordres en construction, que l'on observe déjà les effets des changements structurels induits par la révolution politique de 1789, susceptibles de les bouleverser. De manière plus discrète mais non moins profonde, les modifications liées à la révolution industrielle, dont on commence à observer les prémisses, vont aussi rapidement influencer les termes des débats, condamnant certaines de leurs perspectives tout en les ouvrant à un champ des possibles radicalement nouveau.

DEUXIÈME PARTIE

LES DEUX MANUFACTURES PRISES DANS LA VAGUE LIBÉRALE

DE LA TERREUR AUX ABROGATIONS DE 1824 ET 1831

Les effets du renouveau issu de la dynamique des Lumières sur les différentes sphères du débat public sont particulièrement difficiles à estimer tant ils furent considérables, et surtout problématiques. Sans doute les expériences des révolutions française et américaine ont ainsi fait émerger davantage de questions qu'elles ne permettaient d'en résoudre. Dans ce cadre, l'espoir qu'elles ont porté d'affranchir les populations de leur misère matérielle par des innovations politiques doit toujours être rapporté à l'autre prédiction majeure de cette fin de XVIIIe siècle, celle d'une nouvelle organisation économique fondée sur la division du travail. C'est la conjugaison de ces deux virtualités qui permet d'approcher l'énigme que tentent de résoudre les penseurs sociaux français et britanniques au tournant du siècle : quels arrangements politiques nouveaux doivent être mis en place pour encadrer les libertés économiques voulues par Adam Smith[1] ? Des réponses à cette question avaient en fait commencé à être élaborées dès la fin de la guerre de Sept Ans. La perte des colonies américaines, attribuée aux abus de pouvoir de George III, avait renforcé l'idée selon laquelle l'équilibre de la constitution était rompu, donnant naissance à la voie radicale de sa régénération par l'élargissement de l'électorat. De l'autre côté de la Manche, la défaite militaire fit sensiblement diminuer l'admiration pour le modèle de gouvernement mixte, alors que les mérites du système américain, affranchi du joug anglais, étaient vantés avec de plus en plus d'enthousiasme.

De ces grands débats politiques nationaux, les ouvriers en soie de Lyon et de Spitalfields retiennent surtout les traductions concrètes au niveau local, où les progrès de la liberté et de l'égalité sont directement appréciés par la qualité de la relation qu'ils entretiennent avec les marchands. De tels progrès ont été assis à Londres par les Spitalfields Acts, tandis que les discussions reprennent de plus belle à Lyon au lendemain du 9 thermidor, et se poursuivent sous le Directoire puis

1 Il faut bien noter ici l'optique largement optimiste dans laquelle s'inscrit l'idée de division du travail à cette époque, dont le développement permettrait d'exploiter « les possibilités d'émancipation propre à la société commerciale » (G. Stedman Jones, *La fin de la pauvreté ? Un débat historique*, Paris, Ère (chercheurs d'ère), 2004, p. 41).

sous le Consulat pour parvenir à un accord. La dynamique locale lyonnaise est enfin sanctionnée avec l'avènement de l'Empire, sous lequel une rénovation générale des institutions de la fabrique est lancée. Elle culmine avec l'inauguration du premier conseil des prud'hommes, acquise en 1805 et effective en 1806. L'aspect stratégique d'une telle rénovation projette un éclairage intéressant sur les paradoxes de la voie économique et politique française. Fondée au départ sur une volonté de changement politique radical, l'épisode terroriste puis l'instabilité du Directoire alimentent la crainte permanente d'un soulèvement populaire incontrôlable, qui débouche finalement sur la mise en place d'un régime autoritaire en 1804. Le champ du débat démocratique est alors rabattu vers les échelons inférieurs de la société, ce qui se traduit par des concessions économiques concrètes au niveau local, telles qu'on les observe dans la fabrique lyonnaise. C'est pour cette raison que, en plus d'avoir coïncidé avec la reconstruction de leur industrie, la période impériale jouit d'une position particulièrement favorable dans l'opinion des tisseurs de Lyon, ce qui n'est en général pas le cas de la Révolution, avec laquelle les jacobins locaux les ont durablement brouillé.

La chute de Napoléon ouvre une nouvelle période de bouleversements profonds, tant sur le plan politique qu'économique. Les années 1810 peuvent en effet être prises comme celles du passage de la « révolution industrieuse[2] » à la révolution industrielle, qui engage véritablement la dynamique du regroupement des ouvriers dans des usines, organisées non plus autour du travail humain mais de l'action de « machines autorégulatrices[3] ». C'est dans ce cadre que l'industrie de la soie, récemment dérégulée, se développe dans la région de Manchester, profitant de l'afflux de tisseurs de laine et de coton et remettant par là en question le modèle de gestion de Spitalfields. L'idée fait aussi son chemin entre Rhône et Saône, puisque le mouvement de délocalisation des ateliers à

2 Selon l'expression de J. De Vries, « The Industrial Revolution and the Industrious Revolution », *The Journal of Economic History*, vol. 54, n° 2, 1994, p. 249-270. La révolution industrieuse désigne selon lui le phénomène d'intensification de l'effort productif des structures économiques traditionnelles, générant un changement des préférences des ménages qui alimente la dynamique du développement industriel. Ce mouvement précédant et accompagnant pendant longtemps la « révolution industrielle », les réflexions de De Vries entrent dans la logique de remise en question de cette notion, se plaçant dans la lignée des travaux de Clapham (*ibid.*, p. 249-250).

3 Pour tenter de restituer le sens de l'expression « *self-acting machinery* » employée par A. Ure, *The philosophy of manufactures*, Londres, Charles Knight, 1835, p. x.

la campagne est clairement amorcé à cette période. Ce mouvement est encouragé par une fraction de marchands importants, dont la fortune ne cesse de grandir et qui embrassent le discours libéral pour se poser comme les seuls et uniques patrons légitimes de leur industrie. Ces derniers supportent ainsi de plus en plus mal de devoir en partager le gouvernement avec les ouvriers.

En Angleterre, la poussée loyaliste de la toute fin du XVIIIe siècle a définitivement écarté la perspective d'un changement de régime politique. Malgré les tentatives plus extrêmes d'Owen et de ses partisans, la vision qui domine très largement l'opposition, telle qu'elle s'exprime dans la première presse ouvrière de la fin des années 1810, est toujours celle du radicalisme. Accompagnant l'émergence du socialisme ricardien, ou plutôt smithien[4], les tenants de ce courant se disent prêts à accepter le jeu du marché proposé par les économistes classiques, mais seulement au prix de la rénovation du système de représentation inégalitaire et de l'abolition des vieux privilèges qui en biaisent les résultats. Or ce message résonne de manière très diverse à travers les différentes strates de la population laborieuse. Tandis qu'il reçoit un soutien grandissant de la part des ouvriers de la grande industrie du nord, le mouvement éveille un enthousiasme beaucoup moins marqué chez les artisans des villes, et ce malgré le fait que la plupart des meneurs ouvriers provenaient de cette catégorie, et cherchaient en priorité à recruter en son sein. En effet, même si elles sont souvent sympathiques dans leur ensemble à la réforme parlementaire, beaucoup de communautés artisanales placent au-dessus d'elle la nécessité de préserver ou d'améliorer les règles propres à leur métier, comme c'est le cas des tisseurs de Londres. Parce qu'il est fondé sur la dénonciation de ces règles et statuts, le discours radical fait ainsi apparaître ces ouvriers, sous certains aspects, comme bénéficiaires des anciens privilèges, ce qui complique considérablement leur adhésion au mouvement.

En France, la lente reprise qui suit les guerres napoléoniennes a sans doute retardé l'élaboration d'une première parole ouvrière cohérente. Encore contrariée par les mesures réactionnaires prises sous Charles X,

4 On doit à Noel Thompson d'avoir montré que les racines de la pensée des « socialistes ricardiens » étaient en réalité ancrées bien davantage dans l'œuvre de Smith que dans celle de Ricardo (N. W. Thompson, *The People's Science. The popular political economy of exploitation and crisis, 1816-1834*, Cambrige et New York, Cambridge University Press, 1984, p. 82-110).

elle se construit à partir de la chute de ce dernier lors de la révolution de Juillet. Exploitant les nouvelles libertés concédées par Louis-Philippe, et en particulier la liberté de la presse, de nombreuses feuilles ouvrières voient le jour, souvent pour des périodes très courtes. Il est significatif dans ce contexte que le premier journal ouvrier pérenne, *L'Écho de la fabrique*, dont la publication hebdomadaire s'échelonne sans interruption de 1831 à 1834, a été inauguré et soutenu par les ouvriers en soie lyonnais. Leurs deux révoltes, qui encadrent sa publication, ont encore contribué à ce qu'on les place couramment aujourd'hui à la pointe du mouvement ouvrier, quand on situerait plutôt leurs homologues de Spitalfields dans son sillage, ou même dans l'un de ses contre-courants[5].

Ce qui est étonnant est que cette différence de perception ne semble tenir à aucun caractère objectif de ces populations dont la position au sein de la classe ouvrière naissante, les compétences, les opinions politiques et la culture peuvent facilement être rapprochées. Leurs demandes sont d'ailleurs similaires dans les années 1820, puisqu'elles se contentent toutes deux de réclamer le maintien d'une forme de régulation des prix de façon. Elles obtiennent aussi chacune la même réponse, négative, avec les abolitions des Spitalfields Acts en 1824 et du tarif en 1831. Après être revenu sur le mode de fonctionnement, les contraintes et les performances des deux industries au tournant du siècle, c'est en suivant leur position respective dans les débats, ainsi que leur situation par rapport aux évolutions économiques en cours, que l'on essaiera d'expliquer pourquoi les tisseurs de Lyon et de Londres se présentent de manière si différente dans l'arène politique nationale. C'est toujours en suivant cette méthode que l'on verra comment ces différences, qui portent à la fois sur le contenu et la forme des débats publics, peuvent permettre de comprendre les significations presque opposées des abrogations de 1824 et 1831, malgré leurs signes de ressemblance évidents.

5 Analysant le cas des tisseurs de Spitalfields dans le cadre des débats sur la formation de la classe ouvrière anglaise, Marc Steinberg remarque comment leur lutte « se situait à l'intérieur des formations dominantes et s'exerçait dans le sens d'une contre-hégémonie », rejetant les mots qui étaient utilisés pour décrire leur univers, dont ils voyaient qu'ils n'étaient qu'« à moitié les leurs » (M. W. Steinberg, « "The Labour of the Country is the Wealth of the Country" : Class Identity, Consciousness, and the Role of Discourse in the Making of the English Working Class », *International Labor and Working-Class History*, n° 49, 1996, p. 18).

L'ÉQUILIBRE DES DEUX MANUFACTURES DISPERSÉES URBAINES AU TOURNANT DU SIÈCLE

On ne peut utiliser l'expression de manufacture dispersée sans rappeler les nombreuses controverses doctrinales concernant le rôle joué par ce type d'organisation de la production dans l'industrialisation de l'Occident. Traditionnellement considérées comme des économies domestiques antiéconomiques par essence, en tant qu'elles résultaient davantage d'un ordre social et juridique que de l'organisation rationnelle des moyens de production, les formes de sous-traitance caractéristiques de ces industries ont ensuite été réévaluées dans les années 1970, à l'aune de la notion de « proto-industrialisation[1] », comme transition nécessaire à l'avènement du régime industriel. Sans nier catégoriquement l'intérêt de ces approches, celles-ci conduisent, dans le cas des manufactures de soieries, à sous-estimer gravement la diversité et la complexité des transformations que l'on a pris l'habitude d'associer à la révolution industrielle. En réalité, le fait même d'ancrer ces systèmes productifs dans le monde préindustriel empêche de comprendre comment au moins une partie d'entre eux, peut-être plus importante qu'on ne le pense généralement, constituait une réponse cohérente à l'instabilité des conditions économiques qui peut affecter des secteurs divers à des périodes également très différentes de l'histoire, et qui n'a d'ailleurs rien perdu de son actualité[2].

En particulier pour ce qui est des manufactures urbaines, il apparaît clairement aujourd'hui que leur existence à la fin du XVIIIe siècle doit pour beaucoup d'entre elles être reliée prioritairement à la demande de variété très irrégulière qu'elles servaient, dans un contexte de changement

---

1 Celle-ci vient alors s'articuler à la notion plus ancienne de « *putting-out system* », suite aux travaux de F. F. Mendels, « Proto-industrialization : The first phase of the industrialization process », art. cité.

2 Voir M. J. Piore, C. F. Sabel, *The Second Industrial Divide*, *op. cit.*

technique continu[3]. Plutôt que de suivre un modèle productif unique et bien identifié, ces manufactures se sont développées dans des directions diverses, obéissant à leurs contraintes économique et juridique spécifiques. Cette diversité complique ainsi l'analyse de ces systèmes, et constitue sans doute une des raisons pour lesquelles on a si longtemps pu sous-estimer leur rôle. Dans ce cadre, l'industrie de la soie a l'avantage de se présenter comme une manufacture dispersée urbaine qui sert une demande internationale considérable, ce qui permet de la comparer plus facilement avec d'autres activités qui ont rapidement suivi la voie de la grande industrie. Cela est vrai aussi, dans une moindre mesure, en ce qui concerne la nature des biens produits, qui vont des articles de grand luxe aux tissus moins riches, parfois mélangés, dont l'usage tend lentement à se démocratiser.

Suivant cette perspective, de plus en plus d'historiens ont été conduits à pointer les avantages des organisations modulaires de la production, qui permettent d'exploiter le caractère éminemment collectif et interactif de l'activité innovatrice, mis en avant par certains économistes dès le début des années 1980[4]. Ces derniers ont souligné l'efficacité croissante de ces structures, composées de multiples petites unités de production similaires, à mesure qu'augmente l'incertitude et l'instabilité de la demande, tant par son volume global que par la variété des produits qui la composent. Dans des manufactures qui regroupent beaucoup de producteurs indépendants et relativement polyvalents, aux qualifications semblables, il est facile pour le marchand de trouver un ouvrier

3 À la suite des travaux de C. F. Sabel, J. Zeitlin, 1985, « Historical Alternatives to Mass Production », art. cité, de nombreux secteurs de production ont en effet été étudiés dans cette perspective : M. Sonenscher, *The Hatters of Eighteenth-Century France*, *op. cit.* ; C. Fairchilds, « The Production and Marketing of Populuxe Goods in Eighteenth-Century Paris », *Consumption and the World of Goods*, éd. J. Brewer, R. Porter, Londres, New York, Routledge, 1993, p. 228-248 ; J. Styles, « The Goldsmiths and the London Trades, 1550–1750 », *Goldsmiths, Silversmiths and Bankers. Innovation and the Transfer of Skill, 1550-1750*, éd. D. Mitchell, Gloucester, Alan Sutton, 1995, p. 112-120 ; H. Clifford, «"The King's Arms and Feathers" », *Goldsmiths, Silversmiths and Bankers*, éd. D. Mitchell, 1995, *op. cit.*, p. 84-95 ; A Cottereau, « The Fate of Collective Manufactures in the Industrial World », art. cité ; M. Berg, *Luxury and Pleasure in Eighteenth-Century Britain*, Oxford, Oxford University Press, 2005 ; G. Riello, « Strategies and Boundaries », art. cité.

4 On pense ici principalement aux thèses évolutionnistes présentées par R. R. Nelson, S. G. Winter, *An Evolutionnary Theory of Economic Change*, Cambridge, Belknap Press of Harvard University, 1982, et par S. Kline, N. Rosenberg, « An Overview of Innovation », *The Positive Sum Strategy. Harnessing Technology for Economic Growth*, éd. R. Landau, N. Rosenberg, Washington, National Academy Press, 1986, p. 275-305.

au savoir-faire adéquat pour produire, dans un délai très court, l'article spécifique dont il vient de recevoir la commande, et dont la production est souvent limitée à un petit nombre de pièces. Cela évite de reconfigurer la totalité du système productif pour répondre à des changements de goût souvent marginaux tant en qualité qu'en quantité et améliore aussi, pour la même raison, la réactivité aux changements de mode, qui peuvent être plus drastiques[5].

Le marché des soieries étant très largement composé de biens de luxe, l'autre qualité absolument décisive pour les manufactures qui le servent réside dans leur faculté à innover en permanence pour rester capables de produire les tissus les plus complexes, afin d'améliorer leur réputation et tenter de dicter la mode dominante. Là aussi, l'organisation en petits ateliers présente d'importants avantages, qu'il faut tout de même quelque peu nuancer. Cette question renvoie en effet à l'une des grandes énigmes initialement soulevées par Schumpeter, qui cherchait à déterminer lequel des régimes de concurrence ou de monopole était le plus favorable à l'innovation technique[6]. Cela revient à se demander si les bénéfices résultant de l'émulation concurrentielle peuvent être grevés, voire annulés, par la duplication des efforts à innover qu'elle entraîne et que permet d'éviter leur centralisation au sein de firmes de taille supérieure. Les développements de cette question ont conduit à la conclusion selon laquelle le premier effet l'emportait sur le second dans les secteurs industriels plus légers, dans lesquels il faut toutefois veiller à ce que les innovations des uns complètent celles des autres, plutôt qu'elles ne s'y substituent[7]. Or l'industrie de la soie peut sans aucun doute être qualifiée de légère, sans perspective de mécanisation évidente et en l'absence de changement fondamental de la demande.

5 Les caractéristiques de cette organisation flexible de la production (*shifting organisation of production*) sont présentées par A. Cottereau, « The Fate of Collective Manufactures in the Industrial World », art. cité, p. 82-87.

6 On rapporte généralement ce problème à l'évolution des thèses de Schumpeter entre sa *Théorie de l'évolution économique* de 1911, où les grappes d'innovations résultent principalement de l'action du célèbre entrepreneur, et *Capitalisme, socialisme et démocratie* en 1942, où elles émanent premièrement de grandes firmes monopolistiques.

7 Pour une formulation classique de ce problème, voir P. Dasgupta, J. Stiglitz, « Uncertainty, Industrial Structure, and the Speed of R&D », *The Bell Journal of Economics*, vol. 11, n° 1, 1980, p. 1-28. L'argument selon lequel le coût de la duplication augmente et le monopole devient donc préférable lorsque l'investissement s'alourdit est développé par F. M. Scherer, *Innovation and Growth : Schumpeterian Perspectives*, Cambridge, MIT Press, 1984.

D'ailleurs, les premières altérations profondes de sa structure productive ne surviendront que très tard, à partir de la toute fin du XIXe siècle, faisant davantage suite au changement des structures de consommation qu'à une innovation technique particulière[8].

Mais à l'envers des avantages que l'on vient de décrire, ces organisations modulaires ont aussi leurs propres contraintes. La flexibilité permise par les structures de sous-traitance nécessite en effet la mise en place d'un système de contrats fiables et reconnus comme tels par tous, qui a un coût, et sans lequel elles peuvent rapidement sombrer dans le chaos. La mise en place d'un tel système est d'autant plus cruciale que la capacité à produire des articles de grande qualité, à la mode, nécessite des investissements conjoints de la part des ouvriers, principalement dans les savoir-faire, et des marchands, principalement dans les dessins, qui sont très difficiles à redéployer sur d'autres transactions, en cas de non respect du contrat par l'une des parties, ces deux éléments constituant des actifs hautement spécifiques[9]. Comme on l'a vu plus haut, il est aussi vital que l'activité d'innovation de ces manufactures soit organisée de manière à éviter que la concurrence ne dégénère en une lutte inutile, qui peut s'avérer préjudiciable aux industries prises dans leur ensemble. C'est donc la manière dont elles parviennent à surmonter ces contraintes qui

---

8 Yves Lequin note en effet que l'arrivée des métiers mécaniques ne constitue qu'une des composantes de cette altération, qui s'engage au milieu des années 1870. Elle vient s'ajouter à la crise de la production de matière première, liée aux maladies du ver à soie, et surtout à la préférence grandissante des consommateurs pour les tissus plus simples (et moins chers), qui encouragent les négociants à délocaliser leur activité dans les campagnes (Y. Lequin, *Les ouvriers de la région lyonnaise*, *op. cit.*, vol. 1, p. 76-77 et p. 83-91). Ainsi la main d'œuvre employée sur des métiers mécaniques n'excédera celle du tissage manuel qu'à partir du début du XXe siècle dans la région lyonnaise, comme le rappelle A. Dewerpe, *Le monde du travail en France, 1800-1950*, Paris, Armand Colin, 1989, p. 26.

9 La spécificité de ces actifs découle principalement des savoirs, savoir-faire et de l'expérience des ouvriers, des marchands et de leurs dessinateurs, et peut donc être rangée dans la catégorie que Williamson qualifie d'« humaine » (O. E. Williamson, « Credible Commitments : Using Hostages to Support Exchanges », *The American Economic Review*, vol. 73, n° 4, 1983, p. 519-540), même si l'importante question du montage des métiers ne rentre pas dans cette catégorie. La spécificité dont on parle affecte en général les deux parties contractantes. Ainsi l'ouvrier, qui a par exemple monté un métier spécialement pour la production d'un type d'article particulier, subira des pertes importantes en cas d'annulation de la commande par le marchand. De même le marchand, en cas de refus d'un acheteur des pièces souvent personnalisées qui lui étaient destinées, sera forcé d'écouler son produit à moindre prix, ou de ne pas l'écouler du tout.

détermine largement leur degré de « flexibilité dynamique[10] », c'est-à-dire leur capacité effective à s'adapter aux incertitudes de la demande et de la concurrence tout en maintenant intacte leur aptitude à innover sur le long terme, qui entre elle-même pour une large part dans la détermination de leurs succès et de leurs échecs. L'originalité des industries de la soie, à Lyon comme à Londres, est d'avoir fait reposer une part importante de cette incertitude et de cet effort d'innovation sur les producteurs directs, principalement à travers la propriété de leurs métiers à tisser. Toutefois le poids de ces deux contraintes ne s'exerce pas de manière identique parmi les tisseurs des deux villes. La structure incitative qui encourage à les surmonter procède aussi d'une organisation différente, ce qui a des effets directs sur leur performance.

Les luttes passées au sein de la Grande Fabrique ont laissé à Lyon une organisation relativement formalisée, malgré l'abolition des statuts corporatifs. La fonction qui s'en dégage en premier est sans aucun doute celle des chefs d'atelier, successeurs des maîtres ouvriers en soie de l'Ancien régime. Comme leur nom l'indique, ces ouvriers sont les responsables des nombreux ateliers qui parsèment la ville, et sont souvent propriétaires des métiers qui les garnissent. Ils y travaillent eux-mêmes, aidés de leur famille, d'un ou deux apprentis, et peuvent également employer quelques compagnons. Ainsi, ce sont eux qui s'assurent du bon état de l'atelier, qui montent et démontent les métiers à tisser, et surtout qui assurent la formation des nouveaux tisseurs. Toutes ces opérations sont effectuées dans le but de répondre aux commandes des marchands, appelés de plus en plus souvent marchands fabricants, ou négociants, qui ont la maîtrise exclusive des filières d'approvisionnement en matière première et des réseaux de distribution. Leur principale autre fonction consiste à élaborer les dessins et leur assortiment en collections, tâche à laquelle les chefs d'ateliers participent souvent en suggérant des modifications, ou en signalant les difficultés techniques liées à la fabrication d'un article donné.

---

10 Cette notion empruntée à la cybernétique provient de la conjugaison du critère de la « variété requise » énoncé par W. R. Ashby, *An Introduction to Cybernetics*, *An Introduction to Cybernetics*, Londres, Chapman & Hall, 1956, et de celui du « temps requis » proposé par J. Apter, *Maîtriser la flexibilité de l'entreprise : une méthode de gestion et ses applications*, Paris, Masson, 1985. Elle correspond ainsi non seulement, à court terme, à la capacité de répondre aux commandes dans les meilleurs délais mais aussi, à moyen et long termes, à l'adaptation de ses produits et de ses modes de production aux évolutions de la demande.

La situation est moins claire à Londres, où subsistent ceux que l'on appelait à Lyon des maîtres ouvriers marchands. Ces derniers sont des anciens compagnons qui sont parvenus, au long de leur exercice, à racheter plus d'une dizaine de métiers. Dans certains cas, ils se procurent eux-mêmes leur propre matière première (parfois en s'associant), qu'ils peuvent aussi écouler auprès des merciers londoniens ou des commissionnaires étrangers avec qui ils ont noué des contacts. Bien qu'on les désigne généralement par l'appellation de *master manufacturer*, il ne faut en aucun cas les confondre avec les véritables marchands, qui portent également ce titre et qui sont le plus proche équivalent des grands négociants lyonnais. Ceux-ci investissent leur capital considérable surtout sous forme circulante, en soie brute, dessins et teintures, et n'ont en général pas exercé la fonction de compagnon, ni même parfois celle d'apprenti. Le fait d'engager presque exclusivement du capital circulant présente pour eux l'avantage indéniable de réduire une grande part des coûts liés aux évolutions de la structure productive en les reportant sur les tisseurs, et donc de limiter leurs pertes en cas de crise. Pour produire leurs articles, ils peuvent faire appel soit aux maîtres présentés plus haut, ou à ceux qui se consacrent exclusivement à la fabrication et ne possèdent en général que quelques métiers, employant au besoin un ou plusieurs compagnons (*journeymen*) pour les faire battre.

L'organisation moins formalisée de la production à Londres pourrait être l'une des raisons pour lesquelles les marchands semblent avoir développé une structure de contrôle plus importante qu'à Lyon. La figure du contremaître (*foreman*), employé par les maisons de commerce afin de visiter les ateliers pour contrôler le travail effectué et traiter en leur nom les questions de prix avec les ouvriers y apparaît ainsi plus présente. De même ces maisons semblent avoir davantage recours aux services d'agents indépendants, de courtiers appelés *undertakers*, souvent eux-mêmes ouvriers ou anciens ouvriers, qui prennent leur commande en charge et s'occupent de la faire fabriquer dans les délais, en participant éventuellement à certaines étapes de la production.

Ces différences entre les configurations londonienne et lyonnaise n'enlèvent rien au fait que, dans les deux cas, l'écrasante majorité des métiers à tisser sont la propriété des agents dont le cœur de compétences est directement lié à la fabrication des tissus de soie. Or on peut se demander à quelles conditions la relation d'agence qui en découle est bien efficace. Les théories de la firme et des contrats ont conduit à présenter le choix pour une entreprise d'internaliser l'un de ses sous-traitants sous la forme d'un arbitrage entre les bénéfices liés aux économies d'échelle qu'il permet de réaliser et les pertes découlant de la baisse des efforts déployés par ses anciens sous-traitants, dont le statut d'employé réduit l'incitation à investir dans les techniques et les savoir-faire[11]. Pour qu'une telle opération soit rentable, il faudrait ainsi que les investissements du marchand viennent plus que compenser ceux qui étaient engagés par ses anciens commanditaires pour acquérir les métiers et les locaux nécessaires à leur utilisation, en supporter les coûts de réorganisation permanente, assurer le contrôle et la formation des employés, et faire face aux pertes correspondantes en cas de crise. Étant donné les conditions très instables et incertaines de la demande de soieries, il apparaît assez clairement que le solde d'une telle opération n'était pas à son avantage, ce qui recoupe en partie les arguments présentés plus haut en faveur des manufactures dispersées.

L'idée qui est ajoutée est qu'il existe une relation positive entre l'efficacité de ces structures et l'investissement engagé par chacun des ateliers qui les composent. Il s'agit donc de comprendre dans quelle mesure les incitations qui sont données dans chaque industrie, qui ne sont pas seulement d'ordre pécuniaire mais aussi morales, ou sociales, sont adaptées à cet objectif. Ainsi l'indépendance laissée à des ouvriers responsables de la gestion de leur propre atelier, dont ils possèdent souvent les métiers, a sans aucun doute contribué au développement de cet *ethos* de la qualité qu'on a déjà évoqué, et qui imprègne fortement le comportement des tisseurs des deux villes[12]. Cet *ethos* devait aussi avoir

11 Pour une présentation de ces arbitrages, voir O. D. Hart, J. Moore, « Property Rights and the Nature of the Firm », *Journal of Political Economy*, vol. 98, n° 6, 1990, p. 1119-1158, ou J. Tirole, *The Theory of Corporate Finance*, Oxford, Princeton univerity Press, 2006, p. 15-74, pour une présentation plus générale de ce type d'approches. L'intérêt de cette littérature, fondée sur les outils de la théorie des jeux, est qu'elle propose d'examiner les effets d'une structure de pouvoir donnée sur la forme de l'organisation productive, sur sa performance globale et sur la répartition des bénéfices qu'elle induit.

12 A. Cottereau, « The Fate of Collective Manufactures in the Industrial World », art. cité, p. 93-95, décrit la fierté que les tisseurs avaient d'être capables de fabriquer les tissus les plus complexes et les plus raffinés et d'être reconnus comme tels par leurs pairs et par les marchands. L'entretien et l'amélioration de telles capacités étaient l'objet d'un effort permanent, que l'auteur désigne comme un « investissement d'amour propre » (*investment of self-esteem*). La manière dont leur expertise technique imprimait très profondément tous les aspects de la vie des ouvriers en soie lyonnais est examinée encore plus en détail par

des conséquences importantes sur le niveau d'expertise des ouvriers, et par suite sur la qualité de la formation assurée aux apprentis. Il entre également comme une composante importante dans l'entretien de leur spécialisation flexible, les ouvriers maîtrisant souvent avec un degré élevé de compétence la fabrication de plusieurs types de tissus.

Mais ces investissements dans les techniques et les savoir-faire ne sont rien si l'on ne dispose des moyens matériels qui permettent de les soutenir. Or, dans un commerce aussi instable et incertain qu'on l'a décrit, rien ne garantit que les ouvriers seront justement rémunérés de leurs efforts, et ainsi encouragés à les poursuivre. Le prix qu'ils obtiennent dépend aussi de leur négociation avec les marchands, qui possèdent généralement des réserves financières sans commune mesure avec les leurs et jouissent ainsi d'une position très favorable pour marchander. En effet, les prix n'étant conclus qu'une fois le produit fini livré au marchand, celui-ci pouvait menacer de refuser l'article s'il estimait sa qualité insuffisante, ou que son attente avait été trop longue, pour obtenir un prix plus bas que celui qui avait été convenu au départ, à titre indicatif. À l'inverse, l'ouvrier pouvait se plaindre que certains frais imprévus, liés par exemple à la qualité de la matière première fournie par le marchand, aient fait augmenter les délais de livraison ou le prix de l'article. Mais il n'avait alors qu'une faible marge de manœuvre puisque, ayant déjà engagé les dépenses nécessaires à la production, son existence et celle de sa famille pouvaient rapidement être mises en danger par l'annulation d'une commande *a posteriori*[13].

L'incomplétude qui affecte les contrats passés entre ouvriers et marchands nourrit chez les seconds une incitation permanente, à court terme,

---

G. J. Sheridan, « Craft Technique, Association and Guild History », *Guilds and Association in Europe, 900-1900*, éd. Ian A. Gadd, Patrick Wallis, *op. cit.*, p. 147-168.

13 C'est la raison pour laquelle il pouvait s'engager une compétition destructrice entre baisse des prix et de la qualité, lorsque les marchands se mettaient à exercer une pression trop forte à la baisse des salaires. L'ouvrier rendait alors des articles moins bien finis, ce qui renforçait encore la dynamique de diminution des prix et qui pouvait *in fine* détériorer la position de la manufacture sur les marchés internationaux *via* la détérioration de sa réputation, sans même forcément améliorer les profits des marchands à court terme. C'est ainsi qu'une partie des négociants lyonnais demandaient en 1784 le rétablissement des règlements, quelques années après avoir eux-mêmes encouragé la production à la campagne pour diminuer les prix, après les annonces de démantèlement des corporations par Turgot (voir sur ce point L. Trénard, « La crise sociale lyonnaise à la veille de la Révolution », *Revue d'histoire moderne et contemporaine*, vol. 2, nº 1, 1955, p. 15, et R. J. Bezucha, *The Lyon Uprising of 1834*, *op. cit.*, p. 8).

à abuser de leur position dominante dans le marchandage pour diminuer artificiellement le prix du travail de leurs ouvriers[14]. L'enjeu à plus long terme est alors que ces diminutions potentielles ne viennent pas grever les incitations à investir, puis l'investissement des tisseurs de manière trop sévère, ce qui pourrait mettre l'ensemble de la manufacture en péril[15]. Il est donc essentiel pour la survie de ces économies d'atelier que les prix qui y sont généralement pratiqués reflètent, globalement et sur le long terme, les investissements réalisés par les responsables de ces ateliers, maintenant chez eux le sentiment d'une juste rémunération de leurs efforts[16]. C'est pour maintenir un tel état, dont rien ne dit qu'il sera atteint par le libre jeu des acteurs, que des dispositifs de régulation des prix sont mis en place dans les deux manufactures. Ces dispositifs constituent donc un élément

14 Il est important de bien comprendre que la position centrale de ce problème est liée à la présence d'actifs spécifiques, qu'on a déjà évoquée. Comme les ouvriers doivent mobiliser des savoir-faire et monter des métiers qui sont spécifiques à la production d'un type donné d'article, ils se retrouvent captifs du marchand sans lequel ils ne peuvent plus espérer rentrer dans leurs frais. L'exemple extrême est celui des articles façonnés, dont la particularité du dessin pouvait nécessiter le montage d'un métier spécifique pour chaque commande.

15 Ce danger est présenté par O. D. Hart et J. Moore, « Property rights and the nature of the firm », art. cité, p. 1128-1131, dont le concept de solution du jeu qu'ils étudient est fondé sur la valeur de Shapley, c'est-à-dire que chaque agent retire un bénéfice proportionnel à ses efforts d'investissement de départ, autrement dit que les gains sont répartis de manière équitable. Passant dans le cadre d'une solution de Nash, les auteurs montrent qu'un déséquilibre dans les pouvoirs de négociation détériore le résultat obtenu sous la règle de Shapley, les agents plus puissants extorquant une partie des bénéfices des autres participants, dont les efforts diminuent par conséquent au cours des périodes suivantes. Comme on l'a déjà signalé, cette détérioration est d'autant plus forte que l'effort d'investissement des agents ainsi floués contribuait à augmenter la valeur de la production totale, et que le degré de spécificité des actifs concernés est élevé. Ce défaut peut alors être résolu par la mise en place d'un système de contrats appropriés qui limite les possibilités d'extorsion. Le dilemme qui vient d'être présenté peut aussi être rapproché d'un argument développé par A. Cottereau, « The Fate of Collective Manufactures in the Industrial World », art. cité, p. 102, qui assimile les tentatives de diminuer les prix par les marchands à un comportement de passager clandestin visant à profiter de la bonne réputation de la fabrique, vue comme un bien public. La production d'articles à moindre coût et de moindre qualité qui en résulte mettant par là cette réputation, et donc l'avenir de la manufacture toute entière, en danger.

16 Il y a sans doute ici un parallèle intéressant à établir entre les jeux fondés sur la valeur de Shapley, comme règle de partage équitable, et la construction du « sens du juste » étudiée par Cottereau pour comprendre l'organisation économique des manufactures de soieries, dont les ouvriers se révoltent la plupart du temps car ils estiment justement souffrir d'un « déni de justice » dans la répartition du produit de leur industrie (voir A. Cottereau, « Industrial tribunals and the establishment of a kind of common law of labour in nineteenth-century France », art. cité).

central de l'ordre institutionnel de chaque manufacture, qui influencent à la fois la forme des contrats passés entre ouvriers et marchands et les bénéfices que chaque partie retire de leur éxécution.

Les termes de ce compromis découlent directement, à Londres, de la mise en œuvre des Spitalfields Acts. Si l'existence d'un seul et unique règlement, qui a force de loi, avait sans doute la vertu de la simplicité et devint immédiatement très populaire chez les ouvriers, il n'est pas à exclure que la la focalisation des débats qu'il a entraîné autour de la régulation des prix de façon ait pu porter préjudice à l'industrie dans son ensemble. L'essentiel des activités militantes des tisseurs semble en effet avoir consisté à veiller à la bonne application de ses prescriptions, avec la création en 1777 de leur Union. Une seconde société émerge de ses rangs en 1791, sous l'impulsion de tisseurs qui critiquent son fonctionnement. De manière intéressante, le principal reproche qu'ils formulent à l'égard de leur ancienne association est son manque de représentativité, en l'absence de règles claires pour l'élection de ses délégués. Ils proposent d'en formaliser le fonctionnement interne (les mandats, les comités, les cotisations) et les missions (secours aux veuves et retraités, création d'entreprises, prise en charge des naissances et enterrements) en articulation avec les *box clubs* (notamment pour le secours aux malades), ces sociétés d'assistance mutuelle dont le développement avait été encouragé par les lois Rose de 1793[17].

En plus de constamment reprendre la grande revendication radicale de la « représentation libre et égale[18] » au sein de leur assemblée générale, les tisseurs critiques vis-à-vis de son fonctionnement semblent viser au-delà de leur métier, pour appeler sans donner trop de précision à la création d'une union générale, qui regrouperait l'ensemble des associations de travailleurs, dont les échanges commerciaux ruineraient les marchands malhonnêtes[19]. Les points de vue présentés dans l'essai

17 *An Act for the Encouragement and Relief of Friendly Societies* (33 Geo. III, c. 54). L'ensemble de ces critiques sont résumées dans deux articles, publiés par l'un des instigateurs de la nouvelle société : A. Larcher, *A Remedy for establishing universal Peace and Happiness*, 1795, *op. cit.*, et *Address to the members of the British Fraternal and Philanthropical Community Against Monopoly and Extortion*, Londres, 1796.

18 Répété très régulièrement, généralement en utilisant des majuscules, à partir de la page 5 de l'essai d'A. Larcher, *A Remedy for establishing universal Peace and Happiness*, *op. cit.*

19 Il est ainsi fait référence à « UNE compagnie UNIFIÉE de *travailleurs légaux* » (*ONE UNITED Company of* lawful workmen ; A. Larcher, *ibid.*, p. 13). L'un des thèmes récurrents est en effet celui de la compétition destructrice (*underselling*) que certains marchands sont

d'Andrew Larcher sont représentatifs de cette aile la plus radicale de la communauté des tisseurs, qui ne va tout de même pas jusqu'à s'intéresser aux thèmes politiques d'échelle nationale. Il semble assez clair que, dans l'Angleterre de l'extrême fin du XVIIIe siècle, gouvernée d'une main de fer par Pitt le jeune alors que le courant loyaliste faisait son retour en force, cette fraction n'était pas majoritaire, d'où l'existence de deux organisations concurrentes. Il ne faut toutefois pas exagérer outre mesure cette concurrence, puisque les deux associations principales continuent de collaborer pour assurer la régulation des prix. Par exemple, l'impulsion donnée par la création de la nouvelle société en 1791 ne fut sans doute pas étrangère à la négociation puis l'adoption d'une nouvelle liste générale des prix en 1795. Reste qu'aucune des deux tendances ne semble parvenir à faire émerger durablement des objectifs collectifs qui dépasseraient le seul respect des Spitalfields Acts, auxquels renvoient l'écrasante majorité des sources administratives et de la presse locale. Mais il n'est pas impossible que les négociations des prix officiels aient pu être associées à des discussions, dans un cadre moins formalisé, qui portaient sur d'autres aspects du fonctionnement de la manufacture, et dont il est plus difficile de trouver la trace.

Parce qu'on ne voit généralement dans ces sources que les listes de prix finalement validées, et beaucoup plus rarement les débats qui menaient à leur adoption, il est également difficile de savoir précisément quel degré de consensus les sous-tendait. De plus, la confusion terminologique fréquente consistant à appeler « maître » à la fois les modestes maîtres ouvriers et les grands maîtres marchands empêche de connaître les fonctions exactes des signataires des différents accords. Néanmoins, au vu des refus de certains « maîtres » de participer aux négociations dès les premières années où leur pratique fut officialisée (1774 et 1775) et de la perception très négative affichée rétrospectivement par beaucoup des marchands interrogés dans les années 1810 et 1820,

---

accusés d'alimenter, ainsi que les intrus qui infiltrent le métier illégalement. L'idée d'une grande association (qui permettrait « d'écarter les intrus ou les travailleurs illégaux en empêchant l'industrie d'être manipulée par des combines injustes et avares ») est d'éviter cette infiltration et de court-circuiter les réseaux marchands traditionnels : « Et s'il y a (comme j'espère il y aura) d'autres classes opprimées, tels les compagnons tailleurs, cordonniers etc., pour unir de la sorte leur intérêt en formant des sociétés professionnelles de bienfaisance [*Trading and Benefit Societies*], alors vous pourrez acheter vos commodités à leurs sociétés, qui achèteront en retour aux vôtres » (A. Larcher, *ibid.*, p. 13).

il semble que les Spitalfields Acts aient dès le départ provoqué la colère d'une portion d'entre eux, qui refusèrent par la suite de participer à leur mise en application, et attendaient la première occasion pour les faire disparaître. L'opinion qu'ils avanceront généralement dans les enquêtes des décennies suivantes sera que les lois de 1773, ainsi que les magistrats chargés de les faire respecter, avaient entièrement été détournés au profit des ouvriers.

Les marchands reprocheront encore par la suite aux Spitalfields Acts d'être trop rigides, les empêchant autant de baisser le prix des articles sujets à une concurrence forte que d'augmenter le salaire de leurs meilleurs travailleurs. Même s'il existait un grand nombre de moyens qui permettaient de contourner ces rigidités, en changeant la définition des tissus produits ou plus simplement en confiant les articles les plus riches aux travailleurs les plus habiles[20], il est vrai que l'opération de ces lois, en particulier dans le contexte de la prohibition des textiles français, a pu favoriser le développement de certains défauts structurels de la manufacture. Natalie Rothstein a remarqué dans ce cadre la tendance des tisseurs londoniens, à l'abri de la concurrence internationale et pouvant compter sur le prix fixe de certains types d'articles, à se spécialiser sur un trop petit nombre d'entre eux, abandonnant ainsi peu à peu la spécialisation flexible qui avait fait leur renommée[21]. Là encore, le manque de données quant aux modalités de l'application des Spitalfields Acts empêche de trancher la question de leur supposée rigidité. Il faudrait pour cela disposer de davantage d'éléments sur les usages en vigueur dans la manufacture et leur évolution, les ajustements collectifs et les accords qui avaient pu y être passés, y compris de façon informelle.

Le succès tout relatif qu'obtiennent les nouvelles tentatives d'unification des associations de tisseurs en 1802, quelques mois après la signature de

20 Comme l'explique le marchand William Hale devant une commission des Lords en 1823 (HL, *Minutes of evidence taken before the Lords committees*, 1823, *op. cit.*). En plus des primes qui pouvaient être accordées aux meilleurs ouvriers (p. 11), le moyen généralement utilisé pour les favoriser était de leur commander les articles les plus chers, non seulement à eux mais aussi aux membres de leur famille (p. 30). Il faut bien réaliser aussi qu'une portion non négligeable des articles de mode apparus récemment n'étaient pas pris en compte par la liste de prix (voir à ce titre le témoignage de Gibson dans le même rapport).

21 « En se concentrant sur les robes, les manufacturiers s'éliminèrent eux-mêmes d'une catégorie importante de soieries : les grands tissus d'ameublement pour la production desquels les français n'avaient par conséquent plus d'équivalent » (N. K. A. Rothstein, *The Silk Industry in London*, p. 511).

la paix d'Amiens, fut loin d'être suffisant pour enrayer la dynamique conflictuelle qui allait s'engager avec les marchands[22]. La même année, les magistrats refusent en effet, à la demande de ces derniers, d'accorder la nouvelle augmentation générale demandée par les représentants ouvriers, qui se plaignent de l'augmentation constante du prix des subsistances. Les négociations n'aboutissent qu'en 1805, avec la mise en place de deux nouvelles listes en mai et septembre. Deux années plus tard, les nouveaux débats portant sur des ajustements généraux ne trouvent plus d'issue, et les magistrats refusent de statuer en l'absence d'accord entre ouvriers et marchands. Ceux d'entre ces derniers qui hésitaient encore à critiquer ouvertement les Spitalfields Acts sont convaincus par le refus des magistrats de baisser le prix des bombasins, qui leur est signifié en 1809[23]. Malgré la fermeté de leur affirmation initiale, et dans une certaine mesure aussi à cause d'elle, les Spitalfields Acts apparaissent ainsi au début du XIXe siècle comme une régulation vieillie, usée, qui attire sur elle un mécontentement croissant. Ceci alors même que la question du démantèlement du Statute of Artificers – en particulier des clauses portant sur la fixation des prix et l'apprentissage – commençait à se poser dans d'autres industries, et notamment dans les manufactures de soieries du Nord. Les débats qui conduiront effectivement à l'abrogation de pans entiers de cette loi en 1813-1814, ne feront que renforcer l'idée qu'il n'existait plus d'autre solution que de se débarrasser purement et simplement de ces vieilles règles encombrantes.

La situation de Lyon après la Terreur illustre bien le risque de faillite qui guette les manufactures dispersées lorsque la défiance s'y installe de manière trop générale et trop durable. Après l'exécution des principaux meneurs ouvriers et la destruction d'un grand nombre de métiers, certains marchands avaient en effet profité des troubles de la

22 Ces tentatives sont décrites par S. Sholl, *A Short Historical Account of the Silk Manufacture in England*, *op. cit.*, p. 10, qui se présente comme l'instigateur de la « société de bienveillance des tisseurs unis » (*Benevolent society of united weavers*), fondée en 1802, en même temps que le projet de tisser un grand drapeau à la gloire de la Nation (*the National Flag*), pour démontrer l'excellence du savoir-faire des ouvriers de Spitalfields. Les différentes étapes de ce projet, finalisé en 1811, sont présentées en détail à partir de la page 11 de son essai.

23 Cet épisode sera très souvent repris dans la suite par les négociants pour démontrer la rigidité à la baisse des prix résultant des Spitalfields Acts, ainsi que le parti pris des magistrats en faveur des tisseurs. La critique est inaugurée par Wilson en 1818 (HC, *Select Committee on Petitions of Ribbon and Silk Weavers and Manufacturers*, 1818, p. 53).

Terreur, à partir de 1792, pour encourager la baisse des prix et de la qualité des produits, ce qui aggrava la perte du peu de confiance que les ouvriers pouvaient encore leur accorder. Le caractère dramatique de la situation est bien mis en relief dans les rapports du savant jacobin Alexandre Vandermonde, dépêché sur les lieux en 1794 pour préparer une commande destinée à relancer la fabrique. Ce faisant, son examen des pratiques et règlements lyonnais le conduit à formuler un certain nombre d'améliorations pour la manufacture, qui entrent dans le grand débat concernant la remise en ordre de l'industrie française, toujours à la recherche de règles de fonctionnement stables. Il cherche dans ce cadre à départager dans les anciens règlements de la Grande Fabrique les points qui visaient à encourager l'activité de la manufacture, qui doivent être conservés, de ceux qui relevaient de l'ordre corporatif ancien, qui doivent être abandonnés. En lecteur critique d'Adam Smith, et sans doute aussi influencé par les membres du tribunal de commerce local, il se prononce en faveur de l'introduction d'un « jury » chargé de statuer sur les affaires de fabrique, pour deux raisons principales. La première est d'empêcher l'oppression des ouvriers par des marchands coalisés, dont l'alliance tacite est toujours susceptible d'émerger du jeu concurrentiel et d'en compromettre les résultats. Ayant bien réalisé l'importance des techniques et des savoir-faire pour cette industrie, la seconde mission que Vandermonde souhaite confier à ce jury concerne la reconnaissance légale des innovations, et la rémunération qui leur correspond, nécessaire au développement de « l'économie des nouveautés de tissus », dont dépend très étroitement le sort de la fabrique[24].

Comme on l'a laissé entendre, le projet d'un jury composé à parité d'ouvriers et de marchands avait d'abord été soutenu par le tribunal de commerce, qui organise l'élection de délégués ouvriers en 1795, et parvient à établir un nouvel accord tarifaire, reconnu officiellement l'année suivante par le ministère de l'Intérieur. Le problème est que ces tentatives de refondation étaient en contradiction avec les projets émanant de l'administration centrale, principalement sous l'impulsion de Chaptal et de son secrétaire Costaz. Les deux savants cherchaient à répondre à la même question que Vandermonde par l'élaboration

24 Sur les réflexions de Vandermonde lors de son séjour à Lyon, voir A. Cottereau, « La désincorporation des métiers et leur transformation en "publics intermédiaires" », art. cité, p. 128-132.

d'un code industriel national, destiné à figurer à côté des autres futurs grands codes civil, pénal et commercial. Contre ces projets, la piste de la rénovation locale est fortement appuyée par les notables lyonnais, qui obtiennent au début de l'année 1801 la mise en place d'une commission chargée de reconsidérer les règlements de la fabrique. Fonctionnant toujours sur le mode de la parité entre marchands et ouvriers, elle réaffirme la nécessité d'un jury, elle opte pour une régulation des prix par le tarif et pour garantir l'indépendance des chefs d'atelier, à la fois par la reconnaissance de la liberté du travail à son compte et à compte d'autrui et par l'assouplissement des règles de l'acquit. Ces résultats sont explicités dans l'accord du 14 mars 1801, dont le tarif validé l'année suivante par le préfet, le 29 novembre 1802, peut être vu comme une des suites. L'accord fut comme on pouvait s'y attendre accueilli avec beaucoup moins d'enthousiasme par le ministère de l'Intérieur, alimentant l'opposition entre une voie centraliste et légicentriste et une voie décentralisée et jurisprudentielle, qui se poursuit pendant les années suivantes, avant de connaître un tournant décisif avec l'avènement de l'Empire[25].

Alors que la balance commençait seulement à pencher en faveur des projets de Costaz, suite au vote des lois du 22 germinal an XI (8 avril 1803), la première conséquence concrète du couronnement de l'Empereur sur les débats fut la démission de Chaptal. Les nombreuses voix qui s'étaient élevées entre temps des milieux économiques locaux, pour réclamer la mise en place d'accords collectifs, allaient trouver un nouvel écho auprès de Bonaparte. Parmi elles, les notables lyonnais figuraient en bonne place, soutenus par la chambre de commerce récemment rétablie en 1802, qui explique au ministre de l'Intérieur pourquoi le nouveau cadre juridique de 1803 ne convient pas, entre autres, à la manufacture lyonnaise de soieries. La chambre insiste sur le fait que confier la direction de la fabrique aux seuls « propriétaires de la manufacture » y compliquerait non seulement la « pénible surveillance du négociant manufacturier[26] », mais diminuerait aussi la

25 Pour plus de détails sur ces débats ainsi que sur l'accord de 1801, voir le même article d'A. Cottereau, « La désincorporation des métiers et leur transformation en "publics intermédiaires" », art. cité, p. 132-135.

26 CCL, registre des lettres de 1802 à 1819, 13 prairial an XI, lettres au ministère de l'Intérieur, p. 19-21.

confiance entre ouvriers et marchands, nécessaire au bon fonctionnement de la manufacture dispersée, dont le bien-fondé de l'organisation n'est plus à remettre en question. Les nombreuses réactions du même ordre viennent considérablement freiner la mise en application des décrets de la loi de 1803, dont seul celui qui portait sur le livret ouvrier aboutira finalement, tandis que les deux autres qui prévoyaient l'institution de règlements intérieurs d'établissement et les modalités du règlement des conflits individuels de travail par les autorités locales sont tous les deux bloqués par le Conseil d'État.

Un nouveau mémoire est présenté le 26 juillet 1804, dans lequel la chambre de commerce reprend les thèmes de l'accord de 1801, et demande l'installation non plus d'un jury mais d'un « conseil des prud'hommes[27] ». Il est intéressant de constater que la chambre de commerce parisienne adopta une posture radicalement différente, relayant les canons d'un libéralisme plus classique, plus paternaliste, qui était développé par le pouvoir central. Cela illustre bien les différences qui peuvent exister dans les lignes de politique économique suivies par deux institutions aux statuts pourtant identiques, selon leur histoire et selon la place qu'elles occupent dans la structure de gouvernement nationale[28]. La confrontation des deux projets se joue finalement dans les couloirs du palais des Tuileries, où Costaz retrouve encore l'opposition d'un notable lyonnais, le jeune idéologue Joseph de Gérando, qui finira par emporter l'adhésion finale de l'Empereur. La préparation du séjour de Bonaparte à Lyon, du 10 au 13 mai 1805, se fait donc sur la base des projets de règlement rédigés par la chambre de commerce les années précédentes, qui seront discutés puis validés lors de conférences auxquelles assiste Napoléon en personne. Il est difficile de savoir exactement quels furent les paramètres qui décidèrent l'Empereur de se porter en faveur des initiatives locales plutôt que de celles qui émanaient de ses ministères. Quelles qu'aient été la nature des considérations qui l'ont conduit à

27 CCL, registre des procès verbaux de séances, mémoire de Régny père, séance du 7 thermidor an XII.

28 Ce qui peut éclairer notre comparaison avec la manufacture londonienne. Sur le cas parisien, on peut se reporter à C. Lemercier, *Un si discret pouvoir. Aux origines de la chambre de commerce de Paris, 1803-1853*, Paris, La Découverte, 2003. Le relatif effacement des autorités économiques locales devant le pouvoir central contraste fortement avec l'activité de la chambre lyonnaise, qui conservait une autonomie marquée pour défendre « l'intérêt général du commerce » (C. Lemercier, *ibid.*, p. 144-160).

faire ce choix, la décision n'avait sans doute pas été prise à la légère et permettait de s'assurer immédiatement du soutien des élites économiques locales ainsi que de la sympathie des populations ouvrières, en (re)créant les institutions intermédiaires qu'elles appelaient de leurs vœux.

L'ensemble des décisions prises à Lyon en 1805 devait d'ailleurs immédiatement entrer en application, mais l'ampleur du bouleversement qu'elles impliquaient fit préférer la mise en place d'une loi. Celle-ci n'entra officiellement en vigueur que l'année suivante, dotant la fabrique lyonnaise d'une batterie complète de nouveaux règlements dont l'esprit se trouve assez proche, au final, des préceptes recommandés dix ans plus tôt par Vandermonde. L'innovation la plus importante est évidemment la création d'un conseil de prud'hommes, dont le statut est celui d'un tribunal, et dont le nombre d'ouvriers élus à sa tête devra être d'une unité inférieur à celui des marchands. Le conseil est chargé non seulement de régler les contentieux professionnels, mais aussi d'enregistrer les inventions qui pourront désormais y être déposées, et dont la définition servira de base à l'arbitrage des conflits. C'est toutefois bien la logique de la conciliation qui est privilégiée. Les procédures de conciliation qui sont demandées par le tribunal, au cours desquelles un conseiller prud'hommes marchand et un autre ouvrier sont chargés de « réconcilier » les deux parties, fondent l'essence même de son fonctionnement[29].

L'autre création institutionnelle majeure était celle de la condition publique des soies. Validée par un décret de 1805 qui la place sous la responsabilité directe de la chambre de commerce, elle commence ses activités avant que la construction de ses nouveaux locaux ne soit achevée sur l'ancien jardin des capucins, au pied des pentes de la Croix-rousse. Toute balle de soie entrant dans la ville devait désormais y transiter pour y subir un certain nombre d'opérations que la condition avait pour principale mission de perfectionner. L'objectif était de parvenir à mesurer

29 Comme le note A. Cottereau, « La désincorporation des métiers et leur transformation en "publics intermédiaires" », art. cité, p. 142-143, « la philosophie de la conciliation [...] n'était pas celle de l'arbitrage, ni celle du compromis compensatoire des torts. Il ne s'agissait pas de limiter à l'amiable les conflits ; mais, si possible, de se réconcilier, et, à défaut, de se mettre d'accord sur les règles du métier à ajuster et à sauvegarder. Le rôle régulateur des prud'hommes, oublié aujourd'hui, fut de l'ordre du *réglage*, au sein des métiers. Pour que la mise au point des règles fonctionne, les différends ne devaient pas être soumis à des tiers arbitres, mais se prêter à un réexamen conjoint par les intéressés eux-mêmes, jusqu'à trouver une solution acceptable pour tous. »

la quantité d'humidité présente dans la soie brute, pour parvenir à en normer le pesage, à la « conditionner » de manière à éviter toute fraude. Les procédés qui permettent une telle mesure n'avaient pas encore à cette époque été établis scientifiquement, et leur absence laissait la porte ouverte à d'innombrables tricheries. La condition constituait ainsi une ramification de la chambre de commerce plus spécialement dédiée aux questions qui avaient trait à la matière première, établissant des statistiques, recueillant des informations sur les modes de production et la qualité des soies arrivant en ville, et cherchant évidemment à établir les techniques de dessication qui avaient motivé sa création.

Toutes les nouvelles mesures entrées en vigueur à Lyon pendant les années 1805 et 1806 participent ainsi à l'établissement d'un rapport à la fois plus clair et plus égalitaire entre marchands et chefs d'atelier. La reconnaissance de la liberté et de l'indépendance de ces derniers peut d'ailleurs être considérée comme le fruit de tous les débats et mobilisations qu'ils ont menés depuis la Révolution. Elle se manifeste encore nettement dans les nouvelles modalités du crédit, dont l'évolution illustre bien le rééquilibrage qui se produit. Il était courant en effet que les chefs d'atelier aient recours aux avances des négociants pour investir dans de nouveaux métiers à tisser. Depuis leur première formalisation en 1667, les règles de l'acquit avaient évolué, au gré des règlements, soit dans le sens d'un arrangement permettant la mobilité des ouvriers, soit au contraire dans le sens d'un outil de contrôle particulièrement puissant, exigeant le paiement au comptant de toutes les dettes dues par l'ouvrier avant qu'il puisse contracter avec un nouveau marchand. La loi de 1806 assoit durablement le seul principe du paiement au huitième, qui permet au chef d'atelier de quitter librement son marchand pour un autre, en autorisant son nouveau commanditaire à prélever ladite fraction du prix reçu par l'ouvrier et de la rétrocéder à son ancien négociant. Elle vient par là compléter le tableau de ce qu'on peut véritablement qualifier de régénération institutionnelle de la manufacture lyonnaise, qui touche autant aux aspects commerciaux, industriels que financiers de son fonctionnement[30].

30 On peut se reporter à A. Cottereau, « The Fate of Collective Manufactures in the Industrial World », art. cité, p. 119-126, pour une description du fonctionnement du système de l'acquit. Des exposés plus concis de son mécanisme sont donnés par J. Godart, *L'ouvrier en soie*, *op. cit.*, p. 181-190, et S. Hupfel, « Les canuts et l'argent », art. cité, p. 153-156.

Le contraste avec la situation anglaise est saisissant. C'est au moment précis où aboutit le processus de renouvellement des institutions lyonnaises que la régulation londonienne donne ses premiers signes sérieux d'essoufflement. Malgré la signature de nouveaux accords tarifaires en 1805, la longueur et la pénibilité des tractations qui y conduisent traduit bien le rejet grandissant de leur légitimité chez les marchands londoniens. Mais ce qui frappe surtout est de voir à quel point l'établissement du nouvel ordre institutionnel lyonnais repose sur une grande variété d'institutions locales, à l'image du conseil de prud'hommes et de la condition publique des soies, récemment inaugurés, qui intéragissent avec les autorités municipales et la chambre de commerce.

On peut penser que cette plus grande richesse des instances du gouvernement économique local à Lyon permettait de mieux parer au problème de l'incomplétude des contrats qui affectait la manufacture, renforçant les incitations à investir des acteurs qui y opéraient. Ainsi, le conseil des prud'hommes a pour vocation première d'assurer la « légalité » des contrats passés entre négociants et chefs d'atelier, et d'établir par sa jurisprudence un ensemble de règles de fonctionnement de la fabrique. En amont, la condition publique des soies contribue aussi à réduire les possibilités de tricher en exploitant les spécificités de la matière première. Dans ce cadre, les nouveaux tarifs de 1807 et 1811 jouent moins le rôle de prix obligatoires que de prix officiels, qui orientent les décisions des prud'hommes et servent de base de négociation entre ouvriers et marchands. À Londres en revanche, l'ensemble de la hiérarchie institutionnelle qui encadre le fonctionnement de la manufacture procède de la régulation des prix permise par les Spitalfields Acts. Même s'il est difficile de connaître l'ensemble des arrangements adoptés en marge des négociations sur les listes de prix, il semble que les débats se soient prioritairement cristallisés autour de cette question, ainsi qu'autour du thème de la protection commerciale.

Cette protection empêche d'ailleurs les contemporains de saisir tous les dangers de la dynamique qui est à l'œuvre. Car la parenthèse qui va de la Révolution à la fin de l'Empire constitue une période nettement favorable à Spitalfields – ainsi qu'à l'ensemble des industries soyeuses britanniques – suite à l'effondrement et pendant la reconstruction de sa principale concurrente. En effet, tant au regard des statistiques de la production et des exportations de soieries que des témoignages rétrospectifs, l'activité du tissage de la soie semble bien s'être développée dans la capitale anglaise au cours de la période, comme le montre la figure 1 en annexe[31].

Cette évolution possède cependant un double visage. Si les industries traditionnelles comme Spitalfields maintiennent bien leur position, le tissage de la soie connaît une croissance sensible dans les campagnes, et en particulier autour de Manchester, se rapprochant ainsi de l'industrie du coton, mais aussi de celle du moulinage. Suivant l'exemple de cette dernière, les marchands qui opèrent dans la région s'écartent quelque peu du modèle de l'atelier familial, profitent des salaires moins élevés et d'une plus grande souplesse dans l'application de la réglementation du travail pour produire des tissus peu chers, mais aussi de moins bonne qualité[32]. Ce mouvement s'opère alors que s'engagent les débats parlementaires sur l'abrogation du Statute of Artificers de 1563, dont les clauses portant sur la régulation des prix et sur l'apprentissage sont annulées, en 1813 et 1814 respectivement[33]. Si la manufacture londonienne ne ressent pas immédiatement les effets de cette abrogation,

---

31 À en juger par le nombre de métiers qu'elles occupent, les deux manufactures n'ont jamais été aussi proches qu'au tournant du siècle, faisant battre chacune une dizaine de milliers de métiers. On peut aussi se reporter, en plus de la figure 1, aux tables d'Alain Cottereau, qui signalent une nette progression de la valeur de la production de soieries manufacturées en Grande-Bretagne entre 1770 et 1820 (A. Cottereau, « The Fate of Collective Manufactures in the Industrial World », art. cité, p. 150).

32 Chaque moulin à soie employait en moyenne 125 personnes, le plus important étant situé à Stockport, près de Manchester, où travaillaient pas moins de 2 000 ouvriers, selon les chiffres de M. Berg, *The Age of Manufactures*, *op. cit.*, p. 198 et 211. Un précédent important est celui des imprimeurs d'indiennes (*calico printers*) étudiés par S. D. Chapman, S. Chassagne, *European Textile Printers in the Eighteenth Century : A Study of Peel and Oberkampf*, Londres, Heinemann Educational Books, The Pasold Fund, 1981. Réputés pour la perfection de leurs dessins, leur déplacement de Londres au Lancashire dès la fin du XVIIIe siècle se traduit par une baisse significative de la qualité de leurs produits.

33 On renvoie, au sujet de l'abrogation de la clause portant sur la fixation des prix, aux articles rassemblés par W. E. Minchinton (éd.), *Wage Regulation in Pre-Industrial England*, Newton Abbot, David & Charles, 1972. Rappelons que cette clause permettait aux justices locales de sanctionner des listes de prix officiels négociées collectivement entre maîtres et ouvriers. Ce sont les difficultés à faire appliquer cette disposition qui, dans certains cas, entraînèrent le parlement à intervenir dans la seconde moitié du XVIIIe siècle, à l'image des Spitalfields Acts (pour un aperçu de ces mesures, voir S. Webb, B. Webb, *The History of Trade Unionism*, *op. cit.*, p. 68-69). En ce qui concerne l'abrogation de la clause portant sur l'apprentissage, on peut se reporter à T. K. Derry, 1931, « The Repeal of the Apprenticeship Clauses of the Statute of Apprentices », *The Economic History Review*, vol. 3, n° 1, 1931, p. 67-87.

qui s'appliquait à l'ensemble du Royaume à l'exception de la capitale anglaise, ce n'est pas le cas des industries concurrentes. Les listes de prix sont ainsi abolies en 1815 à Macclesfield, près de Manchester, qui était alors le principal centre de production de soieries du Nord[34]. Ce différentiel juridique grandissant vient encore gonfler le potentiel explosif de la situation londonienne, en donnant aux marchands de la capitale un argument de poids pour critiquer la vétusté des Spitalfields Acts[35]. Une discontinuité émerge ainsi à Londres entre la politique économique adoptée au niveau national et la logique des Spitafields Acts, qui peuvent désormais apparaître comme une anomalie.

On peut voir apparaître une dissonance similaire à Lyon, dont la fabrique est à nouveau en mesure au début du XIXe siècle, après sa longue convalescence, de jouer les premiers rôles sur les marchés internationaux. Car l'état de grâce qui avait suivi la rénovation de 1805 prend rapidement fin avec la chute de l'Empire et l'ouverture commerciale qui en résulte, alors que les principes libéraux portés par Jean-Baptiste Say commencent à infiltrer les mentalités des élites économiques, comme les théories de Malthus et de Ricardo avaient commencé de le faire en Angleterre. Le nouvel élan donné à ces idées à partir de 1815 correspond ainsi au signal de la remontée des tensions dans les deux fabriques, et ce jusqu'à leur paroxysme.

Ce mouvement a pourtant des implications très différentes à Lyon et à Londres. Car si les règles de fonctionnement de leurs manufactures peuvent bien être rapprochées, il n'en va pas de même de l'autorité qui les fondent. Ainsi, la distinction que l'on a faite à ce sujet au cours de la première partie, au sujet des soubassements politiques de l'ordre institutionnel de chaque fabrique se trouve nettement confirmée, et même renforcée, par les évolutions du début XIXe siècle. Si c'est bien

---

34 L'industrie de la soie s'était développée à Macclesfield à partir des années 1780. Utilisant d'abord la liste de prix en vigueur à Manchester, elle se dote d'une liste propre à partir de 1796. L'abandon de la liste au cours des années 1812-1813 à Manchester, où les ouvriers en soie sont pourtant beaucoup moins nombreux (quelques centaines contre plusieurs milliers à Macclesfield), fournit un argument aux marchands de Macclesfield pour demander la même mesure en 1815 (HC, *Select Committee on Petitions of Ribbon and Silk Weavers and Manufacturers*, 1818, p. 115-116 et p. 152).

35 Les Spitalfields Acts avaient d'ailleurs été amendés à deux reprises, sans remettre en cause le principe de leur fonctionnement. Le premier de ces amendements intervient en 1792 pour les étendre aux tissus de soie mélangée (32 Geo. III, c. 44), le second en 1811 pour y incorporer officiellement les femmes qui exerçaient le métier (51 Geo. III, c. 11).

l'Empereur qui se rend à Lyon en 1805, c'est d'abord pour y sanctionner une dynamique locale et la création de nouvelles institutions au pouvoir également local, qui apparaissent comme les principales garantes des règles de la manufacture. Symétriquement à Londres, bien que les listes de prix sont sanctionnées par les justices de paix, celles-ci tirent leur légitimité de la loi, et donc du parlement, qui apparaît comme l'instance suprême de régulation de la fabrique anglaise. C'est pourquoi les politiques économiques de dérégulation industrielle qui allaient être mises en œuvre à l'échelle nationale dans les deux pays ne possédaient pas du tout la même signification dans chaque manufacture et ne pouvaient y produire les mêmes effets.

DES CRISES QUI SE SUIVENT MAIS NE SE RESSEMBLENT PAS

Les nouvelles attaques contre les règlements après la chute de l'Empire

S'il est évidemment réducteur de faire correspondre l'avènement de la révolution industrielle à l'année 1815, il est clair que l'anticipation d'un tel phénomène occupe, à partir de cette date, une place qui ne va cesser de croître dans l'imaginaire des contemporains. Pourtant, malgré les exemples de plus en plus nombreux de regroupement des ouvriers dans des unités de production de taille supérieure, organisées autour de machines plus imposantes désormais animées par l'énergie mécanique, les expériences de ce type ne représentent encore qu'une part très minoritaire de l'activité de la France comme de l'Angleterre[1]. C'est donc toujours davantage de façon virtuelle qu'elles exercent leur influence, ce qui implique de s'intéresser aux idées qui permettent d'en envisager la manifestation concrète. Or celles-ci connaissent bel et bien un essor considérable avec la fin de l'Empire, particulièrement visible en France avec la publication des œuvres de Jean-Baptiste Say jusqu'alors censurées, en partie car elles cadraient mal avec le retour aux doctrines mercantilistes opéré sous Napoléon[2]. Parallèlement en Angleterre, la dynamique enclenchée par l'*Essai sur la population* de Malthus en 1798 prit véritablement toute sa dimension lors des premiers débats sur les Corn Laws, qui suivirent la fin du blocus continental[3].

---

1 Voir à ce titre pour l'Angleterre : M. Berg, *The Age of Manufactures*, *op. cit.*, et pour la France : A. Dewerpe, *Le monde du travail en France, 1800-1950*, *op. cit.*

2 On peut se reporter sur ce point à D. Todd, *L'identité économique de la France*, *op. cit.*, p. 19-41.

3 C'est en effet à ce moment qu'est affirmée la fameuse loi des rendements décroissants en Angleterre, pilier de la pensée économique classique avancé parallèlement par Ricardo, Torrens, West et Malthus en 1815. Voir le classique de L. Robbins, *A History of Economic*

Cette dynamique se manifeste sur le terrain britannique par une remise en cause généralisée des règlements industriels, dont de nombreuses communautés artisanales réclament la réaffirmation au début du siècle. Malgré ces réclamations, l'intensité des attaques se renforce encore suite au démantèlement en 1814 de la célèbre loi élisabéthaine sur les apprentis, véritable pilier du droit du travail britannique qui rendait obligatoire l'exécution d'un apprentissage de sept ans[4]. Les ouvriers de Spitalfields ayant été assurés que ces nouvelles dispositions ne seraient pas appliquées à leur manufacture[5], c'est dans les industries de la périphérie que l'on observe les premières tentatives importantes de dérégulation, en particulier dans la région de Manchester. Pour ce qui est des soieries, la ville de Macclesfield en était devenue le centre à partir de la fin du XVIIIe siècle, se spécialisant sur les tissus unis, ainsi que sur certains façonnés de petite taille[6]. Plus éparpillée qu'à Spitalfields, la structure de la production y était aussi régulée par une liste de prix officiels récemment renégociée en 1810 puis en 1813, pour inclure les nouveaux textiles qui généraient une activité croissante.

Thought. The LSE Lectures, éd. S. G. Medema et W. J. Samuels, Princeton, Princeton University Press, 2000, p. 176-184, pour plus de précisions à ce sujet.

4 On fait souvent référence à cette loi en utilisant l'appellation « *the fifth of Elizabeth* », dont une partie est abrogée par *An Act to amend an Act passed in the Fifth Year of Queen Elizabeth, intituled « An Act containing divers Orders for "Artificers, Labourers, Servants of Husbandry, and Apprentices"* » (54 Geo. III, c. 96). C'est d'abord les tisseurs de laine qui avaient fait campagne pour le renforcement du statut d'apprenti au cours des années 1802-1806, avant de subir la contre-attaque des marchands, à partir de 1809, finalement couronnée de succès en 1814 (voir T. K. Derry, « The Repeal of the Apprenticeship Clauses of the Statute of Apprentices », art. cité). Comme en témoigne les nombreux exemples qui sont donnés par les Webbs, les vingt premières années du XIXe siècle sont marquées par des attaques répétées et infructueuses des travailleurs contre leurs employeurs, réclamant l'application des règlements (S. Webb, B. Webb, *The History of Trade Unionism*, *op. cit.*, p. 59-60).

5 Les tisseurs londoniens avaient reçu cette garantie du Serjeant Onslow lui-même, qui menait le projet de loi (HC, 1818, *op. cit.*, p. 121), conformément à la version finale du texte qui excluait Londres de sa zone d'application : « Étant toujours donné que cette loi ne pourra s'étendre ou être interprétée de manière à contourner, altérer ou affaiblir les coutumes et l'ordre de la ville de Londres au sujet des apprentis, ou les anciennes coutumes, usages, privilèges et franchises de ladite ville » (54 Geo III, c. 96).

6 Le marchand Stephen Wilson mentionne devant la commission de 1818 le crèpe, la gaze, les bombasins et surtout les mouchoirs et foulards (*bandanna handkerchiefs*), qui constituaient le gros de la production de cette région (HC, 1818, *op. cit.*, p. 51). L'ensemble des témoignages devant la même commission s'accordent pour dire qu'il y avait environ 1 300 métiers à Macclesfield, 300 à Manchester et 300 à Leek, c'est-à-dire nettement moins qu'à Londres ou à Coventry, où plus de 10 000 métiers étaient occupés au même moment.

Alors que cette activité ralentit avec la fin de la guerre, les marchands coalisés imposent une réduction d'un quart du prix de tous leurs articles à l'hiver 1815, et refusent la concession proposée en retour par les ouvriers de réduire leur salaire d'un penny par yard carré. Ils les menacent au contraire d'utiliser les récents changements de législation s'ils continuent de s'opposer à la baisse des prix, pour employer des personnes extérieures au métier ou qui n'ont pas terminé leur apprentissage, qu'ils prévoient de regrouper dans leurs propres locaux[7]. À partir de là s'engage un bras de fer entre ouvriers et marchands, qui va être remporté par ces derniers au bout de quelques mois. La situation se stabilise alors autour d'une production à l'intérieur des maisons des maîtres, comprenant en général de 15 à 50 métiers, et d'une production extérieure toujours confiée aux compagnons, dont les marchands cherchent à compliquer autant que possible la situation, alors que les prix sont désormais librement négociables. Leur abaissement constitue d'ailleurs le principal résultat de la nouvelle organisation, qui marque aussi le début du décrochage de la production par rapport aux commandes effectivement enregistrées[8].

Non contents d'être parvenus à imposer leur mode de fixation des prix, les marchands tentent de sécuriser ce gain en éradiquant toute forme d'organisation ouvrière. Pour recevoir de l'ouvrage, les tisseurs doivent signer une déclaration, exigée par toutes les maisons de Macclesfield à l'exception d'une seule, par laquelle ils assurent n'entretenir aucun lien avec de telles organisations[9]. Cela illustre bien la duplicité du canal par lequel s'exerce la pression sur les ouvriers anglais de l'époque, alors que les Combination Laws ont été considérablement durcies par le

7 Voir HC, 1818, *op. cit.*, p. 65-66, 97, 100-103, et 115.

8 Plusieurs témoins expliquent la stratégie des marchands, qui consiste à accumuler des stocks de produits finis pour maintenir les prix aussi bas que possible. C'est par exemple le cas de Peter Keefe, commis d'une maison de commerce à Macclesfield : « en ce moment, les biens sont fabriqués sur la base de spéculations, et quand il vient une demande celle-ci est immédiatement satisfaite ; le manufacturier produit donc ses biens sans aucun ordre précis, tant qu'il peut le faire pour des salaires très bas » (HC, 1818, *op. cit.*, p. 115). L'inadaptation de cette stratégie à la production et au commerce des soieries a principalement été pointée par A. Cottereau, « The fate of collective manufactures in the industrial world », *op. cit.*, p. 99-100.

9 À partir de novembre 1815, les tisseurs de Macclesfield doivent signer la déclaration suivante auprès de leurs marchands pour espérer recevoir de l'ouvrage : « Je déclare solennellement, par la présente, ne faire partie d'aucune commission ou corps de tisseurs associés et qu'aucune commission ou corps associé n'a le moindre pouvoir ou contrôle sur moi » (HC, 1818, *op. cit.*, p. 64, 74 et 93).

gouvernement Pitt en 1799 et 1800, et ont depuis lors été appliquées de manière tout aussi rigoureuse. Comme l'ont souligné les Webbs, « la crainte générale que leur insubordination dégénère en rébellion procédait à la fois du refus des capitalistes d'augmenter les salaires et de l'aversion des hommes politiques pour les institutions démocratiques[10] ». Cette duplicité pouvait à l'inverse être la cause de certaines divisions entre les différentes catégories d'ouvriers, qui n'étaient pas affectées de la même manière par ces évolutions. Ainsi l'on voit dans notre cas les tisseurs de Macclesfield ouvertement exposés à la fois au pouvoir du marchand sur les prix et au dispositif de « persécution légale des militants ouvriers[11] » mis en place durant ces années, tandis que l'interdiction de s'associer qui s'applique à leurs homologues londoniens est toujours assortie du maintien des anciens statuts et de la régulation des prix prévus par les Spitalfields Acts.

Le 3 novembre 1817, les ouvriers en soie de Macclesfield adressent une lettre aux marchands de la ville par laquelle ils se plaignent de ne plus pouvoir obtenir un salaire de subsistance (*a living price*) et réclament « la mise en place d'une régulation également contraignante pour les maîtres et les ouvriers[12] ». C'est l'absence de réponse des marchands qui les décident à se tourner vers le parlement, à la fin de l'année 1817. Leur pétition constitue l'un des appuis qui permettent au député foxite

10 S. Webb, B. Webb, *The History of Trade Unionism*, *op. cit.*, p. 73. Les deux auteurs notent aussi comment le parlement était véritablement, depuis le début du XVIIIe siècle, l'organe régulateur par excellence de la question des coalitions d'ouvriers. C'est aussi l'instance à laquelle les marchands se réfèrent presque exclusivement pour régler les problèmes liés à cette question, plutôt qu'aux justices locales. Les lois de 1799 et 1800 sont marquantes non seulement par leur dureté, mais aussi parce qu'elles prescrivent à tous les métiers sans distinction des règles qui étaient jusqu'alors toujours définies indépendamment pour chaque communauté professionnelle (voir S. Webb, B. Webb, *ibid.*, p. 68-73).

11 S. Webb, B. Webb, *ibid.*, p. 63. À titre d'exemple, on peut se référer au témoignage de John Foster, tisseur à Macclesfield, qui explique comment ses deux apprentis ont été débauchés par le marchand pour lequel il a toujours travaillé, qui refuse de lui donner de l'ouvrage depuis que Foster a signé la pétition envoyée aux Communes (HC, 1818, *op. cit.*, p. 88).

12 HC, 1818, *op. cit.*, p. 90. Le même tisseur John Foster estime ainsi avoir subi une baisse significative de ses revenus nets, passant de 17 à 11 shillings par semaine en l'espace de quelques mois (*ibid.*, p. 87-88). Cette baisse de prix s'accompagne d'une diminution des largeurs de la plupart des tissus, que les ouvriers estiment moins que proportionnelle (HC, 1818, *op. cit.*, p. 81, 104). Quoi qu'il en soit, une telle baisse a sans doute eu l'effet de brouiller les critères sur lesquels étaient établis les prix, en compliquant les comparaisons entre les étoffes d'une même catégorie.

Peter Moore d'obtenir la mise en place d'un *select committee*, au début de l'année 1818, pour évaluer la situation des ouvriers en soie des régions de Macclesfield et de Coventry, d'où provenait l'autre pétition principale[13]. Là aussi, le tissage de la soie avait connu d'importants développements depuis le début du siècle, jusqu'à occuper plus de 10 000 personnes, presque exclusivement à la production de rubans[14]. Mais la situation de ces travailleurs avait empiré dès la fin de la guerre, de manière encore bien plus dramatique qu'à Macclesfield.

Bien que l'industrie rubanière de cette région avait connu peu de périodes plus fastes en termes de commandes, ses tisseurs voient le prix de leur ouvrage diminuer de manière tout aussi exceptionnelle, alors que les *poor rates* explosent entre 1815 et 1818[15]. Tous les ouvriers interrogés par la commission parlementaire relient cette situation à la mise en place du système du *half-pay apprenticeship*, qui illustre parfaitement les effets destructeurs que peut avoir une concurrence mal encadrée sur ces économies de la qualité. Rendue possible par les modifications législatives de 1814, l'introduction de ces nouveaux types de contrats, souvent très sommaires, a pour intérêt de transformer tout apprenti potentiel en main d'œuvre bon marché, en permettant non seulement de le rémunérer à moindre coût (équivalent à la moitié du salaire du compagnon), mais surtout de se soustraire à l'obligation de l'entretenir et de le former, qui constituait l'essence même de l'apprentissage. Le changement qui se produit ainsi au bas de l'échelle a des effets sur

---

13 Peter Moore avait été élu, à grands frais, représentant de Coventry aux Communes en 1803, après une tentative manquée l'année précédente. Ce succès est aussi en partie obtenu grâce à l'appui des tisseurs, qu'il s'assure en soutenant un projet de loi visant à diminuer les tarifs à l'importation des soies brutes du Bengale, dont ils étaient parmi les principaux consommateurs.

14 HC, 1818, *op. cit.*, p. 21. Produits principalement dans la région de Saint-Étienne en France, la fabrication de rubans obéissait aux mêmes principes généraux que ceux suivis pour produire des pièces de tissus de soie de plus grande taille. La complexité du processus de production était toutefois plus faible, de même que la qualité requise de la main d'œuvre.

15 Les témoignages des ouvriers et des responsables de l'aide aux pauvres concordent pour affirmer que les salaires versés aux tisseurs ont été en moyenne divisés par 2 entre 1815 et 1818 (HC, 1818, *op. cit.*, p. 8), alors même que la demande allait grandissante (HC, 1818, *op. cit.*, p. 19 et 21). Le montant dédié aux *poor rates* avait cru quant à lui de près de 63 % entre 1816 et 1817 (*ibid.*, p. 4). Pour donner un ordre d'idée, le salaire moyen des tisseurs obtenu en recoupant les témoignages devant la commission était inférieur à 10 shillings par semaine à Coventry, compris entre 10 et 15 shillings à Macclesfield, et excédait la plupart du temps 15 shillings à Spitalfields.

l'ensemble de la structure productive. Suite à la baisse des prix, les simples tisseurs n'ont d'autre choix que de laisser la nouvelle main d'œuvre occuper leurs métiers et devenir eux-mêmes *undertakers*, pour bénéficier des profits supplémentaires réalisés par les marchands grâce à ce système, entretenant par là son développement[16].

La nouvelle organisation, entièrement motivée par la recherche du prix le plus bas, montre cependant rapidement ses limites. D'abord, les gains réalisés par les marchands via la diminution des salaires procèdent en fait du report de leurs dépenses sur les organismes d'aide publique, auxquels viennent directement se présenter les nouveaux travailleurs sous payés, seulement âgés d'une dizaine d'années. Cela fait immédiatement réagir les responsables locaux de l'aide aux pauvres ainsi que l'autorité municipale, qui demandent des comptes aux marchands, sans recevoir de réponse[17]. L'autre effet pervers, qui apparaît de manière moins évidente dans un premier temps, est celui de la déqualification de la main d'œuvre et de la baisse de la qualité des articles produits, alors même que la compétition s'intensifie pour la domination des marchés internationaux, et notamment américains[18]. Comme à Macclesfield, c'est d'abord en s'adressant aux marchands que les tisseurs tentent de rétablir la situation[19]. Au milieu de nombreuses tentatives infructueuses, une commission mixte est toutefois mise en place pour établir une liste de prix en septembre 1816. Rendue publique à la fin du mois, la liste est massivement contournée dès sa mise en place, avant d'avoir pu fournir le moindre résultat. La décision des tisseurs de Coventry de se

16 On peut trouver les témoignages de tisseurs qui expliquent la nécessité de devenir *undertakers* pour continuer à vivre dans HC, 1818, *op. cit.*, p. 17, 25 et 37. L'aspiration enclenchée par la hausse des profits liés à la réduction drastique des coûts du travail fait ainsi exploser le nombre de « maîtres », puisque la diminution considérable des salaires permise par le système du *half-pay apprenticeship* ne conduit qu'à une baisse de 10 % du prix des articles qui en sont issus, selon les calculs d'un marchand de Coventry (*ibid.*, p. 125).

17 Les fonds des sociétés de secours mutuels de Coventry s'étaient aussi rapidement taris, de même que les contributions qui les alimentaient (voir *ibid.*, p. 131-133).

18 Le témoignage du tisseur John Dalby (*ibid.*, p. 23) est particulièrement éloquent en ce qui concerne la question de la baisse de la qualité des produits, due à l'emploi d'une main d'œuvre insuffisamment qualifiée. Cette question est d'autant plus sensible qu'elle apparaît dans le contexte d'une compétition internationale accrue, principalement sur les marchés américains, plusieurs témoins signalant la perte de leurs anciennes commandes au profit des manufactures françaises (*ibid.*, p. 39 et 183).

19 *Ibid.*, p. 8-11, pour un aperçu de ces tentatives, de leur contenu et de leurs résultats.

tourner un an plus tard vers le parlement, pour demander l'extension des Spitalfields Acts à leur district, procède donc encore une fois de l'incapacité de parvenir à une solution locale.

Bien que l'enquête parlementaire qui suivit fut logiquement centrée sur les villes de Coventry et de Macclesfield, quatre marchands londoniens importants sont aussi longuement interrogés par la commission afin d'évaluer l'efficacité de ces lois. Leurs témoignages cumulés, qui représentent plus du quart de l'ensemble du rapport final, font émerger les deux lignes interprétatives principales qui s'opposent au sujet des Spitalfields Acts, et qui resteront au centre des débats ultérieurs[20]. La première est celle des marchands, qui consiste globalement à reconnaître l'inéluctabilité et le caractère somme toute positif, pour eux comme pour leurs ouvriers, de la compétition par les prix (*underselling*). Parce qu'elles empêchent cette compétition de se dérouler correctement, les règles londoniennes les empêchent d'augmenter les salaires des tisseurs lorsque les ventes augmentent, et les forcent à réduire leurs embauches en temps de crise, quand ils pourraient continuer de proposer du travail à des niveaux de salaire plus bas. S'il est donc envisageable que les salaires soient réduits durablement au cours de l'opération, il s'agit là du seul moyen de conserver l'emploi et le dynamisme de l'industrie[21]. Pour illustrer les effets de ces défaillances, la crainte qui est brandie en permanence est celle de la fuite des métiers à Macclesfield et dans les autres industries du pays où les listes de prix ont été abandonnées. La plupart des marchands interrogés présentent ce mode de fonctionnement, souvent de manière assez dogmatique, comme définitivement irrationnel en ce qu'il confie un pouvoir industriel à des magistrats nécessairement incompétents en la matière[22].

20 On en trouve déjà les prémisses dans une série de pamphlets qui suivent la conférence du 26 novembre 1816 à l'Egyptian Hall destinée à soutenir les tisseurs de Spitalfields, où le *National Flag* avait été exposé. La plupart d'entre eux ont été compilés par « un compagnon tisseur » : *Letters, taken from various newspapers, tending to injure the Journeymen Silk Weavers of Spitalfields*, Londres, 1818.

21 Comme l'annonce très clairement le marchand londonien Wilson (HC, 1818, *op. cit.*, p. 60), qui « pense qu'il est préférable pour les ouvriers de travailler [pour 12 à 15 shillings par semaine] plutôt que de ne rien gagner du tout », ou encore que « l'accentuation de la concurrence par les prix [*underselling*] ne pouvait qu'augmenter l'emploi des compagnons » (*ibid.*, p. 61).

22 Wilson affirme encore par exemple : « Je suis entièrement de l'avis [...] que toute regulation qui interfère dans le fonctionnement d'une manufacture est inutile, nocive,

Si le manufacturier londonien Thomas Gibson partage globalement ce point de vue, défendu par ses homologues Moore et Wilson, il y apporte toutefois d'importantes nuances. De manière générale, il juge que l'on peut attribuer avec raison aux Spitalfields Acts une bonne partie des effets bénéfiques qui leur sont généralement associés, au premier chef le maintien d'un prix convenable pour le travailleur, qui permet de limiter les conflits. Niant ensuite l'idée que la loi empêcherait de mieux rémunérer certains ouvriers, comme celle selon laquelle la baisse des salaires aurait un effet important sur les ventes, il se borne à critiquer son volet pénal[23]. Gibson plaide par suite pour la seule annulation des lourdes amendes prévues en cas de tricherie et pour mettre en place des procédures d'arrangement plus souples, qui ne seraient activées qu'en cas de plainte, maintenant l'existence et le principe des lois de 1773[24].

Mais le défenseur le plus ferme des Spitalfields Acts, qui restera leur principal avocat lors des enquêtes et des controverses qui suivront, est le marchand londonien William Hale. Opérant dans le secteur des unis à Spitalfields, à la suite de son beau-père, il a également assuré pendant de nombreuses années la charge d'administrateur des *poor laws* de la paroisse de Christ Church, cœur historique du district des tisseurs. À ce titre, il s'était déjà distingué en 1806 en publiant *A Letter to Samuel Whitbread*, pour dénoncer les incohérences du système britannique

dangereuse. Cela déchaîne les travailleurs, repousse l'artiste, émousse l'industrie, dégoûte le consommateur, discrédite le vendeur et ruine l'entreprise » (*ibid.*, p. 52).

23 Interrogé sur les effets de la baisse du prix des soieries sur la demande, Gibson (qui se décrit pourtant comme un « capitaliste », *ibid.*, p. 143) estime que « le prix du travail n'a qu'une faible, voire aucune conséquence ; parce que, pour ce qui est des articles de luxe, l'augmentation du prix n'a aucune conséquence sur le consommateur » (*ibid.*, p. 146). De toute manière, le travail n'entre selon lui que pour une part minoritaire dans le prix final (environ 2/7, contre 5/7 à la matière première, *ibid.*, p. 142). Il affirme aussi sans ambiguïté la possibilité de mieux rémunérer les meilleurs tisseurs, tout simplement « en leur donnant les travaux par lesquels ils peuvent gagner plus » (*ibid.*, p. 147). Enfin, sur la nécessité d'annuler seulement le volet pénal des lois, voir encore *ibid.*, p. 143-144 et 150.

24 Il est probable en effet que l'action des associations de tisseurs ait contribué à rigidifier l'usage des lois, jusqu'à créer un sentiment d'insécurité chez les marchands par la surveillance qu'elles exerçaient vis-à-vis de tout écart aux prix officiels, pouvant ensuite aller jusqu'à forcer le tisseur à porter plainte. S'il n'existe pas de preuve de ces pratiques, à l'exception des témoignages de certains marchands, le caractère assez agressif et autoritaire des organisations de tisseurs londoniens, que l'on a déjà relevé, laisse penser que de tels développements avaient bien pu avoir lieu (voir dans ce cadre les témoignages de Wilson et Moore dans HC, 1818, *op. cit.*, p. 53 et 158).

d'aide aux pauvres auxquelles il avait déjà tenté d'apporter certaines solutions, en collaboration avec Patrick Colquhoun. Alors magistrat du Middlesex, ce dernier était aussi de par sa fonction en contact direct avec les ouvriers en soie[25]. Ces quelques indices permettent de penser que les affinités politiques de William Hale, si elles restent difficiles à déterminer précisément, allaient d'abord à cette fraction whig foxite, réformatrice et francophile, dont Lauderdale peut être vu comme un autre représentant évoqué respectueusement par Hale[26].

Résolu à défendre les régulations londoniennes et visiblement convaincu de leurs bienfaits, ce dernier s'emploie à démonter les arguments présentés par Stephen Wilson et Ambrose Moore, devant une commission déjà en partie acquise à sa cause après l'écoute des témoignages de Coventry. Ayant d'abord rappelé l'état particulièrement paisible sur le plan politique et progressif sur le plan économique de la manufacture londonienne depuis 1773, il rejette catégoriquement l'idée qu'une quelconque baisse de prix accroîtrait son activité[27]. Au contraire, une telle baisse serait plutôt susceptible de faire perdre des marchés à l'Angleterre, par la diminution de la qualité de ses soieries.

25 L'exemplaire de la lettre de Hale dont dispose la Goldsmiths' Library de l'université de Londres est celui qui fut envoyé, accompagné d'une lettre manuscrite signée par son auteur, à Patrick Colquhoun. Celui-ci est principalement connu en tant que magistrat londonien pour avoir initié le mouvement de rénovation de la police anglaise, qui devait s'orienter vers la prévention du crime, s'inspirant du modèle français de l'époque. Le tisseur de Spitalfields James Buckridge, devenu entre temps « maître », fait aussi mention de sa correspondance avec le magistrat au sujet de la négociation des listes de prix (HC, 1818, *op. cit.*, p. 189).

26 W. Hale, *A Letter to Samuel Whitbread*, Londres, 1806, p. 30-31, signale que c'est la faillite des négociations de paix avec la France (« notre allié ») menées par Lauderdale, et la rudesse des temps qu'elle annonçait, qui l'avait décidé à écrire à Whitbread. L'ensemble des nombreuses réformes que ce dernier avait proposées aux Communes, notamment en vue de créer un système d'éducation nationale, était très fortement inspiré de l'action de Napoléon, qu'il admirait au point de tomber en dépression profonde après sa chute, avant de mettre fin à ses jours le 6 juillet 1815. Quant à Lauderdale, il avait séjourné en France sous la Terreur et s'était à cette occasion lié d'amitié avec le girondin Brissot. Ferme partisan de la Révolution et de la paix, il aimait se qualifier de « Citizen » et était connu pour arborer le costume jacobin outre-Manche. On peut consulter au sujet des raisonnements qu'il développe en matière d'économie politique, l'article de J.-D. Boyer, S. Hupfel, « L'*Inquiry into the Nature and Origin of Public Wealth* de Lauderdale. Une critique d'Adam Smith pour dénoncer le système mercantile », *Cahiers d'économie politique*, vol. 73, nº 2, 2017, p. 121-150.

27 HC, 1818, *op. cit.*, p. 41 : « Je ne pense pas qu'un seul yard supplémentaire de soieries serait fabriqué si les prix étaient réduits de 50 % ».

Celle-ci proviendrait de l'encouragement donné aux marchands d'une part de privilégier une matière première moins riche et d'autre part de baisser les salaires des ouvriers, réduisant leur degré d'implication dans la production, et ce de manière durable, les artisans étant souvent marqués par leur passage au sein des services de l'assistance publique[28].

Aucune question ne lui est toutefois posée sur les moyens d'encourager les meilleurs tisseurs, thème sur lequel d'autres ouvriers, allant dans le sens de Gibson, se chargent de convaincre le comité. Ils expliquent que ces encouragements ont lieu de manière presque naturelle et systématique, puisque les mauvais ouvriers ont tout simplement beaucoup plus de mal à trouver de l'ouvrage et se voient confier des tissus moins riches, qu'ils terminent aussi plus lentement. La pratique consiste ainsi souvent pour le marchand à avertir verbalement le tisseur de la qualité insuffisante de son travail en menaçant de ne plus l'employer, solution qui peut être choisie en dernière instance[29].

Enfin, Hale a le privilège de conclure l'enquête en remettant une déclaration au comité qui récapitule l'ensemble de ces arguments en faveur des dispositifs régissant l'industrie de Spitalfields, au bas de laquelle figurent les signatures de 88 marchands de soieries londoniens, dont plus des deux tiers possèdent au moins vingt années d'expérience. Sans doute Hale avait-il en effet perçu la sensibilité du comité à ce type d'argument lorsque ses membres avaient réalisé dans l'intervalle, au sujet d'une pétition des marchands de Macclesfield contre l'extension des Spitalfields Acts, que seules 17 des 45 signatures qui y figuraient avaient un lien direct avec la production de soieries. Les 28 autres correspondaient en fait à des entrepreneurs engagés dans le secteur du moulinage et de la préparation du fil de soie[30]. On peut d'ailleurs conclure en faisant remarquer que, sur l'ensemble des personnes interrogées au cours de l'enquête, la force du lien qu'elles entretiennent avec le métier de tisseur est corrélée très positivement à la bienveillance du regard porté sur les Spitalfields Acts, l'ensemble des témoignages demandant l'extension des

---

28 « Une fois qu'un individu entre dans les mécaniques de l'aide paroissiale, sa faible marge de liberté [*hedge of independence*] est détruite, et son utilité est perdue pour la société » (*ibid.*, p. 43 ; voir aussi p. 44-45). Cette citation, ainsi que le passage entier dans lequel elle s'inscrit, est à relier à la question de l'*ethos* ou de l'amour propre des tisseurs précédemment évoquée.

29 Voir à ce titre HC, *ibid.*, p. 127-129.

30 *Ibid.*, p. 117 et p. 139-140.

règles londoniennes dominant numériquement de très loin l'ensemble de ceux qui se prononcent contre une telle extension.

Suivant ce déséquilibre, la commission se prononce nettement en faveur de la généralisation des Spitalfields Acts aux industries soyeuses du pays. Elle fait aussi ouvertement le lien entre la détresse des tisseurs de Coventry et de Macclesfield et les modifications récemment apportées au statut des apprentis, sans lesquelles une telle situation n'aurait jamais pu se réaliser[31]. Face à des conclusions si radicales, les Communes demande à Peter Moore de travailler à un projet de loi plus précis. Ce n'est qu'une année plus tard, au début de l'été 1819, que Peter Moore fut en mesure de présenter un tel projet de loi, qui éveilla au sein de la Chambre des communes un sentiment de défiance quasi général. Cela n'était pas surprenant de la part des parlementaires tories, dont la ligne est immédiatement présentée par Frederick Robinson[32], alors président du Board of Trade :

> Considérant l'ensemble des principes généraux sur la base desquels de tels problèmes doivent être régulés dans un pays commercial comme la Grande-Bretagne, il a toujours été inopportun de laisser les salaires des travailleurs, quels que soient leur dénomination, être fixés autrement que par la demande naturelle pour leur travail. Il [Robinson] exprime d'ailleurs sa honte à devoir utiliser un principe si banal et reconnu – un principe maintenu par tous les auteurs valables sur les questions d'économie politique ; et qui fut encore conforté par le jugement d'une commission appointée par cette Chambre en 1809, pour examiner les griefs émanant de l'industrie du coton, similaires à celle qui se manifestent aujourd'hui dans la soie. (HC, *Hansard*, vol. 40, 1819, p. 339.)

Toute forme de régulation des prix est donc à rejeter pour des raisons à la fois théoriques et pratiques, car elle entre en conflit avec les principes de l'économie politique dont la justesse a été démontrée par les succès d'autres industries, en particulier celle du coton, depuis que de telles règles y ont été abolies. Leur rétablissement dans la soie risquerait

31 Dénonçant en particulier la mise en place d'un système de *half-pay apprenticeship*, le rapport de la commission s'achève de la manière suivante : « Votre comité est forcé de remarquer que, lorsque le statut du "5th of Elizabeth, c. 4" était en vigueur, les circonstances de la détresse qui sont aujourd'hui dénoncées n'étaient jamais apparues » (*ibid.*, p. 2).

32 Robinson commençait alors son ascension politique, qui le conduisit jusqu'au poste de premier ministre, succédant à Canning en 1827, après avoir obtenu le titre de 1er vicomte Goderich.

surtout « de fournir un prétexte aux autres tisseurs de vêtements, aux tisseurs de lin et à toutes les classes de fabricants pour présenter des demandes déraisonnables[33] ».

Ce qui est plus étonnant est de retrouver dans le camp adverse autant de difficultés à se prononcer en faveur de la régulation des salaires. C'est par exemple le cas d'Edward Ellice, pourtant représentant de Coventry, « qui ne voit dans le cas de l'industrie de la soie aucune spécificité qui pourrait légitimer l'adoption d'une telle mesure[34] ». C'est aussi celui de Fowell Buxton, exploitant d'une importante brasserie à Spitalfields, qui avait donné trois ans plus tôt un discours en soutien aux pauvres du secteur[35] :

> M. Fowell Buxton confie qu'il a certaines difficultés à donner son sentiment sur ce sujet car, contre toutes les maximes exposées par les deux membres du camp opposé, aucune réponse ne peut être donnée. Toutes les tentatives législatives pour contraindre les individus à être prospères sous peine de souffrances et de pénalités se sont terminées dans la folie et l'oppression. Mais ces maximes ne s'appliquent pas au cas de Coventry, dont l'industrie était actuellement employée d'une façon hautement anormale et artificielle, dans lequel les salaires des travailleurs étaient versés par les paroisses. (*Ibid.*, p. 343.)

La voie choisie par les whigs fut ainsi de voter en faveur du *bill*, en conférant temporairement le statut d'exception aux cas de Coventry et de Macclesfield, sans rejeter le principe de la libre négociation des prix[36]. L'argument paraissait toutefois bien faible face aux nombreuses critiques suscitées par le projet de loi, qui forcèrent Peter Moore à l'abandonner, avec l'amertume de n'avoir pas réussi à montrer comment les résultats de sa commission mettaient en lumière une faille importante du nouveau système économique unanimement soutenu par la Chambre.

Comme l'avait déjà noté Thomas K. Derry en parlant des débats sur l'apprentissage au début des années 1810, les tentatives de rétablissement

---

33 *Ibid.*, p. 345.

34 *Ibid.*, p. 341.

35 Le discours de Buxton avait été donné le 26 novembre 1816, dans le cadre de la manifestation de soutien au tisseurs organisée à l'Egyptian Hall (T. F. Buxton, *The Speech of Thomas Fowell Buxton at the Egyptian Hall on the Subject of the Distress in Spitalfields*, Londres, W. Phillips, 1816).

36 Notons que ces quelques témoignages principaux représentent assez bien l'opinion de la chambre dont tous les intervenants font acte de compassion vis-à-vis des tisseurs avant de dire pourquoi il est impossible de leur venir en aide, de la manière proposée en tout cas.

ou de rénovation des règlements étaient alors « prises entre deux feux. Le parti tory, qui dominait tous les conseils nationaux de l'époque, était trop préoccupé à anéantir toute velléité anti-jacobine pour envisager de se séparer des maîtres en lutte contre les ouvriers. Le seul espoir de ces derniers résidait par conséquent dans le reliquat formé par les whigs et les radicaux, dont les économistes étaient déjà convertis aux principes du laissez-faire[37] ». C'est pour bien comprendre cette situation qu'il convient, avant de retourner à l'étude du cas lyonnais, de donner quelques précisions supplémentaires sur le contexte intellectuel dans lequel apparaissent ces débats sur l'organisation de l'industrie de la soie britannique.

Les années de l'immédiat après-guerre avaient été celles de la floraison de la première presse radicale anglaise. Comprenant au sens large l'ensemble des journaux destinés à défendre les intérêts de la classe ouvrière, cette vague inaugurale subit son premier coup d'arrêt avec le vote des lois restreignant la liberté de la presse en 1819, au lendemain du massacre de Peterloo. Dans l'intervalle, les réflexions portées par ces périodiques avaient d'abord permis de réaliser le fait absolument central que la transformation industrielle en cours était en train de bouleverser en profondeur les structures de l'économie anglaise, ce qui rendait inopérant le vieux discours sur la corruption repris par Spence et Ogilvie[38]. C'est pourquoi l'impératif était d'abord de se saisir du langage qui permettait d'interpréter ce monde nouveau de l'industrie : celui de l'économie politique. L'ensemble des journaux radicaux de ces années peut ainsi être identifié, au risque de schématiser un peu, comme la première tentative d'assimiler les outils conceptuels des économistes pour mieux les rediriger contre eux[39]. Dans cette optique, le projet majoritairement suivi par les journaux de la période 1816-1819 consiste

37 T. K. Derry, « The Repeal of the Apprenticeship Clauses of the Statute of Apprentices », art. cité, p. 85.

38 Voir sur ce point N. W. Thompson, *The People's Science*, *op. cit.*, p. 65-81. Il ne faut toutefois pas surestimer le caractère drastique de ces changements économiques, comme le fait remarquer le même Thompson (*ibid.*, p. 45), ce qui impose d'examiner l'influence inverse des idées économiques sur la transition industrielle.

39 Cette tentative n'apparaîtra de manière vraiment nette et générale que dans les années 1820. Beaucoup de ces premiers journaux restent en effet dans la négation pure et simple de l'économie politique, à l'image des feuilles de Cobbett ou du *Republican* de Carlyle, qui « n'étaient après tout pas vraiment intéressés par l'élaboration des bases théoriques d'une critique de l'économie politique populaire, mais cherchaient plutôt des matériaux

à reconstruire, au sein de ce nouvel environnement, la thématique de la dépossession des masses populaires des fruits de leur travail par les catégories privilégiées. C'est pourquoi la plupart des feuilles radicales situent les racines de la misère des classes laborieuses à l'extérieur de la sphère économique : ce n'est pas la nature du jeu économique en soi qui pose problème, mais le détournement de ses fruits par les « tyrans locaux » (*borough tyrants*)[40], les « rois, prêtres et nobles[41] » et autres « tyrans monétaires de la bourse[42] ». Le remède généralement induit par ces analyses n'est donc pas non plus économique mais essentiellement politique, l'avènement d'une société plus juste passant d'abord par l'abolition des anciens privilèges qui fondent ces abus de pouvoir, toujours avec l'objectif ultime d'élargir l'électorat par une réforme parlementaire.

Le seul journal à entrevoir la possibilité de défaillances inhérentes au fonctionnement du marché est le célèbre *Gorgon* de John Wade, qui dénonce les coalitions des maîtres, responsables de l'augmentation des journées de travail et de la baisse des salaires[43]. Il faut souligner ici l'influence de Francis Place, dont le parcours, l'action et les idées symbolisent à eux seuls l'esprit de ce radicalisme renaissant. Compagnon tailleur londonien, il participe aux mobilisations qui agitent son métier à la fin du XVIIIe siècle et prend alors conscience de l'insuffisance des moyens ouvriers face au mal qui les affecte. Il voue ensuite son existence à la défense de la cause ouvrière, ce qui le conduit au tournant du siècle à fréquenter le cercle des benthamites animé par James Mill, à échanger ses points de vue avec ceux d'Owen, Ricardo, Torrens, ou McCulloch, et enfin à se constituer un réseau d'accès au parlement, dont le maillon principal fut le député tory Joseph Hume. Place indique avoir commencé

---

supplémentaires pour appuyer leur demande d'extension du suffrage universel aux classes laborieuses » (N. W. Thompson, *ibid.*, p. 112).

40 *Cobbett's Weekly Political Register*, 14 août 1819.

41 Eux qui ont « le pouvoir de piller les classes industrieuses de la société » (*Medusa*, 10 avril 1819, « On the ostentatious parade of monarchical governments and its effect on the happiness of the people »).

42 *Black Dwarf*, 14 mai 1817, « To the Editor of the Black Dwarf ».

43 Wade considérait ainsi qu'il existait « une large demande de travail mais pas d'avances de salaire en raison d'un accord tacite, une coalition, un esprit du corps*, ou quelque chose de ce genre, qui prévalait entre les maîtres » (*Gorgon*, 12 septembre 1818, « An appeal to the public in favour of the working classes »). *L'expression « esprit du corps » est utilisée en français par Wade dans le texte original.

à travailler à l'abrogation des Combination Laws, qui est généralement considérée comme son plus grand exploit, immédiatement après les premières modifications des règlements industriels en 1813-1814[44]. Toutes les traces archivistiques dont on dispose semblent plutôt montrer que sa campagne avait réellement débutée à partir de 1818, c'est-à-dire après que les tentatives de Moore de proposer un nouveau code industriel national, sur le modèle des Spitalfields Acts, furent annoncées. Place y était en effet fermement opposé, et mit tous les moyens en œuvre pour les discréditer[45]. Plutôt que de remplacer les Spitalfields Acts par de nouvelles règles, sa doctrine consistait dans l'association entre « démocratie politique et liberté industrielle[46] », c'est-à-dire à « abroger toutes les lois encombrantes et vexatoires pour légiférer très peu pour les remplacer, afin de laisser employés et employeurs s'arranger avec autant de liberté que possible[47] ».

Il faut souligner ici la parfaite compatibilité de ce projet avec le paradigme classique, la grande majorité des économistes se prononçant d'ailleurs en faveur de l'annulation de ces Combination Laws[48]. En fervent partisan du libre-échange, l'objectif de Place était bien de participer à l'avènement d'un monde nouveau de liberté, fondé sur l'économie de marché, et en aucun cas de chercher à rétablir les « privilèges » passés dont pouvaient jouir certaines catégories de travailleurs. Les résistances ouvrières qui se manifestent en 1814 pour le maintien du statut d'apprenti

---

44 G. Wallas, *The Life of Francis Place*, Londres, Allen & Unwin, 1925, p. 203.

45 Voir à ce sujet G. Wallas, *The Life of Francis Place*, *op. cit.*, p. 208-210.

46 S. Webb, B. Webb, *The History of Trade Unionism*, *op. cit.*, p. 96.

47 G. Wallas, *The Life of Francis Place*, *op. cit.*, p. 210.

48 Rappelant l'influence considérable de Place sur le journal de John Wade, Thompson signale que « le *Gorgon* était un enfant, bien que parfois indiscipliné, de l'économie politique classique. L'exploitation existait mais pouvait être éliminée à condition que les individus soient autorisés à agir en agents économiques libres, protégés de la coercition de l'État ou d'autres collectifs. La théorie de l'exploitation du travail se développait ici en un sens qui n'était en rien opposé au paradigme classique. Adam Smith était aussi déterminé dans sa condamnation des conséquences des coalitions d'employeurs que John Wade dans le *Gorgon* » (N. W. Thompson, *The People's Science*, *op. cit.*, p. 121). Concernant l'opinion des économistes vis-à-vis des Combination Laws, McCulloch fut en fait le seul à œuvrer activement et publiquement en faveur de leur abrogation. Si Ricardo et Malthus se sont prononcés dans le même sens, leurs prises de position sont beaucoup plus laconiques. C'est ce qui a fait dire à W. D. Grampp, « The Economists and the Combination Laws », *The Quarterly Journal of Economics*, vol. 93, n° 4, 1979, p. 501-522, que l'impact de la pensée économique sur le *repeal* a longtemps été surestimé par l'historiographie.

sont ainsi qualifiées de « bigoterie[49] » par son correspondant Edward Wakefield, un autre disciple de Bentham, qui croyait y voir « la preuve de l'ignorance des compagnons de leurs intérêts réels[50] ». Ce jugement était sans doute, au moins sur le fond, partagé par Place et aurait pu tout aussi bien s'appliquer aux tentatives des ouvriers en soie de Coventry et de Macclesfield. Toutefois, ces divergences n'éclateront au grand jour que dans les années 1820 avec les tisseurs, lorsque l'existence des Spitalfields Acts sera véritablement mise en danger.

Les ouvriers en soie lyonnais avaient quant à eux accueillis la Restauration sans enthousiasme, voire avec amertume. Les nouvelles institutions, protections et tarifs concédés à la fabrique par l'Empereur avaient fortement contribué à entretenir sa popularité, si bien que de nombreux tisseurs participent aux émeutes qui éclatent en sa faveur pendant les Cent jours, puis en juin 1817, ce qui ne signifie pas qu'une partie d'entre eux n'ait pu se réjouir du retour des Bourbons. Les premières années de la Restauration correspondent au contraire à la réaffirmation d'une certaine forme de libéralisme économique par les négociants et les représentants à Lyon de l'autorité nationale, qui se manifeste d'abord selon deux vecteurs principaux. L'opération du premier se situe au niveau de l'organisation productive elle-même, avec le déplacement d'un nombre croissant de métiers à la campagne, tandis que le second vise plutôt les aspects réglementaires, et en particulier la question du tarif.

C'est en effet à cette période que la population des tisseurs se déplace, d'abord au sein de la ville, des quartiers de Saint-Georges, Saint-Jean et Saint-Paul aux pentes de la Croix-Rousse, dont les nouveaux bâtiments ont le double avantage d'offrir une meilleure hygiène et d'être situés à proximité des maisons de commerce, limitant ainsi la durée des allers et retours des chefs d'atelier. Les ouvriers en soie commencent aussi à investir les communes limitrophes de la Croix-Rousse au nord, de la Guillotière à l'est et de Vaise à l'ouest, où ils trouvent des loyers moins chers, ainsi que des taxes réduites. C'est aussi à ce moment qu'est initiée par le philanthrope Charles Depouilly la première tentative de regroupement

49 BL Mss., Add. 35152, f. 22, Place Papers, Lettre d'Edward Wakefield à Francis Place du 20 décembre 1813.

50 BL Mss., Add. 35152, f. 135, Place Papers, Lettre d'Edward Wakefield à Francis Place du 27 janvier 1814.

des métiers, avec la création de l'établissement de la Sauvagère sur les berges de la Saône, en 1819. À l'extérieur de l'agglomération ensuite, les marchands sont de plus en plus nombreux à équiper de nouveaux ateliers proto-industriels dans les campagnes alentour[51]. L'idée était évidemment de trouver une main d'œuvre moins chère et plus docile, en particulier pour produire les tissus les plus simples, segment sur lequel la manufacture lyonnaise rencontrait une concurrence croissante.

La distinction entre tissus unis et façonnés tend d'ailleurs à se renforcer encore davantage avec la diffusion du métier jacquard, dont la taille supérieure est un autre facteur du déplacement des tisseurs dans les appartements aux plafonds plus élevés des pentes de la Croix-Rousse. Après sa présentation à l'Empereur en 1805, de nombreux perfectionnements durent être apportés au métier avant de pouvoir en exploiter tous les avantages. C'est autant en raison de cet effort d'adaptation que des nombreuses avancées précédentes sur lesquelles il s'appuie (principalement celles de Bouchon et Vaucanson) que l'on peut insister sur le caractère éminemment collectif d'une telle innovation, qui facilite significativement la production des façonnés, accentuant ainsi l'avance lyonnaise en la matière. Il faut toutefois bien remarquer que ces tissus ne représentent qu'une part minoritaire de la production en volume, qui ne va cesser de diminuer, et bien se garder d'assimiler grossièrement les textiles unis à des tissus de qualité moindre. Ceux-ci constituent à l'inverse la catégorie dominante quantitativement, qui renferme une très grande variété d'articles, allant du simple mouchoir au tissu très riche destiné à l'habillement ou à la décoration.

Au milieu de ces mutations géographiques et techniques importantes, ces années sont aussi marquées par la remise en cause grandissante des régulations de la fabrique par certains négociants. Sans doute effrayés par les mobilisations des chapeliers au cours de l'année 1817, c'est d'abord un groupe de marchands qui se plaint auprès du président du conseil des prud'hommes du non-respect du tarif par quelques-uns de leurs confrères. Celui-ci obtient de l'autorité municipale, le 3 janvier 1818, la réaffirmation des tarifs de 1807 pour les unis et de 1811 pour les façonnés[52]. La crainte affichée était toujours que le négociant abuse

---

51 Sur la croissance du nombre de métiers à la campagne, voir R. J. Bezucha, *The Lyon Uprising of 1834*, *op. cit.*, p. 25.

52 Voir pour plus de détails F. Rude, *L'insurrection lyonnaise de novembre 1831*, *op. cit.*, p. 66-75.

de son trop grand pouvoir sur l'ouvrier pour baisser démesurément le prix de façon, le forçant « à s'écarter des règles de la probité, à mendier ou à s'expatrier[53] » et déstabilisant à travers lui l'ensemble des règles de la fabrique. C'est encore l'argument qui est utilisé par les ouvriers tullistes[54] au début de l'année 1819, à la demande desquels le conseil des prud'hommes fixe de sa propre autorité un tarif pour les tulles. Mais des doutes commencent à apparaître sur la légalité d'une telle mesure, et en retardent la mise en application. Le préfet croit d'abord possible pour l'autorité municipale, mais non pour le conseil des prud'hommes, de fixer le tarif, confondant la loi du 17 juin 1791 avec l'interprétation qu'en donne le juriste Fleurigeon dans son *Code administratif*[55]. En réalité, aucune disposition n'est prévue à ce sujet dans la loi, ce qui n'empêche pas le ministre de l'Intérieur d'adopter la même interprétation après que le préfet lui fit part de ses doutes, validant ainsi le tarif par une lettre du 7 avril 1819. Cela ne l'empêchera pas non plus d'adopter une attitude exactement inverse quelques mois plus tard vis-à-vis des chapeliers, auxquels il refuse l'application d'un tarif, tant au nom des « principes de l'économie politique que de ceux de la législation en vigueur[56] ».

Dans l'intervalle, les ouvriers tullistes avaient organisé deux réunions générales, le 28 février et le 7 mars, pour presser l'adoption des mesures qu'ils réclamaient, se subdivisant en groupes de 20 pour éviter les poursuites. Le ministre de l'Intérieur avait alors rapidement réagi pour réclamer de son préfet qu'il fasse appliquer l'article 415 du code pénal, interdisant les rassemblements ouvriers qui « tendent presque toujours à influer sur le taux de salaires ou à provoquer des règlements incompatibles avec le libre exercice de l'industrie, et *ils sont d'un exemple dangereux pour les autres classes d'ouvriers*[57] ». On retrouve ainsi la double perspective selon laquelle se pose la question ouvrière naissante, telle qu'on l'avait signalée en Angleterre, axée d'une part sur la fixation des prix et des salaires et d'autre part sur le droit des travailleurs de s'associer pour défendre leurs intérêts. On voit bien aussi à quel point l'attitude des

53 *Ibid.*, p. 74.

54 Les fabricants de ce type de tissu particulier, léger et transparent, constituait l'un des sous-groupes qui appartenaient à la fabrique, au même titre que les veloutiers.

55 Cette confusion est pointée par F. Rude, *L'insurrection lyonnaise de novembre 1831*, *op. cit.*, p. 76-77.

56 *Ibid.*, p. 82.

57 Lettre du Ministre au préfet du Rhône du 30 mars 1819, citée par F. Rude, *ibid.*, p. 78.

autorités sur ces aspects est encore indécise, et comment la stimulation des velléités associatives des ouvriers qui allaient se manifester dans les années 1820 appelait un positionnement plus clair de leur part.

Ces années correspondent à Lyon à une augmentation globale de l'activité de la fabrique de soieries, ponctuée comme toujours par quelques phases de crise prononcées. Cette progression d'ensemble tend d'abord à améliorer le sort de la population des tisseurs et vient aussi aggraver un problème qui était apparu dès la reprise du début du siècle : celui de la fixation d'une main d'œuvre stable et nombreuse dans la ville. Alors que sa population totale connaissait une forte croissance, la manufacture employait en effet de plus en plus de travailleurs migrants, qui n'occupaient souvent que quelques années les rangs inférieurs de l'organisation productive. Une telle évolution préoccupait grandement les autorités locales et surtout les marchands fabricants, pour qui la fuite des ouvriers était la source de craintes récurrentes[58].

Ce qui inquiétait encore davantage les autorités, dans ce contexte, était l'augmentation parallèle des troubles liés aux associations de compagnons, dont la population désormais plus volatile faisait craindre un ralliement massif à la charbonnerie, qui étendait son influence à Lyon[59]. C'est pourquoi l'activité des associations compagnonniques fait l'objet d'une surveillance renforcée par les services de police. L'examen des quelques conflits sérieux qui éclatent tout au long de la décennie permet d'ailleurs de donner un premier aperçu des termes et des enjeux du débat lyonnais avant qu'il ne touche véritablement la fabrique, que la grande activité des années 1823-1825 maintenait dans un calme relatif. Comme souvent à Lyon, les turbulents chapeliers sont à nouveau parmi les premiers à se manifester. Suivant des méthodes et une organisation éprouvées, une fraction d'entre eux, les approprieurs[60], cessent le travail le 23 septembre 1822 pour réclamer la diminution de leur journée de labeur et la fixation d'un tarif, que le conseil des prud'hommes hésite

58 Comme on l'a vu dans la première partie. C'est encore cette spécificité qui permet de comprendre, si l'on suit l'historien T. B. Smith, 1996, « Public Assistance and Labor Supply in Nineteenth-Century Lyon », art. cité, la qualité relativement élevée des services publics lyonnais de secours aux pauvres qui préfigurent, toujours selon lui, la machinerie de l'État providence mise en place à la fin du siècle au niveau national.

59 Voir F. Rude, *L'insurrection lyonnaise de novembre 1831*, *op. cit.*, p. 96.

60 L'appropriage est l'opération par laquelle on travaille le cône de feutre, ramolli à la vapeur, pour donner sa forme au chapeau.

à leur accorder. Trois jours plus tard, le maire fait afficher sur demande du préfet l'article 415 du code pénal, tout en adoptant une attitude conciliante vis-à-vis des ouvriers grévistes. Celle-ci porte d'ailleurs ces fruits puisque les ouvriers rejoignent leurs ateliers le 30 septembre. Mais devant le peu d'empressement manifesté par le maire et le préfet de valider le tarif finalement consenti par les prud'hommes, la grève reprend à la fin octobre. Elle ne dura que quelques jours, jusqu'à la validation du tarif par le maire de Lyon, l'arrestation de neuf de ses meneurs supposés et la dissolution de la société de secours mutuels dont la caisse avait soutenu les ateliers inactifs.

Cet épisode a pour premier résultat principal d'accroître l'attention portée par les autorités aux associations de bienfaisance, qui sont placées sous tutelle de la police par une ordonnance du 6 novembre 1822. La deuxième conséquence est la relance des discussions sur la légalité des tarifs, que le ministre de l'Intérieur continue de tolérer « lorsque les parties ont confiance dans les autorités et les choisissent pour médiatrices [...] afin d'arriver amiablement à la conciliation de tous les intérêts », bien qu'il estime de manière générale « l'intervention du gouvernement dans des questions de cette nature [...] peut-être plus nuisible qu'utile à l'industrie manufacturière[61] ». Les années suivantes sont encore ponctuées de troubles émanant des milieux compagnonniques, que certains agitateurs tentent de transformer, sans grand succès, en mouvement de contestation politique plus profonde[62]. Ces derniers étaient toujours attirés par le peu d'amitié qu'avaient les lyonnais pour le régime en place, qui se confirme encore à la toute fin du printemps 1825 lors du sacre et du couronnement de Charles X, accueillis par les ouvriers avec une « singulière indifférence[63] ».

C'est alors que la fabrique entre au cours de l'été dans une année particulièrement difficile que l'on peut distinguer les premiers signes d'une nouvelle dynamique politique qui allait s'y épanouir : celle du mutuellisme. Initiée par un petit nombre de chefs d'atelier en soieries, son émergence doit être placée en regard des évolutions récentes que l'on a présentées, c'est-à-dire d'une part l'indiscipline grandissante de certains

---

61 F. Rude, *L'insurrection lyonnaise de novembre 1831*, *op. cit.*, p. 101.

62 Sur les mobilisations des cordonniers, boulangers et fouleurs qui se produisent à ce moment, voir F. Rude, *ibid.*, p. 107-110.

63 *Ibid.*, p. 112.

marchands, qui cherchent à contourner les règles de fabrique, et d'autre part l'indiscipline tout aussi inquiétante des compagnons et des apprentis, dont le lien à la manufacture s'est distendu considérablement. Le nouveau projet d'organisation, tel qu'il est présenté par son principal architecte Pierre Charnier, est ainsi tout entier dirigé vers le rétablissement et le maintien de l'« ordre dans l'atelier[64] », suivant la perspective centrale de « réforme des abus[65] ». Cette expression, qui revient très fréquemment dans les mémoires consacrés à la manufacture, a en effet le mérite de pouvoir se rapporter aussi bien au piquage d'once dénoncé constamment par les négociants qu'aux fraudes sur le salaire, sur le livret ouvrier ou sur les contrats d'apprentissage dont souffrent les artisans. Parce qu'il se propose d'apporter prioritairement une solution à ces problèmes tout industriels, le projet mutuelliste initial se distingue par son apolitisme. Son but est de parvenir à créer entre les chefs d'atelier une association qui, par les indications et les secours qu'elle prodigue, contribuerait à « la régénération de la Fabrique » par le maintien de la « belle main d'œuvre[66] », afin que « les chefs d'atelier ne livrent que du travail bien fait[67] ».

L'objectif ainsi affiché d'augmenter la qualité des produits à travers la réduction des entorses aux règlements fait immédiatement penser à la stratégie suivie un siècle auparavant par les autorités de la Grande Fabrique, posant la question complexe des racines corporatistes du mutuellisme. Si la société du « Devoir mutuel », qui est créée le 28 juin 1828, est ainsi fortement imprégnée du mysticisme compagnonnique, il est en effet toujours difficile de savoir à quel point et sur quels aspects cet ancrage pouvait renvoyer à une vision objective de la manufacture sous l'Ancien régime. Ce qui est clair en revanche est la volonté de ses membres de revendiquer un tel héritage, teinté d'une symbolique franc-maçonne qui accentue encore le caractère neutre en politique de leur organisation[68]. La société, qui compte une centaine de membres

64 *Ibid.*, p. 127. On renvoie, pour un examen détaillé du parcours de Pierre Charnier, à L. Frobert, G. J. Sheridan, *Le Solitaire du ravin. Pierre Charnier (1797-1857), canut lyonnais et prud'homme tisseur*, Lyon, ENS Éditions (Gouvernement en question(s)), 2014.

65 F. Rude, *ibid.*, p. 133.

66 Les deux expressions sont employées par Charnier lorsqu'il expose les buts du mutuellisme (F. Rude, *ibid.*, p. 129).

67 *Ibid.*, p. 129.

68 Comme le révèlera plus tard Charnier lui-même dans une de ses notes de 1852, il concevait le mutuellisme comme une « franc-maçonnerie ouvrière, neutre en politique, mais créée en opposition contre la franc-maçonnerie révolutionnaire » (*ibid.*, p. 139).

en 1828, se subdivise ainsi en « petites loges » de 20 membres, dont les représentants forment la « grande loge », organe directeur de l'association, chaque petite loge étant elle-même divisée en quatre « indications » qui se réunissent une fois par mois[69].

Surtout, le développement du mutuellisme illustre bien le franchissement de l'étape décisive du positionnement des chefs d'atelier comme intermédiaires entre marchands et compagnons. Il faut noter à ce propos que les chefs qui le fondent sont représentatifs d'une « aristocratie de la canuserie[70] », qui souhaite clairement conserver une distance par rapport au gros de la population plus instable et moins disciplinée des compagnons. Leur société se développe d'ailleurs en parallèle et en relation aux tentatives du marchand Joseph Pavy, alors président du tribunal de commerce, qui avait créé en 1825 la « Réunion des fabricants », poursuivant le même but d'indication et de « réforme des abus » que le mutuellisme. Il faut encore noter qu'aucune de ces associations ne pouvait avoir et n'avait par conséquent d'existence légale, mais le préfet tolérait leurs réunions comme s'il s'agissait de simples sociétés de secours mutuels[71]. Partageant avec une bonne partie des marchands la volonté de faire appliquer les règlements, les chefs d'ateliers mutuellistes avaient aussi pour objectif l'émancipation de la classe ouvrière, sans que cela ne conduise à l'abolition totale de la hiérarchie qui les plaçait au-dessus des compagnons. Ainsi, le fait que les premiers règlements du mutuellisme concernent exclusivement les relations entre chef d'atelier, compagnon et apprenti, sans faire mention des abus commis par les fabricants, répond non seulement au souci de ne pas éveiller le soupçon de ces derniers, mais aussi à la volonté des chefs d'atelier de se poser comme les seuls porte-parole crédibles, aux yeux des marchands et des autorités, de la masse des ouvriers en soie lyonnais[72].

Après la seconde dépression majeure de la décennie observée à la fin de l'année 1828, les affaires reprennent dans la fabrique au printemps 1829 et continuent de progresser l'année suivante. Ce développement se produit toujours dans un climat de tensions, qui se manifestent

69 L'ensemble de l'organisation comptait à ce moment 105 adhérents (*ibid.*, p. 136).

70 *Ibid.*, p. 137. Selon lui, les mutuellistes possèdent en moyenne 4 à 5 métiers (souvent des jacquards), ce qui est clairement au-dessus de la moyenne d'ensemble, qui tourne plutôt autour de trois par chef d'atelier.

71 *Ibid.*, p. 135.

72 Cette première version des règlements est présentée par F. Rude, *ibid.*, p. 133.

encore avec le mouvement des ouvriers menuisiers du mois de juin 1830, toujours motivé premièrement par la fixation de salaires plus élevés. Face à celui-ci, les autorités continuent de gérer l'équilibre entre contrôle des associations de métier et négociation de nouveaux tarifs[73]. Les changements de ce mode de gestion ne se produiront clairement qu'à partir de l'année suivante, en résonance au choc de la révolution de Juillet. À ce propos, on a vu en France comme en Angleterre que la nécessité pour le pouvoir d'adopter une position plus claire vis-à-vis de la question ouvrière émergente était liée à la fois aux demandes de rétablissement des régulations anciennes et à la propension grandissante de ces populations à s'associer pour faire valoir leurs intérêts. Examiner la manière dont sont agencées ces deux perspectives permet déjà, avant de passer à la section suivante, de distinguer certaines divergences entre et à l'intérieur des premiers mouvements ouvriers, qui se retrouvent dans l'ambivalence des interprétations du thème de l'association tel qu'il se développe dans les années 1820.

Cette ambivalence recoupe en partie une distinction proposée par les Webbs, que l'on a déjà mentionnée, entre les associations d'ouvriers destinées à faire appliquer la loi et celles qui cherchent à imposer un rapport de force à leurs partenaires. Les premières, à l'image des associations de tisseurs de Spitalfields et dans une certaine mesure du mutuellisme lyonnais, s'appuient généralement sur le compromis traditionnel par lequel la régulation officielle des prix et des conditions de travail garantit la tranquillité politique des ouvriers, ce qui correspond précisément aux termes des Spitalfields Acts. S'il existe évidemment des nuances infinies dans les renouvellements qui sont proposés à partir de cette base par les associations de ce type, celles-ci conservent justement le point commun de procéder à partir de ce socle politique éprouvé, ce qui ne les empêchent pas, on le répète, de pouvoir en demander la rénovation. La seconde forme d'association qui commence à émerger dans les années 1820, dont le développement est porté en Angleterre par les radicaux

73 Cet équilibre peut être vu, d'après Fernand Rude, comme « le testament de la Restauration en matière de politique sociale. [...] Certes, les pouvoirs publics maintenaient l'essentiel de la législation créée par la Révolution française, mais ils l'interprétaient assez souvent d'une façon vraiment large. D'une part, ils réprimaient les coalitions, les réunions, les troubles d'origine économique. D'un autre côté, ils tâchaient aussi de les prévenir, en arbitrant les conflits entre maîtres et ouvriers, en homologuant les tarifs, reprenant ainsi, indirectement, la politique de réglementation » (*ibid.*, p. 169).

comme Francis Place, participe au contraire, comme on l'a déjà signalé, d'une perspective plus large de rupture avec les compromis traditionnels évoqués plus haut. Plutôt que de chercher à s'appuyer sur ces derniers pour en proposer des adaptations, leur objectif est de renverser l'ordre politique sur lequel ils reposent, en autorisant la représentation officielle des intérêts ouvriers, pour faire apparaître de nouveaux équilibres correspondant au régime économique également nouveau de l'industrie. Ainsi, le mouvement consiste cette fois principalement à se suspendre à un objectif non encore réalisé, la reconnaissance légale des associations ouvrières, qui n'est lui-même qu'une des composantes devant mener à l'avènement d'un nouvel ordre économique, politique et social.

En brossant une telle distinction d'ensemble il ne s'agit bien entendu pas de parvenir à une classification très précise, mais seulement de souligner les différentes acceptions du terme d'« association », qui sera l'un des objets privilégiés des débats ultérieurs. Car l'attitude adoptée par les autorités à l'égard de ces deux dynamiques, au cours des conflits que l'on va maintenant étudier, allait avoir d'importantes conséquences sur la forme des mouvements ouvriers qui se développent en France et en Angleterre en cette première moitié du XIXe siècle, ainsi que sur l'organisation des manufactures soyeuses de Lyon et de Londres.

DEUX ABROGATIONS SI PROCHES ET POURTANT SI DIFFÉRENTES

La fin des Spitalfields Acts et du tarif

À l'image des débats du début du siècle au sujet de l'apprentissage, ceux qui portent sur l'industrie de la soie britannique se déroulent en deux temps. Après que les demandes de rétablissement et d'extension réglementaires des ouvriers de Coventry et Macclesfield furent exprimées, c'était au tour des marchands de mener leur contre-offensive. Celle-ci débute avec la publication en 1821 d'une nouvelle enquête parlementaire, destinée à évaluer la situation du commerce britannique des soieries et du vin, au cours de laquelle sont à nouveau interrogés les quatre marchands londoniens Hale, Gibson, Moore et Wilson[1]. Si leurs interventions n'apportent rien de fondamentalement nouveau aux précédents débats, la commission s'appuie sur les arguments des trois derniers, repris par sept nouveaux témoins marchands, pour se prononcer en faveur de l'altération des Spitalfields Acts.

Focalisée en priorité sur les questions commerciales, elle place aussi en tête de ses conclusions la nécessité d'abolir les barrières douanières qui augmentent le prix de la soie brute. En demandant ainsi l'annulation de tous les mécanismes réglementaires qui grippent l'activité commerciale et industrielle des manufactures de soieries britanniques, elle peut être prise comme le point de départ de la bataille pour ou contre les Spitalfields Acts, qui allait se poursuivre à travers une série de pamphlets, publiés au cours des années 1822 et 1823. Le premier d'entre eux, qui déclenche les hostilités au tout début de l'année 1822, se contente de synthétiser, en trois points, les principales critiques déjà émises contre les Spitalfields Acts. L'auteur anonyme commence ainsi par dénoncer le niveau des prix trop élevé qui résulte de ce système, qui empêche

1 HL, *Select Committee on Means of extending and securing Foreign Trade (Silk and Wine)*, 1821.

de maintenir la compétitivité de la manufacture, « la consommation déclinant invariablement suite à une augmentation des prix[2] ». La régulation des prix est ensuite accusée de prévenir toute amélioration technique, le marchand ne pouvant tabler sur aucune baisse de salaire. Enfin, cette régulation est désignée comme la cause principale d'une fuite, jugée massive, de l'activité de Spitalfields vers les campagnes.

Ce qui est intéressant, au-delà de ces critiques elles-mêmes, est que leur formulation semble fortement imprégnée du langage des économistes classiques. L'idée force qui est ainsi placée au centre des débats est celle selon laquelle « le travail, comme n'importe quel autre bien commercialisable, doit trouver sa valeur[3] ». Invoquant directement Adam Smith, l'auteur justifie la nécessité pour les tisseurs d'accepter un salaire inférieur par l'excès d'offre de travail qui affecte leur secteur, et plus précisément par la nécessaire adéquation entre « les revenus du travail et le fonds sur lequel ils doivent être prélevés[4] ». On peut voir se développer à partir de là un véritable conflit des interprétations pour l'appropriation des thèses de Smith, qui s'enclenche avec l'intervention de William Hale, le premier à réagir à ces attaques à la fin du mois de janvier.

Il faut signaler pour commencer la gêne relative éprouvée par le marchand londonien à l'idée de défendre une thèse qu'il ne croit majoritairement partagée ni par l'opinion publique, ni par les parlementaires, ni par les économistes[5]. Aussi ne rejette-t-il pas ouvertement l'idée que « le taux de salaire doit trouver son propre niveau[6] », même s'il avance

2 *Observations of the Ruinous Tendency of the Spitalfields Act to the Silk Manufacture of London, to Which is Added a Reply to Mr. Hale's Appeal to the Public in Defence of the Spitalfields Act*, Londres, 1822, p. 13.

3 *Ibid.*, p. 10.

4 *Ibid.*, p. 24, faisant ainsi référence à la théorie du fonds des salaires.

5 Hale dit ainsi en parlant de l'auteur des *Observations* que ce dernier « est pleinement conscient de défendre le point de vue le plus populaire et que ses opinions sont censées être en accord avec celles de la majorité des deux chambres du parlement, ainsi qu'avec celles de beaucoup des auteurs de l'économie politique » (W. Hale, *An Appeal to the Public, in Defence of the Spitalfields Act*, Londres, 1822, p. 5). En conséquence, dit-il, « c'est avec la plus grande réticence que je tenterai de défendre le "Spitalfields Act" contre une si forte et massive opposition. J'en ressens toutefois le devoir impérieux, et crois sincèrement ne pas seulement défendre les droits les plus essentiels des nombreux pauvres de Spitalfields, mais aussi plaider la cause des classes industrieuses et laborieuses de tout le Royaume » (*ibid.*, p. 5-6).

6 *Ibid.*, p. 8.

(très maladroitement) que le bien-fondé de cette règle peut être mis en doute chaque fois que l'offre de travail vient à excéder la demande ! Cette proposition malhabile cache en fait un véritable argument, qui consiste à nier l'idée que les baisses de salaire observées dans l'industrie de la soie, comme celles qui se sont produites à Coventry ou à Macclesfield, seraient liées au libre jeu du marché. Elles sont au contraire le fruit de la coalition des maîtres, dont Smith avait fermement dénoncé les consquences[7]. Comme lors des débats précédents, il s'oppose d'ailleurs à l'idée que la baisse des salaires puisse être la cause, ou même seulement un signe, de la bonne santé de l'industrie. Hale dénonce ainsi la « course oppressive[8] » (*race of oppression*) qui s'est engagée entre les travailleurs pauvres du pays, toujours en s'appuyant sur les thèses de « l'illustre économiste » : « La RÉCOMPENSE LIBÉRALE du travail est non seulement l'effet nécessaire, mais aussi le symptôme naturel de l'accroissement de la richesse nationale. La *misère* dans laquelle sont maintenus les pauvres travailleurs est, de l'autre côté, le symptôme naturel indiquant que les choses sont à l'arrêt ; et leur *condition famélique* qu'elles vont *rapidement à rebours*[9] ».

Hale relativise aussi le développement des autres industries soyeuses du pays, qu'il relie principalement au changement de mode en faveur des textiles de soie mélangée, changement qui a du reste également généré une activité considérable à Spitalfields[10]. Il contredit l'argument selon lequel les Spitalfields Acts empêcheraient l'innovation, puisqu'il estime que toutes les meilleures techniques européennes sont actuellement utilisées par la manufacture londonienne, à l'exception du métier jacquard qu'il a vu fonctionner à Lyon[11]. Surtout, l'auteur insiste encore sur le caractère particulièrement pacifique et discipliné des tisseurs, qui ont jusqu'alors repoussé toutes les tentatives d'agitation radicale dont ils ont fait l'objet. Cela est la conséquence directe, selon Hale, du fait qu'ils estiment recevoir une juste rémunération pour leur travail : « Ici

7 Hale cite à son appui (*ibid.*, p. 42) le célèbre passage du chapitre 8 du premier livre de *La richesse des nations*, où Smith dénonce les coalitions de maîtres. Il stigmatise également la stratégie consistant à accumuler des stocks pour pousser toujours plus bas le prix du travail, p. 23-25.

8 *Ibid.*, p. 39.

9 *Ibid.*, p. 45.

10 Qu'il estime à 2000 métiers (*ibid.*, p. 14-15).

11 Information qu'il a communiquée depuis à certains manufacturiers, dont l'un (Stephen Wilson) a réussi à se procurer un exemplaire (*ibid.*, p. 13).

les pauvres sont parvenus à s'assurer une récompense à laquelle leur travail leur donne justement droit ; et ici toute la hiérarchie sociale est hautement respectée, on se conforme aux lois, le bon ordre prévaut, nos journées sont bien remplies et nos nuits sont tranquilles[12] ».

La riposte à l'*Appel* lancé par William Hale ne se fit pas attendre. Au courant du mois de mars parut une *Réponse*, ne portant toujours pas de signature, où les propos tenus par le marchand sont durement attaqués. Son auteur reproche d'abord à Hale d'avoir gravement perverti le message de Smith, ce « grand champion de la liberté commerciale », en choisissant dans ces écrits « des passages qui peuvent sembler favorables au misérable système des restrictions[13] ». Contrairement à ce que pense Hale, le principe selon lequel le prix du salaire doit se fixer au point de rencontre entre l'offre et la demande de travail ne souffre aucune exception. Ce n'est donc pas parce que les salaires sont faibles, comme il s'en lamente, que la situation économique est mauvaise, mais bien parce que l'état de l'industrie est inquiétant qu'il existe une telle pression à la baisse des salaires[14]. La seule solution est par conséquent de laisser cette pression s'exercer pour parvenir à maintenir la production de soieries, ce qui est d'ailleurs la conclusion finale de l'auteur : « si nous conservons les listes de prix, nous perdons l'industrie – si nous les abandonnons, nous la sauvons[15]. »

Parce qu'elle obéit à un principe général, l'abolition des restrictions « doit être universelle pour être cohérente[16] ». Ainsi la baisse des prix à Coventry, dénoncée par Hale, n'est aberrante qu'en ce qu'elle procède pour partie d'une autre aberration réglementaire, celle des Poor Laws. Nul doute que l'auteur plaide donc bien pour une libéralisation industrielle et commerciale totale, revendiquée tant pour des raisons d'efficacité économique que de justice sociale. Car il ne cesse de dénoncer les privilèges qui proviennent nécessairement des restrictions commerciales comme des taxes gouvernementales, reprenant ainsi les canons du message radical[17].

---

12 *Ibid.*, p. 16. L'auteur mentionne aussi les échecs d'émissaires radicaux venus du Nord pour exciter les ouvriers de Spitalfields.

13 *Observations on the Ruinous Tendency of the Spitalfields Act*, *op. cit.*, p. 64.

14 *Ibid.*, p. 63-64.

15 *Ibid.*, p. 97.

16 *Ibid.*, p. 49.

17 *Ibid.*, p. 56-58. L'auteur cite notamment le révérend Robert Hall, qui affirmait quelques mois auparavant que « le sens commun nous apprendra que les lois destinées à élever le

En accord avec ce dernier, il encourage Hale à continuer de soutenir le mouvement ouvrier « en tant qu'association volontaire », mais à cesser de demander des « interférences législatives pour en assurer le succès[18] ».

La dernière contribution significative, qui vient clore la phase pamphlétaire de la bataille au sujet des Spitalfields Acts, paraît un an plus tard, en mars 1823, et porte cette fois la signature du meneur ouvrier Andrew Larcher. Sans apporter de changements fondamentaux à l'argumentation de Hale, Larcher dénonce les méfaits, gigantesques selon lui, des baisses de salaires induites par la logique de compétition qui a été introduite dans l'industrie de la soie, lorsqu'on les compare aux très faibles profits qu'elles ont permis de réaliser[19]. Puisque les salaires n'entrent que pour une part infime dans le prix final des soieries, et que la demande n'est elle-même que très peu sensible à ce dernier paramètre, il conviendrait plutôt de chercher à enclencher une dynamique à la hausse des salaires, que Larcher voit, à travers un raisonnement circuitiste basique mais efficace, comme bénéfique à l'ensemble de la communauté. Mais le véritable intérêt de ses propos se situe davantage sur le plan politique, Larcher mettant constamment l'accent sur la « loyauté » qui résulte chez les tisseurs de l'obtention de « salaires justes et mérités[20] ». Reprenant comme le précédent intervenant les thèmes radicaux de la dénonciation des taxes et des rentes, il propose une solution plus pragmatique qui passe par leur redirection immédiate vers les revenus des classes ouvrières : « Donnez de tels salaires et le vacarme des whigs et des tories, des jacobins, républicains et radicaux se perdront dans les chants du contentement et les cris universels de loyauté[21] ». Si de telles mesures ne sont pas prises rapidement, il faudra craindre que « la réforme qui résonne déjà à travers l'Angleterre [...] ne se transforme en révolution[22] »,

prix du produit sont des taxes injustes et oppressantes pour la communauté dans son ensemble, au profit exclusif d'une de ses parties » (p. 57, extraite du *Leicester Chronicle*, « Hall's Reply to the Christian Guardian », 16 février 1822).

18 C'est en réalité l'auteur d'un *Appeal to the Public on the Subject of the Framework Knitters' Fund*, qui avait été cité en longueur par W. Hale (*An Appeal to the Public, in Defence of the Spitalfields Act*, *op. cit.*, p. 9-12) qui est ici interpellé à sa place (*ibid.*, p. 56).

19 A. Larcher, *The Good and Bad Effects of High and low Wages ; or a Defence of the Spitalfields Act ; in Answer to an Anonymous Pamphlet, entitled, « Observations on the Ruinous Tendency of the Spitalfields Act » &c*, Londres, 1823, p. 9.

20 *Ibid.*, p. 6.

21 *Ibid.*, p. 7.

22 *Ibid.*, p. 15-16.

dont Larcher semble déjà reconnaître, à son grand regret, le caractère désormais inévitable en concluant son essai.

On voit bien à travers les interventions des tisseurs que la solution qu'ils défendent semble toujours fondée sur le compromis qui avait permis la mise en place des Spitalfields Acts cinquante ans plus tôt, garantissant leur loyauté par la régulation des prix. De manière plus positive, leur rejet des principes de l'économie politique s'assortit très clairement d'une volonté de réaffirmer les règlements et rapports hiérarchiques qui soudent leur communauté et, par extension, la nation toute entière. L'adaptation qu'ils proposent des règles du marché à celles de leur industrie peut ainsi renvoyer, comme l'a souligné Marc Steinberg, à la notion d'économie morale développée par E. P. Thompson, qui intervient selon ce dernier lorsque « les fondements normatifs des pratiques de marché sont publiquement reconnus[23] ». C'est donc bien une confrontation entre l'économie morale défendue par les tisseurs et l'économie politique à laquelle en appellent les marchands que l'on voit se mettre en place dans les débats, dont les premiers résultats allaient, encore une fois, être obtenus dans l'arène parlementaire.

Cette confrontation est encore illustrée par les débats autour du projet de loi qui est à nouveau présenté par Peter Moore au cours du mois de mars 1823. Ce projet avait été élaboré avec Gravener Henson – un tricoteur sur métier de Nottingham qui était devenu une figure importante du mouvement ouvrier dans les années 1810[24] – et George White – un secrétaire des comissions de la chambre des Communes. Ces derniers publient une feuille en amont de sa présentation devant le parlement, afin d'en exposer les détails. Le projet consistait à abroger l'ensemble des règlements touchant aux relations industrielles de métiers particuliers pour leur subsituer un code général qui régirait les contrats de travail,

23 E. P. Thompson, *Customs in Common*, Londres, The Merlin Press, 1991, p. 271. L'un des exemples étudiés par Thompson pour caractériser ces économies morales est celui des émeutes de la faim, qui s'inscrivaient « dans une vision traditionnelle des normes et obligations sociales, ainsi que des fonctions économiques assurées par chaque partie de la communauté » et « ne peuvent par conséquent pas être décrites comme "politiques" au sens moderne du terme » (E.P. Thompson, « The Moral Economy of the English Crowd in the Eighteenth Century », *Past & Present*, vol. 50, n° 1, 1971, p. 79).

24 Au sujet duquel on peut consulter le classique d'E. P. Thompson, *The Making of the English Working Class*, *op. cit.*, ainsi que l'apport plus récent de V. Bourdeau, F. Jarrige, J. Vincent, *Les luddites. Bris de machines, économie, politique & histoire*, Paris, Éditions Inculte, 2006.

la négociation des salaires et l'arbitrage des conflits industriels[25]. Dès sa parution, Place s'employa activement à discréditer ce projet « absurde[26] » au profit de sa perspective de libéralisation industrielle et politique, à travers l'abrogation des Combination Laws à laquelle il travaillait. Et il n'eut aucun mal à obtenir le blocage du projet de Moore, dont l'examen fut reporté à la session suivante. C'est l'imminence de son retour devant les parlementaires qui lui permit de convaincre William Huskisson, l'un des chefs de file de la majorité tory aux Communes, d'accéder à sa demande de mettre en place dans l'intervalle un *Committee on Artizans and Machinery*, dirigé par Joseph Hume, qui sera effectivement créé en 1824[27]. La stratégie de Place consistait à présenter comme objets principaux de cette commission parlementaire l'abrogation des lois sur l'émigration des artisans et l'exportation de machines et d'y associer celle des Combination Laws comme une question mineure, afin de ne pas attirer l'attention sur son objectif véritable.

Les discussions au sujet des Spitalfields Acts reprennent quelques mois plus tard à la Chambre des communes, où est lue une pétition des marchands de soieries londoniens le 9 mai 1823. Celle-ci répète les trois points présentés dans le pamphlet inaugural de l'année passée pour demander l'abrogation de ces lois ainsi que des barrières douanières sur les importations de soie brute, suivant les recommandations du rapport de 1821. C'est cette fois Ricardo lui-même qui intervient en premier pour soutenir le projet de révocation, épaulé par Huskisson qui, en pleine ascension politique, venait juste d'être nommé président du Board of Trade. Comme en 1819, on retrouve une assemblée globalement très critique vis-à-vis des Spitalfields Acts, y compris du côté de l'opposition, à l'image de Fowell Buxton qui réagit immédiatement et « donne nettement son appui à la pétition, avec la conviction que l'application des mesures demandées tendra à améliorer le sort de tous ceux qui sont liés à l'industrie, à commencer par ses ouvriers[28] ».

---

25 Henson, G., White G., *A few remarks on the state of the laws, at present in existence, for regulating masters and work-people, intended as a guide for the consideration of the House, in their discussions on the bill for repealing several acts relating to combinations of workingmen, and for more effectually protecting trade, and for settling disputes between masters and servants*, Londres, 1823. Voir en particulier les pages 110 à 138 pour l'exposé des 72 articles dont devait se composer ce nouveau code industriel.

26 G. Wallas, *The Life of Francis Place*, *op. cit.*, p. 208.

27 *Ibid.*, p. 210.

28 HC, *Hansard*, vol. 9, 1823, p. 149.

Dès l'annonce de l'envoi de la pétition, les tisseurs s'étaient réunis pour décider de la conduite à adopter. Ils créent plusieurs comités dont l'objectif est d'empêcher les projets d'abrogation d'aboutir. Des souscriptions sont mises en place à chaque assemblée générale du métier pour subvenir à leurs dépenses, le gros des fonds étant levé par la méthode traditionnelle du *penny ticket*[29]. Une autre pétition est enfin rédigée en faveur des Spitalfields Acts, qui reprend l'ensemble des points formulés par Hale un an plus tôt, en insistant encore sur l'avantage industriel de ces lois dans le cadre précis de la production de soieries. Les tisseurs dénoncent les effets néfastes de la compétition par les prix, qui conduit les marchands à exploiter la misère des ouvriers pour accumuler des stocks de biens à bas prix en période de crise, qu'ils déversent sur les marchés dès que l'activité reprend, maintenant ainsi la pression sur le salaire des tisseurs[30]. Plus grave, ce procédé tend ainsi à faire diminuer la flexibilité du système productif, qui est de moins en moins capable de s'adapter aux variations de la demande en termes de qualité et de variété.

Pourtant, le thème de l'intérêt proprement industriel des Spitalfields Acts pour la production de soieries reste étrangement absent des débats parlementaires, et ce malgré les tentatives de Buxton qui, après avoir sans doute été approché par les tisseurs, présente leur pétition aux Communes le 21 mai 1823. Si le député whig tente bien alors d'opposer aux prescriptions de l'économie politique, « une science dont les principes semblent changer tous les deux ou trois ans », la « connaissance pratique[31] » des 11 000 signataires, il ne parvient pas à mettre à profit les arguments

29 La méthode consistait pour l'ouvrier à placer un penny sur sa cannette, qui était récupéré par les responsables de l'association. Dans ce cas exceptionnel, c'est un *sixpenny ticket* qui est placé de la sorte (BL Mss., Add. 27805, *An Account of the proceedings of the committees of the journeymen silk weavers of Spitalfields ; in the legal defence of the Acts of Parliament, granted to their trade, in the 13th, 32nd, and 51st Years of the Reign of his late Majesty, King George the Third*, 1823, p. 11).

30 « Vos pétitionnaires suggèrent humblement que la méthode utilisée jusqu'à présent, consistant à diminuer la quantité de travail des compagnons au lieu d'en réduire le prix, leur est infiniment plus bénéfique, dans la mesure où elle prévient une accumulation immense et très artificielle de biens manufacturés dans les entrepôts et permet aux compagnons, lorsque reprend le commerce, de retrouver plus rapidement une situation de plein emploi » (*ibid.*, p. 16-17).

31 HC, *Hansard*, vol. 9, 1823, p. 378-379. Concernant les techniques utilisées à Londres, les ouvriers faisaient notamment remarquer dans leur pétition que « la plupart d'entre elles étaient dues à l'ingéniosité et à l'industrie des tisseurs de ce district » (BL Mss., Add. 27805, *An Account of the proceedings of the committees of the journeymen silk weavers of Spitalfields*, p. 16).

des tisseurs, insistant sur les contraintes productives spécifiques à leur industrie, pour répondre à Ricardo qui lui demande « pourquoi [les magistrats] auraient-ils le pouvoir de fixer le prix du travail et non celui du pain, de la viande ou de la bière[32] » ? De manière intéressante, Buxton est aussi immédiatement attaqué par Joseph Hume, qui s'apprêtait à lancer la campagne parlementaire pour l'abrogation des Combination Laws. Après avoir reconnu la bonne volonté des tisseurs, le collaborateur de Francis Place affirme à leur sujet qu'« ils n'ont pas compris les avantages et les désavantages que ces mesures [les Spitalfields Acts] avaient pour eux. Ils pensent par exemple que ces lois leur ont été bénéfiques, quand elles ont au contraire, durant les quarante ou cinquante dernières années, détourné leur activité vers Sudbury et d'autres places[33] ».

L'autre parlementaire whig à prendre à nouveau la défense des tisseurs, Edward Ellice, choisit pour sa part une ligne argumentative sensiblement différente de celle de Buxton. Commençant par reconnaître qu'il est « malavisé en principe de réguler le prix du travail[34] », il fait ensuite remarquer que les tisseurs souffrent au même moment des nombreuses exceptions à ce même principe qui ont déjà été accordées par le parlement, notamment au sujet des Corn Laws. Les ouvriers sont aussi pénalisés par l'interdiction qui leur est faite de s'associer pour peser face aux marchands dans la négociation des prix. C'est pourquoi il convient, comme en 1819, de leur accorder le statut d'exception en attendant qu'une commission parlementaire examine leur cas plus en détail. Les débats tournent par la suite, à partir du 9 juin 1823, autour de la création d'une telle commission qui sera finalement rejetée par

32 HC, *Hansard*, vol. 9, 1823, p. 381. Pour tenter de comprendre les difficultés à répondre à cette question, on peut se reporter à S. Hupfel, « The Spitalfields Acts and the Classics », art. cité, ainsi qu'à J. H. Clapham, « The Spitalfields Acts », art. cité, ou A. Cottereau, « The Fate of Collective Manufactures in the Industrial World », art. cité, pour d'autres études de ces débats.

33 HC, *Hansard*, vol. 9, 1823, p. 378. Une pétition des tisseurs de Sudbury, qui demandait le maintien des Spitalfields Acts, avait en effet été lue en ouverture de la séance. Ricardo l'avait alors immédiatement utilisée comme une preuve des désavantages engendrés par les règles de 1773 pour les tisseurs de Londres, puisque les tisseurs concurrents demandaient à ce qu'on ne les abroge pas. Ceci constitue une méprise complète. Il était en effet d'usage que les prix du tissage à la campagne soient indexés sur les listes de la capitale, comme le rappelle Clapham (« The Spitalfields Acts », art. cité, p. 462). C'est pourquoi les ouvriers de Sudbury pouvaient penser que l'annulation de ces listes les pénaliseraient.

34 *Ibid.*, p. 814.

la Chambre, « puisque les faits qu'elle serait susceptible d'apporter ne pourraient remettre en question le principe du *bill*[35] ».

À partir du début du mois de juin, de plus en plus d'ouvriers en soie se regroupent aux abords de Westminster pour accompagner chaque nouvelle étape de l'examen du projet de loi par les parlementaires. Ces derniers sont alors accueillis par un comité de tisseurs disposés en ligne, arborant des cocardes aux couleurs du métier (bleues et blanches), qui leur distribuent des tracts les priant de s'opposer à l'abrogation. Malgré ces efforts, les discussions débouchent finalement sur l'adoption du *bill* le 11 juin, par une majorité de 53 voix contre 40. Au-delà de ce résultat, l'important est de bien en comprendre les termes. En particulier, il faut prêter attention aux déclarations d'Ellice avant le vote, qui avait menacé Huskisson, « s'il ne relâchait pas son soutien au projet de loi, de demander dès la session suivante la création d'une commission pour considérer l'abrogation des Combination Acts[36] ». On voit ici exprimée de manière très explicite la conception, qui allait fortement marquer les discussions suivantes, selon laquelle l'abolition des lois sur les associations constituait une forme de « solution de second rang[37] » pour parvenir à faire augmenter les salaires. Et il est assez clair que la plupart des économistes de l'époque, comme des membres de la Chambre des communes, accordaient leur faveur à cette alternative, à l'image d'Huskisson qui se déclare immédiatement « ennemi du principe de ces lois [sur les associations][38] », pour l'examen desquelles il s'engage en conséquence à soutenir la création d'une commission – qu'il avait déjà promise à Hume et Place – lors de la prochaine session.

35 *Ibid.*, p. 814, intervention de W. Huskisson. La création d'une commission est finalement rejetée par 68 voix contre 60.

36 *Ibid.*, p. 832.

37 « L'abrogation de la Combination Law est en cela instructive. Elle dévoile l'une des origines du syndicalisme : une solution de second rang pour fixer les salaires » (W. D. Grampp, « The Economists and the Combination Laws », art. cité, p. 502). Place lui-même voyait d'ailleurs, au début de sa campagne, l'augmentation des salaires comme l'un des objectifs ultimes de ses réformes, qui devaient permettre de les faire croître davantage que lorsqu'ils étaient fixés par les autorités, en plus de rendre leur niveau conforme aux lois de l'économie politique (voir sur ce point D. Miles, *Francis Place, 1771-1854. The Life of a Remarkable Radical*, Brighton, Harvester Press, 1988, p. 169, G. Wallas, *The Life of Francis Place*, *op. cit.*, p. 199-200 et N. W. Thompson, *The People's Science*, *op. cit.*, p. 120).

38 HC, *Hansard*, vol. 9, 1823, p. 833.

Le message qui est envoyé aux tisseurs par les Communes est donc clair. C'est celui du refus catégorique d'accorder toute nouvelle concession économique par voie réglementaire, conformément aux principes de l'économie politique, qui l'emportent ainsi sur ceux de l'économie morale défendue par les ouvriers. Une porte est toutefois entrouverte sur le plan politique, à travers la possibilité de réviser les lois sur les associations à l'avantage des classes travailleuses. Quoi qu'il en soit, le projet d'abrogation des Spitalfields Acts avait encore besoin de l'aval des Lords pour entrer en vigueur. Or ceux-ci étaient à la fois plus frileux à l'égard des principes de réforme brandis par les leaders de la chambre basse et plus sensibles aux engagements de loyauté des tisseurs, ce qui permit de donner aux règles de Spitalfields encore un bref sursis.

Malgré la déception liée à la décision des Communes, le comité des tisseurs se remit immédiatement à l'ouvrage pour tenter d'influencer le jugement des Lords, qui se montrent d'entrée plus sensibles à leurs arguments[39]. Ainsi chaque intervenant à la Chambre haute souligne la discipline des ouvriers en soie, qui mérite à elle seule qu'une commission soit désignée pour examiner leur cas, dont la création est effectivement décidée le 16 juin 1823. L'activité du comité des tisseurs est alors à son comble pour choisir et préparer les témoins, puis suivre et rendre compte de l'avancée du travail de la commission parlementaire, qui mène ses interrogatoires le 25 juin. Selon un schéma désormais classique, on y retrouve l'opposition des arguments traditionnels pour et contre le maintien des Spitalfields Acts, les seconds étant toujours soutenus par des marchands ou négociants dont le lien à la production elle-même est relativement lâche[40]. Parmi eux firgurent toujours Stephen Wilson, Ambrose Moore et Thomas Gibson[41], tandis que William Hale continue d'apparaître

39 Les réseaux constitués par les tisseurs ayant servis dans l'armée sont prioritairement utilisés pour alerter les Lords (voir BL Mss., Add. 27805, *An Account of the proceedings of the committees of the journeymen silk weavers of Spitalfields*, p. 28-29).

40 La faible connaissance qu'ont certains marchands du métier est, comme en 1818, l'un des arguments majeurs des défenseurs des lois (voir par exemple le témoignage de Thomas Gibson dans HL, 1823, *Minutes of evidence…*, p. 138 : « Q : peut-être ne vous mêlez-vous pas vraiment des affaires de la manufacture elle-même ? R : J'ai un contremaître qui s'occupe de la liste [des prix] pour ce qui est des détails entre les tisseurs et moi-même. Si l'on excepte les ajustements des comptes et la supervision générale de l'ensemble, je ne suis pas personnellement familier à tous les détails du fonctionnement de la manufacture ».

41 S'étant d'abord prononcé en 1818 pour le seul retrait des clauses pénales des Spitalfields Acts, Gibson semblait en effet s'être rallié à la majorité des marchands de la City pour

en meneur du camp des tisseurs. À la différence de la commission de 1821, les Lords choisissent cette fois le parti de ces derniers, jugeant que l'activité de la manufacture londonienne s'est nettement accrue depuis 1773. Quand bien même une fuite de l'industrie vers les campagnes serait avérée, celle-ci serait alors plutôt un avantage, « la résidence d'un large corps de métier au sein d'une même ville étant un grand mal *prima facie*[42] » que les Spitalfields Acts ont permis de contenir avec succès, puisque les tisseurs ont « résisté en toute circonstance aux tentatives des agitateurs politiques, qui n'ont connu que trop de succès ailleurs[43] ».

Accueillis par la remise d'un tract de la part des tisseurs à l'ouverture des débats du 9 juillet 1823 (illustration 1 en annexe), les Lords semblent nettement apprécier les vertus stabilisatrices des Spitalfields Acts sur le plan politique, tandis qu'ils se montrent dubitatifs vis-à-vis de l'argument de principe sur la liberté industrielle et commerciale, qui avait connu tant de succès aux Communes : « Si le présent projet de loi était validé, des milliers de tisseurs vivant avec leur famille seraient éloignés d'elle pour être amassés dans d'énormes bâtiments, où ils seraient exposés à tous les vices, et où leur excellente conduite morale serait détruite, alors qu'une demi-douzaine de grands manufacturiers accumuleraient de larges fortunes[44]. » Le comte de Liverpool, pourtant premier ministre, se retrouve ainsi presque seul à rappeler que « les lois que ce projet visait à abroger étaient nuisibles, et contraires à l'esprit libéral qui avait permis le succès de nos manufactures[45] ». Les Lords parviennent toutefois à s'entendre sur deux amendements qu'il conviendrait d'apporter à ces lois, qu'ils renvoient aux Communes après avoir consulté les tisseurs[46].

---

demander leur abrogation totale (HL, *Minutes of evidence taken before the Lords Committees*, 1823, *op. cit.*, p. 124-125).

42 HL, *Hansard*, vol. 9, 1823, p. 1530.

43 *Ibid.*, p. 1531.

44 *Ibid.*, p. 1531-1532.

45 *Ibid.*, p. 1532.

46 Les Lords avaient proposé cinq amendements aux tisseurs, qui consistaient (1) à borner le délai de prescription des plaintes à trois mois, (2) à autoriser les marchands à utiliser leur capital où ils le désirent, (3) à soustraire les articles à la mode et façonnés de l'opération des lois, (4) que le prix des articles unis reste défini dans le cadre des lois pour une période de sept ans et (5) que les clauses pénales sanctionnant l'admission de plus de deux apprentis soient annulées, mais pas celles qui touchent à l'apprentissage en général. De ces cinq propositions, seule la quatrième est clairement rejetée par une assemblée de plusieurs milliers de tisseurs, réunis dans la hâte, qui affichent leur disposition à discuter de nouveaux prix pour les articles à la mode et façonnés du troisième

Préférant conserver le mode de fixation des prix prévu par les Spitalfields Acts, ils proposent premièrement de limiter à trois mois la période autorisée pour déposer une plainte auprès des magistrats, et en second lieu d'abolir les entraves à la mobilité du capital des marchands, qui deviendraient libres de produire où ils le souhaitent.

Ces amendements marquent ainsi un véritable coup d'arrêt au projet d'abrogation, qu'Huskisson choisit d'abandonner le 18 juillet, au moins provisoirement[47]. Les tisseurs, qui s'étaient comme d'habitude regroupés aux abords du parlement, applaudissent sa décision et s'empressent de la rapporter à Spitalfields, où une atmosphère festive se maintient pendant plusieurs jours. Confirmant les aptitudes des tisseurs pour la rime, des poèmes sont diffusés pour célébrer le « glorieux 18 juillet 1823[48] », les couleurs du métier sont arborées par les ouvriers qui portent une cocarde ou un ruban bleu et blanc, à l'image des membres de leur comité victorieux. Celui-ci est dissout lors d'une assemblée générale finale où une déclaration est envoyée aux marchands, affirmant la « volonté [des ouvriers] [...] de rencontrer une délégation de maîtres, pour mettre à plat et régler toute différence, de manière à satisfaire les véritables intérêts de tous », qui sont eux-mêmes qualifiés d'« inséparables[49] ». Désormais en position de force, les tisseurs cherchent d'ailleurs à maintenir cette position d'ouverture vis-à-vis des marchands au cours des mois suivants, les invitant à négocier de nouvelles listes de prix, sans parvenir à aucun accord significatif[50]. Ces invitations furent sans doute en effet accueillies avec rancœur par les grands marchands, dont beaucoup n'avaient pas rendu les armes et continuaient d'œuvrer pour que de telles listes soient définitivement interdites. Ainsi, c'est pendant que les ouvriers

amendement. Cette réponse montre bien comment le mot d'ordre des tisseurs était de ne rien céder sur le principe des lois, dont ils voulaient le maintien sans condition. On peut se demander rétrospectivement s'ils n'auraient pas mieux fait d'accepter cette première série d'amendements plutôt que de s'attacher si fermement à la régulation des prix. Dans les amendements qu'ils renvoient aux Communes, les Lords choisissent suite à cet échange de ne retenir que les amendements (1) et (2), c'est-à-dire de limiter le délai pour porter plainte à trois mois et de relâcher la clause concernant la mobilité du capital des marchands.

47 *Ibid.*, p. 1540.

48 BL Mss., Add. 27805, *An Account of the proceedings of the committees of the journeymen silk weavers of Spitalfields*, p. 52 et suivantes.

49 *Ibid.*, p. 55-56.

50 BL Mss., Add. 27799, *An appeal to the Journeymen Broad Silk Weavers of Spitalfields and its vicinity*, 20 décembre 1823.

enthousiastes travaillent à regrouper leur différentes sociétés sous la bannière d'une union générale du métier, instituée le 24 février 1824[51], que s'enclenche au parlement la troisième et dernière phase des débats qui devaient décider du sort des Spitalfields Acts.

Les tentatives frontales pour en venir à bout ayant échoué, l'attention des parlementaires se porte sur l'autre aspect qui avait été pointé par le rapport de 1821, celui de l'ouverture commerciale. Le 23 février 1824, le Chancelier de l'échiquier Frederick Robinson soumet aux Communes un projet visant à ouvrir les frontières britanniques aux importations de soieries étrangères. La proposition est immédiatement soutenue par Huskisson, qui reprend l'exemple de l'industrie cotonnière pour démontrer l'effet bénéfique d'une telle mesure et s'appuie sur les propos de Hale pour avancer qu'un droit de douane *ad valorem* de 30 % serait suffisant pour protéger les producteurs anglais[52]. Malgré les dizaines de pétitions volumineuses qu'elle reçoit dans la foulée, émanant tant des marchands que des ouvriers de tout le pays, cette fois unanimes, le principe de l'ouverture commerciale n'est globalement pas remis en cause au sein de la Chambre[53]. L'un des principaux soutiens à ces pétitions est encore fourni par Ellice, qui obtient le report de l'entrée en vigueur de la mesure au 5 juillet 1826, et la réallocation des recettes douanières sur les importations de soie brute aux marchands sous forme de subvention. Ces concessions permettent à la mesure d'être adoptée par les Communes le 22 mars et permettent aussi, visiblement, de convaincre les Lords, qui valident finalement le projet le 6 avril.

---

51 BL Mss., Add. 27799, *Rules and Orders to be observed by all trade societies of journeymen silk weavers that join the general trade.* Il est important de noter que les règles de la nouvelle société semblent fortement inspirées de celles de l'ancienne corporation des tisseurs, dont les blasons et devises sont placés en tête du document.

52 Voir la longue intervention d'Huskisson devant la Chambre (HC, *Hansard*, vol. 10, 1824, p. 800-814).

53 L'ouverture des frontières aux soieries françaises inspiraient automatiquement de grandes craintes tant aux marchands qu'aux ouvriers en soie. Une telle peur a quelque chose de paradoxal puisque beaucoup des témoins devant les commissions parlementaires jugent que la qualité des produits anglais est identique à celle de leurs principaux rivaux du continent, à l'image de W. Hale qui estime, lors du même interrogatoire (HL, 1823, *op. cit.*, p. 19), qu'« aucun tarif à l'importation ne pourrait nous sauver de l'invasion des soieries françaises », bien que les articles anglais soient selon lui de meilleure qualité (*ibid.*, p. 21). Cette apparente incohérence peut être expliquée par la capacité des français à influencer la mode, à laquelle Hale relie entièrement le succès de leurs soieries (*ibid.*, p. 19).

Dans le même temps, un autre changement majeur était en train de se produire. La campagne parlementaire pour l'abrogation des Combination Laws avait été lancée par Joseph Hume, conseillé dans l'ombre par Francis Place qui révisait les projets de loi, préparait minutieusement les témoins des commissions et mobilisait les ouvriers pour soutenir le *bill*. Il avait envoyé dans ce cadre, le 6 février, une lettre aux tisseurs de Spitalfields pour les prier de lever des pétitions demandant l'annulation des lois sur les associations[54]. La réponse qui fut envoyée à Place mérite d'être reproduite, de même que les réactions qui avaient suivi sa lecture :

> Arrêtant que, protégés comme nous l'avons été depuis des années par les lois salutaires et la sagesse de la législature, étant parfaitement assurés de n'être responsables d'aucune sorte de coalition, nous ne pouvons par conséquent prendre la moindre note de l'invitation de M. Place. Après que la résolution fut appuyée par le président, une explosion d'applaudissements unanimes s'ensuivit, une multitude de voix s'exclamant : « la loi, agrippons-nous à la loi, elle nous protègera. » (BL Mss., Add. 27800, f. 49.)

Un tel accueil ne manqua pas de faire passer les tisseurs pour de dangereux réactionnaires auprès de certaines figures du mouvement ouvrier, comme aux yeux de la presse locale. Ainsi le *Herald* du 17 février « recommande à M. Place de ne plus jamais faire miroiter aux tisseurs les fruits des grandes améliorations [qu'il propose], il ferait alors mieux d'essayer de donner des perles à manger à un éléphant[55] ». Place lui-même notera d'ailleurs par la suite, en marge de la réponse des tisseurs, que « la loi absurde que les ouvriers voyaient comme la garantie de salaires élevés, quand leur salaire étaient en fait misérablement bas, fut abrogée lors de la même session [que celle sur les associations][56] ».

En effet, son collaborateur Joseph Hume était intervenu le 12 février 1824 pour demander officiellement la mise en place du *Committee on Artizans and Machinery*, en invoquant l'autorité de Ricardo, entre-temps décédé, dont la volonté d'abolir les Spitalfields Acts ne serait plus entravée que par le maintien des lois sur l'émigration des artisans, l'exportation de machines et des Combination Laws. Hume lie ainsi très clairement le sort des Combination Laws à celui Spitalfields Acts, en faisant apparaître

54 BL Mss., Add. 27800, f. 49.

55 *Idem*. L'article du *Herald* annonce qu'il s'agit d'un commentaire émanant d'« autres ouvriers ».

56 *Idem*.

l'annulation des premières comme condition nécessaire à l'abrogation des seconds. Force est d'ailleurs de constater que cette relation procède d'une contradiction bien réelle, puisque les Spitalfields Acts interdisaient aux ouvriers toute forme d'association autre que celle visant à faire respecter les prix officiels, tandis que l'abrogation des Combination Laws devait déboucher, selon ses partisans, sur l'augmentation des salaires par l'imposition d'un nouveau rapport de force, en se passant des listes de prix officiels[57]. Les travaux de la commission de Hume avaient débuté dès février 1824. Ils avancèrent à une allure extrêmement soutenue grâce au travail de Place, dont l'objectif était d'éviter tout débat pour soumettre le plus rapidement possible un ensemble de résolutions au vote des parlementaires[58].

Peut-être inspiré par cette méthode, c'est le comte de Lauderdale qui, alors qu'il venait de rompre avec le parti whig, souleva à nouveau la question de l'abrogation des règles de 1773 auprès des Lords. Il informe Huskisson de son intention par une lettre du 13 avril 1824, où il dit également avoir reçu l'appui « de nombreux marchands de soieries de Spitalfields[59] » et même d'anciens opposants à l'abrogation comme William Hale, qui considèrent désormais celle-ci « comme la conséquence naturelle des nouveaux arrangements issus de cette session [parlementaire][60] ». Sa discussion avec Hale et Jones[61] permet aussi à Lauderdale de réaliser que l'abrogation devra être rapidement traitée par le parlement pour être approuvée, elle rencontrera sinon l'opposition des tisseurs qui devraient progressivement se mobiliser contre l'ouverture du commerce prévue en 1826. C'est pourquoi, pour lever les réserves de Liverpool qui craint qu'une telle opposition ne déstabilise son gouvernement, Lauderdale se dit « prêt à prendre sur lui toute l'impopularité de la mesure[62] ».

57 Conformément à la note de Place citée plus haut, à côté de la réponse des tisseurs.

58 Les détails du déroulement de ses activités et de la mise en œuvre de la stratégie de Place sont exposés par G. Wallas, *The Life of Francis Place*, *op. cit.*, p. 212-218).

59 BL Mss., Add. 38745, Lettre de Lauderdale à Huskisson du 13 avril 1824.

60 BL Mss., Add. 38745, Lettre de Lauderdale à Huskisson du 22 avril 1824. Ce revirement de Hale est un peu surprenant mais pourrait en fait (s'il est bien réel) trahir le dépit qu'avait déjà manifesté le marchand en d'autres occasions. Face aux forces considérables qui s'opposaient aux intérêts des tisseurs, il avait notamment évoqué l'idée de se désengager du métier plutôt que d'entrer en compétition avec ceux qui « oppriment le pauvre pour produire très bon marché » (HC, 1818, *Select Committee*, p. 43).

61 Edward Jones était un ouvrier dont l'expérience du métier avoisinait les 50 années, et qui travaillait comme contremaître pour Hale ainsi que pour une autre maison.

62 BL Mss., Add. 38745, Lettre de Lauderdale à Huskisson du 22 avril 1824. Voyant l'abrogation des Spitalfields Acts comme une question mineure, qui relevait de l'échelon

Fort du soutien informel d'Huskisson et du premier ministre, il parvient le 4 mai à ouvrir les débats sans éveiller l'attention des tisseurs, dont la première pétition n'arrive à la Chambre que dix jours plus tard, lors de la deuxième lecture du texte. Lauderdale présente le projet d'abrogation comme s'il faisait désormais l'objet d'un large soutien des ouvriers ainsi que de leurs maîtres, et ne rencontre que très peu de résistance de la part des autres Lords qui, en l'absence de réaction nette des tisseurs, se contentent de douter de leur approbation et de critiquer l'empressement de Lauderdale à faire voter la mesure. Ce dernier parvient tout de même à conduire le *bill* jusqu'à la troisième et dernière lecture, le 21 mai, pour obtenir une très courte majorité de 61 contre 55, sans qu'aucun débat n'ait véritablement été engagé. Le même jour, les résolutions de la commission de Hume sont présentées aux Communes qui les adoptent sans aucun débat, couronnant de succès la stratégie et les efforts de Place. Son succès est total lorsque les Lords approuvent à leur tour l'abrogation des Combination Laws, le 9 juin 1824.

Si l'on a peu d'informations sur la réception de l'abrogation des Spitalfields Acts par les tisseurs, certains éléments permettent de réaliser le dilemme qui va s'imposer à eux à partir de ce moment. Dès avant la fin des débats aux Lords, l'activiste John Powell, artisan horloger à Clerkenwell, les priait en effet d'abandonner leurs Spitalfields Acts, dont le caractère local faisait immanquablement « percevoir l'ouvrier en soie comme un privilégié[63] », pour rejoindre un rassemblement plus large de travailleurs ayant comme objectif ultime d'étendre ces privilèges à tous les ouvriers du pays. Une telle proposition divisait profondément les tisseurs, dont la plupart continuaient de croire en la remise en place de « leurs bonnes et précieuses lois[64] », comme en témoigne la pétition envoyée au Roi le priant de s'opposer à l'abrogation, qui reçut rapidement une réponse négative par l'intermédiaire du jeune ministre de l'Intérieur Robert Peel[65].

local, Liverpool avait en effet informé Huskisson qu'il ne « pensait pas sage de forcer l'adoption de la mesure face à toute forme d'opposition sérieuse » (lettre de Liverpool à Huskisson du 11 avril 1824).

63 BL Mss., Add. 27805, J. Powell, 1824, *A Letter Adressed to Weavers, Shopkeepers, and Publicans, on the great value of the principle of the Spitalfields Acts in opposition of the absurd and mischievous doctrines of the advocates for their repeal*, p. 4.

64 BL Mss., Add. 27805, *An Account of the proceedings of the committees of the journeymen silk weavers of Spitalfields*, p. 21.

65 *The Times*, « His Majesty's Answer to the Petition of the Spitalfields Weavers », 12 juin 1824. Le Roi valide en effet l'abrogation quelques jours plus tard, le 17 juin 1824 (5

Venant clore une longue période d'hésitation en matière de politique économique, cette réponse scellait ainsi la nouvelle voie empruntée par l'Angleterre, et enclenchait de manière irréversible le processus de libéralisation économique et politique qui allait se poursuivre au moins jusqu'au milieu du siècle. L'avènement de ce monde nouveau rendait inutile d'espérer le retour aux anciens règlements et plaçait donc les tisseurs de Spitalfields devant un dilemme très inconfortable. Ceux-ci n'avaient en effet plus d'autre choix que de participer à une lutte résignée pour le rétablissement, fort peu probable, de « leurs lois », ou d'adhérer à un mouvement ouvrier plus large qui ne correspondait pas aux valeurs de leur communauté et n'était pas davantage susceptible d'apporter des solutions immédiates aux contraintes économiques spécifiques de leur métier, alors qu'ils faisaient face à des marchands particulièrement rancuniers, qui avaient désormais toute latitude pour user de leur pouvoir économique aux dépends des tisseurs.

Il faut attendre quelques années à Lyon pour voir exploser au grand jour les tensions qui s'étaient accumulées dans les années 1820. La vigoureuse opposition libérale et largement bourgeoise qui se lève en 1830 face aux mesures réactionnaires voulues par Charles X est en effet rapidement soutenue par beaucoup de négociants lyonnais en soieries, qui demandent à leurs ouvriers de stopper leurs métiers dès le 27 juillet[66]. Ces derniers se joignent volontiers à leur mouvement, crédibilisant ainsi la stratégie qui consistait « à jeter les ouvriers sur le pavé pour les pousser à l'insurrection[67] ». Cette stratégie place également les chefs d'atelier dans une position charnière, eux qui, « par de fréquents rapports avec la classe ouvrière, exerce[nt] sur elle un empire presque absolu[68] ». Ces derniers jouent par conséquent un rôle pivot dans les assemblées des derniers jours de juillet où l'on décide des actions à mener pour renverser le pouvoir en place. Ils assument ce rôle d'intermédiaire avec d'autant plus d'enthousiasme que la perspective d'une alliance avec les

Geo. IV, c. 66).

66 Pour plus de précisions sur le déroulement de la révolution de Juillet dans son ensemble, on peut consulter les articles réunis dans J. M. Merriman (éd.), *1830 in France*, New York, Londres, Franklin Watts, 1975.

67 F. Rude, *L'insurrection lyonnaise de novembre 1831*, *op. cit.*, p. 173.

68 C. Mornand, *Une semaine de révolution, ou Lyon en 1830*, Lyon, Imprimerie André Idt, 1831, p. 9.

négociants contre les autorités centrales emportait l'adhésion de la plus grande partie d'entre eux. Au final, la seule démonstration de force des ouvriers suffira à faire plier les autorités locales, qui capitulent le 31 juillet.

L'euphorie qui avait accompagné le renversement des Bourbons au cours de l'été devait pourtant rapidement se dégonfler. À l'idée d'une alliance constructive des travailleurs avec les bourgeois contre l'ordre établi se substitua progressivement, au cours des premiers mois du règne de Louis Philippe, celle selon laquelle ces derniers avaient détourné à leurs fins le concours des masses ouvrières, pour en négliger les intérêts par la suite. Cette désillusion s'accentue, dans la fabrique lyonnaise, alors qu'un ralentissement relatif de son activité se produit à l'hiver, que certains marchands sont accusés par les ouvriers d'entretenir en stoppant volontairement une partie de leurs métiers et en faisant travailler la part restante « au-dessous du cours[69] ». Et ce mécontentement alimente en effet la critique des nouvelles autorités qui « ne cherchaient point le bonheur de la classe ouvrière[70] ». Comme en Angleterre, on voit ainsi apparaître pour les gouvernants la double contrainte économique et politique qu'on a déjà signalé, qui affecte peut-être la monarchie de Juillet plus qu'aucun autre régime, tiraillée entre les perspectives de libéralisation dont elle était porteuse et la peur permanente de subir les effets d'un soulèvement populaire semblable à celui qui avait permis son installation.

Accompagnant le développement de libertés bien réelles, telles la liberté de la presse, la première moitié de l'année 1831 est caractérisée, à Lyon comme dans la capitale, par un regain d'activité des associations ouvrières[71]. Les tensions du mois de décembre avaient encouragé le nouveau maire de Lyon Prunelle à mettre en place un « comité de travail et de secours » pour venir en aide aux ouvriers, dont il confie la direction au marchand de soieries et membre du conseil municipal Arlès-Dufour[72].

---

69 Selon un informateur du commissaire Prat cité par F. Rude, *L'insurrection lyonnaise de novembre 1831*, *op. cit.*, p. 188.

70 *Ibid.*, p. 187.

71 Le bourgeonnement de feuilles ouvrières à la suite des Trois Jours, dont l'existence fut toutefois éphémère, avait signalé la volonté des ouvriers de se doter d'une parole. Sur ces premières expériences, ainsi que le développement de ce mouvement, voir A. Faure, J. Rancière, *La parole ouvrière (1830-1851)*, Paris, Union générale d'édition, 1976 ; F. Rude, *L'insurrection lyonnaise de novembre 1831*, *op. cit.* ; J. D. Popkin, *Press, Revolution, and Social Identities in France, 1830-1835*, University Park, Penn State University Press, 2002.

72 Ce dernier avait déjà à ce moment été converti par Enfantin au saint-simonisme. Le comité était chargé de collecter des fonds pour procurer du travail aux ouvriers sans ouvrage sur

Toutefois, ces tentatives ne suffisent pas à prévenir la manifestation qui se produit le 19 janvier, où pas moins de 1 400 ouvriers défilent à travers Lyon en scandant : « du travail ou du pain[73] ! » Ce mécontentement constitue un terreau favorable à la diffusion des idées libérales et républicaines, respectivement portées par les journaux d'opposition *Le précurseur* et *La sentinelle nationale* (à laquelle succédera bientôt *La glaneuse*), mais aussi saint-simoniennes, dont la propagation se fait d'abord de manière moins officielle[74]. Plus inquiétant encore pour les autorités, les penchants conspirateurs de certains ouvriers en soie liés à la charbonnerie, qui s'étaient déjà manifestés dans les premières années de la Restauration, semblent aussi connaître un développement nouveau, avec la création d'une « légion des volontaires du Rhône » que rejoignent un grand nombre de tisseurs inactifs. L'objectif immédiat de ses meneurs nationalistes était alors de diriger une expédition pour reconquérir la Savoie et déclencher, ce faisant, un conflit armé au niveau européen que cherchait à tout prix à éviter le gouvernement. Une expédition de 500 à 600 hommes est effectivement lancée à partir du 23 février mais échoue à enflammer la Savoie, à la satisfaction du pouvoir central, qui allait faire du maintien de la paix l'une de ces priorités avec la nomination du ministère Périer au cours du mois de mars.

L'épisode de l'expédition de Savoie est important car il préfigure certains caractères distinctifs du mouvement ouvrier qui allait prendre de l'ampleur dans la manufacture de soieries lyonnaise, au sujet de l'articulation de la masse des compagnons à la communauté plus restreinte des chefs d'atelier. Ainsi, ces derniers ne semblent avoir que très modérément soutenu l'expédition, dont le gros des troupes était constitué par de simples ouvriers, pour lesquels cette expérience avait sans nul doute été formatrice[75]. Mais cet épisode coïncide aussi avec la reprise des commandes de la manufacture, qui s'inscrit dans un climat toujours aussi tumultueux dont l'évolution est rythmée par les grèves de divers métiers, agités par la propagande républicaine et bonapartiste et encore

---

les chantiers publics de la ville.

73 F. Rude, *L'insurrection lyonnaise de novembre 1831*, *op. cit.*, p. 198.

74 Notamment à travers le comité dirigé par Arlès-Dufour, comme l'indique F. Rude, *ibid.*, p. 207.

75 « On peut conclure que les Volontaires du Rhône sont en majorité de simples compagnons, chômeurs pour la plupart » (*ibid.*, p. 213). L'exception notable est le chef d'atelier Jacques Lacombe, l'un des cadres de l'organisation, qui possédait 10 métiers.

stimulés par les prédications saint-simoniennes de mai et juin 1831[76]. Au sein de la fabrique, les membres du mutuellisme s'étaient préparés à porter les revendications des tisseurs, entre lesquels « l'amoindrissement des salaires formait le thème d'incessantes discussions[77] ». L'assemblée générale des chefs d'atelier du 8 octobre, qui peut être vue comme le point de départ du mouvement, est ainsi présidée par leur meneur Joseph Bouvery[78]. On y décide d'abord d'une partition de la ville en 40 circonscriptions regroupant les 8 000 chefs qui y résident, ainsi que d'un mode de scrutin pour élire des représentants de chaque circonscription à une « commission » de 80 membres, dont les élus devaient à leur tour décider de la composition d'une « commission centrale » d'une dizaine de membres. Les discussions qui s'échelonnent ensuite sur plusieurs jours tournent autour de la rédaction d'une pétition pour faire part des réclamations des tisseurs aux autorités.

Dans ce cadre, si l'obtention d'un nouveau tarif au minimum des façons semble avoir été l'option préférée par la majeure partie des chefs d'atelier, certaines voix discordantes se font entendre, comme celle de Pierre Charnier. Celui-ci voyait en effet le tarif comme un « mannequin éphémère avec lequel on nous amuse comme des enfants[79] », autrement dit comme un leurre destiné à détourner l'attention des ouvriers de la véritable racine du mal, qui n'était autre que la concurrence débridée mise en place au cours des quinze dernières années et dont seule une profonde « réforme des abus » pouvait contrecarrer les effets néfastes[80]. Cependant, cette position minoritaire et moins lisible est loin de s'imposer face à la revendication traditionnelle du tarif, qui a l'autre avantage d'être très populaire chez les compagnons. Les débats sont de toute manière soldés par une déclaration du conseil des prud'hommes qui, le 11 octobre, se prononce en faveur d'une telle mesure. Le maire emboîte

76 La mission comprenait notamment Pierre Leroux et Jean Reynaud, qui dispensent une série de conférences publiques au cours de la période (F. Rude, *ibid.*, p. 267-273).

77 A. Audiganne, *Les populations ouvrières et les industries de la France*, Paris, Capelle, 1854, p. 248.

78 Bouvery s'était durablement imposé à la tête du « second mutuellisme » après les échecs de Charnier à concrétiser les premières tentatives de fondation de l'association, dont il était pourtant le véritable initiateur.

79 BML, Fonds Rude, Papiers Charnier, lettre à Audiganne du 26 décembre 1852.

80 F. Rude, *L'insurrection lyonnaise de 1831*, *op. cit.*, p. 310, note comment la dénonciation de la libre concurrence ainsi que l'insuffisance des tarifs pour en contrecarrer les effets néfastes coïncide avec le discours tenu par le *Globe* des mois d'octobre et novembre 1831.

le pas le lendemain, en demandant des pourparlers entre négociants et ouvriers. Le 14, la commission centrale de l'association des chefs d'ateliers est finalement nommée. On y retrouve beaucoup des membres importants du mutuellisme, mais aussi des artisans ne partageant pas cette sensibilité, parmi lesquels Joachim Falconnet, qui songeait depuis quelques années à créer un journal pour défendre les intérêts des tisseurs de Lyon[81]. Le 16 octobre, une adresse est envoyée au préfet pour dénoncer les abus des marchands et la volonté des ouvriers en soie d'y mettre un terme par des voies pacifiques et légales, faisant appel pour ce faire à sa « paternelle sollicitude[82] ».

Les services de police commencent aussi à s'inquiéter de l'agitation des compagnons, alors que s'engagent les négociations entre ouvriers et marchands, sous la présidence du préfet, le 21 octobre. Le report des débats, qui fait suite à l'incapacité des marchands de présenter une commission véritablement représentative, fait encore monter la tension d'un cran : des groupes d'ouvriers circulent au soir du 22 dans le quartier des marchands, chantant la marseillaise et menaçant d'arrêter le travail. Le 23 octobre paraît le prospectus de *L'Écho de la fabrique*, rédigé par Falconnet, qui reprend l'adresse envoyée au préfet, le louant par avance pour son impartialité dans la discussion finale qui avait été fixée au 25. Ce jour-là, des cortèges d'ouvriers en soie convergent vers la préfecture, où ils se retrouvent environ 6 000 pour accompagner les débats. Cette mobilisation, orchestrée par la commission centrale, impressionne par le bon ordre dans lequel elle se déroule et accentue inévitablement la pression sur les négociateurs. Au bout de quatre heures de débats, un tarif est finalement consenti et signé par les membres des deux commissions, ce qui déclenche la liesse des tisseurs qui acclament le préfet Bouvier-Dumolart, qualifié régulièrement à partir de là de de « père des ouvriers[83] ».

La signature du tarif est également saluée par le premier numéro de *L'Écho de la fabrique*, dont la création est consubstantielle aux mobilisations

81 Falconnet avait fait part de ses intentions à Charnier dès 1827, si l'on en croit la lettre envoyée par ce dernier à la *Tribune prolétaire* du 19 avril 1835. Paradoxalement, on sait assez peu de choses sur Falconnet, qui gardait une certaine distance avec les mutuellistes et dont l'orientation politique allait plutôt en faveur de Bonaparte.

82 F. Rude, *L'insurrection lyonnaise de 1831*, *op. cit.*, p. 312.

83 Le préfet est ainsi qualifié de « protecteur et de père » dans la lettre qui lui est remise le 28 octobre par la commission générale des chefs d'atelier (*ibid.*, p. 323).

qui ont permis d'y parvenir. L'ambition qui marque la première période de l'hebdomadaire des tisseurs est d'ailleurs bien celle qui vise à se doter d'une feuille « tout industrielle », visant exclusivement des buts économiques et non politiques. Ses rédacteurs semblent en effet avoir été d'abord séduits par le discours saint-simonien prévoyant l'avènement d'un monde nouveau, où la bonne administration de l'industrie rendrait superflu tout questionnement d'ordre politique[84]. Procédant d'un socle professionnel bien identifié, la première mission du journal était de faciliter la pratique du métier de chef d'atelier, en fournissant un outil d'indication mutuelle qui servait d'abord à diffuser le fameux tarif, mais aussi et surtout à rendre régulièrement compte des résultats des séances des prud'hommes, ainsi qu'à mettre en commun une somme d'informations utiles qui pouvaient se rapporter aux améliorations techniques de l'atelier, aux droits des locataires de ces mêmes ateliers, ou aux offres et aux demandes de travail du moment. C'est toujours à partir de ce socle fondamental que *L'Écho*, en tant qu'organe représentatif des intérêts des chefs d'atelier, sera aussi l'un des principaux outils de leur lutte contre les marchands, dont la tournure politique allait varier au long de la publication du journal[85].

Dans l'immédiat, les ouvriers se préoccupent surtout de la mise en application du tarif, qui était prévue au 1er novembre mais n'était toujours pas respectée par un certain nombre de négociants quelques jours après cette date. En effet, un certain nombre d'entre ces derniers n'acceptaient pas l'accord du 25 octobre, et se réunissaient depuis lors pour élaborer une riposte. Ils envoient le 5 novembre une lettre au gouvernement, signée par 104 fabricants, qui met le feu aux poudres. Présentée comme une « pièce curieuse[86] » par le journal des canuts, ils y dénoncent d'abord l'illégalité des manœuvres opérées par les tisseurs pour se garantir un salaire minimum. Ces manœuvres sont d'autant plus scandaleuses que la pression exercée sur eux par les ouvriers afin d'augmenter le prix des façons a été sanctionnée par les autorités municipales et préfectorales, qui sont par suite accusées d'avoir gravement manqué à leurs devoirs, par peur d'une émeute ouvrière. En plus d'être illégal, le tarif est également

84 Voir sur ce point L. Frobert, *Les canuts, ou la démocratie turbulente*, *op. cit.*, p. 25.

85 « Les infortunés ouvriers ont choisi, pour arme défensive de leur droits, la publicité », Prospectus de *L'Écho de la fabrique*, 23 octobre 1831.

86 *L'Écho de la fabrique*, 13 novembre 1831.

irrationnel parce qu'il nie la réalité de la concurrence étrangère grandissante qui force les marchands à diminuer leurs prix. Son entrée en vigueur fera donc disparaître « un tiers ou une moitié des articles qui se fabriquent à Lyon[87] », conduisant une bonne part des négociants à la faillite, emportant avec eux les milliers de personnes maintenues et les millions de francs produits par leur activité.

Alors que les troubles se multiplient dans la première moitié de novembre, la tentation d'imposer par la force le tarif aux marchands gagnant de plus en plus d'ouvriers, le préfet reçoit un cruel désaveu du ministère, qui est lu lors de la séance du conseil des prud'hommes du 17 novembre. Le tarif y est qualifié d'« engagement d'honneur » qui ne peut recevoir de sanction légale, empêchant le conseil de statuer en s'appuyant sur la liste. Cette invalidation est perçue comme un véritable « déni de justice[88] » par beaucoup d'ouvriers et les rumeurs qui couraient déjà sur une action de leur part le lundi 21 se font plus précises, tandis qu'un certain nombre de fabricants ferment purement et simplement leurs établissements à partir du 19. Il faut bien noter qu'à ce moment l'action ouvrière échappe en partie au contrôle des chefs d'atelier pour être menée directement par les compagnons. Ces derniers informent leurs employeurs et alliés le dimanche 20, par voie d'affichage, que tous les métiers seront stoppés le lendemain pour leur permettre de se rassembler à la Croix-Rousse, rassemblement auquel les chefs d'atelier décident finalement de prendre part. Devant l'ampleur de la mobilisation du 21, les autorités décident bien maladroitement de faire appel à la première légion de la garde nationale, composée pour partie de fabricants. La rencontre entre l'un de ses détachements et un groupe d'ouvriers et la rixe qui s'ensuivit, dans la matinée du 21 novembre, fournit l'étincelle qui allait déclencher la première Révolte des canuts.

La nouvelle de ce premier affrontement amorce en effet une série d'autres confrontations violentes qui éclatent d'abord de manière incontrôlée à travers la ville, au son du cri devenu célèbre : « vivre en travaillant ou mourir en combattant », également improvisé lors de cette

---

87 *Idem.*

88 L'expression est utilisée par C. Bernard, P. Charnier, *Rapport fait et présenté à M. le président du Conseil des ministres, sur les causes générales qui ont amené les événemens de Lyon, par deux chefs d'ateliers*, Lyon, Charvin, 1831, p. 7.

première journée de révolte[89]. Dès le départ, la désorganisation de la garde nationale permet aux ouvriers de s'assurer le contrôle du plateau de la Croix-Rousse, et rapidement de gagner du terrain. À mesure que le conflit s'aggrave, on voit les chefs d'atelier se retirer progressivement pour laisser la place aux volontaires du Rhône, qui prennent la direction des opérations. Ainsi les meneurs du mutuellisme n'interviennent qu'épisodiquement dans les conflits, la plupart du temps pour les empêcher de dégénérer, comme lorsque Charnier oppose sa personne à l'agression du commissaire Toussaint, ou que Bernard fait de même pour sauver le général Ordonneau, capturé par les insurgés tout comme le préfet, au soir du premier jour de la révolte[90]. Ces deux derniers sont finalement relâchés le lendemain, alors que les ouvriers en soie enregistrent le ralliement de travailleurs d'autres métiers, qui leur permet de concrétiser leur avantage au courant de la deuxième journée. La troisième consacrera quant à elle la victoire des insurgés, qui affluent désormais de tous les faubourgs pour acculer les quelques poches de résistance qui se maintiennent sur la presqu'île, dont la vaillance est définitivement anéantie alors que l'hôtel de ville est investi par un groupe de volontaires du Rhône, qui se constitue en état-major provisoire.

Dès la fin des conflits et pendant les jours qui suivent, deux formes d'autorité se disputent le gouvernement provisoire de la ville. La première émane de ce nouvel état-major dont les conspirateurs républicains, comme en 1793, cherchent à influencer les décisions. Ils y parviennent dans un premier temps en réussissant à faire publier puis afficher, toujours dans la journée du 23, un placard séditieux appelant au renversement des autorités légitimes et invitant les lyonnais à se donner de nouveaux « magistrats dont l'habit ne soit pas souillé du sang de leurs frères[91] ». La seconde provient de la préfecture, d'où Bouvier-Dumolart continue, comme il l'avait fait les jours précédents, de tenter de ramener l'ordre en désamorçant les plans qui se fomentent à l'hôtel de ville. Fort de la confiance qu'il a acquise auprès des ouvriers, il décide de faire appel aux chefs d'atelier, et particulièrement aux dirigeants de leur société, qui répondent massivement. En gage de leur loyauté, ces derniers font

89 F. Rude, *L'insurrection lyonnaise de 1831*, *op. cit.*, p. 370-371.

90 Tous deux sont capturés à la suite des négociations qu'ils tentent d'engager dès le début du conflit. Sur tous ces aspects voir F. Rude, *ibid.*, p. 367-370.

91 *Ibid.*, p. 469.

afficher un second placard pour manifester leur désaccord vis-à-vis de l'affiche séditieuse, et s'attèlent sur demande du préfet à constituer un nouvel état-major de la garde nationale, prêt à se substituer à celui de l'Hôtel de ville.

Cette commission de 16 chefs d'atelier, qualifiée dès lors de « conseil des seize », va littéralement administrer la ville pendant une semaine, de concert avec le préfet et quelques conseillers municipaux. Ce sont les membres de ce conseil qui parviennent à convaincre les volontaires du Rhône de quitter l'Hôtel de ville, qui administrent le secours à la population touchée par la révolte, et qui permettent finalement de rétablir l'ordre au bout de quelques jours, autorisant les premiers commerces à rouvrir leurs portes. Résistant aux tentatives d'agitation républicaine et bonapartiste qui se produisent à la fin novembre, les meneurs ouvriers n'ont de cesse de nier avoir jamais poursuivi des buts politiques, tout en démontrant leur dégoût pour le désordre qui menaçait. Cela leur vaut les félicitations du Maréchal Soult, qui entre avec des troupes impressionnantes dans une ville presque totalement pacifiée le 3 décembre, accompagné du jeune Duc d'Orléans qui « s'attendrit de la détresse des ouvriers en soie[92] ». Les chefs d'atelier se retirent ainsi pour laisser la place à l'autorité légitime, en lui remettant un rapport qui résume l'ensemble de leurs actions pendant cette semaine de grande instabilité[93].

Toujours est-il que la question centrale du tarif, dont l'application avait à nouveau été promise par le préfet à la fin du mois de novembre, n'avait pas été réglée. Appelé à Paris le 6 décembre par Casimir Périer, Bouvier-Dumolart est démis de ses fonctions et remplacé par le préfet du département voisin de l'Isère, Gasparin, un ancien militaire réputé pour la solidité de sa poigne. Le tarif est définitivement annulé par un arrêt du Maréchal Soult, ce qui provoque immédiatement la colère des compagnons. Pour y répondre, trois concessions principales sont annoncées, correspondant à des revendications qui étaient apparues à différents moments de l'année 1831. La première est la réorganisation des prud'hommes, dont la base électorale est élargie à tous les chefs d'atelier qui possèdent au moins 4 métiers (soit un peu moins du

92 *L'Écho de la fabrique*, 4 décembre 1831.

93 Voir la lettre au dauphin publiée dans *L'Écho de la fabrique*, 4 décembre 1831. Le Maréchal Soult est impressionné par l'action de la commission des ouvriers, qui « dirigeait tous les détails du service administratif, militaire et de sûreté », en somme qui « exerçait réellement toute l'autorité » (F. Rude, *L'insurrection lyonnaise de 1831*, *op. cit.*, p. 555).

quart d'entre eux) et le nombre de membres passe de 7 à 17, les fabricants y bénéficiant toujours d'une majorité d'un siège. La seconde est l'établissement d'une mercuriale, décrite par le conseil des prud'hommes comme « un prix commun des façons des étoffes de soie, pour servir de règle à la jurisprudence lorsqu'il y aura contestation entre le fabricant et l'ouvrier[94] ». La troisième est la création d'une caisse de prêts aux chefs d'atelier, principalement financée par le ministère du Commerce, pour permettre aux ouvriers de traverser les temps de crise sans avoir à s'en remettre aux marchands[95].

Si comme à Londres, la régulation officielle des prix est ainsi condamnée par le pouvoir central, cette décision n'a pas du tout la même signification à Lyon. Elle intervient en effet dans un contexte politique et institutionnel très différent, dans lequel les autorités centrales ne jouent pas du tout le même rôle. Ainsi, on a vu comment l'abrogation des Spitalfields Acts s'inscrivait dans une dynamique de libéralisation engagée au début des années 1810, marquant la volonté de réforme de l'économie britannique qui émanait du parlement. Ce dernier apparaît comme le véritable organe régulateur des industries du pays, et tout particulièrement de Spitalfields, confirmant le schéma dont on avait observé la mise en place dès la fin du XVIIIe siècle. Il n'en est pas du tout de même à Lyon, où l'autorité centrale n'intervient pas au premier chef pour des raisons industrielles mais par réaction, si l'on peut dire, à des mouvements que les autorités craignent d'abord parce qu'ils risquent de mettre en danger la stabilité politique du nouveau régime. Bien que toute réglementation officielle des prix a définitivement été abolie, de nombreuses concessions sont ainsi consenties aux ouvriers en soie, qui s'inscrivent dans la continuité de l'ordre institutionnel dont on avait esquissé les bases à la fin de la partie précédente, et qui avait entre temps été sanctionné officiellement. C'est pourquoi, alors que la fin des listes de prix sonne bien le glas du modèle de gestion de la manufacture

94 *L'Écho de la fabrique*, « Avis », 11 décembre 1831. La mercuriale allait faire l'objet de critiques incessantes dans *L'Écho*, qui reproche aux autorités de ne jamais oser l'appliquer réellement, de peur qu'elle se transforme en tarif.

95 R. J. Bezucha, *The Lyon Uprising*, *op. cit.*, p. 65, estime à 75 morts et 263 blessés (dont la majorité était des civils) le bilan humain de la Révolte, ce qui reste relativement modeste en regard du nombre de personnes impliquées dans le conflit. Le nombre des arrestations effectuées à l'arrivée de l'armée est lui aussi relativement modeste, celles-ci visant en priorité les meneurs républicains qui s'étaient signalés pendant les trois journées.

londonienne, l'organisation de son équivalente lyonnaise en est assez peu troublée. Sa régulation reste fondée sur l'opération du conseil des prud'hommes, de la condition des soies et de la chambre de commerce, et sur la dynamique locale d'un public ouvrier qui est relancée après la Révolte, soutenue notamment par la publication de *L'Écho de la fabrique*.

Les causes proprement institutionnelles semblent jouer un rôle décisif pour expliquer une telle différence. Comme l'a souligné John Clapham dans le cas londonien, le fait qu'il n'existait aucune architecture administrative à même d'encadrer la négociation collective des prix condamnait dès le départ la possibilité de les maintenir et de les étendre. Même s'« il est sans aucun doute concevable que les Spitalfields Acts, modifiés, auraient pu devenir l'une des composantes d'un système national destiné à assurer la paix industrielle[96] », le problème soulevé au cours des débats parlementaires, sur lequel insiste notamment Ricardo, est qu'il était cependant inconcevable « d'avoir une localité contrôlée de cette manière et toutes les autres laissées à une compétition libre et ouverte[97] ». Or « il n'existait pas de dispositif gouvernemental ou de structure administrative capables de réguler toutes les industries[98] ». C'est précisément un tel dispositif qui avait été inauguré à Lyon en 1806 avec la création du conseil des prud'hommes, et étendu dans l'intervalle à beaucoup d'autres villes et industries françaises. Selon un raisonnement symétrique, il aurait été surprenant que les pouvoirs publics décident de remettre fondamentalement en cause un mouvement aussi général, durablement engagé par Napoléon une vingtaine d'années plus tôt et qui connaissait un succès populaire indéniable.

Cette explication renvoie ainsi à la célèbre notion de *path dependence*[99], qui peut être reliée à la spécificité des cas londoniens et lyonnais, mais

96 J. H. Clapham, « The Spitalfields Acts », art. cité, p. 471.

97 *Ibid.*

98 *Ibid.*

99 Entendue en général comme l'idée selon laquelle les décisions prises par le passé conditionnent l'horizon de celles qui seront prises par la suite, cette notion implique de prendre en compte les données historiques pour analyser les choix présents (aussi rationnels soient-ils), selon la célèbre formule « history matters ». Plus précisément, ce concept renvoie à l'étude de la persistance des institutions, voire du caractère autoentretenu de certaines dynamiques institutionnelles, comme a tenté de le montrer P. Pierson, *Dismantling the Welfare State ?, Reagan, Thatcher and the Politics of Retrenchment*, Cambridge, Cambridge University Press, 1994, l'un des principaux chercheurs qui ont invité à préciser cette notion en science politique (voir aussi P. Pierson, « Increasing Returns, Path Dependence,

à laquelle on aurait tort de la réduire. En effet, loin d'être limitée à Londres, l'absence d'autorité administrative locale capable d'assurer la paix industrielle tient en grande partie à l'affaiblissement des structures de gouvernement local anglais, manifeste dès la seconde moitié du XVIIIe siècle et, plus fondamentalement, aux modalités traditionnelles d'intervention de ces structures, qui ne permettent pas à une autorité alternative de se substituer aux justices locales pour assurer la régulation des prix[100]. C'est la raison pour laquelle les ouvriers tisseurs de Macclesfield ou de Coventry ne trouvent pas non plus les moyens, malgré leurs tentatives, de régler localement les conflits qui les opposent aux marchands et sont finalement conduits, comme leurs homologues de Spitalfields, à les porter devant le parlement. De même à Lyon, si les prud'hommes avaient bien été conçus pour répondre aux besoins de la fabrique, leur rapide diffusion dans l'industrie française permet de penser qu'une telle institution, ainsi que les arbitrages qui ont présidé à son introduction, dit quelque chose du caractère de la transition industrielle française.

En l'occurrence, la forme d'inertie institutionnelle que l'on a détectée semble plutôt bien s'accorder avec les résultats qui se dégagent de l'analyse stratégique des contraintes auxquelles faisaient face les autorités de l'époque. En suivant ces travaux, on pourrait faire l'hypothèse que la transition démocratique de l'Angleterre fut caractérisée par des concessions en termes de liberté politique destinées à assurer, voire à accroître, la domination des élites économiques, ce qui correspond effectivement au résultat des arbitrages décidés en 1824[101]. À l'inverse, la

---

and the Study of Politics », *The American Political Science Review*, vol. 94, n° 2, p. 251-267, ou K. Thelen, *How Institutions Evolve. The Political Economy of Skills in Germany, Britain, the United States and Japan*, Cambridge, New York, Cambridge University Press, 2004). Cette même notion s'est également diffusée en histoire économique, notamment à travers l'ouvrage de D. C. North, *Institutions, Institutional Change and Economic Performance*, New York, Cambridge University Press, 1990.

100 On renvoie, sur les difficultés des autorités locales anglaises de la fin du XVIIIe siècle et jusqu'à la loi de réforme municipale de 1835, à J. Moore, R. Rodger, « Municipal Knowledge and Policy Networks in British Local Government, 1832-1914 », art. cité, ainsi qu'à K. B. Smellie, *A History of Local Government*, *op. cit.* (1969). On peut également consulter ce dernier ouvrage au sujet de la structure du gouvernement local anglais et, sur sa comparaison avec la France, voir D. E. Ashford, *British Dogmatism and French Pragmatism*, *op. cit.*

101 Les principaux théoriciens en question sont D. Acemoglu, J. A. Robinson, « Why Did the West Extend the Franchise ? Democracy, Inequality, and Growth in Historical

transition française semble pouvoir être décrite de manière opposée, tout au moins relativement, comme une suite de concessions économiques locales aux ouvriers, visant à garantir la stabilité politique du régime. Ces intuitions rejoignent enfin d'autres résultats, obtenus sur le terrain historique, qui tendent à montrer la plus grande dureté des relations de travail dans l'Angleterre du XIXe siècle par rapport à la France, en contradiction avec les théories qui vantent la souplesse réputée supérieure de la *common law* britannique[102].

À l'évidence, il ne s'agit pas d'affirmer que ces différences dans la configuration de la transition économique et politique en France et en Angleterre seraient entièrement déterminées par des variables intitutionnelles. Elles dépendent également d'autres facteurs plus souvent mis en avant, comme la précocité de l'industrialisation britannique et le rôle prééminent qu'y joua l'industrie cotonnière. On peut aussi

---

Perspective », *The Quarterly Journal of Economics*, vol. 115, n° 4, 2000, p. 1137-1166, « Economic backwardness in political perspective », *American Political Science Review*, vol. 100, n° 1, 2006, p. 115-131, « Persistence of Power, Elites and Institutions », *American Economic Review*, vol. 98, n° 1, 2008, p. 267-293.

102 En particulier les thèses dites de la « Legal Origin Hypothesis » (introduite par R. La Porta, F. Lopez-de-Silanes, A. Shleifer, R. W. Vishny, « Legal Determinants of External Finance », *Journal of finance*, vol. 52, n° 2, 1997, p. 1131-1150, et « Law and Finance », *Journal of Political Economy*, vol. 106, n° 6, 1998, p. 1113–1155). Contredisant ces thèses, Simon Deakin affirme qu'« un modèle de contrat libéral était mieux ancré dans les systèmes civils du continent que dans celui de la *common law* anglaise, où l'industrialisation précoce avait entraîné la persistance des règles du *Master and Servant* et la faible institutionnalisation de la forme juridique des contrats de travail » (S. Deakin, « Legal origin, juridical form and industrialization in historical perspective », *Socio-Economic Review*, vol. 7, n° 1, 2009, p. 35). Cette intuition avait déjà été suggérée par Alain Cottereau, qui note qu'« en France est prohibée et punie pénalement la négociation collective par délégation publique, tandis qu'est protégée, encouragée et régulée judiciairement au profit des ouvriers la négociation face-à-face. En Grande-Bretagne, la négociation face-à-face, déjà plus faible stratégiquement qu'en France, dans les conditions démographiques et économiques de l'industrialisation anglaise, subit une intervention juridique ouverte inégale au profit des employeurs, tandis que des corrections collectives, pratiquées traditionnellement en dialectique avec le droit et les magistrats locaux, se voient encouragées par la loi au nom d'un libéralisme qui "laisse passer" la représentation collective "volontaire" » (A. Cottereau, « Sens du juste et usages du droit du travail : une évolution contrastée entre la France et la Grande-Bretagne au XIXe siècle », *Revue d'histoire du XIXe siècle*, n° 33, 2006, p. 116). Un tel résultat, aussi général, mérite cependant d'être testé sur un grand nombre d'études de cas et aux archives qui leur correpsondent, tant la diversité des situations est importante et peut permettre de mettre en doute cette perspective d'interprétation globale, ce que souligne D. Margairaz, « Conflits du travail et justice de paix à Paris, 1791-An XI », *Revue d'histoire moderne et contemporaine*, n° 61, 2014, p. 7-31.

souligner les différences qui existent dans les traditions de pensée en matière d'économie politique dans les deux pays, qui ont sans nul doute influencé la manière de se représenter les manufactures dispersées des contemporains. Ainsi, la diffusion des idées de Say sous la Restauration peut permettre d'expliquer en partie l'attitude plus libérale qui est adoptée par certains marchands lyonnais au sortir de l'Empire. Mais l'influence des idées classiques sur les débats qui animent la fabrique paraît néanmoins sans commune mesure avec celle que l'on a signalée en Grande-Bretagne, en partie du fait des nuances de Jean-Baptiste Say au sujet du développement de grandes manufactures[103].

L'importance des configurations institutionnelles est beaucoup moins souvent pointée. Elle nous semble pourtant préempter ces deux catégories de causes et influencer en amont l'intensité avec laquelle ces dernières s'exercent. D'abord car les perspectives de transition industrielle et politiques que l'on a présentées procèdent de choix politiques. Et ceux-ci ne peuvent être réduits aux conséquences mécaniques de transformations liées à la grande industrie qui, de surcroît, ne prend véritablement son ampleur que dans les années 1820 en Angleterre et 1830 en France. Ensuite car les effets des différences que l'on peut repérer quant aux idées des économistes politiques en Angleterre et en France semblent bien moins prépondérants que ceux du canal par lequel ces idées exercent leur influence : le fait que les doctrines associées à l'économie politique classique se transmettent directement à la manufacture londonienne *via* la voie parlementaire, alors qu'elles sont médiatisées à Lyon par un ensemble de publics locaux qui en limitent très largement l'impact.

103 Ce point a été souligné par Stedman Jones, qui décrit la méfiance de Say et de ses successeurs quant aux effets du développement d'une société industrielle, principalement en opposition à Ricardo (G. Stedman Jones, « The genesis of the "industrial revolution" : Jean-Baptiste Say and the French debate on *industrie* », *Les idées passent-elles la Manche ? Savoirs, représentations, pratiques (France-Angleterre, X^e^-XXe siècles)*, éd. F.-J. Ruggiu et J.-P. Genet, Paris, Presses universitaires de la Sorbonne, 2007, p. 231-232). L'hostilité que suscite les analyses de Ricardo chez la plupart des économistes français de la première moitié du siècle, et la tentative de s'y opposer en s'appuyant sur l'œuvre de Smith, a été étudiée en détail par A. Béraud, P. Steiner, J.-J. Gislain, « L'économie politique néo-smithienne en France », *Economies et sociétés (Cahiers de l'Isméa)*, vol. 38, n° 2, 2004, p. 325-418.

CONCLUSION

À Lyon comme à Londres, le choc de la Révolution française avait remis en mouvement les organisations de tisseurs. Ce mouvement se solde dans le Rhône par une véritable rénovation institutionnelle, marquée par l'introduction du conseil des prud'hommes et de la condition publique des soies en 1806. À Londres, la mise en œuvre des Spitalfields Acts s'était aussi accompagnée d'un ensemble de nouvelles pratiques, dont il est difficile de saisir tous les détails. Mais les difficultés rencontrées pour parvenir à des accords sur les prix de façons semblent toutefois s'accroître dans les premières années du siècle. Ces difficultés sont d'abord masquées par les progrès de l'industrie de la soie britannique, qui avait profité de l'affaiblissement de sa rivale lyonnaise pendant la Terreur pour venir lui contester la place de première manufacture de soieries d'Europe. C'est aussi à cette période que débute la dérégulation d'autres industries textiles comme celle de la laine ou du coton, qui franchit une étape décisive avec le démantèlement du Statut des artisans dans les provinces anglaises, en 1813-1814. Ce phénomène s'accentue en effet après la chute de l'Empire, et se traduit par le déplacement d'un nombre croissant d'ateliers de tissage dans les campagnes française et anglaise, alors que la remise en cause des règles de fabrique s'intensifie également.

Face à ces menaces, les ouvriers s'organisent pour réclamer le rétablissement des règlements, qui touchent tant au statut d'apprenti qu'aux conditions de l'accès au métier ou aux régulations de prix. Ces demandes, qui s'agrègent à Lyon autour de la perspective de « réforme des abus », se développent à côté de celles, plus radicales, qui relient l'amélioration du sort des masses laborieuses à un changement de régime politique, alors considéré comme le seul véritable moyen de redistribuer plus justement les richesses. Relativement mieux lotis que les ouvriers de la grande industrie naissante, la majorité des ouvriers en soie de Lyon comme de Londres privilégient très clairement la première catégorie de revendications, qu'ils espèrent justement voir satisfaites pour prix de leur loyauté au régime en place, et témoignent souvent d'assez peu d'intérêt pour les débats politiques d'envergure nationale. Toujours est-il que la structuration d'un mouvement ouvrier suivant cette double perspective représente ainsi un double danger pour les détenteurs du pouvoir économique et politique, qui consiste respectivement dans l'augmentation du coût de la main d'œuvre d'une part, et d'autre part dans la possibilité qu'éclate un soulèvement populaire capable d'ébranler la stabilité du régime en place.

Les autorités adoptent d'abord une attitude gestionnaire, pragmatique, face à ces deux risques, cherchant à satisfaire à la fois l'objectif de réduire les salaires et celui d'assurer la tranquillité publique en s'adaptant aux spécificités de chaque cas, sans afficher de règle de conduite générale en la matière. Mais la montée des tensions que l'on observe à la fin des années 1810 en Angleterre, et au cours de la décennie suivante en France, les forcent à se positionner avec plus de précision. Les abrogations des Spitalfields Acts et du tarif apparaissent comme des étapes importantes de ce positionnement. Bien que les régulations de prix furent fermement invalidées par le pouvoir central à Londres en 1824 et à Lyon en 1831, ces condamnations n'ont pourtant pas du tout les mêmes conséquences dans les deux fabriques, d'abord car les décisions de l'autorité centrale n'y ont absolument pas la même portée. Tandis que le parlement apparaît comme le garant ultime de l'ordre institutionnel de la manufacture londonienne, ce sont des autorités locales qui jouent ce rôle à Lyon. De plus, si le pouvoir central intervient bien à Lyon au sujet du tarif et suite à la Révolte de 1831, c'est d'abord pour maintenir la stabilité politique du royaume. L'abrogation des Spitalfields Acts correspond au contraire à la conclusion d'un long débat, engagé dès la seconde moitié du XVIIIe siècle au sujet des règlements industriels. C'est la raison pour laquelle cette abrogation équivaut bien au démantelement des institutions de la manufacture londonienne, alors que l'abolition du tarif n'a qu'un effet très limité sur le mode de régulation de la fabrique lyonnaise.

Parallèlement, une certaine tolérance est accordée aux ouvriers anglais sur le plan politique à travers l'abrogation la même année des Combination Laws, qui offre aux travailleurs de nouvelles perspectives d'association et donc de participation à la vie politique du pays. C'est presque l'inverse qui se produit à Lyon, où la Révolte des canuts se solde par une reprise en main musclée de la ville par les autorités centrales, puis par une sévérité et une vigilance accrue vis-à-vis des associations ouvrières, dont l'existence reste clairement prohibée. Toutefois, si le tarif est définitivement refusé aux ouvriers, les institutions locales qui leur permettent de participer à la gestion de leur manufacture sont reconduites et même renforcées, à l'image du conseil des prud'hommes dont la base électorale est élargie. La nouvelle dynamique locale qui en résulte est encore portée par la publication de *L'Écho de la fabrique*, qui deviendra véritablement la voix des tisseurs au cours des années suivantes.

Au lendemain des abrogations de 1824 à Londres et de 1831 à Lyon, les ouvriers en soie des deux villes se retrouvent donc dans des situations radicalement différentes. Les premiers, très affaiblis politiquement, ont été dépossédés de la régulation cardinale autour de laquelle était organisée leur activité depuis plus de 50 ans et se trouvent exposés au jeu de la concurrence par les salaires qui allait être encouragé par la fraction des marchands les plus revanchards, qui sont aussi parmi les plus puissants. Pour couronner le tout, ils sont encore indéterminés concernant la conduite à adopter collectivement dans le cadre du développement des nouvelles associations ouvrières, beaucoup espérant encore le rétablissement des Spitalfields Acts. Les seconds sortent au contraire plutôt renforcés de la révolte de 1831, en bonne position pour négocier avec les marchands, la plupart des instruments traditionnels leur permettant de contrôler la compétition à la baisse des salaires étant consolidés, à l'exception notable du tarif.

Cette période charnière entre les XVIIIe et XIXe siècles ayant été le théâtre du rattrapage économique, sur le plan quantitatif, de la manufacture anglaise par rapport à sa principale rivale du continent, chacune opérant de manière quasi-indépendante, la question est maintenant celle de savoir comment les chocs réglementaires que l'on vient d'étudier allaient influencer les performances des deux industries au cours des décennies suivantes, où elles allaient à nouveau se trouver directement confrontées.

TROISIÈME PARTIE

APRÈS LES ABROGATIONS

DEUX TRAJECTOIRES ÉCONOMIQUE ET POLITIQUE CONTRASTÉES

La période qui va de l'abrogation des Spitalfields Acts en 1824 à celle du tarif en 1831 marque le renversement du rapport de force entre les manufactures de soieries de Londres et de Lyon. Alors que l'industrie de Spitalfields avait largement profité de la désorganisation, puis de la longue reconstruction de la fabrique lyonnaise suite à la Terreur, c'est désormais elle dont l'ordre institutionnel est brisé par le choc de 1824. De surcroît, la nécessité de rapidement parvenir à rétablir un tel ordre se fait d'autant plus pressante à mesure que se rapproche l'ouverture des frontières britanniques aux soieries étrangères, prévue en 1826. À l'inverse, l'annulation du tarif à Lyon ne bouleverse pas fondamentalement le mode de fonctionnement de la fabrique qui poursuit son développement, solidement appuyée sur les institutions économiques locales inaugurées au début du siècle. Ces deux configurations très différentes induisent des perspectives économiques et politiques également distinctes pour les ouvriers en soie des deux cités, qui renvoient à la question plus générale de la place occupée par les communautés d'artisans qualifiés des villes dans la transition industrielle d'une part, et dans la structuration d'un « mouvement ouvrier » en France et en Angleterre d'autre part.

Très durement touchés par l'ouverture du commerce à partir de 1826, le nouvel ordre politique qui émerge des remaniements législatifs de 1824 force les tisseurs londoniens à reconfigurer tant le contenu de leurs revendications que la manière qu'ils avaient prise de les porter, pour protester contre les fortes baisses de salaire qui les affectent[1]. Mais une telle conversion ne va pas sans difficulté et beaucoup d'entre eux, encore sonnés par l'abrogation des Spitalfields Acts, adoptent une attitude résignée et renoncent à participer à la lutte pour l'amélioration de leur condition, jugée sans espoir. C'est pendant que s'opère cette pénible conversion que l'on voit se briser, au cours des quelques années qui suivent l'ouverture commerciale, la dynamique de croissance qui avait

1 La transformation du langage et du répertoire d'action des tisseurs a spécialement été étudiée par M. W. Steinberg, « The Roar of the Crowd : Repertoires of Discourse and Collective Action Among the Spitalfields Silk Weavers in Nineteenth-Century London », *Repertoires and Cycles of Collective Action*, éd. M. Traugott, Durham, Duke Univerity Press Books, 1995, p. 57-88 et *Fighting Words : Working Class Formation, Collective Action, and Discourse in Early Nineteenth Century England*, Ithaca, Cornell University Press, 1999.

animé la manufacture londonienne depuis un demi-siècle. L'aggravation prolongée de son état à la toute fin des années 1820 contribue néanmoins à remettre en mouvement les associations de tisseurs, qui orchestrent d'importantes manifestations en 1829. La réapparition des violences et des destructions d'articles qui les accompagnent, rappelant les incidents de 1769, font immédiatement remonter la tension avec les autorités, et signalent le retour des tisseurs de Spitalfields sur la scène politique nationale. Trouvant un prolongement dans les mouvements de soutien au Reform Bill lors des années suivantes, leurs mobilisations constituent la première étape significative de l'adaptation de leur langage et de leurs organisations au nouveau contexte économique et politique britannique.

L'activité qui anime la fabrique lyonnaise après la Révolte contraste nettement avec la situation londonienne. À l'exception du tarif, l'ensemble des institutions qui régulaient l'organisation de la production ont été maintenues à Lyon, voire renforcées par les concessions faites aux ouvriers à l'issue des trois jours de novembre 1831. La publication de *L'Écho de la fabrique* leur permet aussi de participer encore plus activement et d'une manière nouvelle à la vie de leur industrie, contribuant à en établir collectivement les règles telles qu'elles émergent des décisions d'un conseil des prud'hommes réformé au cours de l'année 1832, et à en faire circuler la teneur. Au-delà de ce socle fondamental, essentiel au bon fonctionnement de la fabrique, les débats contradictoires entre ouvriers pour décider de la conduite à adopter face aux marchands sont aussi nombreux qu'animés. En particulier, la nécessité d'initier un changement politique en profondeur pour parvenir à véritablement améliorer leur condition constitue un point d'achoppement central entre les partisans des courants saint-simoniens, républicains ou fouriéristes qui travaillaient la société canuse[2]. Si les ouvriers en soie lyonnais avaient pu conserver les moyens de prendre part à la gestion collective

2 Il s'agit là des trois mouvances intellectuelles principales repérées par Ludovic Frobert dans *L'Écho de la fabrique* (L. Frobert, *Les canuts, ou la démocratie turbulente*, *op. cit.*). Au sujet de ce journal, on peut encore consulter L. Frobert (éd.), *L'Écho de la fabrique : naissance de la presse ouvrière à Lyon, 1831-1834*, Lyon, ENS Éditions et Institut d'histoire du livre, 2010, et pour une présentation plus synthétique S. Hupfel, G. J. Sheridan, « À la recherche d'une démocratie d'ateliers. *L'Écho de la fabrique* des canuts », *Quand les socialistes inventaient l'avenir. Presse, théories et expériences, 1825-1860*, éd. T. Bouchet, V. Bourdeau, E. Castleton, L. Frobert, F. Jarrige, Paris, La Découverte, 2015, p. 113-125. L'intégralité du journal est aujourd'hui diponible en ligne à l'adresse : http://echo-fabrique.ens-lyon.fr (consultée le 31 octobre 2018). L'édition annotée et accompagnée d'une grande variété

de leur industrie, la pression politique qui s'exerçait sur eux ne cessait cependant de s'accroître, alors que la formation d'associations ouvrières était toujours prohibée par l'article 415 du code pénal. C'est surtout en réaction à cette pression qu'éclate en 1834 la seconde Révolte des canuts, qui allait cette fois être sévèrement réprimée par les autorités. La violence de cette répression marque une nouvelle étape du développement du mouvement ouvrier à Lyon, en ce qu'elle illustre pour les tisseurs les limites des compromis antérieurs et achève de convaincre un grand nombre d'entre eux que l'émancipation de leur classe devait passer par l'adoption de revendications plus radicales, notamment sur le plan politique[3]. La reconstruction souterraine des associations ouvrières lyonnaises qui s'opère sur ces bases, après la Révolte, peut ainsi être considérée comme le point de départ du processus d'agrégation de l'identité canuse à un mouvement de plus grande échelle, dans lequel elle finira par se diluer.

Ce processus se présente de manière similaire en Angleterre, où il franchit aussi une étape importante au cours des mêmes années, à travers l'assimilation des tisseurs londoniens au sein du mouvement national des *hand-loom weavers*, dont on peut relever les signes dans le *Spitalfields Weavers' Journal* qu'ils publient en 1837. Mais si l'aspiration des associations ouvrières au sein d'ensembles plus larges constitue à l'évidence un point commun, le phénomène présente une différence majeure entre les deux villes. Tandis qu'il procède à Lyon à partir d'un ordre institutionnel bien établi sur des bases locales, dont les ouvriers commencent à éprouver les limites du potentiel, il s'inscrit à Londres dans le cadre d'une véritable course à la recherche d'un nouvel ordre de fonctionnement, dont l'allongement augmente gravement les pertes liées au manque de compétitivité de leur industrie. Suivant les premiers

---

de documents est le fruit d'un travail collectif auquel on a participé, et qui a joué un rôle central dans la réflexion présentée dans cet ouvrage.

3 La thèse selon laquelle la Révolte de 1834 se distingue de son aînée de 1831 par son caractère éminemment politique a été défendue par R. J. Bezucha, *The Lyon Uprising of 1834*, *op. cit.* Ce dernier croit voir dans la transition entre ces deux révoltes le passage à une nouvelle forme de violence, selon la distinction établie par Charles Tilly entre violence « réactionnaire » et violence « moderne » (C. Tilly, « Collective Violence in European Perspective », *Violence in America : Historical and Comparative Perspectives. A Report to the National Commission on the Causes and Prevention of Violence*, éd. H. D. Graha m, T. R. Gurr, Washington, US Government Printing Office, 1969, p. 4-45), qui rejoint aussi la notion d'économie morale d'E. P. Thompson.

résultats obtenus par John Bowring lors de ses enquêtes à Lyon, présentés devant une commission parlementaire spécialement dédiée à l'industrie de la soie en 1832, plusieurs rapports sont publiés qui pointent le retard accumulé par l'industrie anglaise dans le domaine des articles de qualité supérieure. Cette faiblesse est prioritairement reliée d'une part à la qualité insuffisante de la main d'œuvre qu'elle emploie, et d'autre part à l'obsolescence de l'appareil juridique destiné à assurer la protection des innovations, particulièrement celles des nouveaux dessins dans le textile, deux paramètres qui jouent un rôle tout à fait crucial pour les manufactures de soieries. Et c'est effectivement à cette période qu'est entériné le décrochage de la fabrique de Spitalfields, à la fois qualitatif et quantitatif, par rapport à sa rivale lyonnaise.

Quels que soient désormais les troubles qui l'agitent, la croissance de cette dernière se prolonge de manière ininterrompue au cours des décennies suivantes, sans jamais que le schéma institutionnel inauguré en 1806 soit fondamentalement remis en question. Une dynamique cumulative d'innovation, tant de produits que de procédés, se trouve ainsi durablement enclenchée à Lyon, alors qu'on recherche toujours le support institutionnel sur lequel pourrait s'appuyer pareille dynamique en Angleterre. Celui-ci est esquissé à la fin de la décennie 1830 par plusieurs nouvelles lois qui renforcent les droits sur la propriété intellectuelle des dessins dans l'industrie textile et encouragent la création d'écoles d'art à travers le pays. Il s'agissait là des deux mesures principales recommandées dans le rapport final sur les tisseurs à bras, publié en 1841, dont les conclusions avaient largement été influencées par Nassau William Senior, l'un des membres de la commission d'enquête. Leur mise en œuvre arrive toutefois bien tard pour l'industrie de la soie britannique, dont la majeure partie des produits se classent à ce moment parmi les articles de qualité moyenne ou faible. Désormais incapables de concurrencer les soieries lyonnaises raffinées, les articles plus communs issus des manufactures anglaises doivent faire face à une concurrence accrue provenant des industries suisses, prussiennes ainsi que des colonies britanniques indiennes. Prises dans cet étau, il était dès le départ permis de douter que les mesures décidées à la fin des années 1830 étaient suffisantes pour relancer l'industrie de la soie britannique, déjà bien mal en point, et en particulier celle de Spitalfields, qui ne compte plus que quelques milliers de métiers au milieu du siècle.

Si la manufacture lyonnaise en occupe au même moment près de 30 000, ses succès masquent pourtant le début de la disparition progressive des canuts tels qu'on les a étudiés dans la partie précédente. Le choc de la Révolution de 1848 marque en effet l'effacement des communautés de métier au profit de l'affirmation d'une classe ouvrière qui vise à dépasser leurs particularismes[4]. L'évanouissement des métiers en tant que publics intermédiaires tel qu'il se produit à Lyon et à Londres, renvoyant à deux schémas de construction différents de la classe ouvrière, correspond ainsi également à deux structures de spécialisation économique différentes. Pour étudier cette relation, c'est toujours en partant des débats qui animent chaque manufacture que l'on procèdera, en continuant d'accorder une importance particulière à la manière dont les enjeux qui s'en dégagent sont traités par les autorités centrales, en lien avec leurs contraintes politiques. Néanmoins, afin de bien saisir l'impact de leurs décisions sur chaque industrie, on suivra de façon plus précise les évolutions proprement économiques qui les travaillent, pour essayer de bien mettre en perspective les destins opposés des manufactures de Lyon et de Spitalfields au milieu du XIXe siècle.

4 L'affaiblissement de l'idiome corporatiste en 1848 a principalement été pointé par W. H. Sewell, *Work and Revolution in France. The Language of Labor from the Old Regime to 1848*, *op. cit.*

UNE MANUFACTURE À TERRE FACE À UNE MANUFACTURE RÉGÉNÉRÉE

La réaffirmation de la domination lyonnaise

Au lendemain de l'abrogation des Spitalfields Acts, les tisseurs londoniens se trouvent placés dans une configuration tout à fait inédite, et en réalité assez inconfortable. Redoutant d'une part la pression que n'allaient pas manquer d'exercer les négociants à la baisse des salaires, il leur fallait rapidement, afin de lutter contre elle, renouveler tant le contenu de leurs revendications classiques que les moyens de les porter, suite au violent coup d'arrêt reçu en 1824. Aux yeux des radicaux, les ouvriers de Spitalfields apparaissaient toujours à ce moment comme des « chiens serviles[1] » (*base dogs*), obéissant à la logique dépassée qui consistait à chercher à obtenir des protections en échange d'une loyauté aveugle, comparables en cela à « l'esclave qui baise les pieds de ses oppresseurs, en les remerciant pour ses chaînes et ses fers[2] ». La principale question qui émerge dans ce contexte est donc celle de savoir comment allait être converti l'élan qui avait été amorcé à Spitalfields lors de la campagne des derniers mois, alors que les mobilisations ouvrières se multiplient rapidement dans les industries du Nord, suite à l'abolition des Combination Laws.

Une piste de réponse est d'abord fournie par l'assemblée générale du métier qui est organisée le 18 avril 1825. Son objectif premier était d'arrêter la position commune des tisseurs face aux tentatives du gouvernement de revenir sur la liberté d'association concédée aux ouvriers britanniques

1 W. Cobbett, *Rural Rides*, Londres, J. M. Dent (Everyman's Library), vol. 2, 1912 [1830], p. 201.

2 *Trades' Newspaper*, 29 octobre 1826. S'étonnant de l'absence des tisseurs à l'une des récentes assemblées du journal, l'un de ses actionnaires se demande ironiquement dans le même numéro s'« ils n'étaient pas allés à Windsor, pour gager en personne de leur attachement à Sa Majesté et pour l'assurer qu'ils étaient prêts à verser leur sang pour défendre sa personne sacrée » (*ibid.*, « The Spitalfields Weavers »).

l'année précédente. Considérant que « l'abrogation des Combination Laws [les] avaient en partie dédommagé de la perte de [leurs] Spitalfields Acts et que, n'ayant jamais commis aucune faute qui pourrait légitimer la remise en vigueur des lois en question », les tisseurs jugent « opportun de s'opposer par tous les moyens légaux à toute altération qui pourrait les affecter[3] ». Une souscription est finalement levée à cette fin et deux représentants sont nommés pour aller rencontrer les délégations d'autres métiers afin de coordonner leur action. À travers cette nécessité désormais permanente de rejoindre des unions de travailleurs plus larges, et donc plus hétérogènes, ce qui se joue en marge du changement de répertoire d'action (forcé) des tisseurs londoniens est l'évolution de leur rapport intime au métier, qui avait constitué la base fondamentale de leur unité pendant plus de 50 ans. Le premier marqueur de cette évolution est l'arrivée à la tête de leur organisation de nouvelles figures, comme celle de William Wallis, ouvrier en soie à Bethnal Green, qui constitue le maillon commun à toutes les lettres et députations envoyées au gouvernement par les tisseurs au sujet des Combination Laws[4].

L'autre événement important de cette année 1825 est la création de la Spitalfields Mechanics' Institution, inaugurée le 10 mars, qui pouvait être vue comme le germe de la reconstruction d'un ordre institutionnel au sein de la manufacture. Placée sous la présidence du marchand Thomas Gibson, son objectif était à la fois de faciliter le partage des informations utiles aux ouvriers, de leur dispenser des enseignements tant théoriques que pratiques et de les initier aux principes de l'économie politique. Alors que cette dernière mission générait déjà un certain scepticisme chez les tisseurs, l'objectif d'« unir deux classes jusqu'alors séparées[5] »,

---

3 BL Mss., Add. 27799, *General Meeting of the operative silk weavers about the re-enactement of the Trade Union*, 1825.

4 BL Mss., Add. 27799, « To the Journeymen Broad Silk Weavers of Spitalfields and its Vicinity, April 26, 1825 », « Letter from William Hale, Wood Street, Edward Jones, no 1 Tynall Street Hope Town, William Wallis, no 19 Elizabeth Street Hackney Road, (May 11, 1825) to the Right Honourable Thomas Wallace », et Add. 40379, f. 355, « Letter from William Wallis to Sir Robert Peel, 27 June 1825 ». Les altérations qui allaient finalement être apportées aux Combination Laws permirent de ralentir momentanément l'agitation qui était survenue au cours de l'année précédente, sans briser pour autant son élan, puisque ces altérations ne remettent pas fondamentalement en question l'esprit du changement législatif adopté en 1824. On renvoie pour plus de précisions à ce sujet à S. Webb, B. Webb, *The History of Trade Unionism*, *op. cit.*, p. 108.

5 Charles F. Partington, *A Course of Three Lectures Illustrative of the Rise and Progress of Science, in Mechanics, Pneumatics, and the General History of the Steam Engine Occasioned by*

en « créant une réciprocité d'intérêt entre maîtres et ouvriers[6] », se trouva surtout contrarié par les tensions engendrées par l'ouverture annoncée du commerce de soieries, fixée au 1er juillet de l'année suivante, qui est l'objet de toutes les inquiétudes[7].

L'anxiété qu'éveille une telle mesure ne se limite d'ailleurs en aucun cas aux seuls tisseurs londoniens, puisque les mouliniers de Macclesfield sont les premiers à pétitionner auprès du Board of Trade contre la baisse des droits de douane sur les soies moulinées[8]. Dans le but de se préparer à l'ouverture de leur commerce, les marchands anglais cherchent à partir de l'automne 1825 à constituer des stocks d'articles dont le faible prix devait leur permettre d'inonder les marchés, en exploitant les possibilités permises par la récente dérégulation des salaires[9]. La continuation de ces baisses au cours de l'hiver nourrit un flot considérable de réactions au début de l'année suivante, dont celle des tisseurs londoniens qui adressent à leur tour un mémoire au Board of Trade pour s'opposer à la libre importation des soieries étrangères[10]. Deux semaines auparavant, William Hale avait quant à lui sollicité une audience auprès de Robert Peel pour lui faire part de la détresse qui était en train de gagner Spitalfields, et surtout du fait que son influence sur les tisseurs, comme celle d'autres marchands, semblait peu à peu s'évanouir, de plus en plus d'ouvriers estimant désormais qu'« ils avaient été sacrifiés à l'industrie du coton[11] ».

---

the Formation of the Spitalfields' Mechanics Institution, Londres, S. Teulon, 1825, p. 44.

6 *Ibid.*, p. 40.

7 Sur la désaffection de la nouvelle institution par les tisseurs, on peut se reporter au rapport de James Mitchell sur Spitalfields (HC, *Reports from Assistant Hand-Loom Weavers' Commissioners*, vol. 2, 1840a, p. 249 et 252).

8 NA, BT 6/176. Si les tisseurs de Spitalfields avaient tout intérêt à voir diminuer le tarif sur les soies moulinées italiennes, dont ils étaient les principaux consommateurs, ce n'était évidemment pas le cas des mouliniers de Manchester, ni même des tisseurs de cette ville qui utilisaient prioritairement de la soie brute bengali, moulinée sur place. On reviendra dans la suite sur les effets des distorsions induites par les nouvelles grilles tarifaires.

9 La constitution de stocks par les marchands et les baisses de prix qui en résultent sont dénoncées dès le 2 février aux Lords et aux Communes (HL, *Hansard*, vol. 14, 1826, p. 21, et HC, *Hansard*, vol. 14, 1826, p. 35-36).

10 NA, BT 6/176. Ce mémoire est signé par William Wallis, John Poyton, et John Harris. On peut trouver sous cette même référence un mémoire similaire envoyé au nom des tisseurs de Coventry le 16 janvier, par William Fletcher, qui avait témoigné devant la commission de 1818.

11 NA, HO 40/19, « Memorandum of a communication made by Mr. Hale of Spital Fields to the Leader Secretary of State on the 13th January 1826 ».

La reprise de l'activité des parlementaires en février est par suite marquée par le retour des débats sur l'industrie de la soie, qui culminent avec la soumission d'une motion portée par Edward Ellice, débattue les 23 et 24 février, pour demander la création d'une commission afin d'examiner les nombreuses et volumineuses pétitions au sujet de l'ouverture du commerce des soieries. Fidèle à la ligne qu'il avait adoptée deux années plus tôt, l'argumentaire du représentant de Coventry consiste toujours premièrement à dénoncer la manière, et non le principe, suivant laquelle était menée l'ouverture des frontières commerciales britanniques. La première étape de « l'approche graduelle d'un système de libre échange[12] » devait selon lui consister dans l'abrogation des Corn Laws, avant d'exposer les nombreux travailleurs qui souffrent de leurs effets à la concurrence étrangère. Ellice dénonce encore prioritairement la gestion aléatoire de la monnaie anglaise depuis l'adoption du système de convertibilité-or en 1821, principe duquel le gouvernement est accusé de s'être éloigné toujours pour satisfaire aux intérêts des agriculteurs, générant une inflation et une surchauffe (*over-trading*) dont souffrent les classes industrielles[13]. Mais Huskisson utilise alors précisément ce dernier argument pour affirmer que la dépression actuellement traversée par l'industrie de la soie n'avait rien à voir avec la question de l'ouverture commerciale, ce qui convainc une large part de la Chambre, qui rejette finalement la motion par 222 voix contre 40[14].

On se bornera à faire remarquer ici qu'en marge de ces grandes questions liées à l'orientation de la politique commerciale britannique, qui occupent logiquement une place centrale dans les débats, l'examen de la capacité effective des manufactures de soieries anglaises à relever le défi industriel lancé par leurs concurrentes du continent occupe une place étonnamment faible. Hormis quelques considérations générales sur les différentiels de coût existant avec la France, ainsi que sur les déficiences du système anglais de protection des dessins, ces aspects sont quasiment absents des débats parlementaires de 1826[15]. On retrouve là un des

12 L'expression est utilisée par D. Ricardo, *On Protection to Agriculture*, Londres, John Murray, 1822, p. 1.

13 HC, *Hansard*, vol. 14, 1826, p. 734-736.

14 *Ibid.*, p. 781-784. Pour un exposé complet des arguments de Huskisson, voir les pages 763-809 du même volume.

15 Quelques comparaisons de coûts sont présentées dans *ibid.*, p. 741-746. La question du brevetage des dessins est évoquée aux pages 746, 801-803.

traits essentiels qui caractérisent l'histoire longue de la manufacture londonienne, marquée par la difficulté de traiter véritablement les problèmes industriels qui l'affectent sans accuser la concurrence étrangère d'en être à la racine, les remèdes commerciaux qui lui sont apportés retardant toujours la mise en place de solutions sur le plan de l'organisation productive. De ce point de vue, les abrogations coup sur coup des Spitalfields Acts et de la prohibition en 1824, largement interconnectées, avaient sans nul doute fait s'éloigner l'espoir de parvenir à de telles solutions. D'autre part, la priorité accordée aux questions commerciales peut sûrement aussi être reliée à la manière qu'avaient les économistes de l'époque de les articuler aux problématiques industrielles. L'étude de cette articulation, que l'on a déjà commencé d'éclairer par l'examen des interventions de Ricardo dans la partie précédente, peut être complétée par l'analyse d'un article publié au mois d'avril 1826 par John Stuart Mill, alors seulement âgé de 19 ans, en soutien aux efforts déployés par Huskisson pour ouvrir le commerce de la Grande-Bretagne[16].

L'objectif poursuivi par Mill dans cet article est très clairement de battre en brèche tous les arguments qui ont pu être avancés en faveur de la protection commerciale dans le cadre des récents débats sur la soie. Commençant par balayer d'un revers de main ceux qui reviennent à défendre le « *vieux système* des restrictions[17] », il concentre son propos sur ces thèses qui, à l'image de celles d'Ellice, s'opposent non pas au principe de l'ouverture des échanges mais à la manière dont elle était conduite, critiquant notamment l'injustice liée au maintien des Corn Laws. L'idée selon laquelle le niveau plus élevé des salaires anglais qui en découle constituerait un désavantage décisif pour les manufactures anglaises est ainsi fermement rejetée par Mill, qui affirme que « le faible niveau des salaires en France n'incite pas le manufacturier français à vendre ses biens un sou* moins cher[18] », si ce dernier agit d'abord, comme le suppose

16 J. S. Mill, « The Silk Trade », *The Collected Works of John Stuart Mill*, éd. J. M. Robson, vol. 4, part. 1, Londres, Routledge & Kegan Paul, 1967 [1826], p. 125-140, paru dans la *Westminster Review* du mois de janvier 1826, dont la publication avait été retardée de quelques mois.

17 *Ibid.*, p. 129.

18 *Ibid.*, p. 134, *en français dans le texte original. Mill rejette en effet plus loin l'hypothèse selon laquelle les marchands français choisiraient de diminuer leurs prix plutôt que d'augmenter leurs profits, p. 135 : « Donc il est sans doute vrai que si [le marchand français] était satisfait de vendre ses soieries à un prix équivalent à leur coût de production, sans se préoccuper de son profit, le prix auquel il serait capable de vendre ses

l'auteur, pour s'assurer un profit maximal. Après avoir également écarté l'idée d'un handicap lié à la nécessité d'importer une matière première plus chère et de moins bonne qualité, Mill ne voit finalement aucune raison valable pour justifier le maintien de la protection commerciale de l'industrie de la soie, et se dit convaincu que celle-ci sera capable de s'adapter à la concurrence des soieries françaises, excepté peut-être « pour quelques articles de mode[19] ». Même s'il s'agit d'une possibilité à laquelle Mill ne croit pas, il insiste également sur les faibles coûts, pour les marchands comme pour les tisseurs, qu'impliquerait leur reconversion au cas où l'industrie serait définitivement perdue.

L'important est ici de bien comprendre comment la logique des raisonnements de Mill procède de la priorité accordée à la question de l'ouverture commerciale, par rapport à celle qui concerne la capacité industrielle à faire face à la concurrence étrangère. Parce qu'il estime « qu'il n'y a vraiment aucun lien entre ces deux questions[20] » et que l'ouverture des échanges répond à une obligation de principe, la nécessité d'étudier l'organisation effective de la production de soieries et ses performances passe forcément au second plan, et Mill la traite en effet de façon assez superficielle. S'il note d'une part la supériorité des soieries françaises à la mode, qu'il relie au déficit d'écoles de dessin en Angleterre[21], il dénonce d'autre part les salaires trop élevés des tisseurs de Spitalfields, ainsi que leurs tentatives de les maintenir par des mesures réglementaires, qui ne peuvent que tendre « à conduire toute l'industrie à la campagne[22] ». Faisant peu de cas des contraintes spécifiques à la production de soieries, Mill n'envisage à aucun moment la possibilité que le taux plus élevé des salaires des tisseurs londoniens ait pu résulter d'un niveau de qualification supérieur, et encore moins l'idée qu'un mécanisme réglementaire ait pu être nécessaire pour maintenir un tel

articles sans perte devrait être plus faible, juste dans la même proportion que les salaires [français] sont plus faibles. Il est pourtant certain qu'il ne choisira pas de vendre moins cher que le manufacurier britannique, sauf s'il peut réaliser en agissant de la sorte les profits ordinaires d'autres capitaux dans son propre pays. Si par conséquent les profits sont plus élevés en France qu'en Angleterre, dans l'exacte proportion où les salaires sont plus faibles, la faiblesse des salaires ne permettra pas au manufacturier français, en accord avec son intérêt, de vendre moins cher que le manufacturier anglais ».

19 *Ibid.*, p. 132.
20 *Ibid.*, p. 132.
21 *Ibid.*, p. 136.
22 *Ibid.*, p. 135.

niveau, étant donné la spécificité des actifs propres à l'industrie de la soie. Plutôt que d'examiner une telle hypothèse, Mill préfère vanter le faible coût, ainsi que la grande flexibilité des tisseurs mancuniens qui sont passés du coton à la soie[23], faisant comme si leur travail était identique à celui des artisans de Spitalfields. Comme l'avaient déjà souligné de nombreux tisseurs lors des débats précédents, la relation entre Londres et Manchester, évoquée par Mill comme une compétition, correspondait en fait davantage à un partage rationnel du travail, les tisseurs londoniens continuant de fabriquer les articles les plus fins pour laisser les tissus plus simples être produits à moindre coût dans les industries du Nord, les prix en vigueur dans ces dernières étant d'ailleurs souvent indexés sur les listes de la capitale[24].

C'est l'absence d'éléments empiriques solides à l'appui des propos de Mill qui fait apparaître son discours comme une réflexion essentiellement théorique, où l'importance attribuée à la question de l'ouverture commerciale semble s'assortir d'un relatif désintérêt pour l'organisation concrète de la production, dont il néglige la complexité, la traitant dans ce cas comme une « boîte économique vide[25] ». Sa méconnaissance des

---

23 *Ibid.*, p. 131 : « Un tisseur peut, toutefois, aisément changer d'emploi. Il n'est peut-être pas de notoriété publique que la manufacture de soieries de Manchester se compose principalement de personnes qui étaient à l'origine des tisseurs de coton ». L'utilisation douteuse que fait Mill de certaines statistiques anonymes semble confirmer l'idée qu'il ne connaissait pas précisément l'organisation de la production de soieries et ses contraintes. Il annonce ainsi par exemple que le salaire des tisseurs de Spitalfields excède celui de leurs homologues de Manchester de 60 % pour la fabrication de gros de Naples (*ibid.*, p. 135). Si cela a en effet pu être le cas, la différence de qualité qui existait entre les gros de Naples de Spitalfields et de Manchester était telle qu'on pouvait presque les considérer comme deux catégories d'articles différents, ce qui rend la seule comparaison des salaires tout à fait trompeuse (cette différence de qualité est notamment confirmée par W. Wallis dans HC, *Select Committee on the Silk Trade*, 1832, p. 728).

24 Se fondant sur le rapport de l'enquête sur les tisseurs à bras qui sera publié une dizaine d'années plus tard, Clapham rapporte qu'il était de coutume de payer deux tiers des prix de Spitalfields dans beaucoup d'industries des campagnes anglaises (J. H. Clapham, « The Spitalfields Acts », art. cité, p. 462, et HC, *Reports from Assistant Hand-Loom Weavers Commissioners*, vol. 2, 1840a, p. 285).

25 Au sens où l'expression a été utilisée par J. H. Clapham, « Of Empty Economic Boxes », *The Economic Journal*, vol. 32, n° 127, 1922, p. 305-314. La thèse selon laquelle l'analyse que proposent les économistes classiques de l'organisation de la production manquerait de contenu empirique est creusée plus à fond dans S. Hupfel, « The Spitalfields Acts and the Classics », art. cité, et rejoint l'idée défendue par F. Geary et R. Prendergrast, 2008, « Philosophers and Practical Men : Charles Babbage, Irish Merchants and the Economics of Information », *The European Journal of the History of Economic Thought*, vol. 15, n° 4, 2008,

dynamiques industrielles propres à la production de biens de qualité et de leurs mécanismes de régulation peut ainsi être vue comme un facteur venant aggraver la difficulté ancienne rencontrée par l'industrie de la soie britannique à réformer les institutions qui en régulaient l'activité, qui avait déjà été l'une des raisons ayant conduit à l'abrogation des Spitalfields Acts. Ce n'est donc pas seulement du fait de leur annulation mais aussi et surtout à cause de la difficulté récurrente à se figurer les défis industriels liés à l'ouverture du commerce qu'il pouvait être légitime de craindre les effets de la concurrence française sur une industrie profondément désorganisée, et très insuffisamment préparée à répondre à ce choc.

Le 5 juillet 1826 est finalement instauré, en raison de contraintes techniques, un droit de douane spécifique (au poids), qui devait correspondre à un prélèvement de 30 % sur la valeur des soieries importées en Grande-Bretagne. Les tarifs sur les importations de soie brute comme de soie moulinée sont aussi sensiblement réduits, et une subvention à l'exportation d'articles de soie est établie[26]. Les importations de tissus français ne cessent d'augmenter à partir de la mise en place de ces mesures (comme le montre la figure 2, en annexe), pour venir véritablement inonder le marché anglais au plus fort de la saison automnale, qui sert ainsi de premier test à leurs effets. L'invasion des soieries françaises a des conséquences particulièrement violentes à Spitalfields, où beaucoup d'articles deviennent immédiatement invendables, ce qui entraîne de fortes baisses de salaire pour les tisseurs. De telles baisses ont aussi pour effet de faire exploser le montant collecté par la paroisse de Christ Church au titre de l'aide aux pauvres, qui correspond, pour le dernier quart de l'année 1826, au plafond de la décennie 1820[27]. Mais cette brutale aggravation de la

p. 571-594, qui suggèrent que « l'intensification de la coordination de la production par les firmes, ainsi que sa centralisation et sa mécanisation avaient contribué à diminuer l'intérêt pour les solutions organisationnelles au problème de la qualité » (p. 592). Les raisonnements de Mill peuvent ainsi être placés en droite ligne de ceux de Ricardo, quand ce dernier supposait que la baisse de prix engendrée par l'abrogation des Spitalfields Acts devait nécessairement améliorer la compétitivité des produits anglais, et donc leurs ventes, sans se préoccuper de la baisse de qualité que cette abrogation pouvait induire, et de ses effets sur la demande (HC, *Hansard*, vol. 9, 1823, p. 816).

26 Pour le détail de ces mesures, voir le témoignage de James D. Hume, secrétaire adjoint au Board of Trade, devant la commission parlementaire de 1832 (HC, 1832, *op. cit.*, p. 5-9).

27 Les registres de la paroisse de Christ Church indiquent en effet une hausse continuelle des *poor rates* à partir d'octobre 1825, qui passent de 1 500 à 3 000 livres en l'espace d'une année (THL, L/CCS/2/9, Minute book of meetings of the Vestry of the Parish of

situation est loin de se limiter à Spitalfields et affecte d'autres centres de production du pays de manière semblable, les salaires diminuant aussi significativement dans les régions de Coventry et de Manchester dès l'automne 1826, parallèlement à l'augmentation des *poor rates*[28].

C'est au cours de cette année noire pour les ouvriers en soie anglais, et en particulier pour ceux de Spitalfields, que l'on peut voir se fixer l'image de mendiants et d'assistés qui allait désormais leur coller à la peau, et qui faisait déjà dire à Mill que « l'industrie de la soie était, avant les débats parlementaires, vraiment une honte pour le pays[29] ». Alimenté par les baisses de prix qui se prolongent au long de l'année 1827, ce changement d'image va de pair avec la dégradation du moral des tisseurs, qui se traduit à la fois par une certaine résignation à défendre leur cause et par l'émergence de critiques plus acerbes vis-à-vis du gouvernement, qu'ils ne se gênent plus d'accuser[30]. La misère et le mécontentement grandissants qui les affectent les conduisent à envoyer une première pétition, lue aux Communes le 12 juin, priant les autorités de venir à leur secours[31]. En l'absence de réaction nette au cours des mois suivants, c'est surtout à partir du début de l'année 1828 qu'on voit la communauté des tisseurs se remettre en mouvement, avec la tenue d'une de leurs assemblées générales le 20 février.

Le rapport et la pétition « pour une loi de protection des salaires[32] » dont elle accouche signale un changement majeur dans la posture adoptée par les ouvriers en soie. À sa racine, on retrouve la revendication qui était

Christ Church, Spitalfields, 1815-1834). La paroisse de Saint Matthew Bethnal Green, dont dépendaient la majorité des tisseurs, va voir son déficit, quasi-nul en 1825, s'élever à plus de £ 13 000 en 1832, alors que le nombre des pauvres inscrits à ses registres est multiplié par 8, passant de 913 à 7 378 (HC, 1832, *op. cit.*, p. 478 et 719).

28 Sur l'augmentation comparable des dépenses liées à l'aide aux pauvres à Coventry et Macclesfield, voir *ibid.*, p. 53 et 782.

29 Alors qu'en réalité c'est plutôt à leur suite qu'elle le devint. L'image véhiculée par J. S. Mill, « The Silk Trade », art. cité, p. 136-137, était en fait assez récente, et en aucun cas antérieure au début du XIXe siècle, comme l'affirme N. K. A. Rothstein, *The Silk Industry in London, op. cit.*, p. 5. Les premières traces de cette conception apparaissent selon nous avec les difficultés rencontrées par les tisseurs au sortir des guerres napoléoniennes, et avec la manifestation de charité qui est organisée en 1816 à l'Egyptian Hall pour leur venir en aide.

30 Ce double sentiment est décrit rétrospectivement par William Wallis et Ambrose Moore (HC, 1832, *op. cit.*, p. 725 et 770).

31 HC, *Hansard*, vol. 17, 1827, p. 1242.

32 *Report adopted at a general meeting of the journeymen broad silk weavers, held in Saint John street chapel, Brick-Lane, Spitalfields, on wednesday, the 20th of February, 1828, to take into*

déjà la leur depuis le début des années 1820, qui était intimement liée à la pratique de leur métier, c'est-à-dire celle d'un « salaire adéquat » ou d'une « récompense équitable[33] ». Sans doute aussi influencés par les orientations de la presse ouvrière de la fin de la décennie[34], les tisseurs dénoncent l'opération du « système de meulage[35] » (*grinding system*) qui, à travers la compétition par les prix alimentée par la « rapacité malhonnête d'employeurs sans scrupules[36] », entraîne par « le pillage individuel systématique[37] » qui résulte du face à face inégal entre le maître et l'ouvrier, le malheur général. Ce qui contraste avec les débats précédents est que le message envoyé n'est plus seulement, ou même prioritairement, censé se rapporter à l'état de leur industrie, mais bien à celui de « la population laborieuse du Royaume-Uni d'Angleterre et d'Irlande[38] ». Toutes les références au métier d'ouvrier en soie ont par ailleurs disparu du compte rendu final de leur assemblée, tandis que les problématiques économiques d'échelle nationale, sur lesquelles insistaient les radicaux et auxquelles les tisseurs s'étaient jusqu'alors

---

consideration the necessity of petitioning the legislature for a wages protection bill, and such other purposes as may arise out of the same, to which is appended, the petition, Londres, 1828.

33 Ce sont sans nul doute ces expressions qui reviennent le plus fréquemment dans le rapport (*ibid.*, p. 1, 8, 15, 16, 26).

34 C'est à partir de ce moment que percent véritablement les idées des socialistes « ricardiens », et principalement celles de Thomas Hodgskin dans la presse coopérative des années 1825-1830 (N. W. Thompson, *The People's Science*, *op. cit.*, p. 124-135). Force est en effet de constater que leur idée centrale, selon laquelle une partie du produit de son travail échappait à l'ouvrier en raison du rapport de force défavorable entre le travail et le capital (voir pour un aperçu de leurs théories : R. Ege, « L'économie politique et les systèmes sociaux pendant la première moitié du XIXe siècle », *Nouvelle histoire de la pensée économique*, éd. A. Béraud, G. Faccarello, vol. 1, *op. cit.*, p. 12-61), correspondait assez bien au thème historique des ouvriers en soie, comme le rappelle l'adresse des tisseurs de Macclesfield publiée par le *Trades' Newspaper* du 9 juillet 1826 : « Le travail est-il libre quand il s'agit de fixer la valeur du travail de l'employé ? – Nous répondons non ; car s'il n'est forcé par aucune loi de son pays de travailler pour un prix inférieur au salaire de subsistance [*living price*], il y est contraint par la nécessité – sa pauvreté le rendant dépendant – la volonté de son maître est sa loi, et il n'a pas d'autre choix que de travailler ou de périr ».

35 *Report adopted at a General Meeting of the Journeymen Broad Silk Weavers*, 1828, p. 27. L'expression est empruntée à l'activiste William Longson, ouvrier en soie à Stockport ayant travaillé auparavant dans le coton, qui avait été interrogé par le *select committee* de Hume sur les Combination Laws, avant d'intervenir quelques années plus tard devant la commission sur les *hand-loom weavers* de 1834.

36 *Ibid.*, p. 27-28.

37 *Ibid.*, p. 27.

38 *Ibid.*, p. 1.

montrés assez peu intéressés, y occupent désormais une place essentielle. La misère de leur situation est ainsi reliée non seulement à « la pression énorme des impôts nationaux[39] », mais aussi au triple défaut de gestion gouvernementale des questions agricole, commerciale et monétaire, qui ont été identifiées par Boyd Hilton comme le nexus essentiel autour duquel s'était articulée l'action des gouvernements tories depuis la chute de Napoléon[40].

La mutation du discours des ouvriers en soie s'accompagne aussi d'une dénonciation approfondie et renouvelée de « la rage pour les principes abstraits[41] », et en particulier pour ceux qui découlent des « doctrines *fallacieuses* de l'école de Ricardo[42] ». Car les tisseurs, reprenant les arguments avancés par William Hale et Andrew Larcher quelques années plus tôt, continuent de s'appuyer sur Adam Smith pour proclamer que « le travail d'un pays est la richesse d'un pays[43] ». L'augmentation des salaires étant à la fois le reflet et l'une des causes motrices de la croissance, les artisans préviennent que, « tant qu'ils n'auront pas été élevés au niveau de subsistance et qu'une loi déclarative sera adoptée, reconnaissant la maxime selon laquelle L'HOMME DOIT POUVOIR VIVRE DE SON TRAVAIL, tous les autres remèdes ne seront d'aucune utilité[44] ». En plus de la référence fondamentale à Smith, on constate ce faisant l'élargissement indéniable des lectures des ouvriers, qui convoquent désormais aussi, au milieu de références plus exotiques, des penseurs tels que Locke, Senior et McCulloch, pour désigner le travail

39 *Ibid.*, p. 23.

40 Respectivement à travers les débats sur les Corn Laws, le libre-échange et la question de l'étalon-or. On renvoie ici à Boyd Hilton, *Corn, Cash, Commerce : Economic Policies of the Tory Governments, 1815-1830*, Oxford, Oxford University Press (Oxford historical monographs), 1978.

41 *Report adopted at a General Meeting of the Journeymen Broad Silk Weavers*, 1828, p. 21.

42 *Ibid.*, p. 27.

43 *Ibid.*, p. 14. Le rédacteur du rapport, en faisant référence aux pamphlets de William Hale, signale que ce dernier « a quitté le métier car il ne pouvait plus supporter de faire des affaires dont les profits doivent être obtenus au dépends de la paroisse, ou au détriment des classes laborieuses » (*ibid.*, p. 30).

44 *Ibid.*, p. 22. L'accent placé par les tisseurs sur l'importance qu'il y a à maintenir des salaires élevés doit être relié aux raisonnements en termes de circuit proposés par Andrew Larcher au début de la décennie, dont certaines expressions sont d'ailleurs reprises dans le rapport. Les tisseurs dénoncent ainsi le paradoxe qui consiste à sans arrêt chercher à diminuer les prix de vente alors qu'ils s'estiment « presque détruits en tant que consommateurs » (*ibid.*, p. 28).

comme « la source de toutes les richesses[45] » et exiger en conséquence qu'il soit justement, et donc amplement, rémunéré.

La solution qu'ils envisagent afin que « la main de fer de l'oppression [puisse être] arrêtée par la justice impartiale[46] », est somme toute assez simple :

> Aucune autre espèce de régulation aussi adaptée, équitable, irréprochable et efficace n'a jamais été développée dans le monde, que celle qui par la loi (sans que celle-ci fixe un salaire minimum) protège à la fois le maître et les compagnons par le passage d'accords entre eux, proposés lors de rencontres entre une majorité d'employeurs et de représentants des travailleurs [...], qui engagent une fois validés toutes les parties employées à un même métier, dans toute ville ou district où se tiendraient de telles rencontres. (*Report adopted at a General Meeting of the Journeymen Broad Silk Weavers*, 1828, p. 29)

C'est donc le rétablissement des Spitalfields Acts que demandent tout bonnement les tisseurs, à la différence près qu'ils proposent d'en appliquer le principe au pays tout entier (comme cela avait déjà été demandé en 1818), ainsi qu'aux « quatre grandes branches du tissage[47] » : le coton, la laine, le lin et la soie, et virtuellement à l'ensemble des industries du Royaume. D'autres pétitions allant dans le même sens sont d'ailleurs envoyées par les ouvriers de nombreuses autres villes, incluant les industries de la soie de Coventry, Macclesfield, Manchester et Norwich[48]. Cette différence notable fait apparaître la demande des tisseurs de Spitalfields

45 *Ibid.*, p. 7. En plus de la filiation aux pamphlets du début de la décennie, une telle affirmation doit impérativement être rapportée aux développements de la presse coopérative, où « l'idée que le travail est l'unique source de la valeur économique » (N. W. Thompson, *The People's Science*, *op. cit.*, p. 125) est exprimée à ce moment plus distinctement qu'elle ne l'avait jamais été. Il n'est pas non plus à exclure que certains tisseurs aient pu directement assister aux débats organisés en 1825 au London Mechanics' Institute, entre William Thompson et Thomas Hodgskin, dont l'essai publié par le second à leur suite, *Labour Defended Against the Claims of Capital*, constitue l'une des racines intellectuelles importantes des journaux de la fin des années 1820. C'est peut-être aussi de cette source que provenaient les (brèves) références à McCulloch et Senior (*Report adopted at a General Meeting of the Journeymen Broad Silk Weavers*, 1828, p. 15-16).

46 *Ibid.*, p. 31.

47 *Ibid.*, p. 29.

48 En effet, l'action des tisseurs de Spitalfields avait cette fois été coordonnée avec celle d'autres tisseurs du pays, comme l'indiquent les comptes rendus de leurs assemblées proposés par le *Trades' Free Press*, « General Meeting of the Broad Silk Weavers », 26 Avril 1828, et « General Meeting of the Broad Silk Weavers of Spitalfields and its Vicinity », 3 mai 1828.

d'une toute autre manière, puisqu'elle n'appelle plus seulement à accorder un statut d'exception à des artisans exceptionnels, tant par leur industrie que par leur tranquillité, mais pouvait faire craindre l'enclenchement d'une dynamique de réforme industrielle générale. Ayant déjà tout fait par le passé pour empêcher une telle dynamique d'émerger, il était fort peu probable que les tories au pouvoir décident à ce moment de la laisser prendre de l'ampleur, et la pétition ne trouva en conséquence aucun écho au parlement au cours des mois suivants. Désormais menés par Wellington depuis la fin du mois de janvier 1828, les mêmes tories n'avaient en effet toujours pas abandonné l'objectif de réduction des salaires qui leur assurait le soutien des grands capitalistes, encore encouragés par le relatif retour au calme qui avait suivi la révision des Combination Laws en 1825. Il s'agissait en réalité d'un de ces calmes qui précède la tempête, dont les mobilisations des tisseurs qui allaient apparaître constituaient seulement l'un des signes annonciateurs.

Le 4 février 1829, un cortège de plusieurs milliers d'ouvriers en soie marche vers Downing Street, dans le plus grand calme, pour protester contre la politique de libre-échange menée par le gouvernement[49]. Tout en affichant sa volonté de trouver un remède à la situation des tisseurs, ce dernier ne donne aucune suite véritable aux pétitions qui lui sont encore envoyées jusqu'à l'été[50]. C'est cette absence de réponse qui débouche à la mi-avril sur la tenue d'une assemblée d'un genre nouveau, qui réunit à Londres des délégations d'ouvriers en soie de Macclesfield, Manchester et Spitalfields, pour décider des actions à entreprendre de concert. La véhémence inédite des résolutions adoptées par l'assemblée, qui désigne clairement « la législature [comme] responsable d'avoir provoqué la misère et la dégradation de la nation[51] », pouvait faire craindre aux autorités que la situation ne s'embrase, ce qui se produit dans les semaines suivantes. À partir du 3 mai, des petits groupes de tisseurs s'infiltrent dans les ateliers pour y couper de nombreux articles, soufflant un vent de panique sur Spitalfields. Le 5, une dizaine de milliers d'ouvriers assemblés appellent à la grève générale pour forcer les maîtres à augmenter

49 M. W. Steinberg, *Fighting Words*, *op. cit.*, p. 117-118. L'ensemble de ce paragraphe reprend d'ailleurs le déroulement des événements tel qu'il est exposé dans cet ouvrage, p. 118-126.

50 Voir à ce titre l'article du *Morning Chronicle*, « The Spitalfields Silk Weavers, and the expected reply to their memorial, from his Grace the Duke of Wellington », 5 février 1829.

51 M. W. Steinberg, *Fighting Words*, *op. cit.*, p. 119.

les salaires, réclamant le retour à la liste de prix de 1824. Alors que les destructions de tissus se poursuivent et que des renforts de police sont envoyés à Spitalfields pendant les jours suivants, une délégation de maîtres accepte, sous la pression et après de longs pourparlers, les demandes des ouvriers, au soir du 7 mai 1829. Mais cet accord est presque immédiatement contesté par de nombreux manufacturiers qui refusent d'appliquer la liste de prix. Ce sont eux qui sont principalement la cible d'une seconde vague d'attaques menées jusqu'à la fin du mois de mai, moment à partir duquel les forces de police commencent à prendre le dessus sur les *cutters*, dont les offensives se raréfient jusqu'à disparaître presque totalement à partir du milieu du mois de juin.

Outre la lourdeur du bilan matériel de ces offensives et les nombreuses condamnations qui en résultent, on voit bien à travers cet épisode comment l'évolution du discours des tisseurs s'accompagnait d'un changement de leur répertoire d'action. Tout en puisant dans l'histoire de leurs mobilisations passées, en premier lieu celles de la décennie 1760, leur mouvement présente certaines caractéristiques radicalement neuves. La première provient essentiellement, sur le plan du contenu de leur message, de la politisation de leurs arguments qu'on a observée, à travers leur refonte au sein du moule radical[52]. Une telle refonte permettait en sus de rendre leurs demandes plus lisibles auprès du gouvernement, et surtout de les rendre compatibles avec celles d'ouvriers provenant d'autres industries. Elle ne pouvait donc se faire qu'au prix de la disparition des références à la spécificité du métier d'ouvrier en soie, qui est sans doute l'une des transformations les plus marquantes qui apparaissent avec la pétition de 1828. L'autre série de nouveautés concerne la forme des

52 Ce phénomène semble donc bien entrer dans le cadre de la définition large que donne Jacques Lagroye du processus de politisation, savoir « une requalification des activités sociales les plus diverses, requalification qui résulte d'un accord pratique entre des agents sociaux enclins, pour de multiples raisons, à transgresser ou à remettre en cause la différenciation des espaces d'activités » (J. Lagroye, « Le processus de politisation », *La politisation*, éd. J. Lagroye, Paris, Belin (Socio-histoires), 2003, p. 360-361). Plus précisément, l'exemple des tisseurs londoniens illustre bien « la "prise de conscience", chez des acteurs étrangers aux jeux ordinaires de l'espace politique et à ses enjeux spécifiques, de ce qu'ils appellent la "dimension" ou la "portée" politique de leurs activités » (*ibid.*, p. 366). La reconnaissance de cette dimension peut ainsi générer certains clivages entre ceux qui, au sein du même groupe, souhaitent s'y engager plus à fond et ceux qui, au contraire, veulent se concentrer sur des engagements « "purs" de toute contamination politique » (*ibid.*, p. 365).

mobilisations des tisseurs. Si les destructions d'articles qui surviennent en 1829 rappellent évidemment le mode opératoire de leurs aïeuls, la concertation d'échelle nationale (et interprofessionnelle) qui avait présidé à l'envoi de la pétition pour une loi de protection des salaires constitue un fait totalement inédit. De la même manière, le recours à la grève générale, décidée lors d'une assemblée générale publique, signale aussi un changement important de leur mode d'action[53].

Alors que les artisans qualifiés de Londres, longtemps mieux protégés que le reste des ouvriers anglais, s'étaient jusqu'alors distingués par leur apolitisme et leur localisme relatifs, on constate d'importantes modifications sur ces deux plans, à la charnière entre les décennies 1820 et 1830. Ainsi, c'est dans le contexte très agité qui avait suivi la mort de George IV le 26 juin 1830, qui allait déboucher sur le retour au pouvoir des whigs et l'engagement des débats autour du Reform Act, qu'on voit encore les tisseurs se réunir à plusieurs reprises pour discuter de la création d'une *trade union*, l'utilisation de ce vocable constituant à elle seule un autre signal des transformations profondes qu'étaient en train de subir leurs organisations[54].

Parmi les nombreuses commissions d'enquête qui sont mises en place par le nouveau parlement whig de 1831, l'une d'entre elles avait pour mandat d'examiner « l'état de l'industrie de la soie, et les effets des changements législatifs dont elle a fait l'objet depuis l'année 1824[55] ». Les témoignages abondants qu'elle recueille entre mars et juillet 1832 constituent véritablement une étape clef des débats, en tant qu'ils permettent d'une part de faire le point sur les importantes mutations économiques ayant eu lieu depuis l'abrogation des Spitalfields Acts, et qu'ils renferment d'autre part les prémisses des nouvelles politiques qui seront envisagées pour s'y adapter. C'est davantage dans cette première

53 Le passage d'une organisation fondée sur la réunion en petits comités dans les brasseries du district, débouchant principalement sur l'envoi de pétitions, à des réunions publiques de plus grande taille, capables de déclarer la grève, est souligné par M. W. Steinberg, *Fighting Words*, *op. cit.*, p. 108.

54 Plusieurs de ces réunions avaient eu lieu au cours du premier trimestre 1830, ainsi qu'aux mois de janvier de l'année suivante selon M. W. Steinberg, *ibid.*, p. 246. Le terme de *trade union* n'était progressivement apparu qu'au cours des années 1820, et il faudra attendre 1871 pour qu'il soit utilisé dans la législation, comme le fait remarquer M. S. Chase, « A sort of Corporation (tho' without a charter) », *Guilds and Associations in Europe, 1200-1900*, éd. I. A. Gadd et P. Wallis, 2006, p. 187.

55 HC, 1832, *op. cit.*, p. 3.

optique que l'on propose de s'y intéresser maintenant, en guise de première conclusion à ce chapitre.

Après avoir souligné la gravité extrême de la crise traversée par la manufacture de Spitalfields au cours des dernières années, la totalité des témoins interrogés par la commission relie la détresse qui en découle à l'arrivée des tissus français, spécialement dans le secteur des biens de mode et de haute qualité. À la question de savoir si cette détresse ne provenait pas plutôt de la concurrence exercée par l'industrie de Manchester, la commission est surprise d'apprendre que « s'il y avait une compétition, il s'agissait davantage de Spitalfields contre Manchester que de Manchester contre Spitalfields[56] ». L'interprétation donnée à cette réponse est la suivante : les biens supérieurs autrefois produits à Londres ayant été évincés par les articles français, les producteurs londoniens s'étaient tournés vers les articles moins nobles, et surtout moins risqués, déjà fabriqués à Manchester, pour lesquels les marchands anglais trouvaient encore preneurs. Cette focalisation sur des biens de qualité moindre est encore accentuée par les subventions à l'exportation concédées en 1826, et est particulièrement bien visible dans les statistiques des douanes, où l'on voit exploser la part des articles de soie mélangée au sein des exportations britanniques, dont le volume global reste stable (figure 3, en annexe)[57].

La diminution de la qualité des articles produits est encore confirmée par de nombreux témoins qui pointent la disparition des tissus façonnés de Spitalfields, leur confection n'occupant plus qu'un huitième des métiers de la capitale alors qu'elle en faisait battre près du quart au cours des dernières décennies, portant un coup d'arrêt à l'emploi croissant des métiers Jacquard, qui avaient été introduits à Londres au début des années 1820[58]. La disparition des façonnés et de beaucoup d'autres

56 *Ibid.*, p. 30.

57 Les tissus de soie mélangées à d'autres fils de laine ou de coton étaient généralement des tissus de moindre qualité que les riches unis et que les façonnés, qui entraient dans la catégorie des soies pures. Cette distinction, qui a l'avantage d'être appliquée par les douanes britanniques, constitue donc un moyen indirect d'évaluer la qualité des articles issus des manufactures anglaises.

58 Au sujet de la diminution du nombre de façonnés produits à Spitalfields : *ibid.*, p. 488, 690, 724-725, 742 et 744. Le manufacturier Barret Wadden estime quant à lui que ce type de production est « presque éteinte » à Spitalfields (*ibid.*, p. 671). Sur l'utilisation du métier Jacquard à Londres voir *ibid.*, p. 296, 338, 436, 488 et 685, ainsi que N. K. A. Rothstein, « The Introduction of the Jacquard Loom to Great-Britain », *Studies in*

articles supérieurs comme les velours, les satins ou les gazes résultait en fait de l'enclenchement d'une dynamique où « les salaires tombent si bas qu'ils ne permettent plus de préserver la condition des travailleurs ; la faiblesse de leur salaire les conduit à négliger leur travail, et à justifier cette négligence par les salaires misérables qu'ils reçoivent[59] », attaquant les bases de l'*ethos* de la qualité caractéristique des ouvriers en soie[60]. Logiquement, ce sont les articles les plus compliqués, qui nécessitaient d'importants investissements pour l'ouvrier, qui sont abandonnés en priorité par les tisseurs, à l'image de William Wallis qui explique être passé en 1824 du secteur des façonnés à celui des articles unis[61].

La détérioration considérable de la condition des ouvriers est pourtant loin de faire les affaires des marchands qui se retrouvent, pour résister à la concurrence française, avec une main d'œuvre moins performante et aussi moins disciplinée, plusieurs d'entre eux signalant des cas de vol de marchandises, chose jusqu'alors rarissime à Spitalfields[62]. La dégradation de la qualité de la main d'œuvre était ainsi venue s'ajouter à la vigueur de la concurrence étrangère pour détourner les manufacturiers des articles plus complexes, venant amplifier un mouvement que certains d'entre eux avaient contribué à initier. Il est vrai que la concurrence du continent avait violemment surgi au pire des moments, alors que le système de contrats de la manufacture était totalement désorganisé, et souffrait gravement de la crise de confiance qui existait entre marchands et ouvriers depuis l'abrogation des Spitalfields Acts. C'est la conjugaison de ces deux facteurs qui les avaient conduit à désinvestir massivement des actifs spécifiques essentiels à leur industrie, l'annulation des listes de prix et l'ouverture commerciale qui l'avait suivie ayant fait s'effondrer les

Textile History – In Memory of Harold B. Burnham, éd. V. Gervers, Toronto, Alger Press, 2007, p. 281-304.

59 *Ibid.*, p. 656.

60 M. W. Steinberg, *Fighting Words*, *op. cit.*, p. 104, remarque ainsi que, « pour les tisseurs [...] les dépressions qui suivirent le *repeal* avaient érodé les fondations de leur honorabilité et fait surgir le spectre de la dégradation », si bien que « leur statut d'artisan subit des dommages irréversibles ».

61 HC, 1832, *op. cit.*, p. 719. Wadden explique avoir fait le même raisonnement (p. 672). Cette tendance à abandonner la production d'articles façonnés lorsque le risque augmente, et ce en dépit de leurs prix plus élevés, est une constante que l'on retrouve aussi bien à Lyon qu'à Londres ou dans d'autres manufactures (voir pour un autre exemple HC, *Select Committee on Petitions of Ribbon and Silk Weavers and Manufacturers*, 1818, p. 139).

62 *Ibid.*, p. 676 et 770.

incitations à investir dans ces actifs. Tandis que la misère des ouvriers en soie les encourage à se concentrer sur quelques lignes de production moins risquées, et donc à cesser peu à peu de cultiver l'excellence de leur savoir-faire, les marchands sont incités à persévérer dans la stratégie consistant à accumuler des stocks pour ne compter que sur le faible prix de leurs articles, et ne prennent plus le risque d'investir dans la conception de dessins originaux[63]. Allant de pair avec la réduction de la qualité des articles, l'abandon progressif de la spécialisation flexible des ouvriers conjuguée à la politique menée par les marchands avait considérablement augmenté le temps de réponse de la manufacture à la demande grandissante de variété qui s'exprimait sur les marchés. L'écroulement de la flexibilité dynamique de la manufacture londonienne se traduit ainsi par un suivisme total de la mode française, l'ambition de ses marchands ne consistant plus qu'à chercher à reproduire les couleurs et les dessins des tissus arrivant du continent[64].

Le plus frappant est que la quasi-totalité des témoins estiment le tisseur anglais capable d'égaler le savoir-faire de son équivalent de Lyon, mais relèvent l'existence d'un « préjugé » en faveur de la mode française, si puissant qu'« elle pourrait s'écouler à n'importe quel prix[65] ». Face à un tel atout, une majorité non moins écrasante d'entre eux désigne la prohibition totale des articles français comme la seule mesure capable d'éviter la ruine de l'industrie anglaise. Cette opinion est partagée par le marchand londonien Ambrose Moore, qui avait pourtant soutenu l'abrogation des Spitalfields Acts comme l'ouverture commerciale en 1824, et qui qualifie désormais de « faillite totale[66] » le résultat de ces mesures. Analysant rétrospectivement cette faillite, Moore dénonce la préparation insuffisante de l'industrie à la concurrence internationale,

63 La persévérance des marchands dans la stratégie qui consistait à constituer des stocks pour espérer vendre moins cher est confirmée par de nombreux témoins, dont certains remarquent qu'une telle méthode n'existait pas en France, où toute la production était effectuée sur ordre (*ibid.* p. 43, 47, 130, 134, 137 et 558).

64 La difficulté à suivre la cadence de renouvellement des tissus français, souvent pointée au long des interrogatoires (*ibid.*, p. 85, 114), est précisée par le marchand londonien d'origine française François Félix Bouillon, qui estime entre six semaines et deux mois le délai de péremption d'un modèle à Paris, avant qu'il ne soit considéré comme « vieux » (*ibid.*, p. 687).

65 *Ibid.*, p. 710.

66 *Ibid.*, p. 752. Il n'est pas le seul manufacturier à faire ce constat. C'est aussi le cas de William Beckwith (p. 843) et du marchand de Macclesfield John Brockelhurst (p. 802).

soulignant à plusieurs reprises qu'il n'avait « pas réalisé l'impact que le seul effet de mode avait sur ce commerce », à quel point « la fureur suscitée par la mode française était indépendante de tout prix, de toute perfection[67] ». Le marchand souscrit ainsi à l'analyse selon laquelle la supériorité des articles français découlerait d'un préjugé en leur faveur, dont les sources restent mystérieuses, en même temps qu'il évoque dans une de ses réponses la disparition des dessinateurs renommés qui avaient fait la fortune de Spitalfields[68].

Le seul témoin à réellement prendre au sérieux ce « préjugé » pour chercher à en déterminer les causes objectives fut le benthamite John Bowring. Mandaté au début de l'année 1832 par le Board of Trade pour examiner l'état de l'industrie de la soie française, il décrit à la commission, à son retour de Lyon, les principaux mécanismes qui généraient selon lui cet avantage français pour les tissus de mode et de haute qualité, initiant par là une réflexion qui allait se poursuivre sur toute la décennie[69]. Ce qu'il faut retenir pour l'instant est que ce déficit anglais dans la production de biens de qualité semble avoir durablement marqué, en l'espace de sept ou huit ans, le développement de l'industrie de la soie britannique, alors que le niveau global de son produit et de ses exportations était resté à peu près stable. Le déclassement des biens fabriqués à Spitalfields s'assortit ainsi de la première diminution significative du nombre total de métiers occupés par la manufacture londonienne, quand sa concurrente lyonnaise avait dans le même temps profité de ces faiblesses pour accroître son emprise sur les marchés internationaux[70].

Loin de la tempête traversée par les manufactures de soieries anglaises, les tentatives d'apaisement des autorités qui suivent la Révolte de 1831 à Lyon permettent à la fabrique de rapidement se recentrer sur les

67 *Ibid.*, p. 757.

68 *Ibid.*, p. 769. Ce fait est également relevé par d'autres témoins ; voir notamment p. 690 et 701.

69 Au sujet de laquelle on peut consulter pour plus de détails S. Hupfel, « L'enquête de John Bowring à Lyon aux mois d'avril-mai 1832 et ses conséquences en Grande-Bretagne », *Archives de soie. Fabrique et insurrections*, éd. L. Frobert, Milan, Silvana Editoriale, 2014, p. 35-50.

70 Un diagnostic assez juste de la situation est fourni par le marchand de Macclesfield John Brockelhurst, selon lequel « l'industrie de la soie anglaise est restée stationnaire en termes de quantité produite, et a rétrogradé de 50 % dans les branches des articles les plus fins au cours des six dernières années, pendant que l'industrie du continent a cru de 50 % sur la même période » (*ibid.*, p. 804).

fondamentaux qui avaient servi de piliers à sa régénération, depuis le début du siècle. Les trois principales promesses faites aux ouvriers après leur soulèvement (rénovation du conseil des prud'hommes, création d'une mercuriale et d'une caisse de prêts) apparaissent dans ce cadre comme des moyens de maintenir la viabilité du régime de manufacture dispersée, sans rien céder sur la question du tarif. En plus du refus catégorique de négocier ce dernier point, ces concessions s'accompagnent aussi du retour d'un pouvoir plus dur, avec la nomination du préfet Gasparin, qui a pour mission de briser les ouvriers en soie tant politiquement qu'économiquement, afin que des évènements semblables à ceux de 1831 ne puissent se reproduire.

Au lendemain de la Révolte, c'est toutefois l'esprit d'apaisement qui prévaut, et que l'on retrouve dans l'orientation de *L'Écho de la fabrique*. Maintenant la posture adoptée par les chefs d'atelier lors des trois journées de novembre, les rédacteurs du jeune hebdomadaire canut font d'abord le choix de clairement écarter du champ de leurs investigations tout questionnement d'ordre politique, pour faire de *L'Écho* une feuille « tout industrielle[71] ». Cette orientation est aussi à relier à l'influence des saint-simoniens, dont une délégation avait déjà rendu visite aux ouvriers en 1831, et qui engagent la constitution d'une de leurs églises à Lyon au début de l'année 1832. Surtout, plusieurs représentants lyonnais de ce courant participent directement à la rédaction du journal, à commencer par le négociant François Barthélémy Arlès-Dufour, qui y publie une série d'articles[72]. Les thèmes de l'association, de la propriété ou de l'impôt chers aux disciples de Saint-Simon occupent en

71 Cette expression peut être prise comme représentative de la première période du journal (voir notamment L. Frobert, *Les canuts, ou la démocratie turbulente*, *op. cit.*, p. 27-76 ; *L'Écho de la fabrique*, 3 juin 1832 et 23 septembre 1832), dont le rédacteur en chef était alors Antoine Vidal. Ancien ouvrier tulliste et instituteur à Saint-Didier au Mont d'Or, ce dernier s'était fait connaître par la publication en 1827 d'un recueil de textes, poèmes et chansons, qui lui valurent le surnom de « Béranger lyonnais ». Vidal était l'un des trois principaux animateurs du journal avec Joachim Falconnet et Marius Chastaing, fils d'huissier et ancien étudiant en droit, qui était donc le seul d'entre eux à n'avoir jamais exercé le métier de tisseur.

72 La plupart de ces articles se rapportent aux développements de l'économie britannique (voir par exemple *L'Écho de la fabrique*, 6 et 27 mai 1832). On peut encore citer Pierre Lortet, Louis Berthaud et Pierre Corréard, au rang des autres plumes véhiculant l'influence saint-simonienne dans le journal. Le premier y intervient notamment sur les questions d'hygiène lors de l'épidémie de choléra à Lyon (*ibid.*, 29 juillet et 19 août 1832), tandis que les deux derniers alimentent plutôt les parties littéraires du journal.

conséquence une place de choix dans les premiers développements de *L'Écho*, sans que ses rédacteurs ne se qualifient jamais eux-mêmes de saint-simoniens pour autant[73].

Du fait de l'apolitisme qu'il revendique ouvertement à ce moment, la première période du journal canut se prête particulièrement bien à l'étude du rôle économique qu'il a pu jouer au sein de la manufacture. En deçà des articles généraux consacrés à l'actualité du moment, généralement placés en tête du journal et où l'on peut déceler ses orientations politiques, la colonne vertébrale de *L'Écho* est formée de rubriques spécialement consacrées à la vie interne de la fabrique, qui sont reproduites semaine après semaine. Parmi ces dernières, il faut sans doute insister sur celle qui consistait à rendre compte des séances hebdomadaires du conseil des prud'hommes, qui restera une composante essentielle des journaux ouvriers émanant de la fabrique jusqu'en 1848[74]. Par la diffusion des jugements prononcés par le conseil, *L'Écho* contribue en effet à l'établissement d'une jurisprudence des affaires de fabrique, qui participe elle-même de la perspective de réforme des abus appelée de leurs vœux non seulement par les chefs d'atelier mais aussi par les négociants au cours des années 1820[75].

Dès avant la rénovation du conseil, qui est effectivement engagée à partir du 23 janvier 1832, on peut relever que plusieurs de ses décisions marquantes sont dirigées contre la non participation du négociant aux frais de montage de métier, que Falconnet désigne à la suite de Charnier

73 Ainsi, s'il est clair que les journalistes canuts adhèrent dans un premier temps à une partie du message industrialiste, il est également net qu'ils adoptent une certaine distance vis-à-vis de ses propagateurs, signalant dès le départ ne pas « partager les doctrines des disciples de Saint-Simon » (*ibid.*, 6 novembre 1831), effrayés par leur côté mystique. En réalité, même la teneur du message saint-simonien posait certains problèmes aux canuts, notamment sur la question du tarif que les disciples du Comte voyaient plutôt d'un mauvais œil, estimant qu'il « avait retardé l'emploi de mesures plus structurelles et perpétué "la guerre que les fabricants [chefs d'atelier et négociants] de Lyon se livrent à eux-mêmes" » (*Religion saint-simonienne. Événements de Lyon*, 1832, cité par L. Frobert, *Les canuts, ou la démocratie turbulente*, *op. cit.*, p. 44).

74 C'est l'une des raisons essentielles pour lesquelles on peut estimer avec G. J. Sheridan, « Les échos de *L'Écho* : L'héritage de *L'Écho de la fabrique* (1834-1870) », *L'Écho de la fabrique : naissance de la presse ouvrière à Lyon, 1831-1834*, *op. cit.*, p. 216-221, que tous ces journaux relèvent bien du « journalisme de métier ».

75 L'objectif « d'établir une jurisprudence sur des bases larges et solides » (*L'Écho de la fabrique*, 15 avril 1832) est annoncé d'emblée par Falconnet, avant que l'institution d'une « jurisprudence fixe » ne devienne au cours de l'année suivante l'une des revendications phares du journal.

comme « le plus monstrueux des abus[76] ». Et l'on trouve pour chacun des 15 principaux abus listés par le fondateur de *L'Écho* des cas où les prud'hommes condamnent les fabricants à verser indemnités, défraiements et compensations à leurs ouvriers[77]. Si l'action des prud'hommes revenait ainsi essentiellement à sanctionner la validité des contrats passés entre marchands et chefs d'atelier, et ne portait donc pas directement sur les prix négociés entre eux, certaines affaires les conduisent parfois à se prononcer tout de même sur ce terrain[78]. Il est instructif dans ce cadre d'observer comment émerge alors une dialectique entre les décisions particulières du conseil et l'établissement d'un cours moyen des façons, que la mercuriale promise aux ouvriers était justement censée illustrer. Précisément parce qu'elle constate les prix plutôt que de les prescrire, le préfet vantait la souplesse d'une mercuriale « variable comme les mouvements de l'industrie[79] » par opposition au tarif, « nécessairement

76 *Ibid.*, 5 février 1832. Rappelons ici que c'était à la suite du non remboursement des frais de montage d'un de ses métiers que Charnier avait décidé de créer le mutuellisme (F. Rude, *L'insurrection lyonnaise de novembre 1831*, *op. cit.*, p. 125). Des conflits qui peuvent survenir entre le marchand et le chef d'atelier, c'est sans nul doute celui qui revient le plus régulièrement parmi les affaires portées devant le conseil des prud'hommes. Très peu de ses séances s'écoulent sans qu'une plainte liée aux frais de montage de métier soit évoquée devant les prud'hommes, qui renvoient souvent l'affaire en conciliation, c'est-à-dire à son examen plus approfondi par deux de ses membres (l'un marchand, l'autre chef d'atelier), et tranchent dans l'écrasante majorité des cas en faveur de l'ouvrier.

77 *L'Écho de la fabrique*, 22 janvier 1832. Il est important de remarquer que cette liste d'abus ne concerne que la relation entre négociant et chef d'atelier. Parallèlement, beaucoup d'affaires traitées par le conseil des prud'hommes touchaient aux rapports qu'entretenait ce dernier avec ses apprentis, ou les compagnons qu'il employait.

78 Le plus souvent, l'action des prud'hommes consiste à faire valoir les prix convenus au départ entre l'ouvrier et le marchand. Toutefois, le conseil se réfère régulièrement, comme le font ses commettants lorsqu'il y a des difficultés à reconnaître le prix négocié initialement, au « cours » (*ibid.*, 19 février et 3 mars 1832), au « prix courant » (*ibid.*, 13 mai 1832), au « prix des autres maisons de commerce » (*ibid.*, 22 janvier 1832), ou au « prix le plus bas » (*ibid.*, 29 janvier 1832). Il est également courant que les arbitres désignés par le conseil aillent « constater le prix [d'un article] chez un autre négociant afin de statuer » (*ibid.*, 3 mars 1832). Ainsi, aux négociants qui affirment qu'au sujet des prix, « chacun était bien libre de faire [ses conventions] comme il l'entendait », le président du conseil rétorque « qu'il n'était pas d'usage de payer avec des nippes les ouvriers que l'on occupait » (*ibid.*, 3 mars 1832). Dès avant que soit officiellement fixée la mercuriale, ce dernier déclare encore que « lorsque les parties ne seront pas d'accord sur les prix, le conseil s'enquerra du prix des principales maisons de commerce » (*ibid.*, 11 mars 1832).

79 *Ibid.*, 24 mai 1832 : « Un tarif fixe d'avance le prix auquel doit être payé tel objet, une mercuriale établit le prix auquel il a été payé ; l'une prévient le fait, l'autre le constate ».

menteur » par sa fixité et que, de toute façon, « la loi ne peut autoriser[80] ». De son côté, *L'Écho de la fabrique* critiquait non seulement l'infaisabilité d'une telle mesure, mais estimait surtout qu'elle n'était qu'un leurre destiné à faire oublier le tarif, que beaucoup de tisseurs jugent seul à même de sécuriser leur condition[81]. La suite des évènements allait d'ailleurs plutôt lui donner raison, puisque la mercuriale ne fut établie qu'une seule fois par les prud'hommes, au mois de juillet 1832, avant de disparaître pour de bon.

Les rédacteurs de *L'Écho* n'avaient toutefois pas attendu son élaboration pour publier à plusieurs reprises le « prix courant des façons[82] », et l'on voit bien qu'une forme de liste de prix s'était constituée de fait au fil des mois à partir du tarif de l'hiver dernier, évoluant au gré des décisions des prud'hommes et des conditions économiques qui affectaient chaque type d'article. Vues sous cet angle, les tentatives pour établir un indice des prix connu de tous résultaient sans doute moins de la « volonté arbitraire, despotique[83] » dénoncée par Gasparin que de celle qui visait à établir une concurrence juste au sein de la fabrique. Et l'on sait à quel point la diffusion de l'information, facilitée en l'occurrence par *L'Écho*, pouvait être un facteur décisif pour y parvenir. En plus des effets considérables produits par le choc de la Révolte de novembre sur les marchands, le pouvoir qu'était en train d'acquérir le journal canut de stigmatiser les maisons jugées malhonnêtes avait sans doute contribué à rendre les fabricants « imbus de l'idée qu'ils s'exposeraient en réduisant les salaires, fût-ce même sur la demande de l'ouvrier[84] ».

---

80 *Id.*

81 *Id.*

82 *Ibid.*, 11, 18 et 25 mars 1832.

83 *Ibid.*, 24 mai 1832.

84 Mémoire de la Chambre de commerce au préfet Gasparin, 20 septembre 1832, AML, Documents Gasparin, t. 1. Là encore, *L'Écho* contribuait à maintenir ce sentiment chez les négociants, notamment à travers sa rubrique « Courrier des lecteurs », qui permettait aux canuts de pointer les irrégularités dont ils estimaient être les victimes. La pression qui résultait de telles dénonciations pouvait être accentuée par les rédacteurs du journal, ce qui vaudra d'ailleurs à ce dernier son premier procès, en janvier 1833. En termes de résultat, on voit que l'on se rapproche de l'idéal voulu par Pierre Charnier l'année précédente, lorsqu'il s'était prononcé contre le tarif, proposant plutôt de se concentrer sur une profonde réforme des abus qui, par l'instauration d'un nouveau rapport de force entre ouvriers et marchands, aurait naturellement débouché sur la négociation de prix plus justes (voir F. Rude, *L'insurrection lyonnaise de 1831*, *op. cit.*, p. 310).

Outre la réforme du conseil des prud'hommes et la mercuriale, l'installation tardive de la caisse de prêts aux chefs d'atelier en soie promise aux tisseurs alimente aussi copieusement les discussions de la seconde moitié de l'année 1832. Destinée à émanciper le chef d'atelier de la tutelle du marchand en lui proposant des prêts au taux de 5 %, la caisse venait ainsi se poser en alternative au système traditionnel de l'acquit, où le prêt était consenti directement par le négociant, qui se rémunérait ensuite en prélevant un huitième du prix de la façon versée à son ouvrier. Le projet de son établissement est d'abord accueilli avec enthousiasme par *L'Écho*, qui voit en elle le germe d'une véritable « banque industrielle[85] », comme une condition de « la sauvegarde de l'indépendance des chefs d'atelier[86] » et par opposition à la caisse d'épargne, « où le malheureux n'a rien à apporter que sa misère[87] ». Mais une partie des ouvriers allait pourtant adopter une attitude méfiante, à la fois pour des raisons politiques et économiques. Ainsi pouvait-on premièrement soupçonner que la caisse, derrière ses statuts louables, était en fait destinée à collecter des informations sur les ouvriers de la fabrique, pour mieux pouvoir, au besoin, les tenir en respect[88]. Plus fondamentalement, il semble que beaucoup de canuts préféraient cultiver une relation directe avec leurs négociants, fût-elle parfois chaotique, plutôt que d'avoir à construire une nouvelle forme de relation de crédit via une institution nouvelle, qui se doublait de surcroît du paiement d'un intérêt[89]. Finalement mise en place à la fin du mois de novembre, son développement ne fut pas, en raison de ces critiques, aussi important que certains pouvaient l'espérer, même si la totalité de ses fonds initiaux seront distribués aux

85 *L'Écho de la fabrique*, « Aux aristocrates d'aujourd'hui », 28 avril 1833.

86 *Ibid.*, « De la caisse de prêts », 16 décembre 1832.

87 *Ibid.*, « Aux aristocrates d'aujourd'hui », 28 avril 1833.

88 Marius Chastaing craignait ainsi que la caisse ne fut un « moyen détourné de s'assurer de nous… et si nous ne sommes pas sages… suffit… » (*ibid.*, « Timeo danaos et dona ferentes », 25 novembre 1832). Partageant cette même crainte, certains prud'hommes, dont Pierre Charnier, rechignèrent à collaborer avec le bureau de la caisse, refusant de lui procurer des informations sur leurs confrères chefs d'atelier. Ces complications continuèrent même après que *L'Écho* tenta de désamorcer les polémiques, publiant une déclaration des six prud'hommes chefs d'atelier qui s'engageaient à ne délivrer à la caisse que des renseignements sur la demeure, le nombre et le genre des métiers du demandeur (*ibid.*, 20 octobre 1833).

89 Pour un développement plus détaillé de cet argument, voir S. Hupfel, « Les canuts et l'argent », art. cité, et « Cultures du crédit et mouvement ouvrier dans la fabrique lyonnaise de soieries (1831-1876) », *Histoire, économie & société*, vol. 34, n° 1, 2015, p. 13-29.

ouvriers au cours des années suivantes. Aucune trace archivistique ne permettant d'affirmer *a posteriori* qu'elle faisait partie d'une manœuvre de la part des autorités, tout porte au contraire à croire que la caisse avait été mise en place, sans arrière-pensée, afin d'empêcher l'ouvrier d'être pris en otage par le marchand qui lui avait fait crédit.

Cette intention allait donc dans le même sens que la réforme des abus menée par les prud'hommes, en ce qu'elle visait à limiter l'excès de pouvoir de négociation du fabricant sur le chef d'atelier. Elle concourait par là au maintien des incitations de ce dernier à investir dans de nouveaux métiers et savoir-faire pour entreprendre la fabrication de tissus à la mode ou façonnés, qui présentait les plus grands risques. La gestion des innovations qui résultaient de ses efforts était principalement assurée par la chambre de commerce qui, de concert avec la municipalité, s'employait continuellement à repérer les inventions porteuses, versant à leurs auteurs des récompenses en échange de l'autorisation de les diffuser à l'ensemble de la manufacture[90]. Alors que l'action de la chambre portait en priorité sur les procédés de tissage, de teinture et de traitement de la matière première (à travers les recherches de la condition publique, qui lui était rattachée), les dessins pouvaient quant à eux être enregistrés auprès du greffe du conseil des prud'hommes en échange d'une somme très modérée, leur copie illicite portée à l'examen du même conseil et éventuellement renvoyée devant le tribunal de commerce en cas de fraude grave.

À l'opposé de la situation londonienne, les conditions nécessaires pour entretenir la confiance essentielle au bon fonctionnement du système de contrats propres aux manufactures dispersées semblent donc avoir été globalement maintenues, voire consolidées à Lyon, de même que les soutiens à l'innovation fournis par la chambre de commerce,

---

90 C'est en effet ce procédé d'appropriation puis de communalisation qui est le plus souvent utilisé par la chambre. Ainsi verse-t-elle par exemple la somme totale de 900 francs au chef d'atelier Bernet, qui avait mis au point un nouveau système de régulateur en 1828, et 600 francs à son confrère Michaud pour une amélioration de la méthode de dévidage (CCL, Fonds condition des soies, SOI016/17/6). L'année suivante, la chambre accorde encore des encouragements pécuniaires à l'inventeur David pour sa machine de dévidage et cannetage (CCL, Fonds condition des soies, SOI016/17/2), le même David que l'on retrouve souvent dans la rubrique « Annonces diverses » de *L'Écho*, et dont les efforts ont été étudiés par B. Price, « "Javelot, miroir, arène et bouclier". Les quatre dimensions de la technologie dans *L'Écho de la fabrique* », *L'Écho de la fabrique : naissance de la presse ouvrière à Lyon, 1831-1834*, *op. cit.*, p. 277-310).

auxquels on ne saurait trouver d'équivalent dans la capitale anglaise. La combinaison de ces deux facteurs confère à la manufacture une souplesse qui lui permet d'adapter ses produits aux évolutions rapides des marchés étrangers tout en continuant à innover en permanence, tant en termes de produits que de procédés, ce qui explique pour une large part son succès grandissant, particulièrement net dans le domaine des articles les plus riches (comme on peut le voir sur la figure 4, en annexe).

Mais il ne faudrait pas croire pour autant que la fabrique ne rencontrait alors aucunes difficultés. Ainsi Pierre Charnier se plaignait-il par exemple des risques trop nombreux qui subsistaient pour s'engager dans la confection de façonnés, qui l'avaient conduit à abandonner la production d'étoffes de ce type[91]. Et la plupart des chefs d'atelier lyonnais auraient sans doute été bien loin de qualifier la situation de la fabrique d'idéale, bien décidés à poursuivre leur quête d'émancipation à la recherche de l'organisation économique et politique la plus adaptée aux spécificités de leur industrie, que l'on peut suivre pas à pas dans leur journal. Dans cette optique, on distingue assez nettement la distanciation progressive qui s'y opère, à partir de l'été 1832, vis-à-vis du saint-simonisme. Déjà peu séduits par le penchant mystique des doctrines prêchées par ses chantres, le dialogue que les chefs d'atelier avaient engagé avec eux les avaient laissés très perplexes quant à la place qui leur serait réservée dans le monde nouveau de l'industrie, dont l'avènement était annoncé tout proche[92]. Notamment, l'aspect très centralisé et hiérarchisé de ce dernier apparaissait tout à fait incompatible avec le maintien de manufactures dispersées sur le modèle de la fabrique, entrant par là en conflit avec les objectifs les plus essentiels de leur mouvement[93]. La mort soudaine du rédacteur en chef Antoine Vidal au mois d'août et son remplacement

91 C'est à Bowring que Charnier avait rapporté qu'« il n'accepterait en aucun cas d'ordre pour la confection d'articles autres qu'unis, soumis aux changements de goût et aux caprices du public » (HC, 1832, *op. cit.*, p. 561).

92 Voir à ce titre les descriptions très peu flatteuses des canuts proposées par Pierre Leroux à son retour de Lyon, qui sont présentées par L. Frobert, *Les canuts, ou la démocratie turbulente*, *op. cit.*, p. 74-75.

93 L'objectif de mettre au point une « institution *sociale* [...] dépositaire de tous les instruments de la production », qui présiderait « à toute l'exploitation matérielle » (*Doctrine de Saint-Simon. Exposition. Première année*, Paris, 1831, p. 193) pouvait à juste titre générer chez les canuts certaines inquiétudes, confirmées par la position prise plus tard par Arlès-Dufour, qui expliquera que la fabrique « doit suivre, tôt ou tard, la marche de l'industrie cotonnière » (F. B. Arlès-Dufour, *Un mot sur les fabriques étrangères de soierie*, Lyon, Léon Boitel, 1834).

par le tandem composé de Joseph Berger et Marius Chastaing au mois de septembre allait accélérer la conversion du journal à des doctrines plus dures, signalant l'abandon de la posture de neutralité politique affichée jusqu'alors par *L'Écho*.

L'INSCRIPTION DE DEUX COMMUNAUTÉS DE MÉTIER DANS LES PREMIERS DÉVELOPPEMENTS DU MOUVEMENT OUVRIER

au milieu d'une décennie 1830 de haute turbulence

C'est précisément au cours du mois d'avril 1832 que l'envoyé du gouvernement britannique John Bowring avait passé plusieurs semaines à Lyon. Son vieil ami Poulett Thomson, président du Board of Trade, lui avait en effet mandé de se pencher sur le cas de l'industrie de la soie, le déviant de sa mission initiale qui consistait à négocier des baisses réciproques de droits de douane avec les autorités françaises[1]. Les informations qu'il rapporte devant la commission parlementaire chargée d'examiner l'état des manufactures de soieries anglaises, alors que la campagne en faveur du Reform Act touchait au but, présente par suite une originalité évidente, qui ne manque pas de susciter l'intérêt de ses membres.

En plus des informations particulières dont il dispose, cette originalité provient du fait que Bowring, au contraire des autres témoins, commence par nier catégoriquement l'idée selon laquelle le succès des soieries françaises découlerait pour l'essentiel d'un préjugé en leur faveur. Il affirme que « la croyance en la supériorité des articles de soie français, pour lesquels le goût entre en ligne de compte, n'est pas plus un préjugé que ne peut l'être un sentiment en faveur des œuvres de Raphaël », mais

1 Après l'échec de cette première mission, Bowring s'était déjà lancé dans une campagne de stimulation des intérêts libre-échangistes en France, à la demande de Thomson (voir sur ce point D. Todd, *L'identité économique de la France*, *op. cit.*, p. 183-201). Ce dernier avait été marchand à la City à la même période que Bowring, qui lui avait prêté main forte pour obtenir un siège à la Chambre des communes. Cela explique le soutien décisif de Thomson en faveur de Bowring et aux dépens de Nassau Senior lors de la composition de cette mission commerciale, selon G. F. Bartle, *The Political Career of Sir John Bowring (1792-1872) between 1820 and 1849*, MA thesis, University of London, 1959, p. 154-155.

qu'elle est « en fait la simple conséquence d'une réelle supériorité[2] ». En partisan convaincu du libre-échange, Bowring commence par souligner que la manufacture lyonnaise avait bénéficié d'une ouverture totale à la concurrence internationale, de longue date, dont découle son principal avantage : sa capacité à produire les tissus les plus fins pour dicter la mode dominante. Il insiste ainsi sur « l'attention portée à toutes les choses qui ont un rapport quelconque à l'élégance, aussi bien quant aux arrangements qu'aux couleurs » qu'il a cru déceler à Lyon, tant « parmi les tisseurs eux-mêmes que parmi leurs enfants, et chez toutes les personnes qui ont à voir avec la production des modèles[3] ». L'existence d'une telle qualité doit encore selon lui être rapportée à l'opération des nombreuses écoles d'apprentissage que comptait la ville. Principalement financées par la municipalité, ces écoles proposaient une formation gratuite et complète dans le domaine du tissage et du dessin, ainsi qu'une initiation à la botanique, à la chimie, à l'esthétique ou à l'anatomie, le talent de ses élèves pouvant leur valoir une place de choix au sein de grandes maisons lyonnaises. En lien avec les différents professeurs, les marchands s'appliquaient en effet à repérer les étudiants les plus prometteurs, si bien que « dans presque tous les cas où le manufacturier avait connu de grands succès, il y avait quelque individu dans sa maison qui était le créateur de belles choses[4] ».

Ainsi ce n'est pas à la virtuosité d'une poignée de dessinateurs que Bowring attribue le succès des tissus français, mais à une véritable filière de formation sur laquelle s'appuie le négociant lyonnais, qui considère la perfection de ses modèles « comme l'élément principal dont dépend sa réussite[5] ». Encore fallait-il toutefois, pour que le marchand décide d'investir effectivement et massivement dans ce domaine, garantir la rentabilité de ses investissements en le protégeant des diverses fraudes dont il pouvait souffrir. Bowring cite d'abord au rang de ses protections l'action de la condition publique des soies, mais insiste aussi et surtout sur le système de protection des dessins, dont il vante l'efficacité. Il présente en effet le procédé par lequel le négociant dépose ses modèles au conseil des prud'hommes comme « excessivement simple[6] », fiable et peu

2 HC, 1832, *op. cit.*, p. 520.
3 *Ibid.*, p. 532.
4 *Ibid.*, p. 532-533.
5 *Ibid.*, p. 533.
6 *Ibid.*, p. 541.

cher. Et c'est surtout vis-à-vis de l'opération de ce conseil, que Bowring décrit comme « l'une des institutions les plus populaires de France[7] », qu'il se montre le plus enthousiaste, jugeant que « peu d'institutions françaises méritent davantage de considération[8] ». L'observateur anglais se dit ainsi impressionné par la capacité des prud'hommes à régler les contentieux entre marchands et chefs d'atelier de façon impartiale, notamment en ce qui concerne les prix de façons, dont Bowring affirme que leur fixation « relève directement de leur compétence[9] » sans que le tarif appliqué par le conseil n'ait rien d'obligatoire, variant en fonction de l'offre et de la demande de travail[10]. Mais un tel enthousiasme signale aussi une certaine ambiguïté dans son propos, qui n'avait pas échappé à l'attention de la commission.

Le grand intérêt affiché par Bowring pour le conseil des prud'hommes, dont les interventions n'étaient pas sans rappeler le fonctionnement des Spitalfields Acts, pouvait en effet paraître incohérent avec sa ferveur libre-échangiste, qui avait présidé à leur abolition. La question était d'autant plus sensible que l'établissement d'instances destinées à réguler les salaires était en train de devenir non plus seulement l'objectif des ouvriers en soie londoniens, mais la revendication centrale de l'ensemble des tisseurs à bras du pays. L'ambivalence de la position de Bowring semble en fait pouvoir être rapportée au dilemme entre l'identification naturelle et artificielle des intérêts, qu'Élie Halévy a identifié comme l'une des contradictions essentielles au dynamisme du radicalisme philosophique, mouvance dont Bowring était l'un des animateurs[11]. Consistant à se demander si l'interaction entre individus débouchait naturellement sur le plus grand bonheur du plus grand nombre, ou si elle devait être encadrée par des institutions pour y parvenir, ce problème revient dans ce cas à trouver l'équilibre permettant d'installer des instances de régulation locale sans contrevenir à l'objectif d'établir une économie de marché unifiée au niveau national. S'ils contribuent ainsi indéniablement à clarifier les termes d'une telle équation, l'ambiguïté qui subsistait dans les propos de Bowring ne lui permettait pas d'en

7 *Ibid.*, p. 542.
8 *Id.*
9 *Id.*
10 *Ibid.*, p. 553.
11 Voir sur ce point E. Halévy, *La formation du radicalisme philosophique*, vol. 3, *Le radicalisme philosophique*, 1995 [1904], p. 233-243.

proposer une solution acceptable politiquement, dans le contexte de haute tension sociale de ces années.

L'agitation suscitée par les débats autour du Reform Act au début de la décennie 1830 avait en effet servi de support à la relance de la dynamique du mouvement ouvrier. C'est cette relance qui alimente prioritairement la seconde vague principale du développement d'une presse ouvrière en Grande-Bretagne avec, au milieu d'une masse considérable de nouvelles feuilles destinées aux travailleurs, l'apparition de journaux majeurs comme les *Poor Man's Guardian*, *Radical* ou *Crisis*, qui sont tous créés à cette période[12]. À travers ces journaux, l'objectif de construire un mouvement politique d'échelle nationale représentant tous les travailleurs du pays, qui avait fait son chemin au long de la décennie précédente, est désormais affiché de manière explicite. Il est notamment précisé à travers la distinction qui s'établit alors entre l'ancien unionisme des *trade unions*, « au sens de clubs formés par des ouvriers d'un même métier qui ne font pas partie d'une union regroupant d'autres métiers, qui ne nomment pas de délégués pour rencontrer d'autre représentants[13] », et la nouvelle forme d'association ouvrière qu'était la *trades' union*, où « plusieurs métiers [...] sont confédérés au moyen de délégués[14] », concourant au but ultime de créer une seule organisation universelle.

La question de savoir à quel point les tisseurs de Spitalfields partageaient cette dernière perspective, comme celle de leur adhésion au mouvement radical, est sujette à controverses. S'il est clair que certains ouvriers en soie avaient participé activement aux mobilisations en faveur de la réforme parlementaire, en rejoignant la récente National Union of the Working Classes (NUWC), il existe peu de preuves d'une implication des tisseurs en tant que collectif dans ce type d'organisation. Ainsi seuls deux d'entre eux, dont William Wallis, figurent en 1832 parmi les six élus de l'est de Londres au conseil de la National Political Union, qui

12 La référence est toujours à ce sujet N. W. Thompson, *The People's Science*, *op. cit.*, p. 136-157.

13 Ces citations proviennent d'un manuscrit non publié de Francis Place, intitulé « Trades Unions condemned, Trade Clubs justified » et récupéré par S. Webb, B. Webb, *The History of Trade Unionism*, *op. cit.*, p. 115. On peut trouver dans le *Poor Man's Guardian* du 30 août 1834, un article intitulé « The Trades' Unions and the Master-Manufacturers », signé par William Lovett, qui va exactement dans le même sens.

14 S. Webb, B. Webb, *ibid.*, p. 115. Pour un compte rendu plus détaillé des associations qui se créent à ce moment sur ce modèle, on peut se reporter à M. S. Chase, *Early Trade Unionism. Fraternity, Skill and the Politics of Labour*, Aldershot, Ashgate, 2000, p. 133-172.

en était une émulation[15]. Insatisfaits de l'attention qui leur était portée au sein de la NUWC, 230 de ses membres créent, en juillet 1832, la Political Union of the Working Classes of Tower Hamlets, ce qui fait dire à Marc Steinberg qu'« au milieu de tous ces signes d'enthousiasme pour le radicalisme, il faut prendre de légères précautions en ce qui concerne l'engagement des tisseurs[16] ». En réalité, certaines sources postérieures permettent de penser que la transformation du message et du répertoire d'action des ouvriers en soie avait provoqué une profonde rupture au sein de leur communauté. Ainsi, lorsqu'en 1836 sera créée, sous la houlette de William Lovett, la London Working Men Association, qui compte trois tisseurs parmi ses 33 membres fondateurs, deux d'entre eux sont immédiatement chargés de s'enquérir de l'opinion politique des ouvriers en soie. En plus de leur pauvreté et de la relative apathie qui les affecte, le rapport rendu par Charles Cole et Richard Cray évoque à plusieurs reprises la coupure entre les plus jeunes d'entre eux, qui sont décrits comme « des hommes meilleurs, à la fois en termes d'éducation et de culture politique » de sorte que, si « la grande majorité des loyaux sujets qu'étaient les tisseurs avaient été convertis en radicaux et en démocrates », c'était grâce « particulièrement à la branche la plus jeune du métier, mieux éclairée », même si beaucoup d'anciens avaient maintenant « des opinions différentes de celles qui étaient les leurs du temps de la prospérité[17] ».

S'il ne fait donc aucun doute que le discours radical avait gagné du terrain parmi les tisseurs de Spitalfields, il est possible de suggérer que cette conversion progressive s'était effectuée sur fond d'une cassure générationnelle, que l'on peut relier à l'anéantissement de la noblesse de leur statut d'artisan sur laquelle avait été érigées toutes les constructions sociales et intellectuelles des ouvriers les plus âgés[18]. Cette hypothèse

15 W. Wolf, *The Spitalfields Silk Weavers : Their Place in the Radical Movement and the Decline of the Community (1820-1850)*, BA thesis, Sussex, 1975, p. 18. D'autres informations à ce sujet ont été collectées par D. J. Rowe (éd.), *London Radicalism, 1830-1843. A Selection from the Papers of Francis Place*, Chatham, W. & J. Maclray, 1970.

16 M. W. Steinberg, *Fighting Words*, *op. cit.*, p. 85. Concernant l'enthousiasme des tisseurs pour le radicalisme, la thèse de Steinberg contraste avec celle de D. J. Rowe, « Chartism and the Spitalfields Silk-Weavers », *The Economic History Review*, vol. 20, n° 3, 1967, p. 482-493, qui insiste plutôt sur leur « apathie » (p. 492), soulignant leur incapacité à initier, dans le contexte londonien des années 1830, des manifestations assez massives, en partie à cause de leur pauvreté.

17 BL Mss., Add. 34245B, Cray's papers.

18 On peut ainsi prendre cette cassure comme une conséquence des dilemmes induits par le phénomène de politisation que l'on a présenté plus haut, en suivant la définition de

permettrait encore de comprendre le mélange de résignation et de radicalisation qui caractérise l'évolution de l'attitude des tisseurs à partir de l'annulation des Spitalfields Acts. Quoi qu'il en soit, la perspective de changement que l'on a décelée tant dans la forme que dans le contenu de leur message lors des mobilisations de 1828 et 1829, en ce qu'elles contribuent à en généraliser la portée, se trouve forcément et fortement stimulée au début des années 1830, alors qu'était en train de se structurer le mouvement des *hand-loom weavers* à l'échelle nationale.

Loin d'être apparu avec le Reform Act, l'histoire de ce mouvement avait débuté avec les tentatives antérieures des tisseurs à bras du Lancashire, principalement de coton et de laine, pour parvenir à établir un salaire minimum commun à tous les ouvriers du pays, qui s'étaient répétées sans succès à partir du début du siècle[19]. L'adoption de la réforme parlementaire, et l'ouverture des perspectives d'amélioration qu'elle induisait[20], avait ravivé l'espoir d'enfin mener ces tentatives à leur but, si l'on en juge par les très nombreuses pétitions qui sont adressées au parlement au cours des années suivantes pour protester contre la misère des « tisseurs à bras » et demander l'établissement de *boards of trade* capables de fixer leurs salaires. L'origine de ces pétitions témoigne d'un élargissement du mouvement à d'autres tisseurs du pays, notamment à ceux de la région de Glasgow qui en émettent une part assez importante, mais aucune d'entre elles ne provient de Spitalfields, où la situation continuait pourtant de s'aggraver.

Les soutiens des tisseurs au sein du premier parlement réformé obtiennent en 1833 la création d'une commission chargée d'évaluer l'état des manufactures du Royaume, dont seul le quart des activités sera finalement consacré à leur sort, sans aboutir à aucun résultat significatif[21]. Ce n'est en conséquence que l'année suivante, le 5 mars 1834

Jacques Lagroye.

19 Ces tentatives sont présentées par D. Bythell, *The Handloom Weavers. A Study in the English Cotton Industry during the Industrial Revolution*, Cambridge, Cambridge University Press, 1969, qui insiste particulièrement sur l'essai avorté d'établir un accord sur les prix entre les marchands et les ouvriers de la région en 1826 (p. 171). On peut se reporter à cet ouvrage pour une mise en perspective plus générale du mouvement des tisseurs à bras, ainsi qu'au classique d'E. P. Thompson, *The making of the English working class*, *op. cit.*, p. 269-314.

20 Et ce notamment en ce qui concerne les conditions de travail des ouvriers, alors qu'allait être validé le célèbre Factory Act (3 & 4 Will. 4, c. 103), qui fixait les premières limites au temps de travail des enfants.

21 HC, *Select Committee on Manufactures, Commerce, and Shipping in the United Kingdom*, 1833. Voir à ce sujet D. Bythell, *The Handloom Weavers*, *op. cit.*, p. 160.

précisément, que les débats parlementaires sont réellement engagés par le colonel Torrens, qui présente une pétition des tisseurs de Bolton (soutenue par une pétition de magistrats et une pétition de manufacturiers de la même ville, dont il était le représentant aux Communes), déclarant qu'« il est du devoir de la communauté de soulager ces classes souffrantes[22] ». Ses efforts sont rapidement relayés par deux autres membres de la Chambre, qui représentaient aussi d'importantes communautés de tisseurs et qui allaient devenir les principaux défenseurs de la cause des *hand-loom weavers* : John Maxwell et John Fielden[23]. Ces derniers interviennent successivement au cours des mois suivants pour dénoncer la gravité de la condition des tisseurs à bras à travers le pays, qui avaient non seulement souffert de l'introduction de nouvelles machines, du maintien des Corn Laws et de la mauvaise gestion de la monnaie anglaise, mais qui pâtissaient surtout de la compétition sauvage que se livraient leurs employeurs en l'absence de mécanisme de régulation des prix. En conséquence, les débats tournent principalement par la suite autour de la création d'une commission d'enquête, qui rencontre la vive opposition du « parti du Board of Trade[24] », dirigé par son président Poulett Thomson, et soutenu par Frederick Robinson, ancien président du même bureau et actuel Lord Privy Seal, ainsi que par Joseph Hume, qui se permet même de prendre en exemple l'industrie de Spitalfields pour démontrer les effets dévastateurs des régulations de prix[25].

En dépit de ces frictions, l'opinion globalement sympathique des parlementaires à l'égard du triste sort des tisseurs débouche sur la création d'une commission le 11 juin 1834. Placée sous la responsabilité de

22 HC, *Hansard*, 1834, vol. 21, p. 1144.

23 Si la carrière politique de John Maxwell, issu d'une riche famille de propriétaires terriens du Renfrewshire, aux environs de Glasgow, est difficile à définir en dehors de son engagement au côté des tisseurs à bras, la trajectoire de Fielden ressemble à celles de beaucoup de radicaux de l'époque. Issu d'un milieu plus modeste, ce dernier fait fortune dans l'industrie du coton et joue un rôle actif dans les débats autour du Reform Act auprès de William Cobbett, avec lequel il est élu représentant d'Oldham (Lancashire) aux Communes, à la fin de l'année 1832. Militant également en faveur du Factory Act et de la révision des Poor Laws, c'est principalement pour sa défense des *hand-loom weavers* qu'il est aujourd'hui reconnu, comme Maxwell, qui avait quant à lui été élu aux Communes comme représentant de Paisley au cours de la même année 1832, puis du comté voisin de Lanark en 1834.

24 L'expression est utilisée par P. Richards, « The State and Early Industrial Capitalism : The Case of the Handloom Weavers », *Past & Present*, n° 83, 1979, p. 91-115.

25 HC, *Hansard*, vol. 24, 1834, p. 370.

Maxwell, celle-ci mène ses enquêtes en deux temps, au cours des mois de juin et juillet 1834, puis de mars et avril 1835[26]. Parmi les témoins auditionnés, on retrouve les marchands de soieries londoniens John Ballance et William Hale ainsi que deux des représentants les plus actifs des tisseurs de Spitalfields, William Wallis et John Duce[27], qui sont interrogés sur le fonctionnement des défunts Spitalfields Acts, auxquels ils étaient tous très clairement favorables. C'est d'ailleurs le choix très partial effectué par Maxwell dans la désignation des témoins qui allait provoquer certaines dissensions parmi les membres de la commission, au moment de rendre leur verdict. John Bowring en particulier, qui était l'un d'eux, se plaindra par la suite du fait que le rapport final, publié le 1er juillet 1835, avec lequel « il était en total désaccord[28] », avait été rédigé par une minorité des membres de la commission.

On retrouve ici l'ambiguïté de la position de Bowring qui n'avait pas hésité, en tant que témoin, à faire à nouveau partager son enthousiasme pour l'« admirable institution[29] » qu'était le conseil des prud'hommes, tout en précisant qu'« il n'établit pas les salaires [...], mais peut intervenir pour valider les contrats passés entre les tisseurs et leurs maîtres[30] ». En tant que parlementaire, le disciple de Bentham se range pourtant aux côtés de Poulett Thomson, qui attaque violemment le projet de loi déposé par Maxwell le 18 juin 1835 en faveur de l'établissement de *boards of trade* locaux, afin de fixer le salaire minimum des tisseurs à bras. Thomson désigne la mise en place d'un tel système comme « un acte de tyrannie[31] » et exhorte ses confrères à donner un coup d'arrêt immédiat au projet de loi, « afin d'empêcher toute future tentative du même type[32] », ce qu'ils font par une large majorité de 129 voix contre 41. Pour comprendre un résultat si sévère par rapport aux débats qui avaient présidé à la mise en place de la commission, et au rapport qu'elle avait rendu, il faut d'abord signaler que les débats antérieurs sur les *hand-loom weavers* avaient été très peu suivis par les membres de la

26 On renvoie toujours sur le déroulement d'ensemble des événements à D. Bythell, *The Handloom Weavers*, *op. cit.*, p. 160-161.

27 Ce dernier sera le troisième élu tisseur à la London Working Men's Association en 1836, aux côtés de Richard Cray et Charles Cole.

28 HC, *Hansard*, vol. 29, 1835, p. 1164.

29 HC, *Select Committee on Petitions of Hand-Loom Weavers*, 1835, p. 10.

30 *Id.*

31 HC, *Hansard*, vol. 29, 1835, p. 1159.

32 *Ibid.*, p. 1160.

chambre basse, ce qui n'était pas le cas pour ce vote important[33]. Plus fondamentalement, il semble que le petit groupe que Maxwell et Fielden étaient parvenus à réunir, n'ayant pas la bénédiction d'un parti whig dont l'accession au pouvoir n'avait pas remis en cause l'adhésion au discours libéral, restait bien trop faible pour résister au Board of Trade et à ses alliés, avec qui il se trouvait par conséquent en opposition frontale[34].

Le coup d'arrêt souhaité par Thomson ne parvint pas cependant à totalement anéantir la motivation de Maxwell et Fielden, qui allaient renouveler leurs efforts en soutien aux tisseurs au cours des années suivantes. Avant de passer à l'étude des nouvelles tentatives qui en résultent, on ne peut s'empêcher de relever la position particulière occupée presque à leur insu par les ouvriers en soie londoniens au sein du mouvement. Ceux-ci se trouvent en effet classés de fait au sein de la catégorie des tisseurs à bras, qui était désormais bien fixée auprès du public comme des parlementaires, sans qu'aucune franche manifestation d'adhésion n'ait émanée de Spitalfields. Cela contribue à renforcer l'idée selon laquelle les tisseurs londoniens évoluaient désormais clairement dans le sillage du mouvement ouvrier britannique, dont le cœur était situé dans les industries du Nord, suivant ses développements bien plus qu'ils n'étaient capables de les initier, ou même seulement d'en influencer la direction.

La Révolte de 1831 avait au contraire contribué à placer les ouvriers lyonnais à l'avant-garde de la lutte pour l'émancipation ouvrière, tandis que la tendance générale à l'apaisement qui l'avait suivie s'estompe progressivement à mesure que l'on s'éloigne des trois jours de novembre. Suivant l'optimisme tout relatif qu'avaient suscité la réforme du conseil des prud'hommes, l'élaboration de la mercuriale et l'institution de la caisse de prêts aux chefs d'atelier, c'est un sentiment de défiance qui commence à prédominer chez les ouvriers à partir de l'été 1832. La mise en place plutôt chaotique des concessions faites par les autorités l'année précédente conduit en effet les canuts à s'interroger sur l'honnêteté de ces dernières, craignant d'avoir été dupés une nouvelle fois par quelques promesses, qui cachaient de plus en plus mal la volonté de les mettre au pas. Une telle évolution de l'attitude des tisseurs coïncide avec l'arrivée

33 Comme le signale D. Bythell, *The Handloom Weavers*, *op. cit.*, p. 162.
34 Il s'agit là de l'analyse fournie par P. Richards, « The State and Early Industrial Capitalism », art. cité, p. 109.

de Marius Chastaing à la tête de *L'Écho de la fabrique*, officialisée le 3 septembre 1832, qui allait donner une tournure clairement politique, et plus précisément républicaine, au journal canut[35].

Cette nouvelle orientation possède en fait beaucoup de caractéristiques communes avec le projet radical qui se présentait aux tisseurs de Londres. La première d'entre elles consistait sans doute dans la volonté d'élargir la lutte pour l'émancipation menée par les ouvriers en soie à l'ensemble de la classe ouvrière, comme l'annoncent d'entrée Berger et Chastaing : « Nous serons le journal de la CASTE PROLETAIRE toute entière[36] ». Se posant aux côtés des journaux républicains comme le *Précurseur* ou la *Glaneuse*, l'autre ressort intellectuel central de cette influence était de rapporter la misère matérielle des ouvriers aux déficiences de l'encadrement politique de l'économie. Influencés par une vulgate d'auteurs comme Jean Reynaud, Pierre Leroux ou François Raspail pour n'en citer que quelques-uns, la principale référence des journalistes de *L'Écho* en matière économique fut Jean-Baptiste Say, ou en tout cas une certaine interprétation de son œuvre[37]. Notamment l'idée, qui imprègne fortement certains articles de *L'Écho*, selon laquelle l'amélioration du sort des prolétaires devait passer par une réforme libérale tant économique que politique, c'est-à-dire par la mise en place d'un libre marché encadré par un ensemble d'institutions républicaines dont les dirigeants seraient élus au suffrage universel, peut clairement être reliée à l'influence de Say[38]. C'est aussi à cette thèse qu'il

---

35 L'impact considérable qu'eut Chastaing au poste de rédacteur en chef de *L'Écho*, alors que le chef d'atelier Joseph Berger assurait la gérance du journal, ne doit toutefois pas laisser penser qu'il était le seul vecteur de diffusion des idées républicaines auprès des canuts. Ces idées circulaient en effet dès le départ au sein de la fabrique et Chastaing en fut sans doute, il est vrai, l'un des passeurs les plus remarquables. Sur la position particulière qu'il occupait au sein de la manufacture et son œuvre journalistique également singulière, on renvoie à J. D. Popkin, « Marius Chastaing et la presse ouvrière lyonnaise », *L'Écho de la fabrique : naissance de la presse ouvrière à Lyon, 1831-1834*, *op. cit.*, p. 29-52.

36 *L'Écho de la fabrique*, 9 septembre 1832.

37 Le principal vecteur clairement identifiable de la diffusion des idées de Say, comme de celles des auteurs précédemment cités, fut le *Nouveau catéchisme républicain* d'Antide Martin, paru en 1833 mais dont le contenu avait déjà été publié par la *Glaneuse* à partir du mois de mars 1832, sous la forme d'une série d'articles. Pour plus de détails sur les aspects républicains de l'économie politique de Say, on peut se référer à R. Whatmore, « Jean-Baptiste Say's Republican Political Economy », *History of Political Thought*, vol. 19, 1998, p. 439-456, et *Republicanism and the French Revolution. An Intellectual History of Jean-Baptiste Say's Political Economy*, Oxford, Oxford University Press, 2000.

38 Selon L. Frobert, *Les canuts, ou la démocratie turbulente*, *op. cit.*, p. 85, la paternité de « l'idée d'une économie libérale surtout productrice de *croissance industrielle*, mais étroitement

faut rattacher les articles qui insistent sur la nécessité de mettre en place un système d'instruction nationale, que Chastaing décrit comme un pilier de l'« égalité sociale[39] », ainsi que les nombreuses diatribes où ce dernier stigmatise les impôts indirects comme principaux vecteurs de la domination politique d'un pouvoir sclérosé[40].

Le succès des idées républicaines à Lyon, après la Révolte, s'articulait encore à « la volonté de se séparer, de s'identifier et de se compter[41] ». Mais la prise de distance réflexive qui accompagne ainsi la percée des thèses républicaines, mieux structurées autour de références plus nombreuses et plus solides, allait aussi de pair avec la participation accrue de personnalités extérieures à la manufacture, qui se placent clairement en surplomb vis-à-vis des ouvriers en soie. Le déséquilibre de cette relation est d'ailleurs l'une des raisons des difficultés qu'avaient les tisseurs à adhérer pleinement au message républicain, qui se manifestent dès le départ. Plus en substance, les ouvriers se montrent immédiatement critiques à l'idée que l'ensemble des problèmes de la fabrique pourraient être réglés par l'installation d'institutions politiques démocratiques, au niveau central. La posture des républicains lyonnais ne semblait, de surcroît, pas donner plus de garanties que celle les saint-simoniens quant à la sécurisation des structures de production telles que la fabrique, bien au contraire. Ainsi Eugène Baune, l'un des principaux meneurs de la Société des droits de l'homme à Lyon, était loin d'être seul à penser que l'organisation de la manufacture « s'oppos[ait] dans beaucoup de cas à l'application bien entendue de la division du travail », et à se demander en conséquence « s'il ne valait pas mieux que [les négociants] réunissent leurs capitaux et leurs lumières pour former un nombre suffisant de grands établissements où tous les procédés employés pour la confection des soieries seraient confiés à des mains habiles exercées sans relâche à la même opération[42] ».

encadrée par un réseau d'institutions républicaines et, au premier chef, par un gouvernement central élu », bien présente dans le journal, peut à raison et de manière ultime être attribuée à Jean-Baptiste Say.

39 Voir la série d'articles intitulés « De l'égalité sociale », rédigés par Chastaing, dans *L'Écho de la fabrique*, 20 et 27 mai, puis 10 et 17 juin 1832.

40 Au sujet de l'impôt, dont l'injustice est très régulièrement dénoncée par Chastaing, on peut consulter les articles ayant pour titre « Économie sociale » de *L'Écho de la fabrique* des 18 mars, 1er et 15 avril, 13 mai, 3 juin et 8 juillet 1832.

41 L. Frobert, *Les canuts, ou la démocratie turbulente*, *op. cit.*, p. 87.

42 E. Baune, *Essai sur les moyens de faire cesser la détresse de la fabrique*, Lyon, A. Baron, 1832, p. 59.

On peut par exemple repérer dans les conflits au sujet de la caisse de prêts les traces de ces divergences de vue. L'installation de cette nouvelle institution, destinée à aplanir le terrain du jeu économique entre le marchand et le chef d'atelier, laissait perplexes bon nombre d'ouvriers qui préféraient construire à partir des règles discutées, élaborées et expérimentées collectivement au long de l'histoire de la fabrique[43]. C'est ainsi la perte de cette capacité de gestion économique collective, au niveau local, qui constitue la principale cause du scepticisme des canuts à l'égard du républicanisme. Ce sentiment s'exprime peut-être de manière encore plus nette à l'occasion du débat qui s'engage à l'automne 1832 entre Anselme Pétetin, rédacteur en chef républicain du *Précurseur*, et Joseph Bouvery, chef d'atelier en soie et figure historique du mutuellisme, au sujet « des machines dans l'industrie[44] ». Placé au départ à la lumière du « flambeau de la discussion publique[45] », l'échange tourne en fait rapidement à une leçon que Pétetin entend donner à Bouvery, qui se montre de plus en plus critique et sarcastique à son endroit. Cherchant en permanence à élever le niveau de son propos au-dessus de celui du modeste chef d'atelier, Pétetin propose de comparer les thèses des saint-simoniens, de Sismondi et de Say quant à l'introduction de nouvelles machines et de ses conséquences. Il conclut à la supériorité des idées de ce dernier, dans lesquelles il voit se dessiner l'idéal de parvenir à contrôler politiquement, à travers des institutions républicaines démocratiques, la « grande machine qui accomplit par un seul moteur tout le travail industriel de la France[46] », dont il suppose l'existence dans ses explications, à des fins d'exposition.

Mais une telle supposition révélait pourtant l'une des faiblesses du raisonnement de Pétetin aux yeux du mutuelliste. Ce dernier admettant qu'une telle machine constituerait un progrès pour la société, c'est selon lui du problème de l'organisation économique elle-même qu'il faut partir pour comprendre comment s'en divisent les rouages et qui en sont

---

43 On renvoie encore ici à S. Hupfel, « Les canuts et l'argent », art. cité, et « Cultures du crédit et mouvement ouvrier dans la fabrique lyonnaise de soieries (1831-1876) », art. cité.

44 Bouvery intervient par trois fois à ce sujet dans *L'Écho de la fabrique*, « Sur un article du Nouvelliste » le 9 septembre 1832, « Sur un article du Nouvelliste (suite) et réponse à M. Pétetin » le 23 septembre 1832 et enfin : « Un dernier mot à M. Pétetin », le 4 novembre 1832. Quant aux interventions de Pétetin, elles présentent toutes le même titre : « Des machines dans l'industrie » et sont publiées dans *L'Écho de la fabrique* des 16 septembre, 7 et 21 octobre 1832.

45 A. Pétetin, « Des machines dans l'industrie », *L'Écho de la fabrique*, 7 octobre 1832.

46 *Ibid.*, 21 octobre 1832.

les propriétaires, la question majeure consistant par suite à se demander « comment empêcher, sans violer aucun droit, que la machine universelle devienne la propriété d'un seul individu[47] » ? Et il ne croit pas que l'institution du suffrage universel soit suffisante pour s'en assurer, jugeant que « le principe électif, pris dans sa plus grande extension, ne [...] paraît pas le plus sûr pour faire ressortir les capacités, dans le plus grand nombre de cas l'intrigue y ayant plus de chances que le mérite[48] ». S'il n'esquisse pas de solution alternative très claire, Bouvery estime que toute réforme économique et sociale devrait commencer par instiller « la nécessité bien sentie de la part des classes riches, de se dépouiller au profit des travailleurs d'une forte partie de leur superflu[49] », et de fixer les arrangements qui permettraient de s'assurer de la viabilité d'un tel transfert. Enfin, si ces arrangements sont sans doute moins bien détaillés que dans les propos de Pétetin, c'est surtout parce que Bouvery partait, plutôt que d'un corpus de textes reconnus, de « l'observation et l'épreuve d'une expérience politique en cours, fruit des transactions nées dans le cadre des métiers[50] », qui avaient connu d'importantes évolutions depuis 1830.

Toutefois, la diffusion des idées républicaines par *L'Écho de la fabrique* ainsi que les dissensions qui les accompagnent n'empêche pas le journal de continuer de participer à la régulation de la manufacture, et ce de manière encore plus engagée. En plus de retranscrire les séances du conseil des prud'hommes, Chastaing entreprend d'établir une « jurisprudence fixe[51] », déduisant chaque semaine de nouvelles règles émanant des jugements du conseil, qui sont reproduites par *L'Écho* et récapitulées par des « Notices de jurisprudence[52] ». Il lance aussi résolument le journal dans le combat pour la « libre défense[53] » que réclamaient les chefs d'atelier.

47 J. Bouvery, « Un dernier mot à M. Pétetin », *L'Écho de la fabrique*, 4 novembre 1832.

48 *Ibid.*, 23 septembre 1832.

49 *Id.*

50 L. Frobert, « Machines et machinations », *L'Écho de la fabrique : naissance de la presse ouvrière à Lyon*, *op. cit.*, p. 362. On peut d'ailleurs se référer à l'ensemble de cet article pour une analyse plus complète du débat entre Bouvery et Pétetin.

51 M. Chastaing, « De la nécessité d'une jurisprudence fixe », *L'Écho de la fabrique*, 25 novembre 1832. Il est important de noter dans ce cadre que l'exposé des séances du conseil des prud'hommes par le journal s'articulait désormais autour de quelques questions génériques auxquelles les jugements du conseil fournissaient une réponse.

52 *L'Écho de la fabrique*, 13 et 26 janvier, puis 11 août 1833.

53 Depuis qu'un incident s'était produit au cours de la séance du 26 juillet 1832, suite au refus de son président qu'une tierce personne présente les réclamations d'un ouvrier à sa place, les chefs d'atelier demandaient la reconnaissance du droit de se faire assister d'un

Enfin, *L'Écho* continue de maintenir la pression sur les négociants en décidant de publier, après avoir dénoncé pendant plusieurs mois les agissements illicites et répétés de deux d'entre eux, un « catalogue des maisons de commerce qui sont en contravention avec les décisions du conseil des prud'hommes[54] ». C'est cette décision qui vaut au journal son premier procès, qui s'ouvre le 26 février 1833 en prenant immédiatement un ton très politique, mais dont il sort finalement sans lourd dégât.

Il devient cependant évident aux ouvriers, au cours des premiers mois de 1833, que leur participation à la gestion de la fabrique était contrariée de plus en plus fortement par la mauvaise volonté des élites et la crispation des autorités, à l'image de l'élection des prud'hommes en janvier, où le préfet exige des chefs d'atelier qu'ils signent un serment de fidélité au Roi avant de pouvoir voter. L'achèvement des fortifications, dont la construction avait été lancée au lendemain de la Révolte et dont les arêtes étaient dirigées contre la ville, ainsi que l'augmentation considérable des garnisons avaient encore contribué à maintenir ce climat, qui convainc une part croissante des ouvriers que « la réforme industrielle n'arrivera pas sans la réforme politique[55] ». Malgré les divergences entre mutuellistes et républicains, ce contexte favorise leur alliance, celle-ci s'opérant principalement autour de la notion d'association, qui accapare une grande partie des discussions du premier semestre 1833[56]. C'est à partir de ce moment que *L'Écho de la fabrique* commence ainsi à tenir la chronique des diverses coalitions ouvrières et de leurs résultats à travers le pays, alors que les associations de travailleurs qui tentent de contourner l'article 415 du code pénal se mettent à fleurir à Lyon[57].

---

défenseur face au marchand, qui est défendu avec emphase par Chastaing dans *L'Écho de la fabrique* du 1er juillet 1832, et pour lequel le journal continuera sans relâche d'œuvrer au cours des mois suivants.

54 *L'Écho de la fabrique*, 17 février 1833.

55 A. Pétetin, « Sur les associations d'ouvriers », *ibid.*, 3 mars 1833.

56 Les deux courants voyaient à ce moment l'association comme un moyen essentiel de parvenir à leurs fins, au sujet desquelles subsistaient toutefois d'importantes différences. Comme le note L. Frobert, *Les canuts, ou la démocratie turbulente*, *op. cit.*, p. 114 : « Pour les républicains, l'association, c'était d'abord la logique centripète de l'État ; pour les ouvriers, dans une logique plus centrifuge, les associations représentaient surtout leurs groupements, leurs sociétés d'assistance, leurs coopératives, leurs sociétés mutuellistes. »

57 Et bien au-delà, puisqu'une cinquantaine de grèves sont organisées en France par des métiers urbains entre septembre et décembre 1833, selon J.-P. Aguet, *Les Grèves sous la Monarchie de Juillet*, Genève, Droz, 1954, p. 123.

Entretenu par un remaniement du conseil des prud'hommes au mois de juin, qualifié de « liberticide[58] » par les ouvriers, ce regain de tension se solde d'abord par l'organisation en juillet d'une première grève sélective, dirigée seulement contre quelques marchands, qui fait tout de même s'arrêter de battre près d'un millier de métiers[59]. Deux jours plus tard, la perquisition des bureaux de *L'Écho de la fabrique* et l'arrestation de quatorze ouvriers identifiés comme responsables de la grève met immédiatement un terme à cette dernière. Face à l'intensification de l'activité des associations ouvrières, et en particulier à la croissance impressionnante du mutuellisme – dont les adhérents sont évalués à 1 200 en mars 1833 par le préfet Gasparin –, le ministre de l'Intérieur D'Argout commande à celui-ci de « frapper au cœur[60] » leur société, tandis que les autorités municipales adoptent, comme toujours, une attitude plus modérée.

La montée en puissance du mutuellisme n'est pas non plus sans lien avec l'éviction de Chastaing du journal des canuts, décidée en août 1833 par l'assemblée annuelle de ses actionnaires qui lui reprochent surtout, en plus de certaines querelles de personnes, d'avoir donné un ton trop politique à *L'Écho*[61]. Cette décision marque clairement la prise en main du journal par les mutuellistes, alors que Marius Chastaing fonde de son côté, en octobre 1833, *L'Écho des travailleurs*, qui continuera de représenter la fraction minoritaire des ouvriers en soie plus favorables au courant républicain. Son remplacement par César Bernard, un chef d'atelier mutuelliste, témoigne encore de la volonté de recentrer le propos du journal autour des préoccupations essentielles de la communauté dont il avait émergé, c'est-à-dire la pratique du métier d'ouvrier en soie. Ce recentrage allait de pair avec l'exploration d'une nouvelle piste intellectuelle, qui devient clairement dominante à partir de l'automne, celle du fouriérisme. Principalement véhiculée par Rivière Cadet et Michel-Marie Derrion au sein de *L'Écho*, qui exerçaient tous deux une activité professionnelle en lien avec la manufacture[62], la pensée de Fourier semblait en

58 *L'Écho de la fabrique*, 14 juillet 1832.

59 Selon R. J. Bezucha, *The Lyon Uprising of 1834*, *op. cit.*, p. 106.

60 *Ibid.*, p. 107, ainsi que p. 101 pour une approximation du nombre d'adhérents à l'organisation mutuelliste.

61 Pour plus de détails à ce sujet, voir L. Frobert, *Les canuts, ou la démocratie turbulente*, *op. cit.*, p. 120-121.

62 Jacques Rivière, dit Rivière Cadet, exerçait à Lyon le métier d'imprimeur sur étoffes, tandis que Michel-Marie Derrion était négociant.

effet mieux à même de s'articuler aux attentes des canuts. Elle offrait en tout cas une solution à deux des principaux points de rupture identifiés entre les chefs d'atelier et les meneurs républicains et saint-simoniens, qui touchaient tant au fond qu'à la forme de leur message. D'abord, l'humilité affichée par Fourier et ses disciples dans leurs rapports aux travailleurs tranchait en effet avec l'arrogance du patronage des saint-simoniens et surtout des républicains. Contrairement à ces derniers, la doctrine sociétaire avait le mérite principal de prendre pour point de départ le problème économique lui-même, pour y apporter une solution pragmatique au niveau local, fondée sur l'évolution de l'organisation du travail via le développement des associations de producteurs. Ainsi, « l'idée capitale de rendre le travail *attrayant*, de sorte que chacun y soit entraîné librement et par *passion*[63] » pouvait par exemple se nouer bien plus profondément aux valeurs fondamentales des mutuellistes que ne le pouvait l'industrialisme des saint-simoniens. Encore exposé lors des conférences qu'Adrien Berbrugger donne à Lyon au mois de septembre, qui rencontrent un grand succès, le projet coopératif de l'école sociétaire suscite également un intérêt immédiat, dont les traductions concrètes s'effectueront surtout au courant de 1834[64].

La division entre républicains et mutuellistes, symbolisée au sein de la manufacture par la concurrence entre *L'Écho des travailleurs* et *L'Écho de la fabrique*, n'avait toutefois pas remis en cause la communauté de leur lutte pour les associations ouvrières, qui se développent massivement au cours de l'automne et de l'hiver 1833 à travers tout le pays. Le thème de l'association reste ainsi au centre des deux journaux jusqu'au début de l'année 1834, alors que l'hiver avait fortement ralenti l'activité de la fabrique, faisant diminuer le prix des façons et augmenter le nombre d'adhérents au Devoir Mutuel jusqu'à 3 000[65]. Afin de lutter contre ces baisses de salaire, l'idée d'une grève générale gagne du terrain parmi

---

63 A. Transon, « Art d'organiser sociétairement les travaux de culture, fabrique, commerce, éducation, science et beaux-arts », *Journal des intérêts moraux et matériels*, juin 1833. Sur les influences fouriéristes au sein de la manufacture, on peut également se reporter à l'article de J. Beecher, 2010, « Le fouriérisme des canuts », *L'Écho de la fabrique : naissance de la presse ouvrière à Lyon*, *op. cit.*, p. 111-140.

64 A. Berbrugger, *Conférences sur la théorie sociétaire de Charles Fourier, faites au palais Saint-Pierre, salle de la Bourse, à Lyon, en septembre 1833*, Lyon, Babeuf, 1833. Quant à l'établissement de coopératives, l'expérience la plus probante fut celle de l'épicerie sociale initiée par Michel-Marie Derrion à la fin de l'année 1834, sur laquelle on reviendra dans la suite.

65 Toujours selon R. J. Bezucha, *The Lyon Uprising of 1834*, *op. cit.*, p. 101.

les mutuellistes, qui sont alors en position de force. Le déroulement des événements qui allaient suivre présente d'intéressantes similitudes avec ceux qui avaient précédé la Révolte de 1831. Alors que des menaces d'interventions militaires en Savoie du mouvement nationaliste Giovane Italia de Giuseppe Mazzini sont rapportées, les relations que ce dernier entretenait à Lyon mettent immédiatement le gouvernement en alerte. Dans le même temps, l'action des ouvriers en soie se précise : la grève générale est votée le 12 février par une courte majorité, et fixée au matin du 14. Le 13, près d'un millier de tisseurs défilent aux funérailles d'un de leurs semblables, arrangés en deux colonnes, l'une composée de maîtres et l'autre de compagnons. Le lendemain, la plus importante grève qu'a connue l'industrie lyonnaise est initiée ; elle parviendra à son paroxysme à stopper la totalité des métiers de la fabrique. Mais la réaction des autorités contraste nettement avec celle qui fut la leur en 1831. Confiant dans sa préparation, le préfet informe calmement ses supérieurs qu'« il n'y avait jamais eu de moment plus propice pour les marchands de résister, tant l'activité de l'industrie avait été ralentie[66] ». Sa stratégie va par suite consister à « maintenir publiquement une posture de neutralité tout en apportant son soutien privé aux négociants[67] » pour laisser s'enliser le conflit, afin d'épuiser les ressources des ouvriers. Et la méthode porte ses fruits : devant l'incapacité de soutenir leur effort, les mutuellistes décident le 19 février, par une majorité cette fois écrasante, de retourner au travail le 21. Bien plus que d'être parvenu à mettre fin à la grève, le procédé employé par Gasparin avait profondément épuisé l'association mutuelliste, dont six des membres sont arrêtés à la fin du mois de février. Les mutuellistes affaiblis reçoivent alors des appels du parti républicain, principalement à travers le *Précurseur* et la Société des droits de l'homme, pour se joindre à eux et mener une opération commune de plus grande ampleur[68].

Loin de parvenir à empêcher une telle alliance, l'attitude adoptée par des autorités nationales à la limite de la « paranoïa politique[69] »

66 R. J. Bezucha, *ibid.*, p. 126. L'exposé proposé ici du déroulement des faits menant à l'insurrection de 1834, comme ceux de l'insurrection elle-même, sont largement inspirés de ce dernier ouvrage, qui fait figure de référence en la matière.

67 *Ibid.*, p. 128.

68 *Ibid.*, p. 128-131.

69 *Ibid.*, p. 136. L'irrationalité de l'attitude du pouvoir central, qui voyait dans toute manifestation une menace politique, est particulièrement bien mise en relief par Bezucha. Ce dernier s'appuie notamment sur le journal de Gasparin, qui inclut ses correspondances

allait largement concourir à sa mise en place. Apparaissant comme l'aboutissement de la période de grande agitation de la fin de l'année 1833, la grève lyonnaise de février est immédiatement dépeinte par le ministre de la justice Barthe comme un « complot[70] » qui avait procédé selon son homologue de l'Intérieur d'« un système, un plan, un projet organisé[71] », toutes les associations étant dans le même temps assimilées à des « contre gouvernements[72] » par Thiers et Girod de l'Ain. La parution à Lyon d'un pamphlet du baron Charles Dupin, repris par le *Courrier de Lyon*, qui sommait le chef d'atelier, qualifié de simple intermédiaire[73], de se séparer sans délai de son allié républicain d'une part, ainsi que du simple compagnon de l'autre, ce dernier « ne sachant ni lire ni écrire, n'ayant jamais fait usage de ses facultés intellectuelles que pour pousser avec égalité sa navette de gauche à droite et de droite à gauche[74] ». Rappelant en guise de menace le chaos qui avait résulté de telles alliances après la Révolution, ni le ton ni les arguments utilisés par Dupin n'étaient à l'évidence susceptibles de pousser les ouvriers à agir comme il les y encourageait. Mais c'est surtout l'introduction d'un nouveau projet de loi sur les associations à la Chambre des députés, le 25 février 1834, qui précipite les choses. Ce dernier prévoyait que toute association, y compris celles qui comptaient moins de 20 membres, devrait désormais faire l'objet d'une autorisation officielle, révocable à tout moment, et alourdissait fortement toutes les peines punissant le délit d'association, qui serait dorénavant assimilé à un crime.

Parce qu'il menaçait de saper les bases mêmes de leur organisation, un tel projet était sans doute le meilleur moyen de provoquer la colère des mutuellistes, et de les pousser à pactiser avec les républicains. C'est logiquement sur lui que se concentre en tout cas la presse lyonnaise ouvrière et républicaine au cours du mois de mars, tandis que plusieurs assemblées communes (parfaitement inédites) sont organisées secrètement

---

avec le ministère de l'Intérieur, à travers lesquelles la focalisation des autorités sur la question de l'anéantissement de toute fermentation « politique » apparaît nettement (AML, Documents Gasparin).

70 *Id.*

71 *Id.*

72 *Id.*

73 C. Dupin, *Aux chefs d'atelier composant l'association des mutuellistes lyonnais*, Lyon, Boursy, 1834.

74 *Id.*

entre les meneurs des deux partis[75]. Après que la nouvelle loi sur les associations fut validée le 25 mars, les mutuellistes lancent une pétition, publiée par le *Précurseur* le 4 avril, à la veille du procès de leurs sept homologues, par laquelle ils « protestent contre la loi liberticide sur les associations[76] », tout en rappelant que leur société, « placée par le seul fait de sa volonté en dehors du cercle politique, croyait n'avoir à redouter aucune agression de la part des hommes du pouvoir, lorsque la loi contre les associations est venue lui révéler son erreur[77] ». On voit bien par là comment la réaction extrême du gouvernement suite à la grève de février avait conduit des organisations ouvrières épuisées à s'engager dans une lutte dont elles se seraient pourtant bien passées, épaulées par des sociétés républicaines également à bout de souffle[78]. Celles-ci tentent néanmoins, à travers leur réseau, de se servir du conflit lyonnais comme déclencheur d'agitations similaires à travers le pays, annoncées pour le début du mois d'avril, ce qui renforce encore la vigilance des autorités. Alors que, le 5 de ce mois, le procès des sept mutuellistes avait réunit une foule considérable aux abords du palais de justice, qui empêche le jury d'entendre les témoignages, la réapparition des violences lors de son ajournement au 9 avril pouvait presque apparaître comme une « prophétie auto-réalisatrice[79] » tant les ouvriers se trouvaient acculés politiquement[80], et tant il était clair que le préfet souhaitait sans l'avouer profiter de l'occasion pour laver l'affront de 1831.

Si bien qu'au matin du procès des mutuellistes, l'ensemble des garnisons lyonnaises était en alerte quand plusieurs milliers d'ouvriers affluent vers le palais de justice, alors que d'autres manifestations s'organisent à

75 Voir R. J. Bezucha, *The Lyon Uprising of 1834*, *op. cit.*, p. 143. Il faut remarquer ici les difficultés considérables que rencontraient déjà les journaux lyonnais à ce moment. Ainsi *L'Écho des travailleurs*, dont la publication avait été réduite à un numéro par semaine depuis janvier (au lieu de deux précédemment) s'arrête le 22 mars. La *Glaneuse* était aussi en prise à d'importants problèmes financiers, aggravés par la condamnation de son éditeur, au courant du mois de mars, à un an d'emprisonnement.

76 La pétition est reproduite par *L'Écho de la fabrique* du 6 avril 1834.

77 *Id.*

78 L'état critique des organisations républicaines est détaillé par R. J. Bezucha, *The Lyon Uprising of 1834*, *op. cit.*, p. 137-139.

79 *Ibid.*, p. 175.

80 Empruntant aux théories de l'action collective développées par Neil Smelser (N. J. Smelser, *Theory of Collective Behavior*, Londres, Routledge & Kegan, 1962), Bezucha explique que l'explosion lyonnaise d'avril 1834 provenait à la fois « du mécontentement des ouvriers et de la fermeture des voies qui en permettaient l'expression » (*ibid.*, p. 148).

travers la ville. La rencontre entre ces cortèges et les forces de police fait presque simultanément éclater les violences en trois points : sur la place Saint-Jean, sur la place des jacobins et devant la préfecture. La dispersion des conflits allait en fait constituer une caractéristique importante de cette seconde Révolte des canuts, dont profitent les autorités pour isoler quatre poches de résistance principales au soir de la première journée : la rive droite de la Saône, la partie médiane de la presqu'île sur la rive droite du Rhône, ainsi que les pentes et le plateau de la Croix-Rousse[81]. Empêchant ces quatre poches de communiquer au moyen de forces tout à fait disproportionnées, l'attaque méthodique de ces bastions au cours des jours suivants ne laissait aucun doute sur son issue, et se solde par des pertes humaines bien supérieures à celles de novembre 1831[82]. Alors que la vie de la cité avait déjà commencé à reprendre son cours habituel le 13, les dernières barricades sont anéanties au soir du 14, signalant la fin des hostilités. Les violences qui étaient survenues dans d'autres villes françaises au cours des « journées d'avril », surtout dans le quart sud-est de la France, en écho à la révolte lyonnaise, sont aussi rapidement dissipées.

Ainsi la « sanglante semaine » d'avril 1834 peut être vue comme le coup de grâce porté aux associations ouvrières déjà épuisées par la grève de février et le harcèlement continuel dont elles avaient fait l'objet au cours des derniers mois. Cela est particulièrement vrai de l'organisation mutuelliste, qui entraîne dans sa chute *L'Écho de la fabrique*, dont le dernier numéro paraît le 4 mai 1834 alors qu'une véritable chasse aux sorcières est engagée par les autorités pour arrêter les responsables des émeutes. L'arrestation de plusieurs milliers de personnes, détenues en attendant la tenue du « procès monstre » en juin 1835, achève ainsi de briser l'élan suscité par la révolution de Juillet et entérine la recomposition du paysage politique lyonnais que l'on avait vu s'opérer dès la seconde moitié de l'année 1833, suite aux divisions entre mutuellistes et républicains. Au lendemain de la Révolte de 1834, l'abandon par beaucoup de canuts de l'idée selon laquelle il était possible d'améliorer leur situation sans recourir à un renversement politique fondamental s'accompagne ainsi du changement de leur mode d'action. En l'absence d'organisation centrale

81 *Ibid.*, p. 152.

82 La Révolte d'avril cause en effet la mort de plus de 300 personnes, selon R. J. Bezucha, *ibid.*, p. 154.

unique capable de fédérer la majorité des ouvriers, c'est désormais à partir d'un réseau composé de nombreuses et diverses sociétés secrètes que va s'élaborer leur message. C'est pourquoi il est possible, si l'on estime que le relatif apolitisme des canuts conjugué à la recherche permanente de compromis économiques locaux était un élément constitutif de leur identité, d'aussi considérer que l'environnement plus syncrétique qui émerge après leur seconde Révolte marque le début de leur disparition progressive, mais on empiète alors déjà sur le terrain qui sera celui du prochain et dernier chapitre de ce travail.

Il faut encore, avant de s'y plonger, faire une remarque importante. Si à l'issue de ce chapitre, la politisation[83] du discours des ouvriers en soie de Lyon et de Londres constitue à n'en pas douter un point commun essentiel entre les deux manufactures, ce processus y a pourtant été engagé selon deux perspectives bien distinctes. Tandis que les tisseurs lyonnais l'abordent avec une certaine vaillance, se posant en « représentants du peuple ouvrier de France[84] », leurs homologues de Londres apparaissent clairement en retrait des initiatives collectives qui sont menées pour infléchir l'attitude du gouvernement au début des années 1830. La grande pauvreté dans laquelle ces derniers avaient été plongés permet en partie de comprendre leur relative apathie, mais elle renvoie aussi plus globalement au sens des arbitrages effectués par le pouvoir central en 1824. En plus d'avoir perdu les outils de régulation de leur industrie, il devenait à partir de ce moment de plus en plus difficile pour les ouvriers en soie anglais d'en demander le retour sur un terrain politique en mouvement perpétuel, qui se fait d'ailleurs plutôt dans le sens d'une ouverture relative, engagée avec l'abrogation des Combination Laws et confirmée par l'adoption du Reform Act. Le nouveau gouvernement whig n'était cependant pas plus disposé que son prédécesseur à relâcher la pression extrême à la baisse des salaires qui s'exerçait sur les

83 Ce terme, tel qu'on l'a utilisé jusqu'à présent, semble bien pouvoir aussi s'appliquer aux tisseurs lyonnais qui avaient, comme leurs homologues de Londres, été conduits malgré eux à donner une coloration politique à leurs arguments. C'est pourquoi l'historien Robert Bezucha utilise l'adjectif « politisée » plutôt que « politique » pour qualifier la posture des canuts, afin de rappeler que l'adoption d'un message plus politique répondait d'abord au harcèlement continuel dont faisaient l'objet leurs associations, plus qu'elle n'était la conséquence d'une transformation profonde de leur communauté, ce qui le conduit à affirmer que la révolte d'« avril 1834 n'était pas tant une confrontation politique que *politisée* » (R. J. Bezucha, *The Lyon Uprising of 1834*, *op. cit.*, p. 148).

84 *Ibid.*, p. 124.

ouvriers, qui constitue en conséquence le principal argument à la base des actions entreprises par les ouvriers en soie de Spitalfields, et plus largement de celles des tisseurs à bras à travers le pays.

En comparaison, c'est bien davantage la pression politique exercée sur les ouvriers par un pouvoir gagné par l'hystérie qui constitue l'élément déclencheur du soulèvement des artisans lyonnais en 1834. Ceux-ci avaient en effet bénéficié du maintien de l'ensemble des institutions régulant l'activité de leur manufacture qui, au contraire de celle de Spitalfields, continue d'enregistrer des résultats en nette hausse. Cette disparité grandissante permet encore de mesurer l'impact des décisions qui avaient été prises par les autorités centrales britanniques en 1824. Malgré les grandes modifications du paysage politique qui allaient se produire dans la seconde moitié de la décennie 1830, notamment avec la montée en puissance du chartisme en Angleterre, ces décisions avaient marqué le développement de manufacture londonienne de manière aussi profonde qu'irréversible.

LES DIFFÉRENTES VOIES DE LA PREMIÈRE BIFURCATION INDUSTRIELLE

En France comme en Grande-Bretagne, les transformations des actions collectives menées par les ouvriers en soie jusqu'au milieu des années 1830, malgré leurs différences, pouvaient être perçues comme les signes avant-coureurs de l'essor d'un mouvement politique de plus grande ampleur. Si le processus de formation de la « classe ouvrière[1] » qui avait ainsi été engagé répondait bien aux problématiques et aux tensions nouvelles émergeant de la transition industrielle, cette dernière présentait aussi des différences notables, qui sont bien illustrées par le cas des fabriques de Lyon et de Londres. Ainsi le problème de la qualité des articles issus des manufactures britanniques, après être apparu au sujet des soieries, semblait s'être étendu depuis à d'autres industries, en particulier dans le textile. Ce constat préoccupait d'ailleurs les parlementaires qui votent, à l'été 1835, la mise en place d'une commission dont l'objet était précisément de s'enquérir « des meilleurs moyens d'étendre la connaissance des arts et des principes du design parmi les habitants (et spécialement parmi la population manufacturière) du pays ; ainsi que d'apporter des informations sur la constitution, la gestion et les effets des institutions liées aux arts[2] ».

En écho aux enquêtes menées quelques années auparavant par John Bowring, le rapport rendu par la commission, dont il était à la fois l'un des membres et l'un des témoins, met l'accent sur les insuffisances du

1 Sur cette question générale, on renvoie évidemment au classique d'E. P. Thomson, 1953, *The Making of English Working Class*, ainsi qu'aux nombreux débats qui ont éclos depuis sa publication, notamment avec la réinterprétation qu'en propose Gareth Stedman Jones, « Rethinking Chartism », art. cité. Pour un état des lieux des discussions au sujet du « tournant linguistique » initié par ce dernier article, on peut se référer au numéro 37 de la *Revue d'histoire du XIXe siècle*, paru en 2008.

2 HC, 1836, *Report from the Select Committee on Arts and Manufactures*, p. iii.

maillage reliant les activités de conception et de fabrication, notamment par rapport à la France, qui fait figure d'exemple en la matière. Les suggestions proposées sur ces bases sont articulées autour de deux thèmes principaux, que l'on retrouvera à maintes reprises tout au long des années suivantes. La première consistait d'abord à favoriser la dissémination des connaissances utiles, tant techniques que théoriques (*manufacturing arts*), parmi les travailleurs britanniques. En plus d'approfondir l'action des premières Mechanics' Institutions, il s'agissait surtout d'encourager la création d'écoles d'art pour former les jeunes ouvriers, mais aussi de multiplier les expositions ouvertes aux travailleurs, de stimuler la publication et la diffusion de journaux spécialisés sur chacune de leurs activités, ainsi que de constituer des galeries publiques au sein des principaux musées, toujours à leur attention spéciale. Outre les mesures destinées à améliorer la qualité de la main d'œuvre, le second volet de propositions concernait davantage les incitations données aux manufacturiers d'investir dans la production d'articles plus raffinés, principalement à travers le système de protection des dessins. Pointant les nombreuses défaillances de ce dernier, le rapport de la commission souligne l'importance qu'il y avait à mettre en place un système plus simple et plus protecteur, suggérant ouvertement l'installation de tribunaux sur le modèle français du conseil des prud'hommes[3].

Parallèlement, alors que les pétitions des tisseurs à bras pour obtenir des régulations de salaire, relayées par Maxwell et Fielden, continuaient d'affluer au parlement, la principale nouveauté de l'année 1836 sur la scène londonienne provenait de la création à l'été de la London Working Men Association. Dirigée par un groupe de radicaux dont faisaient partie William Lovett et Henry Hetherington[4], qui exerçaient respectivement les fonctions de secrétaire et trésorier de l'association, son but était de rallier « toutes les personnes de bonne moralité parmi les classes

3 *Ibid.*, p. vii.

4 Le jeune ébéniste autodidacte Lovett, originaire de Cornouailles, avait fait la connaissance d'Hetherington à la fin des années 1820, au sein des associations de coopération ouvrière, peu avant que ce dernier ne lance la publication du *Poor Man's Guardian* (W. Lovett, *Life and Struggles of William Lovett*, Londres, MacGibbon & Kee, 1967 [1876], p. 44). Ayant déjà acquis une certaine notoriété grâce à la Anti-Militia Association qu'il avait contribué à créer en 1831, ce fut surtout à travers son action au sein de la LWMA que Lovett devint, au même titre que Feargus O'Connor, l'une des deux principales figures du chartisme (au sujet duquel on renvoie toujours pour plus de détails à M. S. Chase, *Chartism : A New History*, Manchester, Manchester University Press, 2007).

industrielles[5] », prolongeant l'idée de « rassembler par un lien d'UNITÉ les portions les plus *intelligentes* et *influentes* des classes laborieuses des villes et des campagnes[6] ». Ayant pour objectif ultime d'établir « *l'égalité des droits politiques*[7] », l'association allait en fait jouer un rôle de premier plan dans le développement du chartisme, dont elle peut être considérée comme le principal moteur de la branche londonienne[8]. Comme on a déjà eu l'occasion de le signaler, les tisseurs de Spitalfields allaient jouer un rôle très restreint dans les activités de la nouvelle organisation. En effet, la présence de trois d'entre eux (Charles Cole, Richard Cray et John Duce) parmi ses 33 membres fondateurs peine à masquer l'absence de la masse des tisseurs, dont il n'est question qu'au moment de son lancement[9]. La tentative de s'appuyer sur la détresse des ouvriers en soie pour créer l'année suivante une association plus radicale, la East London Democratic Association, se solde d'ailleurs par un échec cuisant[10].

Au cours de cette même année, les tisseurs se signalent pourtant par la publication mensuelle, à partir du mois d'août 1837, du *Spitalfields Weavers' Journal*. Directement publié par Charles Cole, qui semble avoir eu un impact majeur sur son contenu, il est difficile de savoir précisément dans quelle mesure ce nouvel organe était représentatif de l'opinion des ouvriers en soie. Malgré cette difficulté, son examen permet de faire un certain nombre de constats importants. Tout d'abord, on peut y

5 « Address and Rules of the London Working Men's Association », *Working Men's Association, the first convention and the National Association*, éd. D. Thompson, New York, Londres, Garland Publishing, 1986, p. 6. Les objectifs de l'association sont aussi reproduits par W. lovett, *Life and Struggles of William Lovett*, *op. cit.*, p. 76-77.

6 *Ibid.*, p. 6.

7 *Ibid.*, p. 2-3.

8 La capitale continuait ainsi de jouer un rôle tout à fait primordial dans l'élaboration du message chartiste, mais la masse des ouvriers qu'il s'agissait de rallier provenait désormais des industries du Nord, comme le fait remarquer D. J. Rowe, « Chartism and the Spitalfields Silk-Weavers », art. cité, p. 486. L'ordre de grandeur des meetings chartistes londoniens s'exprimait ainsi en milliers de participants, quand ceux qui se déroulaient autour de Manchester parvenaient sans peine à en rallier plus de 100 000 (W. Wolf, *The Spitalfields Silk Weavers*, *op. cit.*, p. 26).

9 À travers le rapport de Cole, Cray et Weston que l'on a déjà évoqué plus haut. On ne trouve par la suite plus aucune mention du cas des tisseurs dans les minutes de l'association (BL Mss., Add. 37773).

10 D. J. Rowe, « Chartism and the Spitalfields Silk-Weavers », art. cité, p. 485, montre comment l'association périclite après quelques assemblées trop clairsemées, ce qui le conduit aussi à démontrer que l'idée couramment avancée selon laquelle les tisseurs étaient à sa base reposait en réalité sur des imprécisions de l'historiographie.

relever que l'image du tisseur destitué, condamné à la mendicité, était désormais bien ancrée dans l'imagerie populaire, ce dont se plaint un lecteur du nouveau journal :

> Le tisseur de Spitalfields [...] ne peut s'asseoir nulle part plus d'un court instant sans être reconnu, sans être regardé comme un objet de compassion, ou être recherché pour son incapacité à s'associer aux autres ouvriers de cette grande cité au sein de laquelle, méprisé et dévalué aux yeux des travailleurs, il est en fait un modèle à suivre pour les classes laborieuses sur la voie de l'industrie honnête. (*Spitalfields Weavers' Journal*, « To the Editor of the Weavers' Journal », 1er août 1837.)[11]

Ce triste tableau est encore complété par certains comptes rendus que l'on peut trouver dans le journal des nombreuses œuvres de charité consacrées aux ouvriers en soie de l'est de Londres, à l'image du bal organisé le 1er juin 1837 pour leur venir en aide[12].

Plus en substance, le *Spitalfields Weavers' Journal* présente la plupart des traits caractéristiques du journalisme de métier que l'on avait relevés dans *L'Écho de la fabrique*. Se déclarant « exclusivement voué à la défense des tisseurs[13] », il est en effet difficile de ne pas relever la place centrale qu'y occupe la description des fraudes commises par les marchands à l'encontre de l'ouvrier, qui sont dénoncées par le journal. Ce dernier part ainsi en croisade contre les différents procédés utilisés pour retenir une partie du salaire des tisseurs[14], et ne se gêne pas pour

---

11 Voir aussi sur ce point et à titre d'exemple l'article intitulé « The Reverend William Stone's Delineation of a Weaver », dans le numéro de décembre du journal.

12 William Wallis, désormais présenté comme membre du Francis Place's Radical Club, explique dans le journal (*ibid.*, 1er octobre 1837, « To the Editor of the Weavers' Journal ») que la totalité des bénéfices que le bal avait permis de réaliser, qui s'élevaient à £ 3 768, avaient été reversés à la Royal Adelaide Provident Society, dont il était secrétaire. Pour plus de détails sur l'opération de ce fonds, on peut se référer au rapport rendu par James Mitchell dans HC, 1840a, *op. cit.*, vol. 2, p. 257-258.

13 *Spitalfields Weavers' Journal*, 1er août 1837. Les cinq objectifs que se fixe principalement le journal sont les suivants : « Le journal rendra précisément compte des cas où l'interférence des magistrats a été demandée [...] Les procédés des assemblées publiques de tisseurs seront fidèlement enregistrés [...] Les débats parlementaires concernant le métier seront aussi spécialement suivis [...] Les lois qui gouvernent l'industrie seront présentées [...] Les résultats des conférences avec les délégations de manufacturiers seront rendus publics ».

14 Les deux pratiques les plus souvent en question sont appelées *stoppage* et *poundage*, termes que le journal propose de « prononcer : PILLAGE » (*ibid.*, « Stoppage and Poundage », 1er novembre 1837). Le *stoppage* désignait en fait l'ensemble des retenues qui étaient faites par le marchand lorsque le tisseur rapportait le tissu achevé à sa maison. Le *poundage*

citer nommément les marchands qui ont recours à de tels stratagèmes. Dans ce cadre, on peut voir à travers la nouvelle feuille les tentatives qui sont mises en place par les ouvriers, en l'absence de canevas juridique adéquat, pour tenter de réguler leur activité. Il semble ainsi que des réunions de tisseurs aient fréquemment été organisées afin d'évaluer les prix en vigueur des différents articles, d'identifier les marchands qui paient « en dessous du prix[15] » et d'envoyer des délégations afin de négocier avec eux des avances[16]. Le journal rend aussi compte en détail de plusieurs contentieux entre ouvriers et marchands, portés devant les justices de paix. Ceux-ci illustrent à la fois la lente reconstruction d'un ordre réglementaire à Spitalfields, sur la base des modalités de conciliation introduites en 1824, en même temps que la difficulté de parvenir à établir un tel ordre, dans un cadre institutionnel peu adapté à leur industrie et face à la puissance des marchands, qui exploitent toutes les failles des procédures pour se tirer d'affaire[17]. Le vide laissé

---

en était une forme que l'on pourrait qualifier de préventive, le marchand appliquant une retenue à la source, sur chaque bobine laissée à l'attention de l'ouvrier, afin de se prémunir contre toute perte de matière.

15 *Ibid.*, « Attempted Reduction » et « A Report », 1er août 1837.

16 Le journal suit en particulier l'action des « délégués pour les velours » (*velvet delegates*) qui tentent de négocier un accord sur les prix avec une poignée de marchands récalcitrants. Les démarches capotent toutefois assez rapidement, si l'on se fie au récit qu'en fait le *Spitalfields Weavers' Journal* du 1er août, « A Report », du 1er septembre, « Velvet Advance » et « Mr Slimm backsliding », et enfin du 1er octobre, « On the deputation of velvet delegates ».

17 Comme on peut le voir dans l'affaire du tisseur George Poyton, que le journal avait suivi en détail (*ibid.*, « George Poyton's case », 1er octobre et 1er novembre 1837). Ce dernier résidant à Bethnal green, il avait déposé plainte auprès des justices de paix du Middlesex contre son marchand, Robinson, qui l'avait fait attendre plus de 10 jours avant de lui confier un article qu'il lui avait promis. Condamné à défrayer son ouvrier pour son temps perdu, Robinson profita du fait qu'il résidait à la City (comme beaucoup de ses semblables) pour obtenir des magistrats de son district une décision contraire, réussissant finalement à bloquer la procédure. C'est à la suite de cette affaire que Cole avait trouvé le soutien des deux parlementaires Thomas Talfourd et Stephen Lushington pour remédier à cette limite juridique du Masters and Workmen Arbitration Act (5 Geo. 4, c. 96) qui avait été voté avec l'abrogation des Combination Laws en 1824. Procédant de la volonté de rééquilibrer la relation entre employeur et employé sans jamais s'écarter du principe de la libre négociation, le caractère trop informel des modalités de règlement des conflits prévues par la nouvelle loi, commune à tous les métiers, déboucha au final sur l'exercice direct du rapport de force entre les ouvriers et leurs maîtres, si bien qu'il est « difficile de trouver des exemples de cas ayant été jugés selon ses termes » (J. A. Jaffe, « Industrial Arbitration, Equity, and Authority in England, 1800-1850 », *Law and History Review*, vol. 18, n° 3, 2000, p. 538). Un tel état de choses semblait à l'évidence très favorable aux

par l'abrogation des Spitalfields Acts avait aussi favorisé la prolifération de règlements propres à chaque maison de commerce, à l'instar de la « société de protection mutuelle » installée par J. Reid et Cie, dont le journal dénonce le déséquilibre des droits et des devoirs qu'y avaient les ouvriers et les marchands, à l'avantage de ces derniers[18].

Si l'on sort du volet spécifiquement professionnel du journal, largement dominant, il faut commencer par remarquer le souci de ses rédacteurs d'informer leurs lecteurs de la situation d'autres tisseurs à travers le pays, relayant notamment les souscriptions ouvertes en soutien aux ouvriers de Paisley et de Norwich[19]. Commentant les débats parlementaires qu'étaient encore parvenus à engager Fielden et Maxwell au cours de l'été au sujet des tisseurs à bras, le journal rend un vibrant hommage au second, « un homme libéral, éclairé et véritablement patriotique, le plus solide ami des tisseurs à bras[20] » qui, ayant perdu son siège aux Communes, avait annoncé son retrait de la vie politique. En parallèle, la défaite électorale que Bowring, le « grand prêtre du libre-échange[21] », venait d'essuyer dans sa circonscription écossaise de Clyde Boroughs, est présentée comme une compensation à cette perte. Car s'il est une constante du discours des ouvriers en soie qui se trouve maintenue, et même amplifiée, dans le *Spitalfields Weavers' Journal*, c'est bien la critique des « grands principes » (*soundest principles*) de l'économie politique, dont les tisseurs jugent l'application responsable d'avoir engendré le « monstre » qui s'était insinué dans leur industrie et continuait de la

---

employeurs, ce que constate effectivement D. Hay, « Master and Servant in England », art. cité, p. 255-257.

18 Fondée en 1829, la société fonctionnait en réalité comme un règlement d'entreprise, puisque les ouvriers étaient forcés d'y adhérer pour entrer au service de la maison Reid et Cie. Son but était de lever un fonds, alimenté conjointement par le manufacturier et l'ouvrier qui versaient chacun deux *pence* par livre du montant des articles négociés entre eux, pour se prémunir contre la perte, le vol ou la destruction de matière première. Ces précautions profitant dans l'écrasante majorité des cas aux marchands, c'est logiquement que les ouvriers y voyaient une nouvelle manière déguisée de les exploiter : « le premier établissement du système du "poundage" par Messieurs J. Reid et Cie » (*Spitalfields Weavers' Journal*, « Poundage », 1er décembre 1837). D'autres maisons de commerce avaient par la suite emboîté le pas, comme celles de Thomas Field Gibson ou de Stone & Kemp (voir à leur sujet : HC, *Reports from Assistant Hand-Loom Weavers' Commissioners*, vol. 2, 1840a, p. 258-259).

19 *Spitalfields Weavers' Journal*, « Distress in Paisley », 1er septembre 1837, et « The United Weavers' Appeal. To the Rate-Payers of Norwich and its Vicinity », 1er novembre 1837.

20 *Ibid.*, 1er septembre 1837.

21 *Id.*

ravager : celui de la « compétition individuelle[22] ». Mais la dénonciation de ces principes dominants s'assortit toujours d'une certaine résignation, dont la radicalisation relative du discours des tisseurs pouvait être vue comme une conséquence :

> Un appel devrait être envoyé au grand public [...] de la part des tisseurs de Spitalfields en détresse, mais alors leur détresse serait reliée, conformément aux « grands principes de l'économie politique », au fait qu'ils sont engagés dans une « *industrie en déclin* » [...] Et donc si nous sommes libéraux nous pouvons continuer de la sorte jusqu'à ce que rien ne reste plus que l'Aristocratie, celle-ci étant vraiment trop chère et l'Amérique produisant des NOBLES GENS à un prix beaucoup plus faible, les « grands principes de l'économie politique » commandent qu'elle soit *immédiatement et totalement* abandonnée à titre d'exemple à ceux qui, plus ignorants des « grands principes », refusent d'abandonner ce par quoi ils sont soutenus. (*Spitalfields Weavers' Journal*, « Distress in Paisley », 1er septembre 1837.)

Force est d'ailleurs de constater que les efforts que l'on a vu déployés à travers le journal pour tenter de rebâtir un ordre de fonctionnement collectif au sein de l'industrie londonienne, aussi remarquables fussent-ils, semblaient très insuffisants pour parvenir à rééquilibrer le rapport de force entre négociants et tisseurs. Le manque d'influence de ces derniers allait d'ailleurs se manifester par l'arrêt de la publication du journal en janvier, qui n'était déjà plus assuré que par Cole depuis le mois d'octobre, après que son imprimeur, inquiété par un marchand mécontent du sort qui lui avait été réservé dans la feuille, avait choisi de se retirer[23].

C'est justement dans son numéro du mois d'octobre que le journal avait signalé le début des activités de la commission royale destinée à « examiner la condition des tisseurs à bras du Royaume-Uni[24] », qu'il présente comme une « diversion[25] » dont l'objectif était de retarder une fois de plus la mise en place de tout remède véritable aux difficultés des tisseurs. Placée sous la responsabilité des quatre commissaires Nassau William Senior, Samuel Jones Loyd, William Edward Hickson et John Leslie, l'essentiel du matériau qui devait fournir la base de leur rapport provenait des enquêtes menées par cinq assistants au cours des années

---

22 *Ibid.*, « To the Editor of the Weavers' Journal », 1er octobre 1837.
23 *Ibid.*
24 HC, *Report of the Commissioners on Hand-Loom Weavers*, 1841, p. iii.
25 *Spitalfields Weavers' Journal*, 1er octobre 1837.

suivantes dans les principales industries britanniques qui employaient encore massivement des tisseurs à bras[26]. Ces enquêtes portant sur des industries et des populations ouvrières aux caractéristiques parfois très différentes, la première difficulté intrinsèque au travail des commissaires consistait à agréger l'ensemble de leurs résultats, afin de formuler un diagnostic unifié, ainsi qu'un ensemble de solutions claires au problème des *hand-loom weavers*. La seconde contrainte affectant la mission des commissaires se situait davantage sur le plan politique, et allait se faire toujours plus pressante jusqu'à la remise du rapport final, en 1841.

Les dernières années de la décennie 1830 sont en effet le théâtre d'une agitation politique remarquable avec le lancement de la campagne pour la « Charte du peuple », publiée par Lovett et Place en mai 1838, puis portée par une succession de meetings aux dimensions impressionnantes, jusqu'aux émeutes du Bull Ring qui éclatent au mois de juin de l'année suivante à Birmingham. Les arrestations des leaders chartistes William Lovett et John Collins qui sont effectuées à leur suite étaient pourtant loin de suffire à désamorcer les tensions qui s'étaient multipliées, et dont il est primordial de réaliser le niveau critique qu'elles atteignent au tournant des années 1840[27]. La gageure

26 Les rapports sont publiés en cinq parties au cours des années 1839 et 1840. Le district de Spitalfields avait en particulier été l'objet des enquêtes de James Mitchell, incluses dans la deuxième partie du rapport : HC, *Reports from Assistant Hand-Loom Commissioners*, vol. 2, 1840a, p. 213-284.

27 On renvoie sur ce point à G. Stedman Jones, « Rethinking Chartism », art. cité, p. 164 et suivantes. En dépit de cette activité, l'enthousiasme des tisseurs pour la charte n'avait visiblement pas grandi. Un an après la faillite de la East London Democratic Association, les tentatives de construire en 1838 une nouvelle association en s'appuyant sur les tisseurs (la London Democratic Association) ne connurent pas plus de succès que les précédentes. La meilleure preuve qu'aucune organisation chartiste n'était parvenue à rallier les tisseurs provient selon Rowe d'un appel envoyé en 1839 à la convention nationale du mouvement par un « pauvre tisseur » demandant que des actions soient mises en place à Spitalfields pour « imprimer [aux tisseurs] la notion, ou plutôt la nécessité de s'organiser eux-mêmes en différents corps » (D. J. Rowe, « Chartism and the Spitalfields Silk-Weavers », p. 487). Ces difficultés illustraient assez bien la transition qui s'opérait au sein du mouvement, dont le centre de gravité était en train de se déplacer de la capitale vers le Nord, encore symbolisé par la rivalité entre Lovett et O'Connor (voir sur ce point M. S. Chase, *Chartism : A New History*, *op. cit.*, p. 9-11). En plus des rassemblements chartistes, il n'est sans doute pas inutile de rappeler que c'était aussi à Manchester qu'avait été créée, en mars 1839, la célèbre Anti-Corn Law League, avec laquelle les meneurs chartistes avaient toujours cherché à maintenir une distance et sur les activités de laquelle on renvoie à C. S. Bailey, *From the Corn Laws to Free Trade. Interests, Ideas, and Institutions in Historical Perspective*, Cambridge, MIT Press, 2006.

du rapport sur les tisseurs à bras consistait donc d'une part à apporter des solutions susceptibles d'apaiser les tisseurs, pour prévenir leur ralliement massif à la bannière chartiste, tout en veillant d'autre part à ce que les remèdes proposés ne puissent en aucun cas se retourner contre les intérêts économiques et politiques dominants. Le choix même d'une commission royale plutôt que d'une enquête parlementaire témoignait de la volonté de ne pas déboucher, comme en 1834, sur un rapport trop favorable aux ouvriers[28]. La désignation de Senior à sa tête, dont la dureté des positions sur les Poor Laws ou sur les Combination Laws était bien connue, participait de la même perspective[29]. Ce dernier allait avoir une influence déterminante sur le contenu du rapport final, qui peut à de nombreux égards être considéré comme une illustration typique du « système de liberté économique[30] » que Lionel Robbins voyait à la base des interventions des classiques en matière de politique économique. Le rapport rendu par Senior ressemble beaucoup à une déclaration de politique générale, que lui-même semblait d'ailleurs concevoir de la sorte, touchant aux principaux thèmes du moment comme l'aide aux pauvres, les associations ouvrières, le système éducatif ou le libre-échange[31].

---

28 Sur ce point, certaines précisions sont apportées par D. Bythell, *The Handloom Weavers*, *op. cit.*, p. 164-168, qui a tendance à vanter la qualité du travail de la commission. On peut consulter pour une vision plus critique de ses activités : E. P. Thompson, *The Making of the English Working Class*, *op. cit.*, p. 301-302. Enfin, un compte rendu plus précis et plus objectif de la situation a été fourni par P. Richards, « The State and Early Industrial Capitalism », art. cité, p. 111-114.

29 Point n'est sans doute besoin de rappeler l'impact considérable qu'avait eu Senior sur la New Poor Law de 1834, qui resta pendant longtemps considérée comme la « grande trahison » des whigs (voir M. Bowley, « Nassau Senior and classical economics », *The Classical Economists and Economic Policy*, éd. A. W. Coats, Londres, Methuen, 1971, p. 57-84). Senior avait aussi rendu en 1830, à la demande du Home Secretary Lord Melbourne, un rapport sur l'action des associations ouvrières. La sévérité des mesures qu'il y recommandait, qui revenaient globalement à interdire la formation de *trade unions*, les disqualifia rapidement auprès de Melbourne, qui les jugea politiquement impraticables (M. Bowley, *ibid.*, p. 64-68).

30 Cette expression introduite par Marshall est reprise par L. Robbins, *The Theory of Economic Policy*, Londres, MacMillan, 1953, p. 11.

31 Senior accordait en effet une grande importance aux idées développées dans le rapport, qui dépassaient de loin la question des tisseurs à bras, comme en témoigne une de ses lettres envoyées à Tocqueville, à laquelle était attachée un exemplaire du rapport dont il lui recommandait la lecture : « si vous trouvez le temps de le parcourir, vous verrez que beaucoup de questions importantes y sont traitées assez en détail » (M. Bowley, « Nassau Senior and classical economics », art. cité, p. 57).

Après avoir proposé une classification des ouvriers des différentes industries textiles en fonction de la force et du savoir-faire nécessaires à la pratique de leur métier (les tisseurs de Spitalfields apparaissant dans la catégorie extrême où ses deux facultés étaient requises), le rouage central de l'analyse de Senior consistait à relier la faiblesse du salaire des tisseurs à bras du Royaume à l'excès d'offre de travail qu'ils généraient, face à une demande « dans la majorité des cas déficiente, parfois décroissante et le plus souvent irrégulière[32] ». Il faut noter ici que, conformément aux craintes des tisseurs londoniens, ces insuffisances de la demande sont constamment reliées par Senior au caractère « déclinant[33] » du tissage à bras, ce qui empêchait dès le départ d'envisager des solutions propres à leur cas, dans lequel l'instabilité de la demande était une des contraintes fondamentales.

Le moyen le plus direct d'éliminer l'excès d'offre sur le marché des tisseurs à bras était d'en réduire le nombre, en favorisant d'une part leur émigration et en leur proposant une éducation gratuite d'autre part, qui devait leur permettre d'exercer « leur activité et leur intelligence à rechercher d'autres emplois pour eux-mêmes et pour leurs familles[34] ». Cette idée, qui imprègne l'ensemble du rapport, selon laquelle les tisseurs à bras constituaient une « population redondante[35] », doit être reliée au principe de « liberté individuelle[36] » qui avait guidé les raisonnements de Senior lors de ses réflexions sur les Poor Laws, qui permettait de comprendre son refus d'accorder toute « subvention aux branches industrielles décadentes, encourageant la formation de bassins d'emplois sous-payés[37] ». Mais le gros des mesures recommandées par celui qui fut le premier professeur d'économie à Oxford concernait surtout les facteurs influençant la demande de travail qui s'adressait aux tisseurs à bras, qu'il s'agissait à la fois de stimuler et de stabiliser.

---

32 HC, *Report of the commissioners on Hand-Loom Weavers*, 1841, p. 48. Les raisons pour lesquelles Senior percevait une tendance permanente à l'excès d'offre de travail des tisseurs à bras, principalement dues au caractère familial de leur activité, sont exposées par M. Bowley, 1971, *op. cit.*, p. 58.

33 Cette attitude est bien restituée par M. Bowley, *ibid.*, p. 58-59 et 62.

34 HC, 1841, *op. cit.*, p. 120. Les deux types de recommandations sont formulées p. 118-124. Senior était en effet partisan d'un système d'éducation publique, comme le remarque E. G. West, « Private versus Public Education, A Classical Economic Dispute », *The Classical Economists and Economic Policy*, *op. cit.*, p. 123-143).

35 HC, 1841, *op. cit.*, p. 118.

36 M. Bowley, « Nassau Senior and classical economics », art. cité, p. 69.

37 *Ibid.*, p. 58.

D'un point de vue général, Senior marque d'abord son opposition à tous les dispositifs réglementaires capables d'entraver la rencontre entre cette demande et l'offre de travail des tisseurs. C'était en particulier le cas des Corn Laws, qui aggravaient la situation de ces derniers non seulement parce qu'elles avaient pour conséquence d'augmenter leur salaire, mais aussi car elles diminuaient symétriquement le pouvoir d'achat de ceux qui étaient susceptibles de commander leurs produits. Et cela était également vrai de toutes les taxes frappant les biens que les tisseurs consommaient couramment soit directement, soit pour confectionner leurs étoffes (ce qui était par exemple le cas des soies moulinées)[38].

Outre ces distorsions tarifaires, deux séries de mesures sont développées plus à fond par Nassau Senior pour favoriser l'embauche des tisseurs à bras. Les premières consistaient à agir sur le taux de salaire des tisseurs, afin de contrôler son augmentation excessive. Dans ce cadre, l'auteur s'empresse de signaler l'inutilité qu'il y avait à installer des *boards of trade*, comme le demandaient les ouvriers depuis des années, leur mise en place ne pouvant que « tendre à augmenter le prix du travail des tisseurs pour en faire diminuer la demande et [...] augmenter l'offre[39] », ce qui était à l'exact opposé des objectifs fixés au début du rapport. Leurs effets pouvaient en cela être assimilés à ceux des coalitions d'ouvriers, auxquelles Senior s'oppose à la fois pour des raisons économiques et morales, toujours parce qu'elles contrariaient l'exercice du travail libre, c'est-à-dire du « droit de tout travailleur d'employer sa propriété dans le sens de ce qu'il considère être son intérêt, un droit aussi sacré que ceux pour la protection desquels les lois sont maintenues[40] ». C'est d'ailleurs au nom de ce même droit que Senior affirme être en faveur du principe de la liberté d'association, raison pour laquelle il avait soutenu l'abrogation des Combination Laws de 1824. Ce sont les agitations de la fin des années 1820 qui avaient été perçues par l'économiste comme des excès intolérables, si bien qu'une reprise en main musclée était

38 La question des Corn Laws ainsi que des autres taxes qui renchérissaient les biens consommés par les tisseurs, dont Senior plaide globalement pour l'abrogation, est évoquée des pages 51 à 70 du rapport. Le cas des soies moulinées est traité p. 77-79. Enfin, un examen spécial est réservé aux Timber Laws, qui en provoquant la hausse des prix des matériaux de construction, favorisaient la multiplication de logements insalubres pour les tisseurs (HC, 1841, *op. cit.*, p. 70-76).

39 *Ibid.*, p. 49.

40 *Ibid.*, p. 98.

maintenant nécessaire pour parvenir à « libérer les travailleurs de la tyrannie des associations[41] ».

L'autre série de mesures finalement suggérées par Senior étaient destinées à améliorer la qualité des articles produits par les tisseurs. Reprenant les conclusions du *Committee on Arts and Manufactures* de 1835-1836, il propose de remédier à l'insuffisante qualité des textiles britanniques par l'établissement d'écoles d'art, ainsi que par la révision des droits de propriété sur les dessins, appuyant encore les résultats de la commission consacrée l'année précédente à cette question[42]. Senior se félicite aussi de l'allongement de la durée de ces protections, qui avait été voté en 1839 (passant de 3 à 12 mois), mais souligne la complexité et le coût trop importants de la procédure qu'elles nécessitaient[43]. Il y a toutefois un point central sur lequel le commissaire royal ne partage pas du tout les recommandations du rapport de 1836, en ce qu'il s'oppose catégoriquement à l'installation de tout nouveau tribunal pour régler les affaires de fabrique, sur le modèle français du conseil des prud'hommes.

Ce rejet illustre assez bien les insuffisances des conclusions du rapport sur les tisseurs à bras, vu de Spitalfields. Si le renforcement des droits de propriété sur les dessins, bientôt durablement assis par le célèbre Design Act de 1842[44], et surtout l'introduction d'écoles d'art constituaient dans l'absolu une bonne nouvelle pour l'industrie londonienne, ces décisions arrivaient à un moment où l'essentiel des biens de luxe avaient d'ores et déjà disparu de la liste des articles produits dans la capitale, à l'exception des velours[45]. D'un autre côté, le rapport n'apportait pas de réelle solution permettant aux acteurs de la manufacture de gérer les fortes variations de la demande de soieries, qui pouvaient bien dans certaines industries être un symptôme du déclin du tissage à bras, mais qui étaient l'une des spécificités essentielles, sur le long terme, de la demande d'articles de soie. Ainsi, la possibilité d'encourager la mise en place d'une structure

41 *Ibid.*, p. 98. C'est à ce niveau que l'on retrouve les mesures, très sévères, suggérées dans le rapport rendu par Senior en 1830, qui sont résumées par M. Bowley, « Nassau Senior and Classical Economics », art. cité, p. 64.

42 HC, *Select Committee on Copyright of Designs*, 1840b.

43 HC, 1841, *op. cit.*, p. 83. La nouvelle loi en question était : *An Act to secure to Proprietors of Designs for Articles of Manufacture the Copyright of such Designs for a limited Time* (2 & 3 Vict., c. 17).

44 5 & 6 Vict., c. 100.

45 Ce qui apparaît bien dans les données collectées par Mitchell (HC, 1840a, *op. cit.*, vol. 2, p. 219-228).

semblable à celle du conseil des prud'hommes avait sans doute été la dernière occasion, manquée, de rétablir à Spitalfields un système de contrats stable, seul à même de permettre à la manufacture de relever le défi de la concurrence internationale. C'est donc à partir de la remise du rapport sur les tisseurs à bras, le 19 février 1841, que l'on peut estimer que le sort de la manufacture anglaise, déjà fortement compromis, était désormais irrémédiablement scellé.

À Lyon, la violence du choc provoqué par la Révolte de 1834 et par la répression qui s'ensuivit avait amorcé une transformation qui, replacée dans l'histoire longue des luttes intestines à la fabrique, peut sans aucun doute être qualifiée de majeure. C'est en effet avec l'échec de cette seconde Révolte que se trouve définitivement invalidé le projet qui avait guidé l'action des chefs d'atelier en soie au cours des décennies précédentes : celui d'établir une industrie pacifiée fondée sur l'« harmonie[46] » des rapports entre ouvriers et négociants, sur le modèle (largement idéalisé) de la Grande Fabrique. En tant que principale porteuse de ce projet, l'organisation mutuelliste fait l'objet de nombreuses critiques, qui s'ajoutent aux difficultés matérielles entraînées par les pertes liées à la Révolte. Ses membres étaient tout de même parvenus à relancer un nouvel hebdomadaire à partir de la fin du mois de septembre, *L'Indicateur*, qui est immédiatement pris sous le feu des critiques formulées par la *Tribune prolétaire*, créée par Chastaing au même moment. Renouvelant ainsi les querelles entre les sensibilités mutuellistes et républicaines des canuts, autrefois exprimées à travers *L'Écho de la fabrique* et *L'Écho des travailleurs*, ce dernier dénonce le caractère apolitique, corporatiste et secret du mutuellisme pour démontrer qu'il se situait à rebours de l'histoire. Comme l'avait montré la Révolte de 1834, il ne devait dorénavant plus faire aucun doute qu'un changement politique profond était nécessaire, s'appuyant sur un mouvement de « fraternité universelle » unissant les prolétaires de toutes les professions, dont la *Tribune prolétaire* se faisait le porte-parole.

Fidèle à la posture traditionnelle des leaders mutuellistes, *L'Indicateur* répondait à ces arguments en se plaçant d'un point de vue pragmatique,

46 Selon l'expression de Pierre Charnier, au sujet de laquelle on peut se reporter à F. Rude, « L'insurrection ouvrière de Lyon en 1831 et le rôle de Pierre Charnier », *Revue d'histoire du XIXe siècle – 1848*, vol. 35, n° 166, 1938, p. 67, et surtout à la contribution plus récente et plus complète de L. Frobert, G. J. Sheridan, *Le solitaire du ravin*, *op. cit.*

accusant de « baraterie littéraire[47] » les intellectuels qui alimentaient les colonnes de ces journaux où l'on se contente « de parler à tort et à travers sur des questions qui n'aboutissent à rien[48] ». Cultivant l'orientation fouriériste de la dernière période de *L'Écho de la fabrique*, la série d'articles de Michel-Marie Derrion intitulés « Amélioration industrielle[49] », souvent placés en tête du journal, sont symboliques de cette attitude. C'est notamment à travers eux que ce négociant saint-simonien converti au fouriérisme exposait son projet de « vente sociale d'épicerie[50] », une coopérative de consommation qui fut effectivement créée au début de l'année 1835. Proposant un intérêt de 5 % l'an à ses contributeurs, Derrion parvint en effet rapidement à lever un fonds suffisant pour lancer l'activité de l'association, qui consistait à centraliser l'achat des biens de consommation courante des ouvriers par des personnes spécialisées dans cette opération, afin d'éviter aux travailleurs les pièges que réservait « le réseau rapace et trompeur » tissé par « cette mauvaise concurrence qui a son siège dans le négoce[51] ». Le succès rencontré par la coopérative ne pouvait toutefois pas suffire à définitivement repousser les attaques de Chastaing, qui ironisait sur les efforts considérables déployés par Derrion pour établir une simple « boutique d'épicerie[52] ». Aussi remarquable fût-elle, il est clair en effet que la nouvelle association apparaissait après la

47 *Tribune prolétaire*, « Sur une lettre de M. Derrion à L'Indicateur », 19 avril 1835.

48 *L'Indicateur*, 15 février 1835.

49 Ces articles sont publiés par *L'Indicateur* des 20 et 28 décembre 1834, puis des 4, 11, 18 et 25 janvier 1835. Derrion avait déjà exposé son projet dans une brochure publiée au lendemain de la seconde insurrection, intitulé *Constitution de l'industrie et organisation pacifique du commerce et du travail ou tentative d'un fabricant de Lyon pour terminer d'une manière définitive la tourmente sociale.*

50 *Ibid.*, 8 février 1835.

51 *Ibid.*, « Amélioration industrielle », 28 décembre 1834. Cette phrase illustre bien l'objectif de Derrion d'établir un commerce « véridique », dont les bénéfices étaient répartis en quatre parts égales : entre consommateurs (au prorata de leurs achats), souscripteurs et employés, le quart restant devant être affecté aux investissements de la société, tant à leur initiation qu'à leur amortissement.

52 *Tribune prolétaire*, « *L'Indicateur* et la *Tribune prolétaire* », 15 février 1835. Voir aussi, dans le numéro du 19 avril, l'article intitulé « Sur la brochure de M. Derrion ». Derrion était rapidement parvenu à collecter plusieurs milliers de francs, qui lui permirent d'installer un, puis deux magasins au courant de l'année 1835. Ces deux magasins distribuent au cours de la même année pour 96 000 francs de marchandises, puis plus de 190 000 l'année suivante, avant que la crise de 1837 ne condamne l'entreprise, qui ne parvient pas à se relever au début de l'année 1838 (M. L. McDougall, *After the Insurrections. The Workers' Movement in Lyon : 1834-1852*, PhD thesis, Columbia University, 1974, p. 217-218).

Révolte d'avril comme une solution de second rang, un « second choix[53] » faisant figure de pis-aller à une réforme du système productif jugée trop complexe, ce qu'avouait d'ailleurs son fondateur en concédant que « de ce côté, l'oppression vient de trop loin et remonte trop haut pour que nous puissions [directement] l'atteindre avec les faibles moyens que nous avons actuellement à notre disposition[54] ».

Fragilisés non seulement par leur attachement à cette posture pragmatique, qui les fait accuser d'avoir toujours été trop conciliants avec les négociants et même d'avoir pactisé avec eux[55], les mutuellistes sont surtout affaiblis par la répression, sensiblement renforcée, dont ils font l'objet au lendemain des journées d'avril. Désignés au côté des républicains comme principaux responsables de la Révolte, leur société et leur journal sont la cible d'une pression croissante exercée par les autorités, qui répriment « la moindre tentative visant à créer de larges organisations professionnelles centrales[56] » au sein de la fabrique. Toutefois, le jugement des Pairs lors du « procès monstre », qui se tient à Paris au courant des mois d'avril et de mai 1835, pénalise moins durement les mutuellistes que leurs alliés républicains, dont les rangs se retrouvent véritablement décimés. À la suite du procès de *L'Indicateur*, le nouveau cautionnement réclamé par les autorités aux journaux lyonnais met fin aux livraisons de *L'Indicateur* puis de la *Tribune prolétaire*, qui s'arrêtent

53 L'expression est utilisée en ce sens par M. L. McDougall, *ibid.*, p. 218.

54 *L'Indicateur*, « Amélioration industrielle », 11 janvier 1835. L'objectif avoué de Derrion était bien toutefois d'influer, via les achats de la coopérative, sur les orientations du système productif et, *in fine*, sur son organisation : « Par le moyen de la publicité commerciale, une organisation unitaire de l'industrie pourra donc réellement avoir lieu ; et comme cette organisation sera née et vivra par le fait d'une impulsion continue donnée par le travailleur en sa qualité de consommateur, elle ne pourra s'effectuer qu'au profit de la société entière. Aussi cette impulsion réformatrice remontant de degré en degré, d'anneau en anneau, parcourra toute l'échelle du commerce, pour en régénérer chaque partie, et parviendra bientôt au point de départ, à la production. » (*L'Indicateur*, « Amélioration industrielle », 18 janvier 1835.)

55 Comme en témoignent les piques envoyées par *L'Écho des travailleurs* aux mutuellistes, dénonçant leur rôle au mieux passif, sinon arrangeant vis-à-vis des autorités, lors les journées de novembre 1831 (*L'Écho des travailleurs*, « Au gérant », 23 novembre 1833, et « Cancans », 1er janvier 1834, ainsi que L. Frobert, *Les canuts, ou la démocratie turbulente*, *op. cit.*, p. 135-136).

56 M. L. McDougall, *After the Insurrections*, *op. cit.*, p. 165. *L'Indicateur* faisait ainsi l'objet d'une surveillance étroite. Après que ses bureaux avaient été perquisitionnés au lendemain de la Révolte d'avril, un procès est engagé contre lui en février de l'année suivante, l'accusant de traiter de matières politiques.

toutes les deux au mois de juillet. Mais c'est surtout le nouveau raidissement du pouvoir suite à l'attentat manqué de Fieschi contre le Roi le 28 juillet, concrétisé par l'adoption des « lois de septembre », qui marque l'avènement d'une période de transition de l'action ouvrière lyonnaise, débutant avec la disparition de *L'Union des travailleurs* et du *Nouvel Écho de la fabrique*, deux feuilles qui avaient tenté de prendre leur succession au courant de l'été[57]. On assiste donc pendant la seconde moitié des années 1830 à la reconstruction souterraine de sociétés « plus petites et plus spécialisées[58] », secrètes pour beaucoup, dont l'autre caractéristique essentielle et inédite était d'être à la fois politiques et principalement composées de travailleurs, souvent de professions différentes d'ailleurs. Le retrait relatif des chefs d'atelier en soie que l'on observe à ce moment ne signifiait pas pour autant la fin de leur solidarité professionnelle, qui allait resurgir au tournant des années 1840, générant une nouvelle vague de journaux attachés à leur communauté[59].

Dans l'intervalle, c'est par la méthode ancienne qui consistait à créer de nombreuses sociétés philanthropiques de taille réduite, afin de masquer leurs intérêts professionnels et motivations politiques véritables, que procèdent les travailleurs lyonnais. Le réseau qu'elles forment sert ainsi de support aux grèves sélectives initiées par les imprimeurs sur étoffe, les forgerons et les couturiers en 1836, puis par les chapeliers et surtout par les cordonniers en 1838[60]. Outre le relais passé par les ouvriers de la fabrique à ceux d'autres professions, le deuxième changement notable que l'on observe au cours de ces années est l'infiltration – on pourrait presque parler de recréation tant elles avaient subi de sévères dommages – des sociétés secrètes républicaines, franc-maçonnes et carbonaristes par les mêmes ouvriers, qui y deviennent pour la première fois majoritaires. Leur

57 Adoptant une périodicité mensuelle, *L'Union des travailleurs*, qui était l'œuvre de Chastaing, ne parut qu'en deux occasions, aux mois d'août et septembre. L'existence du *Nouvel Écho de la fabrique*, dont la publication était l'initiative de Falconnet, fut encore plus éphémère, ne parvenant qu'à assurer une livraison unique au mois d'août.

58 M. L. McDougall, 1974, *op. cit.*, p. 176.

59 Au sujet de cet héritage, on peut d'ores et déjà renvoyer à l'article de G. J. Sheridan, « Les échos de *L'Écho* », art. cité.

60 La grève des cordonniers, maintenue pendant deux mois, « était la première grève majeure depuis celle de février 1834 » (M. L. McDougall, *After the Insurrections*, *op. cit.*, p. 183). On peut se référer pour une vision d'ensemble au tableau récapitulatif des grèves entreprises par les travailleurs lyonnais dans la seconde moitié des années 1830 présenté par M. L. McDougall, *ibid.*, p. 197.

arrivée coïncide avec la montée en puissance, au sein de ces sociétés, de l'influence des courants socialistes et communistes plus radicaux, qui devient vraiment palpable au cours de l'année 1837. Portées notamment par la société des fleurs de Joseph Benoît[61], l'un des multiples vecteurs de diffusion des idées de Buonarotti, Raspail, Lamennais, Laponneraye ou Buchez, ce sont d'abord les théories babouvistes qui connaissent le plus de succès à Lyon[62]. Ces dernières cèdent peu à peu la place aux idées de Cabet et des icariens, dont l'influence devient dominante au début des années 1840. Le foisonnement des doctrines était tel que le séjour de Proudhon à Lyon lui inspira le commentaire suivant :

> Il se prêche en ce moment je ne sais combien d'évangiles nouveaux, évangile selon Buchez, évangile selon Pierre Leroux, évangile selon Lamennais, Considérant, Mme George Sand, Mme Flora Tristan, évangile selon Pecqueur, et encore bien d'autres. (P.-J. Proudhon, *Correspondance*, Paris, A. Lacroix & Cie, vol. 2, 1875, p. 131.)

Néanmoins, c'est bien dans ce contexte que s'était opéré le retour des tisseurs au premier plan de la scène lyonnaise, qui se réorganisent à partir du début des années 1840 pour déclencher plusieurs grèves ciblées[63]. C'est aussi à cette période que réapparaissent leurs journaux, avec la publication de *L'Écho des ouvriers* de 1840 à 1841, puis de *L'Écho de la fabrique de 1841* jusqu'en 1845, celle de *L'Écho de la fabrique de 1845* pour quelques mois, et enfin la parution de *L'Écho de l'industrie* de 1845 à la fin de l'année 1846. Tous ces hebdomadaires peuvent être considérés comme des journaux de métier, relevant de la « petite

61 Ouvrier en soie, tulliste puis veloutiers, Joseph Benoît avait fondé en 1835 cette société secrète d'inspiration républicaine. Traqués par les autorités, ses membres décident en 1837 de se joindre à la société des familles d'Armand Carrel, Louis Auguste Blanqui et Martin Bernard, peu avant que cette dernière se scinde pour donner naissance à la société des saisons d'une part et aux phalanges démocratiques de l'autre. Député ouvrier en 1848, Benoît est condamné à l'exil après le coup d'État du 2 décembre 1851, pendant lequel il rédige ses *Confessions d'un prolétaire*.

62 Sur la diffusion de ces théories, on renvoie à M. L. McDougall, *After the Insurrections*, *op. cit.*, p. 221-244.

63 La première est celle des imprimeurs sur soie à la fin de l'année 1840, dont la société secrète des « cordons bleus » parvient à arrêter plus d'un millier de travailleurs. Ce sont les veloutiers qui tentent ensuite de créer un cercle plusieurs fois brisé par les autorités au cours des années 1842-1843, tandis que l'année suivante, les fabricants de châles stoppent le travail, avant que les tisseurs de velours figurés fassent de même en 1845 (M. L. McDougall, *After the Insurrections*, *op. cit.*, p. 186-192).

presse[64] », en ce qu'ils étaient consacrés prioritairement à la défense des intérêts des ouvriers en soie. En tant que tels, seul leur titre suffit à suggérer la filiation qu'ils cherchaient à entretenir vis-à-vis de leur célèbre aïeul *L'Écho de la fabrique*, manifestée prioritairement par leur constance à jouer ce rôle d'indication : signalant les inventions utiles, dénonçant le comportement des marchands malhonnêtes et tenant surtout sans relâche le registre des délibérations des prud'hommes, toujours situées au cœur de chacune de ces feuilles dont elles rythment la parution, semaine après semaine.

Parce qu'elles surgissent dans un contexte politique fort différent de celui du premier *Écho* de 1831, il n'est toutefois pas acceptable de les situer exactement sur le même plan. Ayant tiré les leçons de l'échec de 1834, et de la répression politique croissante qui l'avait suivie, les canuts étaient désormais mieux préparés à participer pleinement à un mouvement politique qui dépasserait les enjeux de leur industrie, comme en témoigne le succès de la *Tribune lyonnaise*, qui parut de 1845 à 1851. S'il s'appuyait toujours clairement sur la masse des ouvriers en soie, le dernier journal créé par Chastaing affichait tout aussi clairement l'objectif de séduire un public plus large pour porter des revendications plus ambitieuses. L'aboutissement de ce mouvement d'agrégation de l'identité canuse au sein d'une entité de dimension supérieure se produit en fait avec la Révolution de 1848, suite à laquelle on voit les ouvriers en soie jouer un rôle prépondérant dans l'activité foisonnante des clubs qui sont créés du mois de février aux élections d'avril[65]. La députation

64 La « petite presse », par opposition à la « haute presse » réunissait ces journaux, souvent hebdomadaires, qui n'étaient pas cautionnés. Les deux premiers journaux de cette série, *L'Écho des ouvriers* et *L'Écho de la fabrique de 1841* étaient encore pilotés par Marius Chastaing. Pour plus d'informations sur ces nouvelles feuilles, on renvoie à G. J. Sheridan, « Les échos de *L'Écho* », art. cité, 211-227.

65 En particulier à travers le « club démocratique central », fondé à la Croix-Rousse au lendemain de l'insurrection, qui a été étudié en détail par M. L. Stewart-McDougall, *The Artisan Republic. Revolution, Reaction, and Resistance in Lyon, 1848-1851*, Montréal, McGill-Queen's University Press, 1984, p. 65-75). C'est aussi à ce moment que surgissent les Voraces, dont les origines du groupement comme les véritables orientations politiques sont difficiles à établir avec précision (M. L. McDougall, *After the Insurrections*, *op. cit.*, p. 238). Ayant joué un rôle essentiel dans la prise des fortifications et de l'Hôtel de ville lyonnais à la fin février, ils agissent comme une unité paramilitaire semi-officielle au cours des mois suivants, après avoir offert leurs services à Arago, envoyé de Paris en tant que représentant de la nouvelle République pour superviser l'organisation des élections, qui accepta leur offre (M. L. Stewart-McDougall, *The Artisan Republic*, *op. cit.*, p. 50-57,

rhodanienne issue de ce vote compte ainsi davantage d'ouvriers que celle de n'importe quel autre département français, dont seule une faible part sera toutefois envoyée à l'Assemblée constituante[66].

C'est donc l'insurrection de 1848 qui avait fourni l'occasion aux ouvriers lyonnais de s'impliquer plus activement qu'ils ne l'avaient jamais fait dans la constitution du pouvoir qui devait les gouverner de Paris, celui de la Seconde République. Ainsi Chastaing décrivait-il ce moment comme « la première fois depuis que nous avons pris la plume où nous n'aurons pas à faire de l'opposition, nous n'aurons qu'à encourager le gouvernement[67] ». L'année 1848 marque également l'extinction de la dynastie des journaux de métier spécialement consacrés aux affaires de la fabrique, dont la situation des membres peut désormais être traitée à travers le terme de « peuple », qui domine nettement la presse quarante-huitarde[68]. C'est pour ces raisons que cette année constitue véritablement une « année charnière[69] » de l'histoire de la communauté des canuts, qui marque le début de leur disparition et que l'on peut rapprocher du processus d'intégration des tisseurs londoniens au sein de la classe ouvrière anglaise, au milieu de nombreuses différences toutefois.

Parmi ces différences, on aura pu remarquer que, encore une fois et contrairement à leurs homologues londoniens, c'était davantage la pression politique accentuée par les autorités de Juillet qui avait enclenché cette nouvelle mutation. Car sur le plan économique, le cadre institutionnel qui avait permis la reprise de la manufacture lyonnaise se situait toujours à la racine d'une croissance forte et régulière, à l'aube du Second Empire. En Angleterre à l'inverse, les espoirs d'émancipation politique précoce générés par l'abrogation des Combination Laws puis le passage

et J. Godart, *À Lyon en 1848. Les Voraces*, Paris, PUF (Collection du centenaire de la révolution de 1848), 1948.

66 Voir sur ce point M. L. Stewart-McDougall, *ibid.*, p. 73-74.

67 *Tribune lyonnaise*, mars 1848, p. 9.

68 Comme le montrent les analyses lexicographiques de M. Tournier, « Labels ouvriers dans le journal des canuts », *L'Écho de la fabrique : naissance de la presse ouvrière à Lyon, 1831-1834*, *op. cit.*, p. 61-65.

69 G. J. Sheridan, « Les échos de *L'Écho* », art. cité, p. 227. Le moment où aboutit le processus qui s'engage au cours de cette année critique est situé par l'auteur à la fin du Second Empire, jugeant alors que « les canuts étaient "arrivés" [...] ils n'étaient plus que des petites gens de la fabrique lyonnaise de la soierie, des gens de métier. Ils n'étaient plus le noyau d'un "peuple" surgissant, prêt à changer le paysage politique et social de la France, peut-être même de l'Europe » (*ibid.*, p. 245).

du Reform Act coïncidaient avec l'avènement d'un régime particulièrement dur sur le plan économique, dans lequel plus aucune forme de négociation collective des salaires ou de l'organisation du travail n'était envisageable. Ces différences de gestion politique de la transition industrielle, porteuse de la question sociale émergente, devaient ainsi avoir certaines conséquences sur la spécialisation industrielle de la France et de l'Angleterre, sur lesquelles on se propose de revenir en évoquant, pour finir, la position économique des manufactures de soieries de Lyon et de Londres au courant des années 1840.

Une fois que le retard accumulé par les manufactures britanniques dans la production de biens de qualité avait été constaté, les remèdes mis en place pour parvenir à le résorber mirent encore des années avant de produire les effets escomptés. Si de nombreuses écoles d'art avaient bien été installées à travers le pays, comme à Spitalfields en 1836, à Manchester en 1838 ou à Macclesfield en 1840, l'élaboration d'enseignements adaptés à un public qu'il s'agissait aussi de définir plus précisément allait nécessiter une longue période de rodage[70]. D'autant que ces modifications intervenaient alors que l'industrie anglaise, et en particulier la manufacture londonienne, avait cessé depuis de nombreuses années de produire les articles les plus fins, comme le révèlent les enquêtes de Mitchell, conformément aux statistiques des douanes de la fin de la décennie 1830[71].

Il ne faut toutefois pas perdre de vue que cette évolution de la qualité des articles correspondait aussi à une évolution de la demande, au sein de laquelle les riches textiles façonnés occupaient une place moins proéminente, qui avait également eu d'importantes conséquences à Lyon. La principale d'entre elles était sans doute la croissance marquée du nombre d'ateliers de tissage à la campagne, qui avait littéralement explosé depuis le début du siècle[72]. Mais la principale différence avec le cas anglais provient du fait que la manufacture de Lyon et de ses faubourgs

70 Comme le souligne B. M. King, *Silk and Empire*, Manchester, Manchester University Press, 2005, p. 20-21.

71 Les données recueillies par Mitchell (HC, 1840a, *op. cit.*, vol. 2, p. 219-228) confirment ainsi la tendance qui se dégageait de la figure 3.

72 Le nombre de métiers battant à la campagne passe en effet de quelques dizaines à environ 30 000, soit l'équivalent des métiers urbains en 1840, selon les chiffres de R. J. Bezucha, *The Lyon Uprising of 1834*, *op. cit.*, p. 25, qu'il reprend lui-même à M. Lévy-Leboyer, *Les banques européennes et l'industrialisation internationale dans la première moitié du XIXe siècle*, Paris, PUF, 1964, p. 143.

reste et allait encore rester pendant plusieurs décennies le siège de cette dynamique nébuleuse d'essaimage industriel qu'a décrite Yves Lequin[73]. Ainsi le nombre de métiers urbains à Lyon plafonne dans les années 1840 autour d'une trentaine de milliers d'unités (voir figure 5, en annexe), qui produisent toujours les articles les plus raffinés, destinés à la demande de mode la plus capricieuse, tandis que les étoffes unies plus simples ou les tissus mélangés de coton (les « nouveautés ») sont souvent dorénavant produits à la campagne.

La possibilité de générer une dynamique similaire en Angleterre avait été presque totalement anéantie avec l'abrogation des Spitalfields Acts et la vision dominante qu'elle consacrait, qui consistait schématiquement à faire passer tout développement industriel par le regroupement d'ouvriers à la campagne, occupés autour de métiers mécaniques. Ayant déjà, comme on l'a vu, commencé à produire ses effets au cours des années 1830, ce mouvement se poursuit au long de la décennie suivante, où le centre de gravité de l'industrie anglaise se déplace de l'est de Londres aux environs de Manchester, sans qu'aucune innovation technique n'ait pourtant permis d'en mécaniser les procédés[74]. Alors que James Mitchell avait comptabilisé 11 750 métiers dans la capitale, l'enquête parlementaire de 1856 n'en relevait plus qu'environ cinq milliers, ce qui était aussi le résultat d'une concurrence internationale exacerbée dans le domaine des articles de qualité moyenne et faible, alimentée par les industries suisse (autour de Zürich) et prussienne (principalement représentée par les villes d'Elberfeld et Crefeld)[75], mais aussi les manufactures indiennes du Bengale. C'est d'ailleurs en étroite relation à ces dernières que s'élabore la réaction industrielle des manufacturiers anglais à cette concurrence, désormais parfaitement conscients de la nécessité cruciale qu'il y avait d'« améliorer l'image des soieries anglaises pour encourager les consommateurs britanniques à la mode à consommer leurs produits[76] », afin de les substituer aux envahissantes importations françaises. Dans cette optique, l'héritage de la plus grande colonie

73 Y. Lequin, *Les ouvriers de la région lyonnaise*, *op. cit.*, vol. 1, p. 28-31.

74 En plus d'insister sur ce point, Brenda King ajoute que cela était également vrai du moulinage du fil de soie, qui était encore le plus souvent une activité principalement artisanale (B. M. King, *Silk and Empire*, *op. cit.*, p. 14).

75 Au sujet du développement de ces dernières, on peut consulter Kisch, « Prussian Mercantilism and the Rise of the Krefeld Silk Industry », art. cité.

76 B. M. King, *Silk and Empire*, *op. cit.*, p. 16.

anglaise en matière de soieries constituait une ressource dans laquelle allaient largement puiser les industriels anglais, en particulier pour la conception de leurs modèles[77].

Ces efforts ne furent toutefois pas suffisants pour contester la domination française, toujours très nette dans la seconde moitié du siècle, qui irradiait depuis la métropole lyonnaise. Parallèlement, l'objectif d'accroître la qualité et l'attractivité des modèles anglais face à cette domination figurait encore parmi les priorités de la Silk Association of Great Britain and Ireland, fondée en 1887[78]. Il suffit donc de rappeler que les soieries lyonnaises et londoniennes produites à la fin du siècle précédent pouvaient encore être comparées sur un pied d'égalité pour réaliser la profondeur des mutations industrielles qui s'opèrent au cours de la première moitié du XIXe siècle, qui sont à la fois le fruit des décisions politiques prises à ce moment et des évolutions institutionnelles de plus long terme, que l'on a repérées dans la seconde moitié du siècle précédent.

77 Ces derniers dépensaient ainsi 20 à 30 000 livres par an, à la fin des années 1840, pour se procurer les dessins des modèles français demandés par leurs clients selon B. M. King, *ibid.*, p. 20.

78 *Ibid.*, p. 16-17.

CONCLUSION

Nombreux sont les facteurs qui peuvent contribuer à expliquer l'ampleur du gouffre qui séparait, à la fin des années 1840, les industries de la soie française et britannique, et *a fortiori* les manufactures de Lyon et de Londres. Toutefois, quelles que furent les faiblesses structurelles dont avait pâti l'industrie londonienne depuis le début du XIXe siècle, il est indéniable que les changements législatifs opérés en 1824 – l'abrogation des Spitalfields Acts couplée à l'ouverture du commerce de soieries d'une part, ainsi que l'abrogation des Combination Laws de l'autre – en avaient influencé la destinée de manière décisive. Replacés dans le cadre de la double contrainte qu'impliquait la gestion économique et politique de la classe ouvrière émergente, le sens de ces arrangements illustre en fait assez bien la posture d'ensemble maintenue par les autorités anglaises au cours des années suivantes. En cela, on pourrait même aller jusqu'à dire qu'ils inauguraient l'établissement durable de cette nouvelle attitude gouvernementale qui consistait à donner la priorité au développement industriel par la compression des salaires ouvriers, quitte à céder certaines libertés politiques nouvelles aux masses laborieuses.

Cette attitude désavantageait doublement les artisans de Spitalfields, qui sont presque aussi durement qu'immédiatement pénalisés par l'ouverture du commerce de soieries à la concurrence internationale, dont les effets venaient amplifier la lutte fratricide que se livraient les marchands anglais depuis l'abolition des régulations de prix. Sur le plan politique, les nouvelles modalités d'association autorisées par le pouvoir renforçaient mécaniquement l'importance des larges organisations de travailleurs qui émergeaient des industries du Nord, réduisant d'autant la visibilité des petites communautés d'artisans qualifiés de la capitale, déjà très affaiblies économiquement. Le sentiment qu'avaient de plus en plus d'ouvriers en soie londoniens d'être exclus du nouveau projet de société qui était en train de s'élaborer contribuait encore à renforcer les difficultés qu'ils éprouvaient à se fondre dans le mouvement plus général qui avait été initié. Renâclant à adhérer au discours radical puis aux associations chartistes, ou à rallier la bannière des tisseurs à bras du Lancashire, les tisseurs s'étaient ainsi enfermés dans une position marginale vouée, aux yeux de tous, à la disparition.

La fabrique lyonnaise ayant déjà pour sa part bénéficié de l'ouverture commerciale britannique depuis plusieurs années, les décisions prises par les autorités françaises du lendemain de la première Révolte des canuts à la Révolution de 1848 semblaient bien globalement obéir, au contraire, à la logique qui consistait à privilégier l'objectif de maintenir la stabilité politique du régime plutôt que le rythme d'une industrialisation à marche forcée. Les ouvriers en soie lyonnais se retrouvaient par suite dans une position qui, loin d'être idéale, était toutefois nettement moins étriquée que celle de leurs homologues d'outre-Manche. Les concessions qui avaient suivi l'insurrection de 1831 leur permettaient de continuer à jouer un rôle actif dans la gestion de leur manufacture et même, à travers la publication de *L'Écho de la fabrique*, de se poser à l'avant-garde de la classe ouvrière émergente. Malgré l'ardeur croissante des autorités à condamner toute tentative d'association ouvrière, de peur qu'elle ne se politise, la publication du premier journal ouvrier pérenne de l'histoire de France contribua en retour à maintenir et enrichir le tissu institutionnel au sein duquel s'organisait leur activité. Si bien que la fabrique enregistre dès la seconde moitié des années 1820 des résultats en augmentation constante, tandis que la manufacture anglaise s'enfonçait dans une crise de plus en plus profonde, dont la restructuration progressive de l'industrie de la soie britannique autour de Manchester était la conséquence principale.

La rapidité de la transition industrielle anglaise avait ainsi pour prix l'affaiblissement des communautés d'artisans qualifiés des villes, comme ceux de Spitalfields, qui n'était évidemment pas étranger à la diminution de la qualité des articles enregistrée au cours des années 1830. Les remèdes qui sont appliqués pour y pallier peuvent aussi par conséquent être compris comme une tentative d'ajuster le cadre juridique de l'industrie anglaise aux défauts de la nouvelle division du travail, dont l'installation était toujours orchestrée depuis Londres par le parlement. En comparaison, la relative continuité dans laquelle s'était opérée la transformation des structures de régulation de l'économie française avait été accompagnée de l'introduction de nouvelles institutions économiques locales, qui permettaient d'adapter les règlements nécessaires au fonctionnement d'une plus grande variété d'industries, et notamment des manufactures dispersées urbaines.

Comme on a pu le voir en examinant leur genèse à Lyon, leur installation peut non seulement être reliée à une tradition d'autonomie locale propre, mais aussi à certaines spécificités de la structure de l'État français, qui implique des formes de gouvernement local très différentes de celles que l'on trouve en Angleterre. C'est aussi ce qui permet de comprendre l'influence bien inférieure que semblaient avoir eu les économistes français sur la conduite des affaires de la fabrique, les idées de Say ne parvenant jusqu'aux oreilles des canuts qu'à travers les médiations successives de multiples interprètes locaux. À l'inverse à Londres, où le parlement apparaît comme l'organe de régulation ultime de la manufacture, les interventions des économistes classiques semblent avoir été à la fois nombreuses et décisives. Ainsi le vide laissé par Ricardo aux Communes avait presque aussitôt été comblé par les interventions de Mill dans la presse, puis par les rapports remis par Senior quelques années plus tard. Une telle disparité peut probablement être rapportée avec raison aux différentes orientations qui caractérisaient les variantes française et britannique de l'économie politique classique. Mais il paraît clair que la plus grande centralisation des processus de décision et de mise en œuvre de la politique économique nationale avait largement dû faciliter la prise de parole de ses représentants, et leur conférer un poids bien supérieur.

CONCLUSION GÉNÉRALE

La révolution industrielle est aujourd'hui devenue un « mythe populaire[1] », dont l'imaginaire exerce encore sur nos esprits une influence puissante. Ce mythe repose sur l'idée d'une mécanisation spectaculaire de la production qui, en l'espace de quelques décennies, aurait bouleversé les structures économiques, sociales et politiques du monde occidental. Une telle vision de l'industrialisation, conçue comme une rupture brutale, est caractéristique d'une perspective de l'histoire économique qui la présente comme une mécanique, dont il s'agirait de comprendre les rouages pour mieux parvenir à les manipuler[2]. Le thème de l'émergence d'un mouvement ouvrier et d'une classe ouvrière a longtemps été articulé de façon tout aussi mécanique à cette transformation, à travers le concept marxien de « prise de conscience » des travailleurs, vue comme une conséquence nécessaire de la nouvelle organisation des rapports de production.

L'étude de l'évolution des manufactures de soieries de Lyon et de Londres permet de remettre profondément en question cette double perspective d'interprétation économique et politique. Elle contribue d'abord à souligner la diversité de la transition industrielle européenne, à la suite de nombreux travaux historiques qui ont depuis longtemps mis en doute l'idée d'une conversion brusque et généralisée à la grande industrie[3]. Elle permet également de suivre au plus près

1 D. C. Coleman, *Myth, History and the Industrial Revolution*, Londres, The Hambeldon Press, 1992, p. 1.

2 Parmi les ouvrages les plus influents de ce courant, étroitement lié à l'économie du développement des années 1960, figurent notamment A. Gerschenkron, *Economic Backwardness in Historical Perspective*, Cambridge, Harvard University University Press, 1962 ; P. Bairoch, *Révolution industrielle et sous-développement*, Paris, S.E.D.E.S., 1963 ; D. S. Landes, *The Unbound Prometheus. Technological Change and Industrial Development in Western Europe from 1750 to the Present*, Cambrige, Cambridge University Press, 1969.

3 Et dont on peut trouver un aperçu dans l'article récent de G. Riello, P. K. O'Brien, « Regards sur la Révolution industrielle Les perceptions du passage de la Grande-Bretagne

la construction des identités ouvrières et du langage des artisans, notamment à travers l'examen de leurs premiers journaux, afin de répérer les étapes, les bifurcations et les alternatives oubliées de ce processus de construction, plutôt que de le voir comme un phénomène générique déterminé par les conditions de l'industrialisation[4]. L'hypothèse centrale du travail que l'on a présenté est que, en raison de l'extrême sensibilité des manufactures dispersées au changement des règles qui encadrent l'activité industrielle d'une part, et du fait de la capacité de mobilisation remarquable des travailleurs qu'elles occupent d'autre part, elles constituent un bon poste d'observation des transformations économiques et politiques qui se produisent à la charnière entre XVIIIe et XIXe siècles.

Si l'objectif de l'économie politique que l'on a élaborée était bien de comprendre les causes de la divergence des trajectoires des manufactures de soieries de Lyon et de Londres, il s'agissait aussi par là de capter, à travers ces exemples, certaines spécificités de la transition industrielle et démocratique de la France et de l'Angleterre au cours du premier XIXe siècle. En tentant d'identifier les facteurs déterminants du développement de ces manufactures productrices de biens de luxe, l'enjeu était de parvenir à dépasser l'argumentation qui présente leur divergence comme une conséquence nécessaire du jeu de la concurrence et de la spécialisation internationales. Dans ce cadre, l'avance industrielle de l'Angleterre expliquerait pourquoi elle devait se focaliser sur les secteurs plus mécanisés où sont produits les biens manufacturés destinés à la consommation du plus grand nombre. La France aurait quant à elle eu plutôt intérêt à se concentrer sur la production de biens de luxe, pour laquelle elle possédait un avantage lié aux savoir-faire et aux techniques accumulées grâce aux politiques économiques de la Monarchie, souvent rattachées abusivement à la figure de Colbert.

---

vers une société industrielle », *Documents pour l'histoire des techniques* (nouvelle série), n° 19, 2010, p. 157-176.

4 En suivant la perspective initiée par G. Stedman Jones, « Rethinking Chartism », 1983, art. cité, qui a marqué le début d'une importante dynamique de recherches. C'est dans cette dynamique que s'inscrivaient le travail d'édition de *L'Écho de la fabrique* et les ouvrages auxquels il a donné lieu (L. Frobert, *Les canuts ou la démocratie turbulente*, *op. cit.* ; L. Frobert (éd.), *L'Écho de la fabrique : naissance de la presse ouvrière à Lyon, 1831-1834*, *op. cit.*), ainsi que ceux portant sur la presse ouvrière française dans son ensemble, notamment T. Bouchet, V. Bourdeau, E. Castleton, L. Frobert, F. Jarrige (éd.), *Quand les socialistes inventaient l'avenir. Presse, théories et expériences, 1825-1860*, *op. cit.*

Si l'on ne peut douter du fait que certains facteurs d'ordre économique, qui définissent les termes de la concurrence entre les manufactures de soieries de Lyon et de Londres, contribuent en partie à expliquer leurs trajectoires divergentes, ils sont loin de permettre, à eux seuls, d'en comprendre précisément les causes. Et l'on peut même penser que les forces proprement économiques poussant à la spécialisation jouent en réalité un rôle moindre que celui de la croyance dans le destin industriel de l'Angleterre, qui imprègne fortement l'ensemble des débats que l'on a étudiés. Les économistes britanniques semblent ainsi plus enthousiastes au sujet de l'établissement d'une société industrielle que leurs équivalents français, chez qui le même projet éveille une certaine méfiance. Mais l'une des perspectives les plus stimulantes qui a récemment été avancée, et qui contribue à expliquer les destins opposés des manufactures lyonnaise et londonienne, porte sur la tradition juridique du droit du travail et ses évolutions de part et d'autre de la Manche. L'idée selon laquelle l'industrialisation anglaise s'effectue alors que s'accentue le déséquilibre de la relation de travail au profit des employeurs, dans le prolongement du régime juridique du *Master and Servant*, peut permettre de comprendre la profondeur du désordre dans lequel se retrouve la manufacture londonienne au lendemain de l'abrogation des Spitalfields Acts[5]. À l'opposé, le déséquilibre de cette relation s'atténue plutôt à Lyon, notamment à travers la mise en place et le fonctionnement des prud'hommes à partir de 1806, qui n'est pas remis en cause suite aux Révoltes des canuts. Associé au constat de l'ouverture plus précoce du système politique britannique à la représentation ouvrière et de sa relative fermeture en France, ce résultat a conduit à suggérer la thèse selon laquelle les transitions économique et politique des deux pays ont obéi à des logiques différentes. Alors qu'en Angleterre, le déséquilibre de la relation de travail aurait été compensé par la concession précoce de libertés politiques aux ouvriers, notamment à travers le droit d'association, le refus d'autoriser un tel droit aurait été contrebalancé en France par la régulation de la négociation des salaires et des conditions de travail au profit des ouvriers[6].

---

5 Le principal ouvrage qui soutient cette interprétation de l'évolution du régime du *Master and Servant* au XIXe siècle est celui de S. Deakin et F. Wilkinson, *The Law of the Labour Market. Industrialization, Employment, and Legal Evolution*, *op. cit.* On peut aussi consulter à ce sujet les travaux de D. Hay, « Master and Servant in England », art. cité.

6 Il s'agit de la thèse proposée par A. Cottereau, « Sens du juste et usages du droit du travail : une évolution contrastée entre la France et la Grande-Bretagne au XIXe siècle », art. cité.

De telles différences jouent certainement un rôle essentiel pour comprendre l'évolution des manufactures de soieries de Lyon et de Londres, tant on a vu l'importance cruciale des dispositifs d'encadrement des multiples transactions sur lesquelles reposait leur fonctionnement. L'étude que l'on a présentée consistait justement à se focaliser sur ces transactions et sur l'évolution de long terme des institutions qui permettent d'en stabiliser l'issue. Davantage qu'à une tradition juridique spécifique, c'est la capacité politique et administrative à mettre en place de telles institutions et à en garantir le bon fonctionnement qui s'est avérée primordiale dans les deux manufactures. Ainsi, la nécessité de faire intervenir le parlement pour sanctionner les listes de prix en 1773, à travers les Spitalfields Acts, illustre déjà les difficultés de certains organes locaux du système de gouvernement anglais, de même que la spécificité de l'articulation entre les différents niveaux d'autorité qui le composent. Ces difficultés expliquent pourquoi le parlement était devenu le garant de l'ordre institutionnel de la fabrique londonienne, et pourquoi l'abrogation de ces lois, en 1824, correspond au démantèlement de cet ordre, désorganisant profondément la manufacture à la veille de l'ouverture du marché britannique des soieries en 1826. Au contraire à Lyon, le coup d'arrêt donné par le pouvoir central à travers l'annulation du tarif en 1831 ne remet pas en cause le mode de gestion de la fabrique, qui repose sur un ensemble d'institutions locales. Celles-ci touchent non seulement à la négociation des contrats de travail, mais aussi à la question centrale de l'innovation, à travers les encouragements et la rémunération des inventeurs, la diffusion de leurs inventions à l'ensemble de la manufacture, la protection des dessins ou la mise en place d'un système d'instruction technique. Les actions d'une variété d'organes de gouvernement local se combinent pour garantir cet ordre. Outre le conseil des prud'hommes, la chambre de commerce et la municipalité – ainsi que les nombreuses sociétés qui en émanent – contribuent à le maintenir, et ces organes sont capables de se substituer les uns aux autres en cas de besoin.

Une telle différence quant aux formes et à l'état du gouvernement local qui accompagne le développement des manufactures de Lyon et de Londres a joué un rôle décisif sur leur évolution, et constitue une cause décisive de la divergence des voies qu'elles empruntent dans la première moitié du XIXe siècle. Mais l'intérêt de cette différence ne se limite pas au cas de ces manufactures, elle permet aussi d'enrichir notre compréhension des modalités de la transition économique et politique de la France et de l'Angleterre au cours de cette période. Ainsi, la faiblesse des organes de gouvernement local n'est pas propre à Londres mais s'illustre par l'incapacité à résoudre localement les conflits entre maîtres et ouvriers qui éclatent dans de nombreuses industries à travers le pays. Cette faiblesse semble donc pouvoir contribuer à expliquer le choix des parlementaires de renoncer définitivement aux Spitalfields Acts, dont les défenseurs demandent la mise en place d'une nouvelle architecture complète de règlements industriels, qui semble aussi complexe que coûteuse. À l'inverse, la plupart des manufactures françaises sont encadrées par de multiples organes locaux de régulation, et c'est plutôt l'option de remettre en cause le rôle de la chambre de commerce ou du conseil de prud'hommes – qui s'était généralisé à beaucoup de villes manufacturières – qui paraît coûteuse politiquement. L'adaptation des formes de régulation locale rendue possible par ces institutions permet de plus de retarder le traitement de la question de la représentation politique des ouvriers, particulièrement sensible en France depuis l'épisode révolutionnaire.

Il ne s'agit bien sûr pas ici d'une conclusion définitive et univoque, mais plutôt d'une hypothèse qui demande à être testée sur un ensemble de cas plus étendus. On ne souhaite pas suggérer, par exemple, que l'introduction des prud'hommes ait eu partout les mêmes conséquences, ou que la chambre de commerce ait joué invariablement le même rôle, dans des configurations économiques, politiques et institutionnelles très différentes[7]. Mais la mise en place de telles institutions, en tant qu'outils de régulation, a eu des effets importants sur les trajectoires de certaines industries françaises et anglaises, comme on l'a montré à travers l'exemple des manufactures de soieries de Lyon et de Londres. La présence de ce type d'outils influence aussi les modalités de participation des ouvriers au débat public, et peut ainsi nous renseigner sur la place occupée par

7 C'est le sens des remarques de D. Margairaz, « Conflits du travail et justice de paix à Paris, 1791-An XI », art. cité, qui rappelle les conclusions de Jean Pierre Hirsch sur le conseil des prud'hommes lillois, qui ne correspondent pas aux résultats obtenus dans le cas lyonnais, et souligne la difficulté comparable de parvenir à une conclusion claire sur le traitement des conflits du travail par les justices de paix. Au sujet du contraste entre l'activité de la chambre lyonnaise et de son équivalente parisienne, on renvoie encore à C. Lemercier, *Un si discret pouvoir*, *op. cit.*

certaines fractions de travailleurs dans le mouvement ouvrier. Si le rôle joué par les artisans qualifiés des villes dans ce mouvement est aujourd'hui reconnu en France comme Angleterre, l'exemple des manufactures de soieries de Lyon et de Londres illustre bien la différence qualitative de la position qu'ils pouvaient y occuper.

L'intérêt des recherches portant sur les manufactures dispersées et les organisations souples de la production dans la transition industrielle est apparu dans le contexte de crise du fordisme, à la charnière des années 1970-1980. Près de 40 années plus tard, alors que les configurations industrielles se sont profondément transformées et que ce thème de la flexibilité des organisations productives a fait l'objet de débats récurrents, le recours à l'histoire de ces manufactures semble toujours être aussi utile. D'abord car la rapidité de ces transformations économiques a privé, comme au début du XIXe siècle, des pans entiers de la population ouvrière du droit de délibérer sur leur orientation, si bien que la question de la place de ces populations dans la société française constitue toujours un objet actuel de débats[8]. Or ce travail permet de rappeler que le bon fonctionnement des organisations souples de la production reposait sur l'existence d'institutions qui encadrent les rapports entre leurs membres, dont l'établissement s'est fait au prix d'importants conflits, justement liés au surgissement sur la scène politique de ces populations ouvrières. Dans le secteur des biens de luxe en particulier, il permet également de remettre en question l'opinion commune qui consiste à relier l'avantage comparatif français, si souvent loué dans le débat public, à un héritage colbertiste mythique aujourd'hui prolongé par les politiques vertueuses de quelque grand groupe exemplaire. Un tel avantage doit au moins autant aux dispositifs institutionnels, établis par l'action collective, qui garantissent aux artisans un revenu proportionnel à leurs investissements, tout spécialement en termes de savoir-faire, et les autorisent à participer à la gestion de leur manufacture.

---

8 Qui est au cœur de l'ouvrage récent de G. Noiriel, *Une histoire populaire de la France. De la guerre de Cent Ans à nos jours*, Marseille, Agone (Mémoires sociales), 2018.

ANNEXE

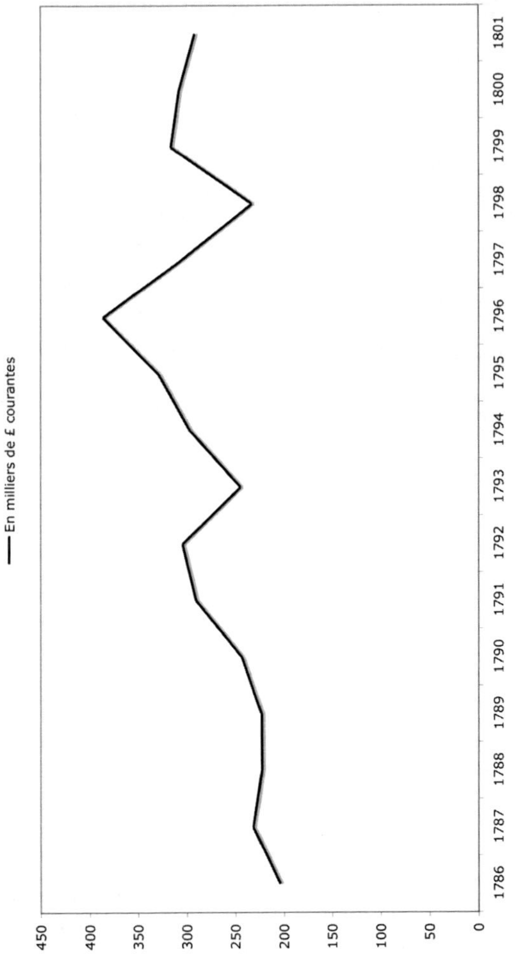

FIG. 1 – Exportations de soieries britanniques, 1786-1801 (Source : HC, 1806, *An Account of the Quantity and Value of Silk Goods Exported from Great Britain*).

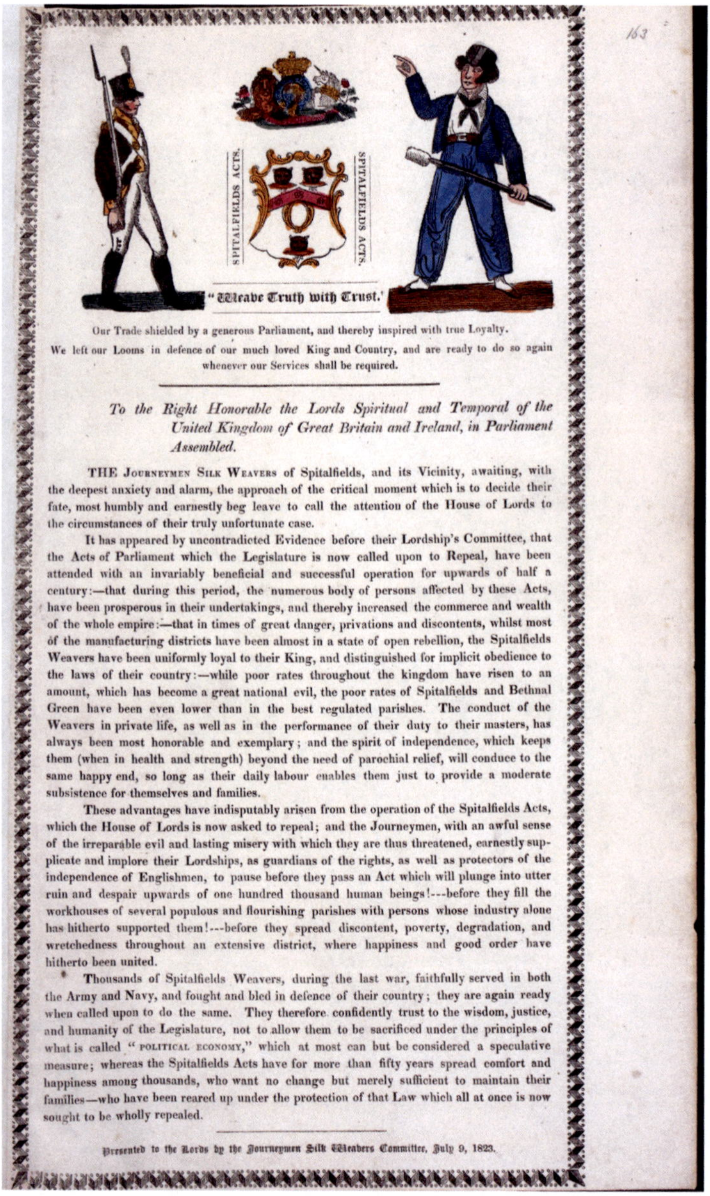

163

SPITALFIELDS ACTS. SPITALFIELDS ACTS.

"Weave Truth with Trust."

Our Trade shielded by a generous Parliament, and thereby inspired with true Loyalty.

We left our Looms in defence of our much loved King and Country, and are ready to do so again whenever our Services shall be required.

To the Right Honorable the Lords Spiritual and Temporal of the United Kingdom of Great Britain and Ireland, in Parliament Assembled.

THE JOURNEYMEN SILK WEAVERS of Spitalfields, and its Vicinity, awaiting, with the deepest anxiety and alarm, the approach of the critical moment which is to decide their fate, most humbly and earnestly beg leave to call the attention of the House of Lords to the circumstances of their truly unfortunate case.

It has appeared by uncontradicted Evidence before their Lordship's Committee, that the Acts of Parliament which the Legislature is now called upon to Repeal, have been attended with an invariably beneficial and successful operation for upwards of half a century:—that during this period, the numerous body of persons affected by these Acts, have been prosperous in their undertakings, and thereby increased the commerce and wealth of the whole empire:—that in times of great danger, privations and discontents, whilst most of the manufacturing districts have been almost in a state of open rebellion, the Spitalfields Weavers have been uniformly loyal to their King, and distinguished for implicit obedience to the laws of their country:—while poor rates throughout the kingdom have risen to an amount, which has become a great national evil, the poor rates of Spitalfields and Bethnal Green have been even lower than in the best regulated parishes. The conduct of the Weavers in private life, as well as in the performance of their duty to their masters, has always been most honorable and exemplary; and the spirit of independence, which keeps them (when in health and strength) beyond the need of parochial relief, will conduce to the same happy end, so long as their daily labour enables them just to provide a moderate subsistence for themselves and families.

These advantages have indisputably arisen from the operation of the Spitalfields Acts, which the House of Lords is now asked to repeal; and the Journeymen, with an awful sense of the irreparable evil and lasting misery with which they are thus threatened, earnestly supplicate and implore their Lordships, as guardians of the rights, as well as protectors of the independence of Englishmen, to pause before they pass an Act which will plunge into utter ruin and despair upwards of one hundred thousand human beings!---before they fill the workhouses of several populous and flourishing parishes with persons whose industry alone has hitherto supported them!---before they spread discontent, poverty, degradation, and wretchedness throughout an extensive district, where happiness and good order have hitherto been united.

Thousands of Spitalfields Weavers, during the last war, faithfully served in both the Army and Navy, and fought and bled in defence of their country; they are again ready when called upon to do the same. They therefore confidently trust to the wisdom, justice, and humanity of the Legislature, not to allow them to be sacrificed under the principles of what is called "POLITICAL ECONOMY," which at most can but be considered a speculative measure; whereas the Spitalfields Acts have for more than fifty years spread comfort and happiness among thousands, who want no change but merely sufficient to maintain their families—who have been reared up under the protection of that Law which all at once is now sought to be wholly repealed.

Presented to the Lords by the Journeymen Silk Weavers Committee, July 9, 1823.

FIG. 2 – Tract distribué aux Lords par les tisseurs de Spitalfields, 9 juillet 1823 (Source : © The British Library Board, BL Mss., Add. 27799, f. 163.)

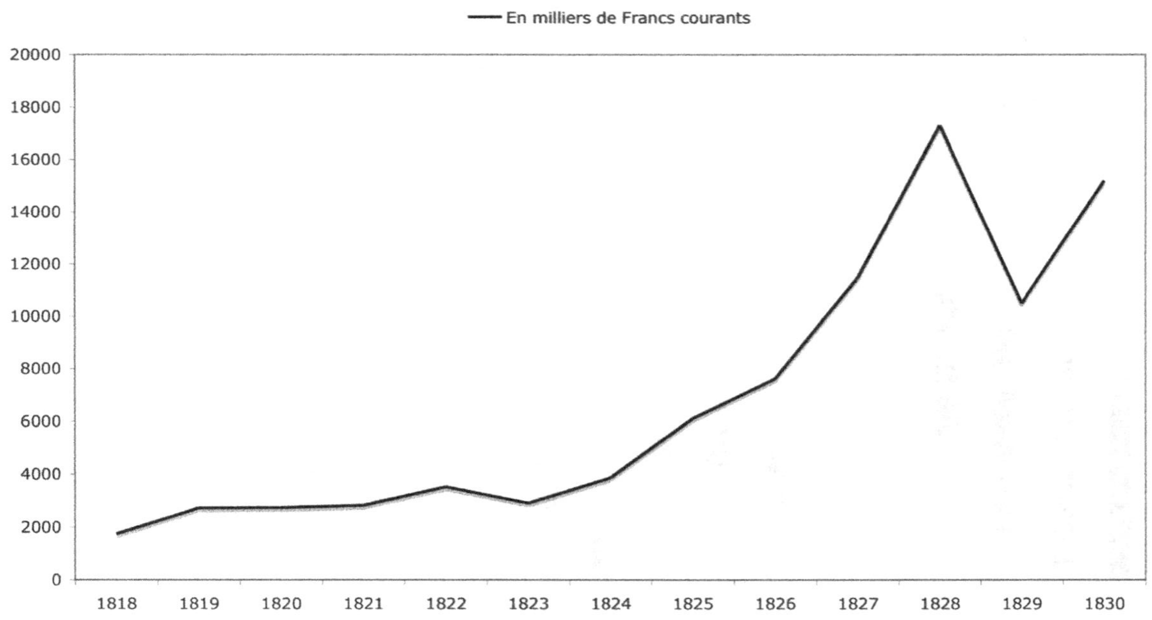

FIG. 3 – Exportations de soieries françaises en Grande-Bretagne, 1818-1830
(Source : HC, 1832, *Select Committee on the Silk Trade*, p. 525 – témoignage de Bowring).

Les données antérieures à 1826 correspondent aux estimations que Bowring a pu former de la valeur totale des articles français introduits en fraude au Royaume-Uni.

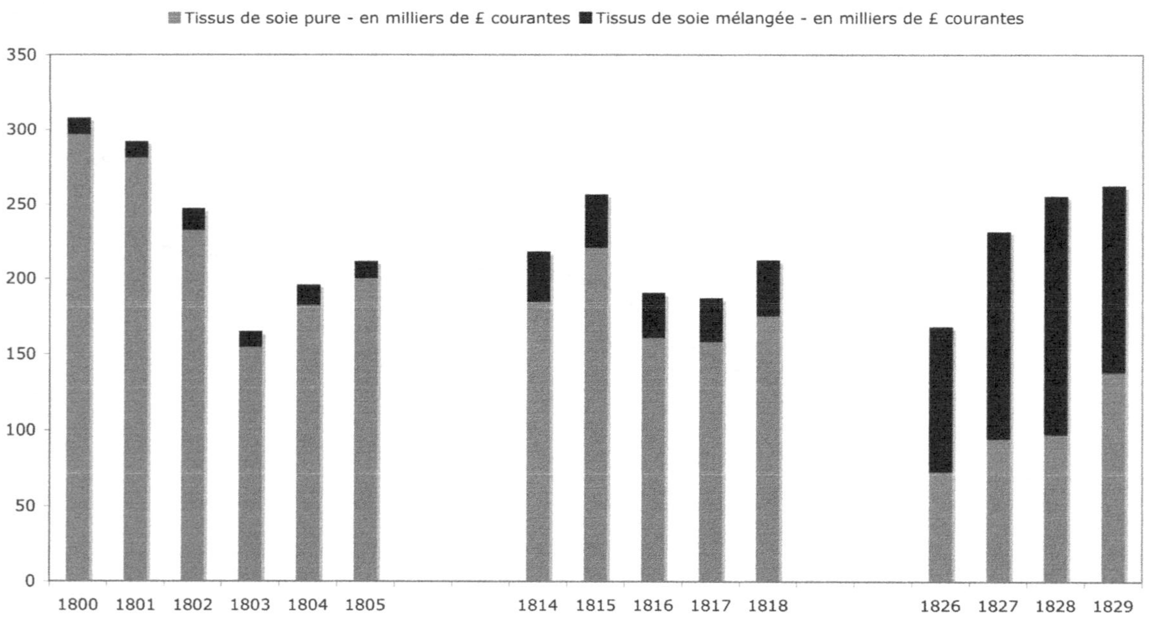

FIG. 4 – Exportations de soieries britanniques par type, 1800-1829 (Source : HC – 1806, 1817, 1819, 1829 –, *An Account of the Quantity and Value of Silk Goods exported from Great Britain*, et 1830, *An Account of the Quantity of Raw and Manufactured Silk Imported and Exported from Great Britain*.).

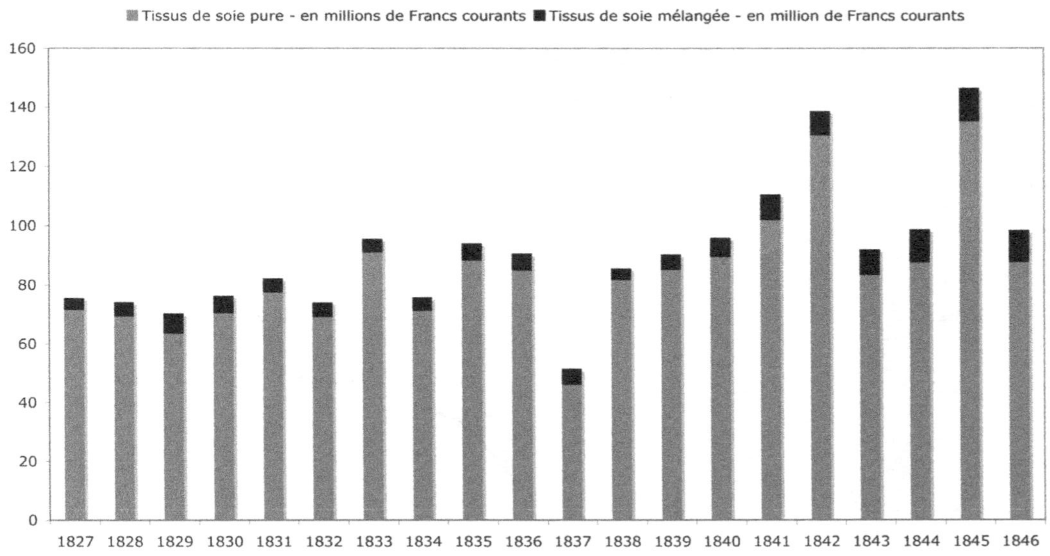

FIG. 5 – Exportations de soieries françaises par type, 1827-1846
(Source : DGD, 1838, *Tableau décennal du commerce de la France 1827-1836*, et 1848, *Tableau décennal du commerce de la France 1837-1846*.)

Les résultats pour la catégorie « tissus de soie pure » sont obtenus en sommant la valeur des exportations d'articles de soie unis et façonnés. On voit que cette part reste, contrairement à ce que l'on a observé en Grande-Bretagne, largement majoritaire jusque dans les années 1840.

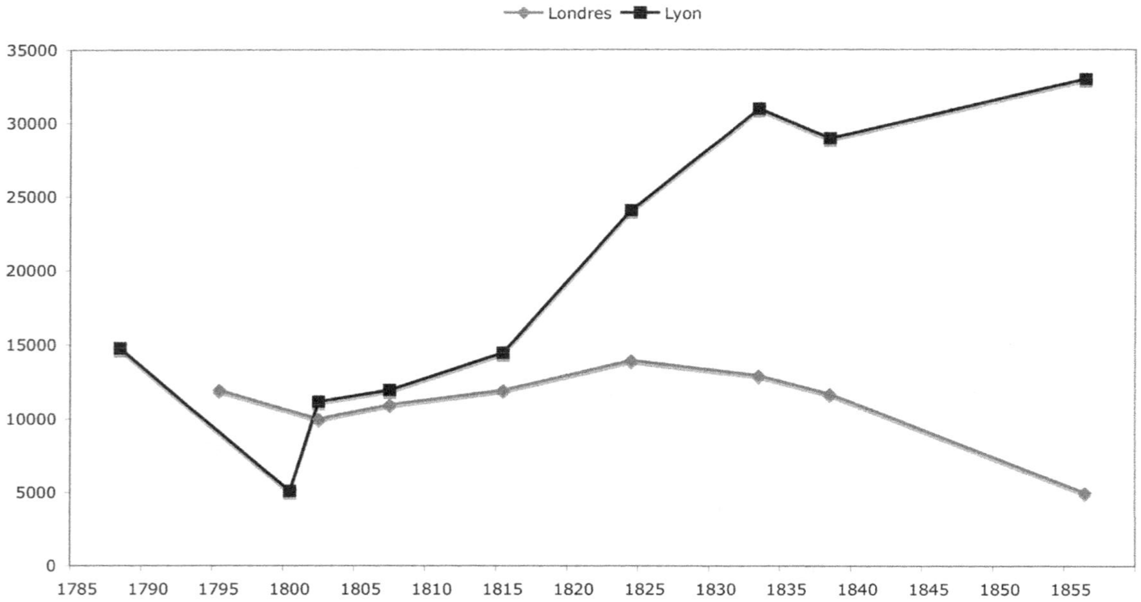

FIG. 6 – Nombre de métiers dans les aires urbaines de Londres et Lyon, 1788-1856
(Source : A. Cottereau, « The Fate of Collective Manufactures in the Industrial World », art. cité, p. 148, à l'exception des valeurs de l'année 1788 pour Lyon, qui proviennent de la table de J. Godart, *L'ouvrier en soie*, *op. cit.*, p. 26, et de 1795 pour Londres, qui est avancée par A. Larcher, *A Remedy for establishing universal Peace and Happiness against universal oppression and dangerous tumults*, *op. cit.*, p. 11.).

SOURCES

ARCHIVES FRANÇAISES

ARCHIVES NATIONALES

Ministère du Commerce :

F12/10* : Intendance du commerce. Départements de Messieurs De Gournay et De Cotte.

F12/503/6-7 : Mémoire Déglise, an XI, qui retrace l'évolution économique de la fabrique de 1789 à l'an X.

F12/762-766 : Nouveaux projets de règlements pour la Grande Fabrique suite à l'émeute de 1786, notamment le mémoire Terray du 20 mai 1787 (F12/766).

F12/1441 : Mémoires variés sur la situation de la manufacture lyonnaise, 1743-1788. Contient en particulier les échanges autour du projet de Gournay (1753-1754).

F12/1442 : Établissement du sieur Badger à Lyon, envoyé par M. de Mirepoix, ambassadeur de France, 1753-1784.

ARCHIVES MUNICIPALES DE LYON

F0784/WP/003 : Mémoire Terme au Duc d'Orléans sur la situation de la fabrique, décembre 1831.

F0784/WP/006, F0784/WP/008, F0784/WP/009 : Statistiques variées (nombre de métiers, tarifs, commandes royales), 1802-1854.

F0784/WP/013 : Inventions recensées et brevets achetés par la municipalité, 1791-1851.

Documents Gasparin : Correspondance avec le ministère de l'Intérieur et le ministère du Commerce. Lettres de la Chambre de commerce de Lyon, 1831-1834.

CHAMBRE DE COMMERCE ET D'INDUSTRIE DE LYON

Registre des lettres et procès verbaux, 1802-1848.
Fonds Condition des soies :
SOI001/1/6 : Statistiques de la condition publique des soies, 1805-1848.
SOI015/15/1 : Caisse de prêts aux chefs d'atelier en soie, 1831-1927.
SOI023/33/28 : Dossier sur l'atelier de moirage installé par Badger, 1796-1866.
SOI023/33/30, SOI024/34/9-10 : Rapports de la Chambre sur la situation commerciale de la fabrique, 1823-1856.
SOI002/2/3, SOI005/5/8, SOI010/10/9, SOI014/14/1-2, SOI015/15/4, SOI016/17/2-3-6, SOI022/32/1, SOI023/33/56 : Inventions, encouragements et brevets, 1809-1852.

BIBLIOTHÈQUE MUNICIPALE DE LYON

Fonds Coste, 351367 : Délibération des maîtres ouvriers fabricants en étoffes d'or, d'argent et soie de la ville de Lyon, prises dans l'église cathédrale de Saint Jean, le 5 mai 1790.
Fonds Rude, papiers Charnier, 1/375, Caisse de prêts aux chefs d'ateliers, 1832-1857.

ARCHIVES BRITANNIQUES

NATIONAL ARCHIVES, LONDRES-KEW

BT 6/176 : Mémoires et pétitions contre l'ouverture du commerce, 1825-1826.
HO 40/19, 44/37, 44/14 : Mémoires, lettres et audiences des tisseurs au Secretary of State (ministère de l'Intérieur), 1824-1840.
HO 33/3/5 : Lettres relatant le déroulement des troubles provoqués par les tisseurs de Macclesfield en mars et avril 1824.
SP 37/10 : Lettres de John Fielding sur l'agitation des tisseurs de Spitalfields, 1769.
TS 11/818 : Procès des tisseurs de Spitalfields devant le Old Bailey, 1768-1769.

BRITISH LIBRARY MANUSCRIPTS

Add. 27799, Add. 27805, Add. 27800 : Comptes rendus de l'activité des tisseurs (assemblée générales, pétitions, lettres, mémoires), 1823-1825.

Add. 27800 contient aussi une liste assez complète des prix enregistrés depuis 1795, dressée en 1821.

Add. 38745 f. 256-261 : Lettres de James Maitland, 8th Earl of lauderdale, à William Huskisson, 13 et 22 avril 1824.

Add. 38745 f. 254 : Lettres de Robert Banks Jenkinson, Lord Hawkesbury, 2nd Earl of Liverpool, premier ministre, à William Huskisson, 11 avril 1824.

Add. 34245B, Cray papers : Rapport de Cole, Cray et Weston à la London Woking Men's Association sur l'opinion politique des tisseurs de Spitalfields, 1836.

Add. 37773 : Minutes de la London Working Men's Association, à partir de sa création en 1836.

Add. 35152 f. 22 et 135, Place papers : Lettres d'Edward Wakefield à Francis Place du 20 décembre 1813 et du 27 janvier 1814.

LONDON METROPOLITAN ARCHIVES

MA/W001-051 : County administration, silk workers' wage rates.

TOWER HAMLETS LOCAL HISTORY LIBRARY AND ARCHIVES

L/CCS/2/9 : Minute book of meetings of the Vestry of the Parish of Christ Church, Spitalfields, 1815-1834.

SOURCES IMPRIMÉES

PRINCIPAUX OUVRAGES, ARTICLES ET BROCHURES

ARLÈS-DUFOUR, François Barthélémy, *Un mot sur les fabriques étrangères de soierie, à propos de l'exposition de leurs produits, faite par la chambre de commerce de Lyon*, Lyon, Léon Boitel, 1834.

BAUNE, Eugène, *Essai sur les moyens de faire cesser la détresse de la fabrique*, Lyon, A. Baron, 1832.

BENOÎT, Joseph, *Confessions d'un prolétaire*, Paris, Éditions sociales, 1968 [1871].

BERBRUGGER, Adrien, *Conférences sur la théorie sociétaire de Charles Fourier, faites au palais Saint-Pierre, salle de la Bourse, à Lyon, en septembre 1833*, Lyon, Babeuf, 1833.

BERNARD, César, CHARNIER, Pierre, *Rapport fait et présenté à M. le président du Conseil des ministres, sur les causes générales qui ont amené les événemens de Lyon, par deux chefs d'ateliers*, Lyon, Charvin, 1831.

BUXTON, Thomas F., *The Speech of Thomas Fowell Buxton, Esq., at the Egyptian Hall, on the 26th November, 1816 on the Subject of the Distress in Spitalfields*, Londres, W. Phillips, 1816.

COBBETT, William, *Rural Rides*, 2 vol., Londres, J. M. Dent (Everyman's Library), 1912 [1830].

DERRION, Michel-Marie, *Constitution de l'industrie et organisation pacifique du commerce et du travail ou tentative d'un fabricant de Lyon pour terminer d'une manière définitive la tourmente sociale*, Lyon, Léon Boitel, 1834.

DUPIN, Charles, *Aux chefs d'atelier composant l'association des mutuellistes lyonnais*, Lyon, Boursy, 1834.

FORTESCUE, John (éd.), *Correspondence of George III*, Londres, MacMillan, vol. 2, 1927.

HALE, William, *An address to the manufacturers of the United Kingdom, stating the causes which have led to the unparalleled calamities of our manufacturing poor; and the proposal of a remedy, which will remove their distresses, increase their comforts, and better their conditions in human life*, Londres, 1826.

HALE, William, *An Appeal to the Public, in Defence of the Spitalfields Act. With remarks on the causes which have led to the miseries and moral deterioration of the poor*, Londres, 1822.

HALE, William, *A letter to Samuel Whitbread, Esq. M.P., containing observations on the distresses peculiar to the poor of Spitalfields arising from their local situation*, Londres, 1806.

HENSON, Gravener, WHITE, George, *A few remarks on the state of the laws, at present in existence, for regulating masters and work-people, intended as a guide for the consideration of the House, in their discussions on the bill for repealing several acts relating to combinations of workingmen, and for more effectually protecting trade, and for settling disputes between masters and servants*, Londres, 1823.

HODGSKIN, Thomas, *Labour Defended Against the Claims of Capital, or, The unproductiveness of capital proved with reference to the present combinations of journeymen*, Londres, Cunningham, 1825.

LARCHER, Andrew, *The Good and Bad Effects of High and low Wages; or a defence of the Spitalfields Act; in answer to an anonymous pamphlet, entitled, « Observations on the ruinous tendency of the Spitalfields Act » &c*, Londres, 1823.

LARCHER, Andrew, *Address to the Members of the British Fraternal and Philanthropical Community Against Monopoly and Extortion*, Londres, 1796.

LARCHER, Andrew, *A remedy for establishing universal peace and happiness, against universal oppression, and dangerous tumults. Or, the friendly dictates of common sense, to all working people, especially to the silk weavers of London*, Londres, 1795.

LOVETT, William, *Life and Struggles of William Lovett. In his Pursuit of Bread,*

Knowledge & Freedom, with some short Account of the different Associations he belonged to & of the Opinions he entertained, Londres, MacGibbon & Kee, 1967 [1876].

MARTIN, Antide, *Nouveau catéchisme républicain : indiquant à tout citoyen ses droits, ses devoirs, et la forme de gouvernement qui convient le mieux au peuple, par un prolétaire*, Lyon, Baron, 1833.

MARX, Karl, « Gloses critiques en marge de l'article "Le Roi de Prusse et la réforme sociale par un Prussien" », *Vorwärts !*, 7 et 10 août 1844, *Œuvres*, Paris, Gallimard (Philosophie), t. 3, 1982.

MILL, John Stuart, « The silk trade », *The Collected Works of John Stuart Mill*, vol. 4, n° 1, J. M. Robson éd., Londres, Routledge & Kegan Paul,, 1967 [1826], p. 125-140.

MORNAND, Claude, *Une semaine de révolution, ou Lyon en 1830*, Lyon, Imprimerie André Idt, 1831.

PARTINGTON, Charles F., *A Course of Three Lectures Illustrative of the Rise and Progress of Science, in Mechanics, Pneumatics, and the General History of the Steam Engine Occasioned by the Formation of the Spitalfields' Mechanics Institution*, Londres, S. Teulon, 1825.

PROUDHON, Pierre-Joseph, *Correspondance*, 14 vol., Paris, A. Lacroix et Cie, 1875.

RICARDO, David, *On Protection to Agriculture*, Londres, John Murray, 1822.

RUBYS, Claude, *Les privilèges, franchises et immunités octroyées par les Roys très chrétiens aux Consuls, Eschevins, manans et habitants de la ville de Lyon, et à leur postérité*, Lyon, Antoine Gryphe, 1574.

SHOLL, Samuel, *A Short Historical Account of the Silk Manufacture in England, From its Introduction down to the Present Time*, Londres, 1811.

SMITH, Adam, *Enquête sur la nature et les causes de la richesse des nations*, Paris, PUF, 1995 [1776].

TRANSON, Abel, « Art d'organiser sociétairement les travaux de culture, fabrique, commerce, éducation, science et beaux-arts », *Journal des intérêts moraux et matériels*, juin 1833.

TORRENS, Robert, *On Wages and Combinations*, Londres, Longman, 1834.

URE, Andrew, *The Philosophy of Manufactures*, Londres, Charles Knight, 1835.

Doctrine de Saint-Simon. Exposition. Première année, Paris, 1831.

Letters, taken from various newspapers, tending to injure the Journeymen Silk Weavers of Spitalfields ; with an attack against the Acts of Parliament regulating the prices of their work, and which is calculated to maintain a good understanding between the honest Masters and their Journeymen. Also, the answers by the journeymen and their friends, Londres, 1818.

Observations of the Ruinous Tendency of the Spitalfields Act to the Silk Manufacture of London, to Which is Added a Reply to Mr. Hale's Appeal to the Public in Defence of the Spitalfields Act, Londres, 1822.

Report adopted at a general meeting of the journeymen broad silk weavers, held in Saint John street chapel, Brick-Lane, Spitalfields, on wednesday, the 20th of February, 1828, to take into consideration the necessity of petitioning the legislature for a wages protection bill, and such other purposes as may arise out of the same, to which is appended, the petition, Londres, 1828.

Review of the statements in Mr. Hale's Appeal to the Public on the Spitalfields Act, by Verax, Londres, 1823.

Rules and orders of the society of manufacturers of silk, and silk mixed with other materials, dyers, and other persons concerned in the manufactory, established in October 1791, and amended and enlarged in October 1805, for the purpose of forming general regulations, and punishing embezzlements, combinations, and other offences in the silk manufacture, Londres, 1805.

PUBLICATIONS OFFICIELLES

Direction général des douanes, *Tableau décennal du commerce de la France 1827-1836*, 1838.

Direction général des douanes, *Tableau décennal du commerce de la France 1837-1846*, 1848.

House of Commons, *An Account of the Quantity and Value of Silk Goods exported from Great Britain*, 1806, 1817, 1819, 1829.

House of Commons, *Select Committee on Petitions of Ribbon and Silk Weavers and Manufacturers*, 1818.

House of Commons, *First report from the Select Committee on Artizans and Machinery*, 1824.

House of Commons, *An Account of the Quantity of Raw and Manufactured Silk Imported and Exported from Great Britain*, 1830.

House of Commons, *Select Committee on the Silk Trade*, 1832.

House of Commons, *Select Committee on Petitions of Hand-Loom Weavers : Report, Minutes of Evidence, Index*, 1834.

House of Commons, *Select Committee on Hand-Loom Weavers' Petitions*, 1835.

House of Commons, *Select Committee on Arts and Manufactures*, 1836.

House of Commons, *Reports from Assistant Hand-Loom Weavers' Commissioners*, 4 vol., 1840a.

House of Commons, *Select Committee on Copyright of Designs*, 1840b.

House of Commons, *Report of the Commissioners on Hand-Loom Weavers*, 1841.

House of Lords, *Select Committee of House of Lords on Means of Extending and Securing Foreign Trade (Silk and Wine)*, 1821.

House of Lords, *Minutes of Evidence taken before the Lords Committees to whom was Referred the Bill, Intituled 'An Act to Repeal Certain Acts of His late Majesty relating to the Wages of Persons Employed in the Manufacture of*

Silk, and of Silk Mixed with other Materials', Lords' Sessional Papers, vol. 156, 1823.

Hansard, *Hansard's Parliamentary Debates*, première, deuxième et troisième séries, 1803-1891.

JOURNAUX

France

Le Globe, L'Écho de la fabrique (consultable intégralement en ligne : http://echo-fabrique.ens-lyon.fr, consulté le 31 octobre 2018), *L'Écho des travailleurs, L'Écho de la fabrique de 1841, L'Écho de la fabrique de 1845, L'Écho de l'industrie, L'Écho des ouvriers, La Glaneuse, L'Indicateur, Le Nouvel Écho de la fabrique, Le Précurseur, Tribune lyonnaise, Tribune prolétaire, L'Union des travailleurs*

Grande-Bretagne

Black Dwarf, Cobbett's Weekly Political Register, Gazetteer and New Daily Advertiser, Gorgon, Leicester Chronicle, Medusa, Morning Chronicle, Poor Man's Guardian, Spitalfields Weavers' Journal, Times, Trades' Free Press, Trades' Newspaper.

BIBLIOGRAPHIE

ACEMOGLU Daron, ROBINSON, James A., « Persistence of power, elites and institutions », *American Economic Review*, vol. 98, n° 1, 2008, p. 267-293.

ACEMOGLU Daron, ROBINSON, James A., « Economic backwardness in political perspective », *American Political Science Review*, vol. 100, n° 1, 2006, p. 115-131.

ACEMOGLU Daron, ROBINSON, James A., « De facto political power and institutional persistence », *The American Economic Review*, vol. 96, n° 2, 2006, p. 325-330.

ACEMOGLU Daron, ROBINSON, James A., *Economic origins of dictatorship and democracy*, Cambridge, Cambridge University Press, 2006.

ACEMOGLU Daron, ROBINSON, James A., « Why Did the West Extend the Franchise ? Democracy, Inequality, and Growth in Historical Perspective », *The Quarterly Journal of Economics*, vol. 115, n° 4, 2000, p. 1137-1166.

ACEMOGLU, Daron, JOHNSON, Simon, « Unbundling Institutions », *Journal of Political Economy*, vol. 113, n° 5, 2005, p. 949-995.

AGUET, Jean-Pierre, *Les Grèves sous la monarchie de Juillet*, Genève, Droz, 1954.

AGULHON, Maurice, « 1830 dans l'histoire du XIXe siècle français », *Romantisme*, vol. 10, n° 28-29, 1980, p. 15-27.

ALBERT, Michel, *Capitalisme contre capitalisme*, Paris, Seuil, 1991.

AMABLE, Bruno, *Les cinq capitalismes : diversité des systèmes économiques et sociaux dans la mondialisation*, Paris, Seuil, 2005.

AMABLE, Bruno, *The Diversity of Modern Capitalism*, Oxford, Oxford University Press, 2003.

AMABLE, Bruno, PALOMBARINI, Stefano, « A neorealist approach to institutional change and the diversity of capitalism », *Socio-Economic Review*, vol. 7, n° 1, 2009, p. 123-143.

APTER, Jacques, *Maîtriser la flexibilité de l'entreprise : une méthode de gestion et ses applications*, Paris, Masson, 1985.

ASHBY, William R., *An Introduction to Cybernetics*, Londres, Chapman & Hall, 1956.

AUDIGANNE, Armand, *Les populations ouvrières et les industries de la France dans le mouvement social du XIXe siècle*, Paris, Capelle, 1854.

BAIROCH, Paul, *Révolution industrielle et sous-développement*, Paris, S.E.D.E.S., 1963.

BAZZOLI, Laure, *L'économie politique de J. R. Commons. Essai sur l'institutionnalisme en sciences sociales*, Paris, L'Harmattan (Études d'économie politique), 1999.

BALLOT, Charles, *L'Introduction du machinisme dans l'industrie française*, Paris, F. Rieder & Cie, 1923.

BARTLE, George F., *An Old Radical and his Brood*, Londres, Janus, 1994.

BARTLE, George F., *The political career of Sir John Bowring (1792–1872) between 1820 and 1849.* MA thesis, University of London, 1959.

BEECHER, Jonathan, « Le fouriérisme des canuts », *L'Écho de la fabrique : naissance de la presse ouvrière à Lyon, 1831-1834*, éd L. Frobert, Lyon, ENS Éditions et Institut d'histoire du livre, 2010, p. 111-140.

BÉRAUD, Alain, STEINER, Philippe, GISLAIN, Jean-Jacques, « L'économie politique néo-smithienne en France », *Économies et sociétés (Cahiers de l'Isméa)*, vol. 38, n° 2, 2004, p. 325-418.

BERG, Maxine, *Luxury and Pleasure in Eighteenth-Century Britain*, Oxford, Oxford University Press, 2005.

BERG, Maxine, *The Age of Manufactures*, Londres, Routledge, 1994.

BERG, Maxine, HUDSON, Pat, SONENSCHER, Michaël (éd.), *Manufacture in Town and Country before the Factory*, Cambridge, Cambridge University Press, 1983.

BEZUCHA, Robert J., « The revolution of 1830 and the city of Lyon », *1830 in France*, éd. J. M. Merriman, New York et Londres, Franklin Watts, 1975.

BEZUCHA, Robert J., *The Lyon Uprising of 1834. Social and political conflict in the early july monarchy*, Cambridge, Harvard University Press, 1974.

BLAND, Alfred E., BROWN, Philip A., TAWNEY, Richard H., *English Economic History*, Londres, G. Bell & Sons, 1914.

BOWLEY, Marian, « Nassau Senior and Classical Economics », *The Classical Economists and Economic Policy*, éd. A. W. Coats, Londres, Methuen, 1971, p. 57-84.

BOWLEY, Marian, *Nassau Senior and Classical Economics*, New York, Octagon Books, 1967 [1937].

BOYER, Jean-Daniel, HUPFEL, Simon « L'*Inquiry into the Nature and Origin of Public Wealth de Lauderdale.* Une critique d'Adam Smith pour dénoncer le système mercantile », *Cahiers d'économie politique*, vol. 73, n° 2, 2017, p. 121-150.

BRIGGS, Asa, « Social structure and politics in Birmingham and Lyons », *The British Journal of Sociology*, vol. 1, n° 1, 1950, p. 67-80.

BYTHELL, Duncan, *The Handloom Weavers. A Study in the English Cotton Industry during the Industrial Revolution*, Cambridge, Cambridge University Press, 1969.

CANTON-DÉBAT, Jacques, *Un homme d'affaires lyonnais : Arlès-Dufour (1797-1872)*, Thèse de doctorat, Université Lumière Lyon II, 2000.

CASTEL, Robert, *Les métamorphoses de la question sociale. Une chronique du salariat*, Paris, Fayard, 1995.

CAYEZ, Pierre, « Une proto-industrialisation décalée : la ruralisation de la soierie lyonnaise dans la première moitié du XIXe siècle », *Revue du Nord*, n° 63, 1981, p. 95-104.

CAYEZ, Pierre, *L'Industrialisation lyonnaise au XIXe siècle. Du grand commerce à la grande industrie*, Atelier de reproduction des thèses, Université Lille 3, 1979.

CAYEZ, Pierre, *Métiers jacquard et hauts fourneaux. Aux origines de l'industrie lyonnaise*, Lyon, PUL, 1978.

CHAPMAN, Stanley D., CHASSAGNE, Serge, *European Textile Printers in the Eighteenth Century : A Study of Peel and Oberkampf*, Londres, Heinemann Educational Books, The Pasold Fund, 1981.

CHASE, Malcolm S., *Chartism : A New History*, Manchester, Manchester University Press, 2007.

CHASE, Malcolm S., « "A Sort of Corporation (tho' without a Charter)" : the guild tradition and the emergence of British trade unionism », *Guilds and Associations in Europe, 1200-1900*, éd. I. A. Gadd, P. Wallis, Centre for Metropolitan History, Institute of Historical Research, University of London, 2006.

CHASE, Malcolm S., *Early Trade Unionism. Fraternity, skill and the politics of labour*, Aldershot, Ashgate, 2000.

CHEVALIER, Louis, *Classes laborieuses et classes dangereuses à Paris pendant la première moitié du XIXe siècle*, Paris, Perrin, 1958.

CLAPHAM, John H., *An economic history of modern Britain. 1. The early railway age, 1820-1850*, Cambridge, Cambridge University Press, 1964 [1926].

CLAPHAM, John H., « Of empty economic boxes », *The Economic Journal*, vol. 32, n° 127, 1922, p. 305–314.

CLAPHAM, John H., « The Spitalfields Acts, 1773-1824 », *The Economic Journal*, vol. 26, n° 104, 1916, p. 459-471.

CLAY, Christopher G. A., *Economic Expansion and Social Change : England 1500-1700*, Cambridge, Cambridge University Press, 1984.

CLIFFORD, Helen, « "The King's Arms and Feathers". A case study exploring networks of manufacture operating in the London goldsmiths' trade in the eighteenth century », *Goldsmiths, Silversmiths and Bankers. Innovation and the Transfer of Skill, 1550-1750*, éd. D. Mitchell, Gloucester, Alan Sutton, 1995, p. 84-95.

COATS, Andrew W. (éd.), *The Classical Economists and Economic Policy*, Londres, Methuen, 1971.

COLEMAN, Donald. C., *Myth, History and the Industrial Revolution*, Londres, The Hambeldon Press, 1992.

COMMONS, John R., *Institutional Economics. Its place in Political Economy*, Madison, The University of Wisconsin Press, 2 vol., 1959 [1934], p. 69.

COMMONS, John R., *Legal Foundations of Capitalism*, Madison, The University of Wisconsin Press, 1959 [1924].

COMMONS, John R., « American Shoemakers, 1648-1895. A Sketch of Industrial Evolution », *The Quarterly Journal of Economics*, vol. 24, n° 1, 1909, p. 39-84.

CONSITT, Francis, *The London Weavers' Company*, Oxford, Clarendon Press, 1933.

COTTEREAU, Alain, « La désincorporation des métiers, et leur transformation en publics intermédiaires : Lyon et Elbeuf, 1790-1814 », *La France, malade du corporatisme ? XVIIIe-XXe siècles*, S. L. Kaplan et P. Minard éd., Paris, Belin (Socio-histoires), 2004, p. 97-145.

COTTEREAU, Alain, « Droit et bon droit. Un droit des ouvriers instauré puis évincé par le droit du travail (France, XIXe siècle) », *Annales*, n° 6, 2002, p. 1521-1557.

COTTEREAU, Alain, « Industrial tribunals and the establishment of a kind of common law of labour in nineteenth-century France », *Private law and social inequality in the industrial age – comparing legal cultures in Britain, France, Germany and the United States*, W. Steinmetz éd., Oxford, Oxford University Press, 2000, p. 203-226.

COTTEREAU, Alain, « Sens du juste et usages du droit du travail : une évolution contrastée entre la France et la Grande-Bretagne au XIXe siècle », *Revue d'histoire du XIXe siècle*, n° 33, 2006, p. 101-120.

COTTEREAU, Alain, « The fate of collective manufactures in the industrial world : The silk industries of Lyons and London, 1800-1850 », *World of possibilities. Flexibility and mass production in western industrialization*, éd. C. F. Sabel, J. Zeitlin, New York, Cambridge University Press, 1997, p. 75-152.

CRAFTS, Nicholas F. R., *British Economic Growth during the Industrial Revolution*, New York, Oxford University Press, 1985.

DALE Marian K., « The London silkwomen of the fifteenth century », *Economic History Review*, vol. 4, n° 3, 1933, p. 324-335.

DASGUPTA, Partha, STIGLITZ, Joseph, « Uncertainty, Industrial Structure and the Speed of R&D », *The Bell Journal of Economics*, vol. 11, n° 1, 1980, p. 1-28.

DAUNTON, Martin, *Trusting Leviathan : the politics of taxation in Britain, 1799-1914*, Cambridge, Cambridge University Press, 2001.

DAVID, Paul A., « Path dependence, its critics and the quest for "historical economics" », *Evolution and Path Dependence in Economic Ideas : Past and Present*, éd. P. Garrouste, S. Ioannides, Cheltenham, Edward Elgar, 2001, p. 15-40.

DAVIS, Ralph, *The Rise of the Atlantic Economies*, Ithaca, Cornell University Press, 1973.

DEAKIN, Simon, « Legal origin, juridical form and industrialization in historical perspective : the case of the employment relationship and the joint stock company », *Socio-Economic Review*, vol. 7, n° 1, 2009, p. 35-65.

DEAKIN, Simon, WILKINSON, Frank, *The Law of the Labour Market. Industrialization, Employment, and Legal Evolution*, Oxford, Oxford University Press (Oxford Monographs on Labour Law), 2005.

DÉMIER, Francis, *La France du XIXe siècle 1814-1914*, Paris, Seuil, 2000.

DERRY, Thomas K., « The Repeal of the Apprenticeship Clauses of the Statute of Apprentices », *The Economic History Review*, vol. 3, n° 1, 1931, p. 67-87.

DE VRIES, Jan, « The Industrial Revolution and the Industrious Revolution », *The Journal of Economic History*, vol. 54, n° 2, 1994, p. 249-270.

DEWERPE, Alain, *Le monde du travail en France, 1800-1950*, Paris, Armand Colin, 1989.

DOBRY, Michel, « Les voies incertaines de la transitologie. Choix stratégiques, séquences historiques, bifurcations et processus de *path dependence* », *Revue française de science politique*, vol. 50, n° 4, 2000, p. 585-614.

DOCKÈS, Pierre, *Pouvoir et autorité en économie*, Paris, Economica, 1999.

DOCKÈS, Pierre, « La nouvelle économie "institutionnelle", l'évolutionnisme et l'histoire », *Revue Européenne des Sciences Sociales*, vol. 36, n° 1, 1998, p. 77-96.

DOCKÈS, Pierre, ROSIER, Bernard, « Pour une économie historique », *Trimestre* (Teramo), vol. 25, n° 1-2, 1992, p. 7-40.

DOCKÈS, Pierre, ROSIER, Bernard, « Histoire "raisonnée" et économie historique », *Revue économique*, vol. 42, n° 2, 1991, p. 181-208.

DOCKÈS, Pierre, ROSIER, Bernard, *L'histoire ambiguë. Croissance et développement en question*, Paris, PUF (Economie en liberté), 1988.

DOLLÉANS, Edouard, *Histoire du mouvement ouvrier (1830-1871)*, Paris, Armand Colin, 1936.

EGE, Ragip, « L'économie politique et les systèmes sociaux pendant la première moitié du XIXe siècle », *Nouvelle histoire de la pensée économique*, éd. A. Béraud et G. Faccarello, vol. 1, 1993, p. 12-61.

EPSTEIN, Stephan R., « Craft guilds, apprenticeship, and technological change in preindustrial Europe », *The Journal of Economic History*, vol. 58, n° 3, 1998, p. 684-713.

EPSTEIN, Stephan R., PRAK, Maarten (éd.), *Guilds and Innovation in Europe, 1500-1800*, Cambridge, Cambridge University Press, 2008.

EVANS, Peter B., RUESCHEMEYER, Dietrich, SKOCPOL, Theda (éd.), *Bringing the State Back In. Strategies of Analysis in Current Research*, Cambridge, Cambridge University Press, 1985.

FAIRCHILDS, Cissie, « The Production and Marketing of Populuxe Goods in Eighteenth-Century Paris », *Consumption and the World of Goods*, éd. J. Brewer, R. Porter, Londres, New York, Routledge, 1993, p. 228-248.

FAURE, Alain, RANCIÈRE, Jacques, *La parole ouvrière (1830-1851)*, Paris, Union générale d'édition, 1976.

FESTY, Octave, *Le mouvement ouvrier au début de la monarchie de Juillet (1830-1834)*, Paris, E. Cornély, 1908.

FETTER, Frank W., *The Economist in Parliament*, Durham, Duke University Press, 1980.

FITOUSSI, Jean-Paul, *La démocratie et le marché*, Paris, Grasset, 2004.

FROBERT, Ludovic, « Machines et machinations : le débat entre Anselme Pétetin et Joseph Bouvery », *L'Écho de la fabrique : naissance de la presse ouvrière à Lyon, 1831-1834*, éd. L. Frobert, Lyon, ENS Éditions et Institut d'histoire du livre, 2010, p. 345-363.

FROBERT, Ludovic, *Les canuts, ou la démocratie turbulente. Lyon 1831-1834*, Paris, Tallandier, 2009.

FROBERT, Ludovic, *Elie Halévy (1870-1936). République et économie*, Lille, Presses Universitaires du Septentrion, 2003.

FROBERT, Ludovic, SHERIDAN, George J., *Le Solitaire du ravin. Pierre Charnier (1797-1857), canut lyonnais et prud'homme tisseur*, Lyon, ENS Éditions (Gouvernement en question(s)), 2014.

GADD, Ian A., WALLIS, Patrick (éd.), *Guilds and associations in Europe, 900-1900*, Londres, Centre for Metropolitan History, Institute of Historical Research, University of London, 2006.

GADD, Ian A., WALLIS, Patrick (éd.), *Guilds, Society, and Economy in London, 1450-1800*, Londres, Centre for Metropolitan History, Institute of Historical Research, 2002.

GARDEN, Maurice, *Histoire économique d'une grande entreprise de santé : le budget des hospices civils de lyon, 1800-1976*, Lyon, PUL, 1980.

GARDEN, Maurice, *Lyon et les lyonnais au XVIII*[e] *siècle*, Paris, Les Belles Lettres, 1970.

GASH, Norman, *Politics in the Age of Peel. A Study in the Technique of Parliamentary Representation, 1830-1850*, Hassocks, The Harvester Press, Atlantic Highlands, 1977.

GAZIER, Bernard, *Tous sublimes. Vers un nouveau modèle de plein emploi*, Paris, Flammarion, 2003.

GEARY, Frank, PRENDERGRAST, Renee, « Philosophers and Practical Men : Charles Babbage, Irish merchants and the economics of information », *The European Journal of the History of Economic Thought*, vol. 15, n° 4, 2008, p. 571-594.

GERSCHENKRON, Alexander, *Economic Backwardness in Historical Perspective*, Cambridge, Harvard University Press, 1962.

GODART Justin, *À Lyon, en 1848. Les Voraces*, Paris, PUF (Collection du centenaire de la révolution de 1848), 1948.

GODART Justin, « Les origines de la coopération lyonnaise », *Revue d'Histoire De Lyon*, vol. 3, 1904, p. 330-348 et 401-425.

GODART Justin, *L'ouvrier en soie. Monographie du tisseur lyonnais. Étude historique, économique et sociale*, Lyon et Paris, Bernoux et Cumin, 1899.

GORDON, Barry, *Economic Doctrine and Tory Liberalism, 1824-1830*, Londres, Macmillan, 1979.

GRAMPP, William D., « The Economists and the Combination Laws », *The Quarterly Journal of Economics*, vol. 93, n° 4, 1979, p. 501-522.

HAMMOND, Barbara, HAMMOND, John L., *The Skilled Labourer, 1760-1832*, Londres, Longmans & Green, 1920.

HALÉVY, Elie, *La formation du radicalisme philosophique*, 3 vol., Paris, PUF, 1995 [1904].

HALÉVY, Elie, *Histoire du peuple anglais au XIXe siècle*, 5 vol., Paris, Hachette, 1973-1975 [1912-1923].

HALL, Peter A., « The Evolution of Varieties of Capitalism in Europe », *Beyond Varieties of Capitalism : Conflict, Contradictions, and Complementarities in the European Economy*, B. Hancké, M. Rhodes et M. Thatcher éd., Oxford, Oxford University Press, 2007, p. 39-86.

HALL, Peter A., *Governing the Economy : the Politics of State Intervention in Britain and France*, New York, Oxford University Press, 1986.

HALL, Peter A., THELEN, Kathleen, « Institutional Change in Varieties of Capitalism », *Socio-Economic Review*, vol. 7, n° 1, 2009, p. 7-34.

HALL, Peter A., SOSKICE, David (éd.), *Varieties of Capitalism : the Institutional Foundations of Comparative Advantage*, Oxford, Oxford University Press, 2001.

HALL, Peter A., TAYLOR, Rosemary C. R., « Political science and the three new institutionalisms », *Political Studies*, vol. 44, n° 5, 1996, p. 936-957.

HART, Oliver D., *Firms, contracts, and financial structure*, Oxford, Oxford University Press (Clarendon lectures in economics), 1995.

HART, Oliver D., MOORE, John, « Property rights and the nature of the firm », *Journal of Political Economy*, vol. 98, n° 6, 1990, p. 1119-1158.

HARTE, Negley B., « The Economics of Clothing in the Late Seventeenth Century », *Textile History*, vol. 22, n° 2, 1991, p. 277-296.

HAY, Douglas, « Master and Servant in England : Using the Law in the Eighteenth and Nineteenth Centuries », *Private law and social inequality in the industrial age – comparing legal cultures in Britain, France, Germany and the United States*, éd. W. Steinmetz, Oxford, Oxford University Press, 2000, p. 227–264.

HAY, Douglas, CRAVEN, Paul (éd.), *Masters, Servants, and Magistrates in Britain and the Empire, 1562-1955*, Chapel Hill, Londres, University of North Carolina Press.

HERTZ, Gerald B., « The English silk industry in the eighteenth century », *English Historical Review*, vol. 24, n° 96, 1909, p. 710–27.

HILAIRE-PÉREZ, Liliane, *La pièce et le geste. Artisans, marchands et savoir technique à Londres au XVIIIe siècle*, Paris, Albin Michel (L'évolution de l'humanité), 2013.

HILAIRE-PÉREZ, Liliane, « Cultures techniques et pratiques de l'échange, entre Lyon et le Levant : inventions et réseaux au XVIIIe siècle », *Revue d'histoire moderne et contemporaine*, vol. 49, n° 1, 2002, p. 89-114.

HILAIRE-PÉREZ, Liliane, *L'invention technique au Siècle des Lumières*, Paris, Albin-Michel, 2000.

HILTON, Boyd, *A mad, bad, and dangerous people ? England, 1783-1846*. Oxford, Oxford University Press, 2006.

HILTON, Boyd, *The Age of Atonement : The Influence of Evangelicalism on Social and Economic Thought, 1785-1865*, Oxford, New York, Clarendon Press, 1986.

HILTON, Boyd, *Corn, Cash, Commerce : The Economic Policies of the Tory Governments, 1815-1830*, Oxford, Oxford University Press (Oxford historical monographs), 1980.

HIRSCH, J.-P., *Les deux rêves du commerce. Entreprise et institution dans la région lilloise (1780-1860)*, Paris, Éditions de l'EHESS, 1991.

HOBSBAWM, Éric J., *Nations et nationalisme depuis 1780 : programme, mythe, réalité*, Paris, Gallimard (Bibliothèque des histoires), 1992.

HOBSBAWM, Éric J., *L'Ère des révolutions : 1789-1848*, Paris, Fayard, 1970.

HOLLIS, Patricia, 1970, *The Pauper Press. A Study in the Working-Class Radicalism of the 1830s*, Londres, Oxford University Press.

HOWE, Anthony, « Restoring Free Trade : The British Experience, 1776-1873 », *The Political Economy of British Historical Experience, 1688-1914*, éd. D. Winch, P. K. O'Brien, Oxford, Oxford University Press, 2002.

HUNT, Lynn, SHERIDAN, George J., « Corporatism, Association, and the Language of Labor in France, 1750-1850 », *The Journal of Modern History*, vol. 58, n° 4, 1986, p. 813-844.

HUPFEL, Simon, « Cultures du crédit et mouvement ouvrier dans la fabrique lyonnaise de soieries (1831-1876) », *Histoire, économie & société*, vol. 34, n° 1, 2015, p. 13-29.

HUPFEL, Simon, « L'enquête de John Bowring à Lyon aux mois d'avril-mai 1832 et ses conséquences en Grande-Bretagne », *Archives de soie. Fabriques et insurrections*, éd. L. Frobert, Milan, Silvana Editoriale, 2014, p. 35-50.

HUPFEL, Simon, « The Spitalfields Acts and the Classics : Ricardo, J. S. Mill, Bowring, and Senior on the London silk industry (1823 to 1841) », *The*

European Journal of hte History of Economic Thought, vol. 19, n° 2, 2012, p. 165-195.

HUPFEL, Simon, *L'évolution comparée des manufactures de soieries de Lyon et de Londres, 1789-1848. Une approche institutionnaliste*, Thèse de doctorat de sciences économiques, ENS de Lyon, 2010.

HUPFEL, Simon, « Les canuts et l'argent : la caisse de prêts aux chefs d'atelier en soie dans *L'Écho de la fabrique* », *L'Écho de la fabrique : naissance de la presse ouvrière à Lyon, 1831-1834*, éd. L. Frobert, Lyon, ENS Editions et Institut d'histoire du livre, 2010, p. 193-212.

HUPFEL, Simon, SHERIDAN, George J., « À la recherche d'une démocratie d'ateliers. *L'Écho de la fabrique* des canuts », *Quand les socialistes inventaient l'avenir. Presse, théories et expériences, 1825-1860*, éd. T. Bouchet, V. Bourdeau, E. Castleton, L. Frobert, F. Jarrige, Paris, La Découverte, 2015, p. 113-125.

JAFFE, James A., « Industrial Arbitration, Equity, and Authority in England, 1800-1850 », *Law and History Review*, vol. 18, n° 3, 2000, p. 525-558.

JEVONS, William S., *The State in Relation to Labour*, Londres, Macmillan, 1910.

JONES, Stephen R. H., « Technology, Transaction Costs, and the Transition to Factory Production in the British Silk Industry, 1700-1870 », *Journal of Economic History*, vol. 47, n° 1, 1987, p. 71-95.

JORDAN, William M., *The Silk Industry in London. With Special Reference to the Condition of the Wage-Earners and the Policy of the Spitalfields Acts*, MA thesis, University of London, 1931.

KAPLAN, Steven L., MINARD, Philippe (éd.), *La France, malade du corporatisme ? XVIIIe-XXe siècles*, Paris, Belin (Socio-histoires), 2004.

KEENE, Derek, « English Urban Guilds, *c.* 900-1300 », *Guilds and Associations in Europe, 900-1900*, Londres, Centre for Metropolitan History, Institute of Historical Research, University of London, 2006, p. 3-26.

KERRIDGE, Eric, *Textile Manufactures in Early Modern England*, Manchester, Manchester University Press, 1985.

KING, Brenda M., *Silk and Empire*, Manchester, Manchester University Press, 2005.

KLINE, Stephen J., ROSENBERG, Nathan, « An Overview of Innovation », *The Positive Sum Strategy. Harnessing Technology for Economic Growth*, éd. R. Landau et N. Rosenberg, Washington, National Academy Press, 1986, p. 275-305.

KUSAMITSU, Toshio, « British industrialization and design before the great exhibition », *Textile History*, vol. 12, n° 1, 1981, p. 77-95.

LAGROYE, Jacques, « Le processus de politisation », *La politisation*, éd. J. Lagroye, Paris, Belin (Socio-histoires), 2003, p. 359-372.

LANDES, David S., *The Unbound Prometheus. Technological change and industrial development in western Europe from 1750 to the present*, Cambrige, Cambridge University Press, 1969.

LA PORTA, Rafael, LOPEZ-DE-SILANES, Florancio, SHLEIFER, Andrei, VISHNY, Robert W., « Legal Determinants of External Finance », *Journal of finance*, vol. 52, n° 2, 1997, p. 1131-1150.

LA PORTA, Rafael, LOPEZ-DE-SILANES, Florancio, SHLEIFER, Andrei, VISHNY, Robert W., « Law and Finance », *Journal of Political Economy*, vol. 106, n° 6, 1998, p. 1113–1155.

LEFORT, Claude, *Essais sur le politique*, Paris, Seuil (Esprit), 1986.

LEMERCIER, Claire, « Devenir une institution locale : la Chambre de commerce de Paris au XIXe siècle », *Revue d'histoire moderne et contemporaine*, vol. 54, n° 3, 2007, p. 40-62.

LEMERCIER, Claire, « La France contemporaine : une impossible société civile ? », *Revue d'histoire moderne et contemporaine*, vol. 52, n° 3, 2005, p. 166-179.

LEMERCIER, Claire, « La chambre de commerce de Paris, acteur indispensable de la construction des normes économiques (première moitié du XIXe siècle) », *Genèses*, n° 50, 2003, p. 50-70.

LEMERCIER, Claire, *Un si discret pouvoir. Aux origines de la chambre de commerce de Paris, 1803-1853*, Paris, La Découverte, 2003.

LEQUIN, Yves, *Les ouvriers de la région lyonnaise (1848-1914)*, Lyon, PUL, 2 vol., 1977.

LE PLAY, Frédéric, *La réforme sociale en France*, Paris, Dentu, 2 vol., 1878.

LÉVY-LEBOYER, Maurice, *Les banques européennes et l'industrialisation internationale dans la première moitié du XIXe siècle*, Paris, PUF, 1964.

LIEBERMAN, Robert C., « Ideas, Institutions, and Political Order : Explaining Political Change », *American Political Science Review*, vol. 96, n° 4, 2002, p. 697-712.

LIPSET, Seymour M., « Some social requisites of democracy : Economic development and political legitimacy », *The American Political Science Review*, vol. 53, n° 1, 1959, p. 69-105.

LUU, Lien Bich, *Immigrants and the Industries of London, 1500-1700*, Aldershot, Ashgate, 2005.

MARGLIN, Stephen, « What Do Bosses Do ? The origins and functions of hierarchy in capitalist production », *Review of Radical Political Economics*, vol. 6, n° 2, 1974, p. 60-112.

MAZZAOUI, Maureen F., « Artisan migration and technology in the Italian textile industry in the late middle ages (1100-1500) », *Strutture familiari epidemie migrazioni nell'italia medievale*, éd. R. Comba, G. Piccinni, G. Pinto, Naples, Edizione Scientifiche Italiane, 1984.

MCDOUGALL, Mary Lynn, *After the Insurrections : The Workers Movement of Lyon, 1834-1851*, PhD thesis, Columbia University, 1974.

MENDELS, Franklin F., « Proto-Industrialization : The First Phase of the

Industrialization Process », *The Journal of Economic History*, vol. 32, n° 1, 1972, p. 241-261.

MERRIMAN, John M. (éd.), *1830 in France*, New York et Londres, Franklin Watts, 1975.

MILES, Dudley, *Francis Place, 1771-1854 : the life of a remarkable radical*, Brighton, Harvester Press, 1988.

MILLER, Lesley E., « Innovation and Industrial Espionage in Eighteenth-Century France : An Investigation of the Selling of Silks Through Samples », *Journal of Design History*, vol. 12, n° 3, 1999, p. 271-292.

MILLER, Lesley E., *Silk designers in the Lyon silk industry, 1712-1787*, PhD thesis, Brighton Polytechnic, 1988.

MILLER, Lesley E., SARGENTSON, Carolyn, « Paris-Lyon : patterns of distribution of luxury silk fabrics in the 18th century », *Revue du Nord*, Hors-série *Échanges et cultures textiles dans l'Europe pré-industrielle*, n° 12, éd. J. Bottin et N. Pellegrin, 1996, p. 179-192.

MINARD Philippe, « "France colbertiste" *versus* "Angleterre libérale" ? Un mythe du XVIIIe siècle », *Les idées passent-elles la Manche ? Savoirs, Représentations, Pratiques (France-Angleterre, X^e^-XXe siècles)*, éd. F.-J. Ruggiu, J.-P. Genet, 2007, p. 197-209.

MINARD Philippe, *Marché, normes et institutions en France et en Angleterre dans le « long XVIIIe siècle »*, Dossier pour l'habilitation à diriger des recherches, Université Paris 1 Panthéon Sorbonne, 2004.

MINARD Philippe, *La fortune du colbertisme. État et industrie dans la France des Lumières*, Paris, Fayard, 1998.

MINCHINTON, Walter E. (éd.), *Wage Regulation in Pre-Industrial England*, Newton Abbot, David & Charles, 1972.

MOORE, Barrington, *Les origines sociales de la dictature et de la démocratie*, Paris, Maspéro (Les textes à l'appui), 1969.

MOORE, James, RODGER, Richard, « Municipal Knowledge and Policy Networks in British Local Government, 1832-1914 », *Jahrbuch für Europäische Verwaltungsgeschichte*, n° 15, 2003, p. 29-57.

MURPHY, Antoin E., « Richard Cantillon et le groupe de Vincent de Gournay », *Nouvelle histoire de la pensée économique*, éd. A. Béraud et G. Faccarello, 1993, p. 188-203.

NELSON, Richard R., WINTER, Sydney J., *An Evolutionary Theory of Economic Change*, Cambridge, Belknap Press of Harvard University, 1982.

NOIRIEL, Gérard, *Une histoire populaire de la France. De la guerre de Cent Ans à nos jours*, Marseille, Agone (Mémoires sociales), 2018.

NORTH, Douglass C., *Institutions, Institutional Change and Economic Performance*, New York, Cambridge University Press, 1990.

NORTH, Douglass C., *Structure and Change in Economic History*, New York, Norton, 1981.

NORTH, Douglass C., THOMAS, Robert P., *The Rise of the Western World. A New Economic History*, New York, Cambridge University Press, 1973.

NORTH, Douglass C., WEINGAST, Barry R., « Constitutions and commitment : the evolution of institutions governing public choice in seventeenth-century England », *The Journal of Economic History*, vol. 49, n° 4, 1989, p. 803-832.

O'BRIEN, Patrick K., « Do we have typology for the study of European industrialization in the 19th century ? », *The Journal of European Economic History*, vol. 15, n° 2, 1986, p. 291-333.

O'BRIEN, Patrick K., KEYDER, Caglar, *Economic growth in Britain and France : two paths to the twentieth century, 1780-1914*, Londres, Allen & Unwin, 1978.

OLSON, Mancur, *The Logic of Collective Action*, New York, Schocken, 1965.

PALIER, Bruno, SUREL, Yves, « Les "Trois I" et l'analyse de l'État en action », *Revue française de science politique*, vol. 55, n° 1, 2005, p. 7-32.

PARISET, Ernest, *Histoire de la fabrique lyonnaise : Étude sur le régime social et économique de l'industrie de la soie à Lyon, depuis le XVIe siècle*, Lyon, A. Rey, 1901.

PARISET, Ernest, *La chambre de commerce de Lyon*, Lyon, Association typographique, 1889.

PAYRE, Renaud, POLLET, Gilles, « Analyse des politiques publiques et sciences historiques. Quel(s) tournant(s) socio-historique(s) ? », *Revue française de science politique*, vol. 55, n° 1, 2005, p. 133-154.

PERRY, Norma, « John Vansommer of Spitalfields : Huguenot, silk designer, and correspondent of Voltaire », *Studies on Voltaire and the Eighteenth Century*, n° 60, 1968, p. 289-310.

PIERSON, Paul, « Increasing Returns, Path Dependence, and the Study of Politics », *The American Political Science Review*, vol. 94, n° 2, 2000, p. 251-267.

PIERSON, Paul, *Dismantling the Welfare State ? Reagan, Thatcher and the Politics of Retrenchment*, Cambridge, Cambridge University Press, 1994.

PIORE, Michael J., « Qualitative Research : Does it fit in economics ? », *European Management Review*, vol. 3, n° 1, 2005, p. 17-23.

PIORE, Michael J., SABEL, Charles F., *The Second Industrial Divide*, New York, Basic Books, 1984.

PONI, Carlo, « Fashion as flexible production : The strategies of the Lyon silk merchants in the eighteenth century », *World of possibilities. Flexibility and mass production in western industrialization*, éd. Charles F. Sabel et Jonathan Zeitlin, New York, Cambridge University Press, 1997, p. 37-74.

POPKIN, Jeremy D., « Marius Chastaing et la presse ouvrière lyonnaise », *L'Écho de la fabrique : naissance de la presse ouvrière à Lyon, 1831-1834*, éd. L. Frobert, Lyon, ENS Éditions et Institut d'histoire du livre, 2010, p. 29-52.

POPKIN, Jeremy D., *Press, Revolution, and Social Identities in France, 1830-1835*, University Park, Penn State University Press, 1997.

PORTER, George R., « A Treatise on the Origin, Progressive Improvement, and the Present State of the Silk Manufacture », *Lardner's Cabinet Cyclopædia of Useful Arts*, 1831.

PRICE, Betsey, « "Javelot, miroir, arène et bouclier". Les quatre dimensions de la technologie dans *L'Écho de la fabrique* », *L'Écho de la fabrique : naissance de la presse ouvrière à Lyon, 1831-1834*, éd. L. Frobert, Lyon, ENS Éditions et Institut d'histoire du livre, 2010, p. 277-310.

PROTHERO, Iorwerth, *Radical Artisans in England and France, 1830-1870*, New York, Cambridge University Press, 1997.

PROTHERO, Iorwerth, *Artisans and Politics in Early Nineteenth-Century London. John Gast and his Time*, Londres, Dawson, 1979.

RIELLO, Georgio, « Strategies and boundaries : Subcontracting and the London trades in the long eighteenth century », *Enterprise and Society*, vol. 9, n° 2, 2008, p. 243-280.

RIELLO, Georgio, « Le déclin des corporations de Londres : les cordonniers au XVIIIe siècle », *Revue d'histoire moderne et contemporaine*, vol. 54, n° 1, 2007, p. 145-170.

RIELLO, Georgio, O'BRIEN, P. K., « Regards sur la Révolution industrielle : Les perceptions du passage de la Grande-Bretagne vers une société industrielle », *Documents pour l'histoire des techniques* (nouvelle série), n° 19, 2010, p. 157-176.

RANCIÈRE, Jacques, *La nuit des prolétaires*, Paris, Fayard, 1981.

RICHARDS, Paul, « The State and Early Industrial Capitalism : The Case of the Handloom Weavers », *Past & Present*, n° 83, 1979, p. 91-115.

ROBBINS, Lionel, *A History of Economic Thought. The LSE Lectures*, éd. S. G. Medema, W. J. Samuels, Princeton, Princeton University Press, 2000.

ROBBINS, Lionel, *The Theory of Economic Policy*, Londres, Macmillan, 1953.

ROBBINS, Lionel, *An Essay on the Nature and Significance of Economic Science*, Londres, Macmillan, 1952 [1935].

ROTHSTEIN, Natalie K. A., « The introduction of the Jacquard Loom to Great-Britain », *Studies in Textile History – In Memory of Harold B. Burnham*, éd. V. Gervers, Toronto, Alger Press, 1977, p. 281-304.

ROTHSTEIN, Natalie K. A., *The Silk Industry in London, 1702-1766*, MA thesis, University of London, 1961.

ROWE, David J. (éd.), *London Radicalism, 1830-1843. A Selection from the Papers of Francis Place*, Chatham, W. & J. Maclray, 1970.

ROWE, David J. (éd.), « Chartism and the Spitalfields Silk-Weavers », *The Economic History Review*, vol. 20, n° 3, 1967, p. 482-493.

RUDE, Fernand, *L'insurrection lyonnaise de 1831. Le mouvement ouvrier à Lyon de 1827 à 1832*, Paris, Anthropos, 1969.

RUDE, Fernand, « L'insurrection ouvrière de Lyon en 1831 et le rôle de Pierre Charnier », *Revue d'histoire du XIXe siècle – 1848*, vol. 35, n° 166, 1938, p. 18-49, p. 65-117 et p. 140-179.

RUDÉ, George, *The Crowd in History : a study of popular disturbances in France and England, 1730-1848*, New York, Londres, Sydney, J. Wiley & Sons, 1964.

RUDÉ, George, *Wilkes and Liberty. A social study of 1763 to 1774*, Oxford, Clarendon Press, 1962.

SABEL, Charles F., ZEITLIN, Jonathan, « Historical alternatives to mass production : Politics, markets and technology in nineteenth-century industrialization », *Past & Present*, n° 108, 1985, p. 133-176.

SAUNIER, Pierre-Yves, *L'Esprit lyonnais, XIXe-XXe siècle. Genèse d'une représentation sociale*, Paris, Éditions du CNRS, 1995.

SCHERER, Frederic M., *Innovation and growth : Schumpeterian perspectives*, Cambridge, MIT Press, 1984.

SCHONHARDT-BAILEY, Cheryl, *From the Corn Laws to Free Trade. Interests, Ideas, and Institutions in Historical Perspective*, Cambridge, MIT Press, 2006.

SCHUMPETER, Joseph A., *Théorie de l'évolution économique : recherches sur le profit, le crédit, l'intérêt et le cycle de la conjoncture*, Paris, Dalloz, 1935 [1911].

SCHUMPETER, Joseph A., *Capitalisme, socialisme et démocratie*, Paris, Payot (Bibliothèque historique), 1990 [1946].

SEWELL, William H. Jr., « La confraternité des prolétaires : Conscience de classe sous la monarchie de Juillet », *Annales*, vol. 36, n° 4, 1981, p. 650-671.

SEWELL, William H. Jr., *Work and Revolution in France. The Language of Labor from the Old Regime to 1848*, New York, Cambridge University Press, 1980.

SHERIDAN, George J., « Les échos de *L'Écho* : L'héritage de *L'Écho de la fabrique* (1834-1870) », *L'Écho de la fabrique : naissance de la presse ouvrière à Lyon, 1831-1834*, éd. L. Frobert, Lyon, ENS Éditions et Institut d'histoire du livre, 2010, p. 213-245.

SHERIDAN, George J., « Craft Technique, Association and Guild History : The Silk Weavers of nineteenth-century Lyon », *Guilds and Association in Europe, 900 – 1900*, éd. I. A. Gadd, P. Wallis, Londres, Centre for Metropolitan History, Institute of Historical Research, University of London, 2006, p. 147-168.

SHERIDAN, George J., « Esprit de quartier et formes de solidarité dans les mouvements sociaux et politiques des ouvriers en soie de Lyon, 1830-1880 », *Le Monde alpin et rhodanien* 2-3, 1991, p. 17-38.

SHERIDAN, George J., « Family and enterprise in the silk shops of Lyon : the place of labor in the domestic weaving economy, 1840-1870 », *Technique, Spirit, and Form in the making of the Modern Economies : Essays in Honor of William N. Parker, Research in Economic History*, suppl. 3, 1984, p. 33-60.

SHERIDAN, George J., *The Social and Economic Foundations of Association Among the Silk Weavers of Lyons, 1852-1870*, New York, Arno Press, 1981.

SHERIDAN, George J., « The political economy of artisan industry. Governement and the people in the silk trade of Lyon, 1830-1870 », *French Historical Studies*, vol. 9, n° 2, 1979, 215-238.

SMELLIE, Kingsley B., *A History of Local Government*, Londres, Allen & Unwin, 1969 [1946].

SMELSER, Neil J., *Theory of Collective Behaviour*, Londres, Routledge & Kegan, 1962.

SMITH, Timothy B., « The ideology of charity, the image of the English poor law, and debates over the rights to assistance in France, 1830-1905 », *The Historical Journal*, vol. 40, n° 4, 1997, p. 997-1032.

SMITH, Timothy B., « Public assistance and labor supply in nineteenth-century Lyon », *The Journal of Modern History*, vol. 68, n° 1, 1996, p. 1-30.

SONENSCHER, Michael, *The Hatters of Eighteenth-Century France*, Berkeley, University of California Press, 1987.

STEARNS, Peter N., « Patterns of industrial strike activity in France during the July Monarchy », *The American Historical Review*, vol. 70, n° 2, 1965, p. 371-394.

STEDMAN JONES, Gareth, « The genesis of the "industrial revolution" : Jean-Baptiste Say and the French debate on *industrie* », *Les idées passent-elles la Manche ? Savoirs, Représentations, Pratiques (France-Angleterre, X^e^-XXe siècles)*, éd. F.-J. Ruggiu et J.-P. Genet, Paris, Presses universitaires de la Sorbonne, 2007, p. 211-232.

STEDMAN JONES, *La fin de la pauvreté ? Un débat historique*, Paris, Ère (chercheurs d'ère), 2004.

STEDMAN JONES, « Rethinking Chartism », *Languages of Class : Studies in English Working Class History, 1832-1982*, éd. G. Stedman Jones, Cambridge, Cambridge University Press, 1983. Traduction française disponible dans la *Revue d'histoire moderne et contemporaine*, vol. 54, n° 1, 2007, p. 7-68.

STEINBERG, Mark W., *Fighting Words : Working Class Formation, Collective Action, and Discourse in Early Nineteenth Century England*, Ithaca, Cornell UP, 1999.

STEINBERG, Mark W., « "The Labour of the Country is the Wealth of the Country" : Class Identity, Consciousness, and the Role of Discourse in the Making of the English Working Class », *International Labor and Working-Class History*, n° 49, 1996, p. 1-25.

STEINBERG, Mark W., « The Roar of the Crowd : Repertoires of Discourse and Collective Action Among the Spitalfields Silk Weavers in Nineteenth-Century London », *Repertoires and Cycles of Collective Action*, éd. Mark Traugott, Durham, Duke University Press Books, 1995, p. 57-88.

STEWART-MCDOUGALL, Mary Lynn, *The Artisan Republic. Revolution, reaction, and resistance in Lyon, 1848-1851*, Montréal, McGill-Queen's University Press, 1984.

STYLES, John, « The Goldsmiths and the London Luxury Trades, 1550 to 1750 », *Goldsmiths, Silversmiths and Bankers. Innovation and the Transfer of Skill, 1550-1750*, éd. D. Mitchell, Gloucester, Alan Sutton, 1995, p. 112-120.

SUTHERLAND, Lucy S., *The City of London and the Opposition to Government, 1768-1774 : A Study in the Rise of Metropolitan Radicalism*, Londres, University of London, Athlone Press, 1959.

THELEN, Kathleen, *How Institutions Evolve : The Political Economy of Skills in Germany, Britain, the United States and Japan*, Cambridge et New York, Cambridge University Press, 2004.

THÉRET, Bruno, « Nouvelle économie institutionnelle, économie des conventions et théorie de la régulation : vers une synthèse institutionnaliste ? », *La Lettre de la régulation*, n° 35, 2000, p. 1-4.

THOMPSON, Edward P., *Customs in common*, Londres, The Merlin Press, 1991.

THOMPSON, Edward P., « The Moral Economy of the English Crowd in the 18th Century », *Past & Present*, n° 50, 1971, p. 76-136.

THOMPSON, Edward P., *The Making of the English Working Class*, Londres, Victor Gollancz, 1963.

THOMPSON, Dorothy (éd.), *Working Men's Association, the First Convention and, the National Association*, New York, Londres, Garland Publishing (Chartism. Working-Class Politics in the Industrial Revolution. A twenty-two volume facsimile series reproducing contemporary documents of the Chartist movement in Britain), 1986.

THOMPSON, Noel W., *The People's Science. The Popular Political Economy of Exploitation and Crisis, 1816-1834*, Cambrige et New York, Cambridge University Press, 1984.

TILLY, Charles, *Coercion, Capital and European States, AD 990-1990*, Cambridge, Blackwell, 1990.

TILLY, Charles, *From Mobilization to Revolution*, New York, Random House, 1978.

TILLY, Charles, « Collective Violence in European Perspective », *Violence in America : Historical and Comparative Perspectives. A Report to the National Commission on the Causes and Prevention of Violence*, éd. H. D. Graham, T. R. Gurr, Washington, US Government Printing Office, 1969.

TILLY, Charles, RULE, James, « Political process in revolutionary France », *1830 in France*, éd. J. M. Merriman, New York, Londres, Franklin Watts, 1975, p. 41-85.

TIROLE, Jean, *The Theory of Corporate Finance*, Oxford, Princeton University Press, 2006.

TODD, David, *L'identité économique de la France*, Paris, Grasset, 2008.

TODD, David, « John Bowring and the Global Dissemination of Free Trade », *Historical Journal*, vol. 51, n° 2, 2008, p. 373-397.

TOURNIER, Maurice, « Labels ouvriers dans le journal des canuts », *L'Écho de la fabrique : naissance de la presse ouvrière à Lyon, 1831-1834*, éd. L. Frobert, Lyon, ENS Éditions et Institut d'histoire du livre, 2010, p. 53-72.

TRÉNARD, Louis, « La crise sociale lyonnaise à la veille de la Révolution », *Revue d'histoire moderne et contemporaine*, vol. 2, n° 1, 1955, p. 5-45.

UNWIN, George, *The Gilds and Companies of London*, Londres, Allen & Unwin, 1966 [1908].

VERLEY, Patrick, *L'échelle du monde : essai sur l'industrialisation de l'Occident*, Paris, Gallimard, 1997.

WALLAS, Graham, *The Life of Francis Place*, Londres, Allen & Unwin, 1925.

WEBB, Sydney, WEBB, Beatrice, *The History of Trade Unionism*, Londres, New York, Toronto, Longmans Green & Co., 1920.

WHATMORE, Richard, *Republicanism and the French Revolution. An Intellectual History of Jean-Baptiste Say's Political Economy*, Oxford, Oxford University Press, 2000.

WHATMORE, Richard, « Jean-Baptiste Say's Republican Political Economy », *History of Political Thought*, vol. 19, n° 3, 1998, p. 439-456.

WILLIAMSON, Oliver E., « Credible Commitments : Using Hostages to Support Exchanges », *The American Economic Review*, vol. 73, n° 4, 1983, p. 519-540.

WOLF, Wayne, *The Spitalfields Silk Weavers : Their Place in the Radical Movement and the Decline of the Community (1820-1850)*, BA thesis, Sussex, 1975.

INDEX DES NOMS DE PERSONNES

TABLE DES MATIÈRES

DEUXIÈME PARTIE

LES DEUX MANUFACTURES PRISES DANS LA VAGUE LIBÉRALE

DE LA TERREUR AUX ABROGATIONS DE 1824 ET 1831

TROISIÈME PARTIE

APRÈS LES ABROGATIONS

DEUX TRAJECTOIRES ÉCONOMIQUE ET POLITIQUE CONTRASTÉES

IMPRIM'VERT®

Achevé d'imprimer par Corlet Numéric,
Z.A. Charles Tellier, Condé-en-Normandie (Calvados), en juillet 2019
N° d'impression : 159292 – Dépôt légal : juillet 2019
Imprimé en France